NEUKIRCHENER

Matthias Hoof

Der Kirchenaustritt

Eine empirische Studie zur Pastoraltheologie

Neukirchener

Neukirchener Verlag
Verlagsgesellschaft des Erziehungsvereins mbH,
Neukirchen-Vluyn

Umschlaggestaltung: Hartmut Namislow
Druckvorlage: Christoph Ernst
Gesamtherstellung: Breklumer Druckerei Manfred Siegel KG
Printed in Germany
ISBN 3-7887-1727-0

Die Deutsche Bibliothek - CIP-Einheitsaufnahme

Der **Kirchenaustritt** [Medienkombination]: eine empirische Studie zur Pastoraltheologie / Matthias Hoof. - Neukirchen-Vluyn: Neukirchener
ISBN 3-7887-1727-0
Buch 1999
Diskette 1999

Für Luise Hoof ✝
und für Martina

Vorwort

Wer aus der Kirche austritt, nimmt Abschied und läßt etwas zurück, einen wenn auch zuletzt vielleicht nur noch sehr unbedeutenden Teil der eigenen Biographie. Zugleich beginnt etwas Neues, das individuell gestaltet sein will.

Auch der Entschluß, nach siebenjähriger Tätigkeit die in nahezu jeglicher Hinsicht gesicherte Existenz des Gemeindepfarramtes aufzugeben, um mein Promotionsvorhaben zu verwirklichen, ist mir nicht leicht gefallen und hatte für die ganze Familie weitreichende Konsequenzen.

Deshalb gilt zunächst mein persönlicher Dank all jenen, die mich nicht nur zu diesem Schritt, sondern auch in der Folgezeit immer wieder ermutigt haben. Allererst meiner Frau Martina, ohne deren Bereitschaft, zwei Jahre lang allein den Lebensunterhalt der Familie zu verdienen, ich niemals die Möglichkeit gehabt hätte, mein Vorhaben in die Tat umzusetzen. Ihr ist daher dieses Buch gewidmet. Und auch meinen Kindern Irina und Mirko möchte ich dafür danken, daß sie sich auf die für sie ungewohnte Situation so schnell eingestellt haben.

Meine Eltern und Schwiegereltern haben uns in dieser Zeit finanziell und tatkräftig unterstützt. Auch ihnen gilt mein Dank. Den Abschluß der Doktorarbeit hat meine Mutter noch erlebt, etwa drei Monate später ist sie gestorben. Auch ihr möchte ich dieses Buch in Liebe und Dankbarkeit widmen.

Freundinnen und Freunde haben uns geholfen, mit Rat und Tat, aber vor allem dadurch, daß sie uns die Freundschaft auch nach dem Abschied aus der Gemeinde gehalten haben.

Danken möchte ich aber auch all denjenigen, die direkt oder indirekt zum Gelingen der Dissertation und dieses Buches beigetragen haben: Zuerst Herrn Prof. Dr. Wilhelm Gräb, dem theologischen Betreuer der Arbeit, der von Anfang an meinem Vorhaben gegenüber aufgeschlossen war und das Projekt in jeder Phase inhaltlich verfolgt und praktisch gefördert hat. Sodann Frau Prof. Dr. Ursula Henke, der sozialwissenschaftlichen Betreuerin, die mir besonders in der Phase der empirischen Erhebung und der Auswertung des Materials durch ihre kritisch-sachliche Begleitung geholfen hat, mich auf dem ungewohnten Feld der empirischen Sozialforschung zurechtzufinden. Und Herrn Prof. Dr. Franz-Heinrich Beyer, der das theologische Zweitgutachten geschrieben hat und diesem Buch durch seine kritischen Hinweise zu

einem stringenteren Aufbau und einer größeren Leserfreundlichkeit verholfen hat.
Zu Dank verpflichtet bin ich auch den Pfarrern des Volksmissionarischen Amtes der Evangelischen Kirche von Westfalen, Griewatz, Meile und Dr. Schneemelcher, die mir bei der Auswahl der Interviewpartner und -partnerinnen geholfen haben und jenen 23 Kollegen und Kolleginnen, die bereit waren, sich von mir zum Thema Kirchenaustritt befragen zu lassen. Ebenso den Freunden Martin Kumlehn, Uwe Hagemann und Hans-Peter-Naumann, welche die Interviews und deren Auswertung in verschiedenen Phasen des Projektes gelesen und mir wichtige Hinweise zur Überarbeitung gegeben haben. Herrn Rainer Volz vom Sozialwissenschaftlichen Institut der Evangelischen Kirche in Deutschland, Frau Petra-Angela Ahrens und Frau Dr. Petra Zimmermann von der Studien- und Planungsgruppe der Evangelischen Kirche in Deutschland und Herrn Matthias Kandler, die mich ebenfalls bei der Vorbereitung und Durchführung der Befragung beraten haben.
Beate und Klaus Kahnert und Thorsten Bingmann haben mir bei der Korrektur der Doktorarbeit geholfen. Christoph Ernst hat die Druckvorlage erstellt. Ihnen allen sei Dank.
Danken möchte ich schließlich der Evangelischen Kirche von Westfalen und der Vereinigten Evangelisch-Lutherischen Kirche Deutschlands, die mir vor Drucklegung einen Druckkostenzuschuß gewährt haben.
Das vorliegende Buch ist die überarbeitete und aktualisierte Fassung meiner Doktorarbeit, die von der Evangelisch-theologischen Fakultät der Ruhr-Universität Bochum im April 1998 als theologische Dissertation angenommen wurde. Beigefügt ist eine Diskette, die den Material- und Dokumentationsband enthält. Auf Wunsch kann auch ein gedrucktes Exemplar davon bei mir zum Unkostenpreis bestellt werden.
Da dieses Buch Frauen und Männer in gleicher Weise ansprechen soll, habe ich bei Personenbegriffen geschlechtsneutrale Umschreibungen gewählt und dort, wo dies nicht möglich war, jeweils die männliche und die weibliche Form nebeneinander gestellt. In allen anderen Fällen handelt es sich entweder um Zitate oder um konkrete Einzelpersonen. Ich hoffe, daß dies den Lesefluß nicht allzusehr beeinträchtigt.

Witten, im April 1999 Matthias Hoof

Inhalt

Vierter Teil: Ergebnisse und Folgerungen

Einleitung

„Allgemein hört man die Bemerkung, die Religion sei im Verfall. [...] Zuerst klagen die Geistlichen. Nicht so laut und dringend als ihnen eigentlich ums Herz ist, weil sie doch leider wissen daß wenig auf sie gehört wird, vielleicht auch zurückgehalten von einem beschämenden Bewußtsein der Verworrenheit ihrer Motive. [...] Was diese eigentlich drükkt ist das Gefühl von dem verringerten Einfluß ihres Standes, die Erfahrung daß die öffentlichen Ausstellungen der Religion bei weitem nicht mehr das ehemalige Interesse erregen, sondern fast unbemerkt vorübergehn, daß ihr besonderer Dienst nicht mehr so häufig gefordert, und wo er gar nicht zu umgehen ist nicht mehr so feierlich abgewartet wird."[1]

Diese Worte schrieb Friedrich Schleiermacher, lange bevor an die Möglichkeit eines förmlichen Kirchenaustritts als Ausdruck der individuellen Beziehungssetzung zu Kirche und Religion überhaupt zu denken war. Und doch gewinnt man den Eindruck, als fehle in seiner Aufzählung der Verfallskennzeichen eben jene Erfahrung, daß Menschen sich endgültig von der Religionsanstalt abwenden, „die eigentlich für sie da ist."[2] Daß die Geistlichen seiner Zeit ebenso wie die Situation in den Einrichtungen der öffentlichen Religion maßgeblich zum Verfall der Religion beitrugen, steht für Schleiermacher außer Zweifel. Leisten sie, die Pfarrer, jedoch zur notwendigen Belebung und Verbreitung der Religion keinen Beitrag mehr, stehen sie diesem Anliegen vielmehr im Wege, so stellt sich nach Schleiermacher die konsequente Frage nach ihrer Daseinsberechtigung überhaupt. Denn „wozu sollte man wohl den geistlichen Stand und das äußere Religionswesen gleichsam zwangsweise aufrechterhalten?"[3] Pfarrer und Pfarrerinnen und mit ihnen die Kirche haben demzufolge ihre ureigenste Funktion eingebüßt, wenn sie dem Verfall der Religion nichts mehr entgegenzusetzen haben. Nach Ansicht von Schleiermacher haben sie sich selbst überflüssig gemacht.[4] Die Religion ist nach Schlei-

1 F. Schleiermacher, Über die Mittel, dem Verfall der Religion vorzubeugen, SW I, Bd. 5, Berlin 1846, 94f.

2 Ebd. 103.

3 Ebd. 95.

4 Schleiermacher kann sogar am Schluß dieses Schreibens die Hoffnung äußern, die Kirche möge befreit werden „von der großen Anzahl von Predigern denen die Religion und ihr Amt gleichgültig ist, und die sich durch Unfähigkeit, Unsittlich-

ermacher ohnehin zuvorderst eine Angelegenheit des eigenen Herzens.[5] Sie geht in den institutionellen Formen und Lebensäußerungen der kirchlichen Religion längst nicht auf. Findet sie aber dort nicht mehr ihren Lebensgrund, muß sie sich unweigerlich andere Betätigungsfelder suchen, denn als natürliche Anlage ist die Religion „gesellig und will sich mittheilen“[6].
Daß die Religion und in ihrem Gefolge auch die Menschen aus der Kirche einmal im großen Stil auswandern könnte(n), hat Schleiermacher so sicher nicht kommen sehen. Aber dennoch haben seine Aussagen über die Religion in ihrem Verhältnis zur Religionsanstalt eine gewisse Affinität zur gegenwärtigen religiösen Lage in der Bundesrepublik Deutschland. Zwei divergierende Trends sind es, die das Bild prägen: Auf der einen Seite erleben die beiden Großkirchen seit etwa drei Jahrzehnten einen spürbaren Bedeutungsverlust. Rückgang der Teilnehmerzahlen bei Gottesdiensten und anderen Veranstaltungen, wachsendes Desinteresse an den Inhalten der christlich-kirchlichen Tradition, vor allem aber der enorme, durch Bevölkerungsrückgang und Kirchenaustritte hervorgerufene Mitgliederverlust lassen immer wieder die Frage aufkommen, ob die Zeit der Volkskirche nunmehr zu Ende geht. Wird die Kirche der Zukunft eine Minderheitenkirche sein?[7] Und wird mit der Kirche zugleich auch die Bedeutung der Religion für die Gesellschaft und für den einzelnen nachlassen?
Die Einsicht in das tatsächliche Ausmaß der Kirchenentfremdung in den östlichen Bundesländern, in denen Protestanten und Katholiken gemeinsam weniger als ein Drittel der Bevölkerung ausmachen, hat diesen Fragen eine neue Dimension verliehen. Weniger bedeutsam ist dabei die Tatsache, daß sich die Konfessionsstatistik für die gesamte Bundesrepublik deutlich verschoben hat[8]. Vielmehr kann man sich jetzt erstmalig auch im Westen eine Minderheitensituation für die Kirchen konkret vorstellen. Auf der anderen Seite macht sich gerade in den alten Bundesländern schon seit einigen Jahren ein wachsendes Interesse an religiösen Themen und Praktiken bemerkbar, eine offenkundige Sehnsucht nach spirituellen und übersinnlichen Erfahrungen

---

keit und Rohheit verächtlich machen.“ So würde wenigstens ans Licht kommen, „daß die Sache [der kirchlichen Religionspraxis; M.H.] auf dem bisherigen Fuß nicht länger bestehen könnte.“ (153).

5 Ebd. 103.

6 Ebd. 102.

7 Sieht man diese Vorgänge vor dem Hintergrund einer fast zweitausendjährigen Christentumsgeschichte, ist man geneigt, das Ende des Konstantinischen Zeitalters kommen zu sehen. Vgl. dazu A. Grözinger, Es bröckelt an den Rändern. Kirche und Theologie in einer multikulturellen Gesellschaft, München 1992, 145.

8 K.-F. Daiber, Religion unter den Bedingungen der Moderne. Die Situation in der Bundesrepublik Deutschland, Marburg 1995, 151. Vgl. auch Ev. Kirche in Deutschland – Statistik (Hrsg.), Kirchenzugehörigkeit in Deutschland – Was hat sich verändert? Evangelische und katholische Kirche im Vergleich, Statistische Beilage Nr. 89 zum Amtsblatt der EKD, Heft 10 vom 15. Oktober 1994, 1f.

jedweder Art, so daß von verschiedenen Seiten die Rede von einer „Wiederkehr der Religion“[9] oder einer „neuen Verzauberung“[10] durch Religion laut geworden ist. Läßt sich demnach die gegenwärtige religiöse Lage im Lande auf die Formel bringen „Religion ‘boomt’, die Kirchen leeren sich“[11]? Den Nachweis für die behauptete Neureligiosität zu erbringen, dürfte angesichts der verschiedenen Vorstellungen und Theorien darüber, was Religion überhaupt ist[12], wie sie sich äußert und in welchem Verhältnis diese religiösen Lebensäußerungen zu den institutionalisierten Religionsgestalten, vor allem den Kirchen, stehen, schwierig sein. Unzweifelhaft ist, wie auch die Medien bestätigen, in den letzten Jahren ein neues Interesse an religiösen Fragen und Themen aufgekommen.[13] Aber die Behauptung einer Renaissance des Religiösen hat auch grundsätzlichen Widerspruch hervorgerufen.[14] Die Diagnose einer Entleerung der Kirchen findet dagegen nahezu ungeteilte Zustimmung, läßt sie sich doch mit empirischem Material belegen. Nachlassende Teilnahme am kirchlichen Leben, das fehlende Interesse an der kirchlich-christlichen Traditionsvermittlung, vor allem aber die seit Beginn der 90er Jahre deutlich angestiegenen und sich seitdem auf hohem Niveau bewegenden Austritte aus den beiden

---

9 Vgl. O. Bischofberger, Neue religiöse Bewegungen und Gruppen außerhalb der Kirchen, in: ders. u.a., Volkskirche – Gemeindekirche – Parakirche, ThBr 10, Zürich u.a. 1981, 81-100. Dazu auch die verschiedenen Beiträge in W. Oelmüller (Hrsg.), Wiederkehr von Religion? Paderborn 1984. Besonders aufschlußreich D. Rössler, Wiederkehr von Religion – als Thema der praktischen Theologie, ebd. 170-180. Ausgehend vom Religionsverständnis F. Schleiermachers (Religion als „Gefühl schlechthinniger Abhängigkeit“) kann nach Rössler von einer Wiederkehr der Religion im engeren Sinne nicht gesprochen werden. Zugleich gilt: „Wo das Thema ‘Wiederkehr von Religion’ aufgenommen wird, wird ein Beitrag zu solcher Wiederkehr geleistet.“ (180).

10 Unter Umkehrung der von Max Weber unter dem Begriff Säkularisation beschriebenen „Entzauberung“ der Welt. Vgl. dazu S. 233, Anm. 16.

11 Evangelische Kirche in Deutschland – Studien- und Planungsgruppe, Fremde Heimat Kirche. Ansichten ihrer Mitglieder. Erste Ergebnisse der dritten EKD-Umfrage über Kirchenmitgliedschaft, Hannover 1993, 7, dort ebenfalls mit Fragezeichen.

12 F. Wagner, Was ist Religion? Studien zu ihrem Begriff und Thema in Geschichte und Gegenwart, Gütersloh [2]1991. Ders., Art. Religion II. Theologiegeschichtlich und systematisch-theologisch, in TRE 28, Berlin/New York 1998, 522-545. R. Preul, Art. Religion III. Praktisch-Theologisch, ebd. 546-559, bes. 549-554.

13 K.-P. Jörns, Die neuen Gesichter Gottes. Was die Menschen wirklich glauben, München 1997, 1f.

14 F.-X. Kaufmann, Religion und Modernität. Sozialwissenschaftliche Perspektiven, Tübingen 1989, 52ff. und 230. Vgl. auch W.Ch. Zimmerli, Wie neu ist die neue Religiosität? Von Konsistenz und Widerspruch in der Suche nach Unmittelbarkeit, in: W. Oelmüller (Hrsg.), Wiederkehr von Religion?, a.a.O., passim, bes. 23f.

großen Kirchen[15] sprechen dafür, daß die Institution Kirche für viele Menschen erheblich an Bedeutung verloren hat. Ob dies tatsächlich so ist, soll zunächst offenbleiben. Zumindest aber sind die Kirchenaustritte ein deutliches Indiz dafür, daß sich das Verhältnis des einzelnen zur Kirche offenbar stark gewandelt hat und der tatsächliche Abbruch der Kirchenzugehörigkeit eine für viele Menschen durchaus naheliegende Konsequenz ist.

In diesem Buch soll dargestellt werden, wie sich die Kirchenaustrittsproblematik aus der Sicht der Kirche und der in ihr tätigen Pfarrer und Pfarrerinnen darstellt. Die spezifisch protestantische Perspektive bringt es mit sich, daß, wenn im folgenden von Kirche ohne besonderen Zusatz gesprochen wird, zunächst immer die evangelische Kirche gemeint ist. Nach Auffassung der römisch-katholischen Lehrtradition kann es einen Austritt aus der Kirche unter theologischen Gesichtspunkten nicht geben, da die Taufe einen *character indelebilis* verleiht.[16] Wer nach staatlichem Recht austritt, trennt sich durch eigenes Verschulden zugleich von der kirchlichen Gemeinschaft und vom Heil. Damit tritt faktisch die Exkommunikation von selbst in Kraft.[17] In der kirchlichen Praxis und unter pastoraltheologischen Gesichtspunkten stellt sich die Problematik freilich nicht wesentlich anders dar[18] als auf evangelischer Seite. Die römisch-katholische Sichtweise kann aber hier aus naheliegenden Gründen über gelegentliche Verweise hinausgehend nicht gesondert behandelt werden.

Das Interesse dieses Buches konzentriert sich vor allem auf die Lage des Protestantismus in den westlichen Bundesländern. Auch wenn in den östlichen Gliedkirchen der EKD trotz erheblich fortgeschrittener Entkirchlichung und einem hohen Mitgliederverlust während der SED-Herrschaft durchaus vergleichbare Strukturen, Einstellungen und Verhaltensmuster anzutreffen sind[19], so muß doch beachtet werden,

---

15 Zu den Austrittszahlen der evangelischen Kirche vgl. u., 198. Die Austritte aus der katholischen Kirche machen im Schnitt zwischen 40 und 50% der evangelischen Zahlen aus. Vgl. K.-F. Daiber, Religion unter den Bedingungen der Moderne, a.a.O., 167.; Ev. Kirche in Deutschland – Statistik (Hrsg.), Kirchenzugehörigkeit in Deutschland –, a.a.O., 9.

16 Vgl. H. Heinemann, Art. Kirchenaustritt. I. Rechtlich, in: LTHK 6, Freiburg ^{2}1961, Sp. 193-194.

17 Vgl. aber J.-H. Nicolas O.P., L'appartance à l'Eglise selon la théologie catholique, in: L. Carlen (Hrsg.), Austritt aus der Kirche, Sortir de l'église, Fribourg 1982, 129-171; E. Correco, La sortie de l'Eglise pour raison fiscale. Le probèm canonique, in: ebd. 11-67, bes. 63-67.

18 Vgl. U. Ruh, Symptom. Der deutliche Anstieg der Kirchenaustritte, in: HerKorr 45, 1991, 445-446. „Im übrigen gibt es gute Gründe für die Vermutung, daß sich die Problemlage auf *katholischer* Seite zunehmend der protestantischen annähert." (445)

19 Evangelische Kirche in Deutschland – Studien- und Planungsgruppe, Fremde Heimat Kirche, a.a.O., 52, 58 u.ö. Ausführlicher in: K. Engelhardt/H. von Loewe-

daß nicht nur die religiös-kirchliche Situation im Osten weitaus komplexer ist, als es bei vordergründiger Betrachtung den Anschein hat.[20] Neuere Analysen zur Konfessionslosigkeit in Ostdeutschland[21] haben auch gravierende Unterschiede hinsichtlich der gesellschaftlichen Hintergrundsituation in Ost und West aufgewiesen. Viele Kirchenaustritte dürften dort jedoch mittlerweile hinsichtlich ihrer Motivation und Bedeutung ähnlich gelagert sein wie die Austritte im Westen.[22] Und die pastoralen Attitüden werden sich selbst zu DDR-Zeiten nicht sonderlich von denen der Pfarrerinnen und Pfarrer in Westdeutschland unterschieden haben, denn jeder Austritt bedeutet zunächst immer den Verlust eines Gemeindegliedes. Hinzukommt, daß die Akzeptanz des Pfarrberufes in beiden Teilen Deutschland vor der Wende in etwa gleich groß war und noch ist[23] und daß auch die Erwartungen der Mitglieder an die in diesem Beruf Tätigen sich nahezu decken.[24] Die Ergebnisse dieser Untersuchung können demnach zumindest als Impuls für die pastoraltheologische Auseinandersetzung mit der Austrittspro-

---

nich/P. Steinacker (Hrsg.), Fremde Heimat Kirche. Die dritte EKD-Erhebung über Kirchenmitgliedschaft, Gütersloh 1997, 264-280.
Auch die neueren kirchen- und religionssoziologischen Arbeiten von D. Pollack haben auf diese Parallelität aufmerksam gemacht, wenngleich es in einzelnen Punkten durchaus Unterschiede gibt. Vgl. D. Pollack, Kirche in der Organisationsgesellschaft. Zum Wandel der gesellschaftlichen Lage der evangelischen Kirchen in der DDR, Stuttgart u.a. 1994, bes. 425ff.; ders, Zur religiös-kirchlichen Lage in Deutschland nach der Wiedervereinigung. Eine religionssoziologische Analyse, in: ZThK 93, 1996, 586-615. Vgl. auch W.-J. Grabner, Religiosität in einer säkularisierten Gesellschaft. Eine Kirchenmitgliedschaftsuntersuchung in Leipzig 1989, Frankfurt am Main u.a. 1994, bes. 86-153.

20 K. Engelhardt/H. von Loewenich/P. Steinacker (Hrsg.), Fremde Heimat Kirche, a.a.O., 304f. Vgl. dazu E. Neubert, Konfessionslose in Ostdeutschland. Folgen verinnerlichter Unterdrückung, in: PTh 87, 1998, 368-379, bes. 369ff.

21 L. Motikat, Kirche ohne Konfessionslose? Verluste und Chancen auf dem Weg zu einer offenen Kirche, in: L. Motikat. und H. Zeddies (Hrsg.) im Auftrag des Kirchenamtes der EKD, Konfession: Keine. Gesellschaft und Kirchen vor der Herausforderung durch Konfessionslosigkeit – nicht nur in Ostdeutschland, Frankfurt am Main 1997, 161-277; ders., Konfessionslosigkeit in Ostdeutschland – worum geht es, und wer ist herausgefordert?, in: ebd. 17-48; E. Neubert, „gründlich ausgetrieben". Eine Studie zum Profil und zur psychosozialen, kulturellen und religiösen Situation von Konfessionslosigkeit in Ostdeutschland und den Voraussetzungen kirchlicher Arbeit (Mission), in: ebd. 49-160. Vgl. auch D. Pollack, Zur religiös-kirchlichen Lage in Deutschland nach der Wiedervereinigung, a.a.O., 595-598.

22 Dazu ein Erfahrungsbericht bei L. Motikat, Kirche ohne Konfessionslose? Verluste und Chancen auf dem Weg zu einer offenen Kirche, in: L. Motikat und H. Zeddies (Hrsg.) im Auftrag des Kirchenamtes der EKD, Konfession: Keine, a.a.O., 174-178.

23 K.-F. Daiber, Kirche und religiöse Gemeinschaften in der DDR, in: Gegenwartskunde SH 5/1988, Religion, Kirchen und Gesellschaft in Deutschland, Opladen 1988, 81.

24 W.-J. Grabner, Religiosität in einer säkularisierten Gesellschaft, a.a.O., 122.

blematik in den östlichen Gliedkirchen der EKD aufgenommen werden.

Der Kirchenaustritt wird hier ausschließlich in seiner konsequentesten Form bedacht, nämlich als Austritt in die Konfessionslosigkeit. Zwar muß auch, wer einer anderen Kirche oder Religionsgemeinschaft beitreten will, zunächst aus der evangelischen Kirche austreten. Aber es ist davon auszugehen, daß solche Übertritte im ökumenischen Zeitalter nicht mehr wie früher als Herausforderung angesehen werden, zumal auch die evangelische Kirche Übertritte aus der katholischen Kirche zu verzeichnen hat.[25]

Warum aber überhaupt eine pastoraltheologische Untersuchung zum Kirchenaustritt? Diese Frage ist von einigem Gewicht, denn sie läßt sich mit unterschiedlicher Intention stellen. Zunächst könnte man einwenden, daß die Kirche immer noch zu sehr mit sich selbst beschäftigt ist, wenn sie wie hier zuvorderst nach der Problemperspektive ihrer Pfarrer und Pfarrerinnen fragt. Sollten nicht vielmehr die Ausgetretenen selbst in den Blickpunkt des Interesses rücken? Müßten sich Kirche und Theologie nicht eher fragen, was diese Menschen zu ihrem Schritt bewegt hat, was aus ihnen wird und ob sie gegebenenfalls zu einem Wiedereintritt zu bewegen sind? Diesen Einwand könnte man mit dem Hinweis auf einige neuere Studien zur Austrittsmotivation entkräften, auf die auch in dieser Arbeit Bezug genommen wird.[26] Gewichtiger ist hingegen das Argument, daß die kirchliche und pastorale Wahrnehmung und Handhabung der Austrittsproblematik selbst ein kaum zu unterschätzender Bestandteil dieser Problematik ist. Die Behauptung eines fanatischen Kirchenkritikers, man suche bislang „in den Kirchen vergeblich eine offene Diskussion über den Kirchenaustritt“[27], ist zwar in dieser Pauschalität sicher falsch, muß aber als kritische Anfrage gehört werden. Was tatsächlich fehlt ist eine theologische Auseinandersetzung mit diesem Thema, die sich nicht wie das Gros kirchlicher Veröffentlichungen auf Reaktionen zu steigenden oder abnehmenden Austrittszahlen beschränkt oder nach einer zeitweiligen Betroffenheit eilends überleitet zu dem Hinweis, daß es ja auch seit Jahren eine beständige Zahl an Eintritten in die Kirche ge-

25 Gemessen an der Gesamtzahl der Austritte dürften Kirchenübertritte jedoch kaum ins Gewicht fallen. Da die Austretenden in der Regel weder gegenüber ihrer „alten“ Gemeinde noch bei der für Kirchenaustritte zuständigen Behörde Angaben über etwaige angestrebte konfessionelle Zugehörigkeiten machen, dürfte es für die den Austritt zur Kenntnis Nehmenden ohnehin schwierig sein, zu ermitteln, ob es sich um einen Übertritt oder um einen Austritt in die Konfessionslosigkeit handelt. Zum Übertritt vgl. G. Robbers, Kirchenrechtliche und staatskirchenrechtliche Fragen des Kirchenübertritts, in: ZEvKR 32, 1987, 19-46.

26 Vgl. u., 198f.

27 H. Herrmann, Kirchenaustritt. Ja oder Nein? Argumente für Unentschlossene, Hamburg 1992, 10.

be.[28] Damit ist der zweite mögliche Einwand gegen die spezifische Fragestellung dieser Arbeit bereits angedeutet. In der theologischen und kirchlichen Literatur zum Kirchenaustritt wurde und wird bislang den pastoraltheologischen Implikationen so gut wie überhaupt keine Aufmerksamkeit gewidmet. Dies gibt Anlaß zu der Vermutung, daß der spezifisch pastorale Aspekt der Kirchenaustrittsthematik sowohl von kirchlicher als auch von theologischer Seite – wenn überhaupt berücksichtigt – als marginal angesehen wird. Selbst das von der EKD herausgegebene und mittlerweile über 20 Jahre alte Positionspapier „Kirchenaustritte als Herausforderung an kirchenleitendes Handeln"[29] geht nicht auf die spezielle Situation der Pfarrer und Pfarrerinnen ein. Überhaupt wird hier weder eine theologische Standortbestimmung gegenüber der Austrittsproblematik vorgenommen, noch kommen die Ausgetretenen selbst als Objekte kirchlichen und kirchenleitenden Handelns in den Blick. Eine konkrete Hilfestellung im Umgang mit Kirchenaustritten und Ausgetretenen sucht man darin ebenfalls vergebens. Wer allerdings behauptet, daß Kirchenaustritte für die im Pfarramt Tätigen kein besonderes Problem sind, muß auch dafür erst den Nachweis erbringen. Und selbst wenn dies gelingen sollte, könnte man immer noch kritisch zurückfragen, ob nicht gerade solch mangelndes Problembewußtsein das entscheidende Problem ist. Die Ausgangshypothese dieser Untersuchung lautet daher:
Für Gemeindepfarrer und -pfarrerinnen ist die Konfrontation mit dem Kirchenaustritt in hohem Maße problemkonsistent, weil dieser

a. *negative Gefühle auslöst, die den Betroffenen zum Teil nicht bewußt werden und die zu reflektieren ihnen ein gewisses Abstraktionsvermögen abverlangt,*
b. *das eigene Kirchen- und Gemeindeverständnis berührt und gegebenenfalls kritisch in Frage stellt,*
c. *die Frage nach dem pastoralen Selbstverständnis aufwirft und zur Rollenidentifikation nötigt,*
d. *in der Gemeinde auch dann zum Thema wird, wenn es zu Begegnungen mit Ausgetretenen kommt, insbesondere mit solchen, die mit besonderen Erwartungen und Bedürfnissen an Kirche und Gemeinde herantreten,*
e. *auch in Medien mit überwiegend kirchenkritischer Stoßrichtung*[30] *behandelt wird und Pfarrerinnen und Pfarrer, gleich welcher*

---

28 Im Gegensatz zu W. Huber, Auftrag und Freiheit der Kirche in der pluralistischen Gesellschaft, in: R. Weth (Hrsg.) Was hat die Kirche heute zu sagen? Auftrag und Freiheit der Kirche in der pluralistischen Gesellschaft, Neukirchen-Vluyn 1998, 29, wird hier die Ansicht vertreten, daß eine echte „Konzentration auf die Kirchenaustritte" zwangsläufig auch zur „Frage des Kircheneintritts" führt.

29 Ev. Kirche in Deutschland – Kirchenkanzlei, Kirchenaustritte als Herausforderung an kirchenleitendes Handeln, Hannover 1977.

30 Vgl. z.B.: Die Zahl der Kirchenaustritte schnellt empor, in: DER SPIEGEL Jg. 91, Nr. 14, 84ff.; Kirche, die Fromme Firma, in: DER SPIEGEL Jg. 95, Nr. 12,

> *Konfession, als die die Institution repräsentierenden Amtspersonen bevorzugt zu Zielscheiben der Kritik werden.*[31]

Daher macht es Sinn, sich dem Problem Kirchenaustritt zunächst dort anzunähern, wo dieser erstinstanzlich wahrgenommen und behandelt wird, nämlich in der Gemeinde am Ort und zwar durch die im Pfarramt Tätigen sowie die Gemeindeleitung. Diese Untersuchung geht davon aus, daß jeder Austritt für eine individuelle Entscheidung eines einzelnen Menschen steht und somit für die zuständigen Pfarrerinnen und Pfarrer eine Herausforderung darstellt, auf die sie in irgendeiner Form aktiv oder passiv, bewußt oder unbewußt reagieren. Der Singular im Buchtitel ist bewußt gewählt, weil es zunächst um die Wahrnehmungen, Deutungsmuster und Verhaltensweisen in der Konfrontation mit dem einzelnen Kirchenaustritt geht. Dabei kann die emotionale Dynamik dieses Geschehens deutlicher hervortreten und eine vorschnelle Generalisierung wird vermieden.
Kirchenaustritte sind aber in ihrer Vielzahl auch eine Herausforderung für die Kirche an sich, denn sie verliert auf diesem Wege nicht nur Mitglieder und Steuergelder, sondern auch an innerer Substanz. Und diese Herausforderung betrifft nunmehr alle, die auf den verschiedenen kirchlichen Ebenen Verantwortung tragen und Leitungsaufgaben innehaben. Sie betrifft nicht zuletzt auch bestimmte Bereiche der theologischen Wissenschaft, die sich mit Fragen der Kirchentheorie und der praktisch-theologischen Ekklesiologie befassen. Pfarrer und Pfarrerinnen in der Gemeindepraxis sind jedoch diejenigen, die an den Nahtstellen von Kirche und Gemeinde, Kirche und Gesellschaft, Theologie und Alltagskultur stehen und arbeiten. Über ihre Wahrnehmungs- und Deutungsmuster müßte sich folglich auch der gesamt-

---

7ff.; Kirche: Trotz Austrittswelle großer Reichtum, in: DER SPIEGEL Jg. 95, Nr. 10, 76ff.; „Beten kann ich auch so", in: Stern Jg. 93, Nr. 39, 177ff.; Glaube ohne Kirche, Focus 1996 Nr. 15, 52ff. Zur Rolle der Medien in der Austrittsproblematik: M. Kroeger, Die Notwendigkeit der unakzeptablen Kirche. Eine Ermutigung zu distanzierter Christlichkeit, München 1997, 69.

31 Von anderer Seite werden sie direkt für die hohen Austrittszahlen verantwortlich gemacht. Vgl. H. Herrmann, Kirchenaustritt. Ja oder Nein?, a.a.O., 13ff. Daß die sehr pauschale Kritik an den Pfarrern, bei denen Herrmann augenscheinlich überwiegend die katholischen „Kleriker" vor Augen hat, von den Lesern direkt auf die Pfarrerinnen und Pfarrer übertragen wird, läßt sich allerdings nur vermuten. Zur kritischen Auseinandersetzung mit Herrmann vgl. M. Kroeger, Die Notwendigkeit der unakzeptablen Kirche, a.a.O., 19, Anm. 2 (239). Auch das jüngst erschienene Buch von W. Kuhn, Sind Sie reif für den Kirchenaustritt?, Frankfurt am Main 1997, konzentriert sich auf die römisch-katholische Kirche. Kuhn will nach eigenen Angaben dadurch eine Kirchenreform in die Wege leiten; seine harsche Kritik läßt dafür jedoch kaum noch Raum. Kritisch auch der „Rundumschlag" von J. Leske, Schmeißt die Kirche aus dem Staat. Sieben Lanzen gegen die Kirche, Essen u.a. 1995. Objektiver und sachlicher dagegen das informative Buch von J. Bollwerk und T. Opitz, Pro und Contra Kirchenaustritt, Niedernhausen 1995. Hier kommen auch Kirchenmitglieder zu Wort (17), die schildern, warum sie in der Kirche bleiben.

kirchliche und theologische Horizont der Problematik erschließen. Da bislang keine diesbezüglichen empirischen Forschungen durchgeführt wurden und eine pastoraltheologische Untersuchung ohne empirische Grundlagen sich der Gefahr aussetzte, die pfarramtliche Wirklichkeit zu vernachlässigen, wurde vom Verfasser im Bereich der Evangelischen Kirche von Westfalen eine Befragung von Pfarrern und Pfarrerinnen zu eben dieser Problematik durchgeführt.[32] Mit der Konzentration auf die Person des Pfarrers/der Pfarrerin ist selbstredend eine pastoraltheologische Grundentscheidung gefallen. Sie orientiert sich an der gegenwärtigen Einschätzung der kirchlichen Lage, wonach das Pfarramt und insbesondere das Gemeindepfarramt nach wie vor ein signifikanter Faktor des kirchlichen Erscheinungsbildes ist. Auf die im Pfarramt Tätigen konzentrieren sich vielfältige, häufig diffuse Erwartungen. Mit ihnen steht und fällt die Wertschätzung, die der Kirche seitens ihrer Mitglieder und vieler Nichtmitglieder immer noch entgegengebracht wird. Kurz gesagt: Der Pfarrer bzw. die Pfarrerin steht für die Kirche.[33] Er oder sie ist in einem allgemeineren Sinne die „Repräsentativfigur jenes Bereichs jeder Menschengesellschaft, der als Religion bezeichnet wird."[34] In der personalen Begegnung mit dieser Figur zeigt sich darum nicht nur, was Kirche ist oder nicht ist, sondern auch wie sich Religion heute in christlicher Perspektive darstellt. Darum befaßt sich die Auswertung des empirischen Materials nicht nur mit der pastoralen Praxis des Erlebens und Umgangs mit dem Kirchenaustritt. Über den Pfarrer/die Pfarrerin erschließt sich auch die differenzierte theologische und kirchliche Wahrnehmung dieses komplexen Sachverhalts.[35] Damit wird nicht zuletzt auch eine *gesamtgesell-*

32 Daß sich die Untersuchung in erster Linie auf die pfarramtliche Ebene beschränkt, hat zwei Gründe. Zunächst und zuerst ist der einzelne Pfarrer/die einzelne Pfarrerin mit dem Austritt konfrontiert und befaßt. Sie müssen mit ihren spontanen Gefühlen und Assoziationen umgehen. Erst im zweiten oder dritten Schritt werden sie auch ihr Presbyterium in ihre Überlegungen mit einbeziehen. In der pfarramtlichen Praxis verdichtet sich also die Komplexität der Herausforderung. Der zweite Grund ist ein praktischer: Verwertbare Untersuchungen zu themenbezogenen Reaktionen und Verhaltensmustern bei Presbyterinnen und Presbytern liegen bislang ebenfalls nicht vor.

33 Dabei sollen die kritischen Aspekte einer solchen Sichtweise nicht übersehen werden. Anfragen ergeben sich aus theologischer Perspektive gegen die „Pastorenkirche" vom reformatorischen Standpunkt eines Priestertum aller Gläubigen, aus pastoraler Perspektive hinsichtlich der damit verbundenen Überforderung, aus kirchenreformerischer Perspektive wegen der damit einhergehenden Widerstände und Hemmnisse.

34 M. Josuttis, Der Pfarrer ist anders. Aspekte einer zeitgenössischen Pastoraltheologie, München [2]1983, 15.

35 Die Kirchenmitgliedschaftsstudien bestätigen die nach wie vor prävalente Sichtweise des Pfarrers/der Pfarrerin als *des* Exponenten/*der* Exponentin von Kirche. Vgl. H. Hild (Hrsg.), Wie stabil ist die Kirche? Bestand und Erneuerung. Ergebnisse einer Meinungsbefragung, Gelnhausen/Berlin [2]1975, 59-72; J. Hanselmann, H. Hild, E. Lohse (Hrsg.), Was wird aus der Kirche? Ergebnisse der zweiten

schaftliche Kommunikationsfähigkeit in der Bewertung eines zentralen Topos im öffentlichen Diskurs über Kirche und Religion erzielt. Eine empirische Studie zur pastoraltheologischen Einschätzung des Kirchenaustritts kann jedoch nicht die praktisch-theologischen Aspekte des Themas außer Acht lassen. Darum wird in einem **ersten Teil** zunächst dargelegt, warum der Kirchenaustritt überhaupt ein Thema der Praktischen Theologie ist und im Rahmen der praktisch-theologischen Ekklesiologie verhandelt werden muß (1. Kapitel). Wenn sie an ihrem Subjektbezug festhält und als ihren Bezugsrahmen die gesamte religiöse Praxis auch außerhalb des kirchlichen Bereichs definiert, hat der Kirchenaustritt als demonstrativer Ausweis einer Neuorientierung spezifisch religiöse Implikationen. Der Abbruch der Mitgliedschaft zieht nämlich nicht zwangsläufig das Ende der individuellen Kirchenbeziehung nach sich und bedeutet schon gar nicht das Ende der religiösen Praxis des Subjektes. Sowohl für die Praktische Theologie, wie auch für die Pastoraltheologie im besonderen handelt es sich jedoch um ein Grenzphänomen. Der Austritt fällt als Übergangsgeschehen in die Konfliktzonen der pastoralen Existenz und ist daher auch der Pastoraltheologie als Thema aufgegeben. Bislang hat sie sich dieser Aufgabe allerdings noch nicht gestellt. Welchen Beitrag diese empirische Studie zu der geforderten praktisch-theologischen Auseinandersetzung mit dem Kirchenaustrittsthema leisten kann, wird in einem Zwischenschritt dargelegt (2. Kapitel). Daran schließt sich die Vorstellung der ausgewerteten Interviews und der darin vertretenen Positionen zum Kirchenaustritt an. Anschließend werden sie hinsichtlich der subjektiven Wahrnehmung und Handhabung des Austritts durch die Befragten analysiert (3. Kapitel).

Eine pastoraltheologische Beurteilung der mit dem Kirchenaustritt aufgegebenen Problematik ist allerdings nur sinnvoll, wenn deutlich wird, wie sich das Problem in der gegenwärtigen kirchlichen und theologischen Situation insgesamt darstellt. Dies gilt es im **zweiten Teil** zu entfalten. Die Wahrnehmungs-, Deutungs- und Handlungsmuster der Pfarrer und Pfarrerinnen sind nur vordergründig mit dem subjektiven Erleben der einzelnen Befragten zu erklären. Sie beruhen

EKD-Umfrage über Kirchenmitgliedschaft, Gütersloh [4]1987, 105-109. In der dritten, 1997 erschienen Studie wird auf eine neuerliche Entfaltung dieser Thematik verzichtet. Im Abschnitt über die Kontakte der Mitglieder zur Kirche kommt man jedoch zu dem Ergebnis, daß im Blick auf die Haltung der Mitglieder zur Person des Pfarrers, der Pfarrerin von einer „Schieflage" auszugehen ist. „Er/sie genießt sowohl als Repräsentant/in der religiösen Dimension des Lebens, als auch als Schlüsselfigur für den Kontakt zur Gemeinde hohes Ansehen und große Aufmerksamkeit. Die Kontaktmöglichkeiten aber, bei denen es zu einer persönlichen Begegnung zwischen ihm/ihr und Kleinen Leuten kommen könnte, sind erheblich eingeschränkter." K. Engelhardt/H. von Loewenich/P. Steinacker (Hrsg.), Fremde Heimat Kirche, a.a.O., 187. Die Verfasser vermuten, daß dies „womöglich auch etwas mit der eigenen Milieubindung der Pfarrer und Pfarrerinnen zu tun" hat.

ebenso auf theologischen Grundüberzeugungen und führen daher in die Spannungsfelder von theologischer und funktionaler Ekklesiologie, christlichem und organisationssoziologischem Mitgliedschaftsverständnis und den theologischen, kirchlichen und professionstheoretischen Funktionsbestimmungen des Pfarrberufes. Darüber hinaus sind neben den theologischen Deutungsmustern auch die gesellschaftstheoretischen Aspekte der Kirchenaustrittsproblematik zu berücksichtigen. Diese vier Schwerpunktthemen, Ekklesiologie, Mitgliedschaftsverständnis, Funktion des Pfarramtes und die Austrittsthematik selbst bilden folglich die Bedingungsfaktoren einer pastoraltheologischen Studie zum Kirchenaustritt. Sie sollen jeweils im Bezug auf die und im kritischen Vergleich mit den zentralen Ergebnissen und Einsichten der empirischen Untersuchung in ihrem gegenwärtigen forschungsgeschichtlichen Kontext behandelt und analysiert werden. Auf diese Weise leistet die Pastoraltheologie zugleich einen Beitrag zu wichtigen kirchensoziologischen Fragestellungen der Gegenwart. Sie beteiligt sich an der Praktischer Theologie in besonderer Weise aufgegebenen Reflexion und Instrumentalisierung des Praxis-Theorie-Praxis-Zusammenhangs (4. Kapitel).[36] Bei den drei zuerst genannten Schwerpunktthemen ergibt sich allerdings, wie der Blick auf die aktuelle Literatur zeigt, nicht von selbst ein Zusammenhang mit der Austrittsthematik. Ekklesiologisch (5. Kapitel) wurde der Kirchenaustritt bislang allenfalls als Randthema behandelt. Dabei wirft er im Blick auf die theologische Kirchen- und Gemeindetheorie grundlegende Fragen auf, die im Folgenden kurz angedeutet werden sollen. Auch in der Systematischen Theologie beginnt sich das Bewußtsein durchzusetzen, daß eine gegenwartsbezogene Kirchentheorie nicht mehr allein auf deduktivem Wege gewonnen werden kann. Sie muß vielmehr „Wesensbestimmungen und Ergebnisse empirischer Forschung aufeinander beziehen“[37] und „nach dem Nutzen der Kirche für die Gesellschaft und für das Leben des Einzelnen in ihr“[38] fragen. Sie muß zugleich danach fragen, wie Kirche heute überhaupt begriffen werden[39] kann angesichts der modernen gesellschaftlichen Situation, ob sie als „Institution im Übergang“[40] in der Lage ist, die heute fälligen Reformen zu vollziehen und wie sie in ihrer nach außen tretenden Gestalt als Volkskirche pluralismus- und religionsfähig wird.[41] Hier können

36 W. Gräb, Editorial zu International Journal of Practical Theology, Sonderdruck, Berlin/New York 1997, 6.

37 R. Preul, Kirchentheorie. Wesen, Gestalt und Funktionen der Evangelischen Kirche, Berlin/New York 1997, 9.

38 Ebd. 13.

39 F.-X. Kaufmann, Kirche begreifen, Freiburg u.a. 1979.

40 W.-D. Marsch, Institution im Übergang, Göttingen 1970.

41 V. Drehsen, Wie religionsfähig ist die Volkskirche? Sozialisationstheoretische Erkundungen neuzeitlicher Christentumspraxis, Gütersloh 1994. W. Gräb,

die Bezüge auf das empirische Material wichtige Aufschlüsse darüber geben, inwieweit diese Fähigkeiten bei den in der kirchlichen Praxis Tätigen vorausgesetzt werden können, bzw. wie die vorgestellten Reformtheorien effizienter zum Tragen kommen können oder gegebenenfalls modifiziert werden müssen.
Kann die Kirche aber überhaupt die faktische inner- wie außerkirchliche Pluralität von religiösen Einstellungen und Lebenskonzepten bejahen, ohne zugleich ihre eigene Identität zu verlieren? Oder müßte es nicht umgekehrt zu einer inneren Konzentration und einer deutlicheren Profilierung nach außen kommen, damit die Menschen sich wieder stärker mit dieser Kirche identifizieren können und folglich auch ihre Mitgliedschaft beibehalten? Grundlegender gefragt: Muß man überhaupt Mitglied sein, um dadurch die eigene Verbundenheit zum Ausdruck zu bringen oder an den kirchlichen Angeboten partizipieren zu können? Die letzte Frage ergibt sich auch auf dem Hintergrund eines Wandels im Verständnis von Kirchenmitgliedschaft (6. Kapitel), auf den vor allem die Kirchenmitgliedschaftsstudien der EKD aufmerksam gemacht haben.[42] Es gibt danach sehr verschiedene Stile der Mitgliedschaftspraxis, unterschiedliche Verbundenheitsgrade und Partizipationsformen. Insbesondere die Gruppe der sogenannten kirchlich Distanzierten oder Kirchenfernen ist in den letzten Jahren stärker in den Blickpunkt des Interesses gerückt und das sicher nicht nur deshalb, weil man von ihnen am ehesten annehmen kann, daß sie an der Schwelle zum Kirchenaustritt stehen. Die dritte Mitgliedschaftsstudie hat hingegen deutlich gemacht, daß bei einer konsequenten Mitgliedschaftsforschung der Zuständigkeitsbereich des kirchensoziologischen Interesses noch mehr erweitert werden muß. Auch die negative Mitgliedschaftsdefinition durch Austritt muß konsequenterweise theologisch bedacht werden. Denn wenn man durch die lebenslang gültige und ökumenisch nahezu konsensfähige Taufe[43] Glied der Kirche Jesu Christi wird, ergibt sich zwangsläufig die Frage, wie sich dazu der Austritt aus der verfaßten Kirche im Zuge eines formaljuristischen Schrittes verhält. Theologisch zugespitzt gefragt: Kann man nach evangelischem Verständnis überhaupt aus einer Kirche austreten, in die man mit lebenslanger Gültigkeit hineingetauft worden ist?[44] Geht

---

Auf den Spuren der Religion. Notizen zur Lage und Zukunft der Kirche?, in: ZEE 39, 1995, 43-56.

42 J. Matthes (Hrsg.), Kirchenmitgliedschaft im Wandel. Untersuchungen zur Realität der Volkskirche. Beiträge zur zweiten EKD-Umfrage „Was wird aus der Kirche?“, Gütersloh ^{2}1991.

43 Vgl. Taufe, Eucharistie und Amt. Konvergenzerklärungen der Kommission für Glauben und Kirchenverfassung des Ökumenischen Rates der Kirchen, Frankfurt am Main/Paderborn 1983, 9-17.

44 Die katholische Kirche verneint dies jedenfalls für ihren Bereich eindeutig. Vgl. dazu schon H. Ehlers, Kann man aus der Kirche austreten?, in: ZdZ 3, 1949, 107f.

mit der rechtlichen Mitgliedschaft auch die theologische verloren? Bejaht man dies, so müssen sich Theologie und Kirche im Hinblick auf ihr Taufverständnis kritisch befragen lassen. Verneint man hingegen die Kohärenz von rechtlicher und theologischer Mitgliedschaft, dann ist wiederum zu fragen, mit welchem Recht etwa Ausgetretenen kirchliche Angebote wie die Amtshandlungen versagt bleiben. Beim Rekurs auf die Befragungsergebnisse kann gerade der Blick auf das Kasualverständnis und die entsprechende Praxis der Interviewten Aufschluß darüber geben, inwieweit sich auch in der Pfarrerschaft ein Bewußtsein für den aufgezeigten Wandel im Mitgliedschaftsverständnis herausgebildet hat und wo sich andererseits kritische Anfragen an die Praxistauglichkeit der beschriebenen Theorien ergeben.

Daß der Kirchenaustritt von Pfarrern und Pfarrerinnen als Problem empfunden wird, liegt auch daran, daß sich in mehreren Etappen, besonders aber in den letzten drei Jahrzehnten Funktion und Bedeutung des Pfarramtes selbst nachdrücklich verändert haben. Diese Veränderungen werden unter dem dritten thematischen Schwerpunkt (7. Kapitel) aufgezeigt. Dabei geht es zunächst um die Frage, wie sich pastorale Existenz und Berufsrolle des Pfarrers/der Pfarrerin aus der Sicht der Kirche, der Pastoraltheologie, der gesellschaftlichen Öffentlichkeit und schließlich derer, die dieses Amt innehaben, heute darstellen. Ferner ist von Interesse, ob und inwieweit sich die unterschiedlichen Ansprüche und Konzeptionen auch in den Selbstkonzepten der Befragten und in ihrer Praxis widerspiegeln. Dabei wird die Bereitschaft zur Auseinandersetzung mit Menschen, die der Kirche distanziert gegenüberstehen oder sie bereits verlassen haben, zu einem maßgeblichen Kriterium.

Der **dritte Teil** des Buches widmet sich der Austrittsproblematik im engeren Sinne. Zunächst wird deren historische Entwicklung bis zur Gegenwart nachgezeichnet und der aktuelle Stand der Ursachen-, Motiv- und Profilforschung referiert (8. Kapitel). Die Bezugnahme auf die Interviewauswertung wird zeigen, wie weit es in der kirchlichen Praxis zu einer sachgemäßen Auseinandersetzung mit der aktuellen Problematik kommt. Dieselbe Frage ergibt sich auch bei der Darstellung der theologischen und kirchlichen Beurteilungen, die zur besseren Identifizierung als voneinander abgrenzbare Positionen dargestellt werden, auch wenn sie in Theorie und Praxis zum Teil fließende Übergänge haben, wie der jeweilige Rekurs auf die Interviews zeigen wird (9. Kapitel). Deutlicher grenzen sich hingegen die gesellschaftstheoretischen und soziologischen Deutungsversuche von einander ab und nötigen auf diese Weise zu einer begründeten Entscheidung (10. Kapitel). Die Auseinandersetzung mit den verschiedenen Theorien und der Bezug auf die Empirie führen schließlich zu einer eigenen Theorie zur Verortung der aktuellen Austrittsproblematik. Kirchenaustritte werden verstanden als eine Folge gesellschaftlicher Wandlungsprozesse, die mit den Begriffen ‘Differenzierung’ und ‘Indivi-

dualisierung' am treffendsten bezeichnet sind. Ausgehend von dieser Position werden dann die einzelnen Interviewpositionen pointiert dargestellt und in ihren praktischen Konsequenzen für die gemeindliche Praxis und das gesellschaftliche Umfeld bedacht (11. Kapitel).
Der **vierte Teil** faßt die Ergebnisse der Untersuchung zusammen und führt ihre kirchenreformerischen Konsequenzen aus (12. Kapitel). Welchen Beitrag die Erkenntnisse aus der empirischen Studie für die praktisch-theologische Auseinandersetzung mit der Kirchenaustrittsthematik leisten können, wird noch einmal unter Aufnahme der behandelten Schwerpunktthemen verdeutlicht. Es geht also um eine sachgemäße Wahrnehmung der Problematik unter Berücksichtigung ihrer emotionalen Dynamik, um ihre Bedeutung für die Kirchentheorie im engeren Sinne, um ihre Auswirkungen auf das theologische und kirchliche Verständnis der Kirchenmitgliedschaft, um eine stärkere Profilierung des Pfarramtes angesichts der mit der Problematik einhergehenden Herausforderung und um die Versachlichung des kirchlichen und theologischen Diskurses über den Kirchenaustritt und den durch Austritte mitverursachten Mitgliederrückgang.[45] Im Schlußkapitel (13. Kapitel) werden schließlich Folgerungen für die pfarramtliche Praxis gezogen.

45 Der Begriff „Mitgliederschwund" ist im letzteren Zusammenhang nicht angemessen, weil die Kirchenaustritte nur zum Teil dazu beitragen, daß die Zahl der evangelischen Kirchenmitglieder seit Jahren kontinuierlich zurückgeht. Andere Gesichtspunkte des Mitgliederrückgangs wie Sterbeüberhang, Taufunterlassungen und Wegzüge sind natürlich für die Erhellung der Gesamtproblematik nicht bedeutungslos, berühren jedoch nicht eigentlich das spezielle Thema Kirchenaustritte.

Erster Teil:

Empirische Untersuchung zur Wahrnehmung, Deutung und Handhabung des Kirchenaustritts durch Pfarrerinnen und Pfarrer

1. Kapitel: Der Rahmen der Untersuchung

1 Der Kirchenaustritt als Thema der Praktischen Theologie

1.1 Praktische Theologie und Kirchentheorie

„Kirchentheorie bezieht den dogmatischen Lehr- und Wesensbegriff auf einen gegebenen kirchlichen Zustand mit dem Zweck einer kritischen Beurteilung und gegebenenfalls Verbesserung dieses Zustandes.“[1] So beschreibt R. Preul in seinem 1997 erschienenen Studienbuch die Aufgabe der Kirchentheorie als eines *„Verbindungsstück[es] zwischen Systematischer und Praktischer Theologie“*[2]. Letztere hat nach Preul die Aufgabe, die Verbesserung der von der Kirchentheorie ermittelten Defizite des kirchlichen Zustandes durch konstruktive Vorschläge und Theorien kirchlichen Handelns auszugleichen. Obwohl Preul das Bild von Kirche in der Öffentlichkeit, die Einstellungen und Erwartungen der Menschen an sie, als Ausgangspunkt seiner Kirchentheorie nimmt und dabei auf die Ergebnisse empirischer Untersuchungen zur Kirchensoziologie rekurriert, widmet er in seinem Buch dem Kirchenaustritt keinen eigenen Abschnitt. In dem Paragraphen über die „Kirche als Volkskirche“ wird das Thema zwar kurz gestreift, werden „Gesprächsbereitschaft und Bereitschaft zur Seelsorge“ auch gegenüber Ausgetretenen gefordert[3], auf die theologischen, kirchenrechtlichen und praxisrelevanten Fragen der Kirchenaustrittsproblematik aber geht Preul nicht ein. Daß Fragen der Kirchenmitgliedschaft und ihrer Beendigung nicht zu den konstitutiven Themen theologischer Ekklesiologie gehören, ist nachvollziehbar, wenn diese, wie in den meisten gegenwärtigen systematisch-theologischen Entwürfen, von einem biblisch begründeten und dogmatisch fixierten Kirchenbild aus entfaltet wird. Das Thema jedoch in einer zeitgerechten Kirchentheorie nur in einem Nebensatz zu streifen, wird weder dem eigenen Anspruch gerecht, das Bild der Kirche in der Öffentlichkeit rezipieren zu wollen, noch berücksichtigt eine solche Verfahrensweise die

---

1 R. Preul, Kirchentheorie, a.a.O., 3.

2 Ebd. 4.

3 Ebd 185. Die Kirche sollten aber denen, die ihr „den Rücken gekehrt haben“, nicht mit ihren Amtshandlungen zu Dienste sein, denn dies würde nach Preul „den dienstrechtlichen Grundsätzen pfarramtlicher Praxis“ ebenso widersprechen wie dem notwendigen Respekt vor der „durch den Rechtsakt des Kirchenaustritts bekundete[n] Entscheidung“.

mit dem Kirchenaustritt aufgeworfenen ekklesiologischen Fragen. Zeigt sich darin eine grundsätzliche Aporie, nämlich die Inkompatibilität von theologischer Terminologie und soziokultureller Wirklichkeit oder deutet die marginale Behandlung des Themas eher auf die zumindest partielle Praxisferne kirchentheoretischer Entwürfe der Gegenwart hin? Der Austritt ist in der Tat vor allem ein Problem der kirchlichen und pastoralen Praxis. Er fällt damit in den Zuständigkeitsbereich der Praktischen Theologie als einer wissenschaftlichen Theorie kirchlichen Handelns. Ihre Funktion besteht nach D. Rössler darin, „die Verbindung von Grundsätzen der christlichen Überlieferung mit Einsichten der gegenwärtigen Erfahrung“ herzustellen und dies ist in einem reziproken Sinne zu verstehen. Als „Theorie der Praxis“[4] ist die Praktische Theologie also „weder Anwendungswissenschaft der Dogmatik noch einfach Praxistheorie.“[5] Sie hat als „Hermeneutik christlicher Praxis“[6] vielmehr nach beiden Seiten hin offen, also eine „Disziplin der Übergänge“[7] zu sein, wobei ‘Praxis’, wie noch zu zeigen sein wird, die gesamte religiöse Praxis innerhalb wie außerhalb des ursprünglichen Bezugsrahmens christlich-kirchlicher Religionskultur umfaßt.[8] „Die Praktische Theologie muß also in ihrer Grundlegung immer auch Theorie der Religion, darf keineswegs nur ‘Kirchentheorie’ sein“[9]. Offensichtlich bedarf es aber einer spezifischen Vermittlungsleistung zwischen theologischer Kirchentheorie und jener für die gegenwärtige kirchliche Situation charakteristischen Themen und Problemstellungen, will man sie nicht ohne weiteres in die Kirchen- und Religionssoziologie entlassen. Diese Vermittlungsleistung zu erbringen, ist Aufgabe der praktisch-theologischen Ekklesiologie, die als „eine Funktion der zugrundeliegenden Ekklesiologie“[10] dieselbe immer voraussetzt, jedoch darüber hinaus nach der jeweils konkreten Gestalt von Kirche, nach ihrer Struktur und nach ihrem Handeln fragt und diese zu gestalten anleitet. Praktische Theologie wird hier mit G. Otto verstanden als kritische Theorie religiöser

4 Nach der bekannten Definition von F. Schleiermacher, Die Praktische Theologie, SW I,13, Berlin 1850, 12.

5 M. Meyer-Blanck, Praktische Theologie und Postmoderne. Ein Dialog mit Wolfgang Welsch, in: PTh 85, 1996, 228.

6 Ebd.

7 Ebd. (dort kursiv).

8 Um dahin zu gelangen, muß die Praktische Theologie freilich zunächst ihre eigene „ekklesiologische Verengung“ überwinden. Vgl. G. Otto, Grundlegung der Praktischen Theologie, München 1986, 60-80. Sie betreibt damit in einem weiteren Sinne „religiöse Gegenwartskunde“. Vgl. W. Gräb, Editorial zu International Journal of Practical Theology, a.a.O., 7.

9 W. Gräb, Lebensgeschichten – Lebensentwürfe – Sinndeutungen. Eine praktische Theologie gelebter Religion, Gütersloh 1998, 25.

10 D. Rössler, Kirche – Christentum – Gesellschaft, in: F. Wintzer (Hrsg.), Praktische Theologie, Neukirchener Arbeitsbücher, Neukirchen-Vluyn 1982, 20.

Praxis in der Gesellschaft.[11] Sie muß sich bei der Analyse aktueller Praxisphänomene wie etwa der Kirchenaustrittsproblematik ihrer eigenen neuzeitlichen Konstitutionsbedingungen[12] immer wieder vergewissern, um die Gefahr einer „thetische[n] Setzung eines Programms für die Praxis"[13] zu vermeiden. „Tatsächlich verdankt sich die Praktische Theologie auf dem Hintergrund eines realitätsbezogenen Verständnisses von Kirche in Differenz zu ihrer dogmatisch-ekklesiologischen Bestimmung [...] sowie unter dem Eindruck einer von der Kirche weitgehend verselbständigten, emanzipierten Kultur und Gesellschaft [...] dem innertheologischen Bemühen um eine Position, 'die nicht die der Repräsentanten der Institution ist, sondern die sich einem selbständigen Begriff der Religion verpflichtet weiß' [...], wodurch eben auch die Praxis eines nichtkirchlichen und undogmatischen Christentums in den Zuständigkeitsbereich der Praktischen Theologie als eines ihrer thematisch-konstitutiven Bestimmungsmomente eingeholt zu werden vermag."[14] Dabei muß allerdings beachtet werden, daß weder die Praktische Theologie noch die Kirche in der modernen gesellschaftlichen Situation für sich eine Alleinzuständigkeit oder gar Alleinverfügungsgewalt hinsichtlich der Lebensäußerungen von Religion beanspruchen können.[15] Das Gesetz der positiven wie negativen Religionsfreiheit zu respektieren bedeutet eben auch, es den Menschen selbst zu überlassen, ob und wie sie sich religiös orientieren, ob sie Mitglied einer Kirche oder anderen Religionsgemeinschaft sein wollen oder ob es zum vollständigen Verzicht auf Religion und Religiosität kommt.

Der Kirchenaustritt markiert folglich in mehrfacher Hinsicht eine Schwelle.[16] Er ist für die praktisch-theologische Ekklesiologie ebenso wie für die Pastoraltheologie ein Prüfstein hinsichtlich der von ihnen heute geforderten Kompetenzerweiterung und Übergangsfähigkeit.[17] Weil er selbst religiöse Implikationen besitzt, ist das starre Denken in Alternativen (drinnen-draußen, kirchlich-antikirchlich, christlich-nichtchristlich) überholt. Darauf muß sich insbesondere die Pastoraltheologie erst noch einstellen, wie das Fehlen wissenschaftlicher Literatur zu diesem Thema anschaulich unter Beweis stellt.

---

11 G. Otto, Grundlegung der Praktischen Theologie, a.a.O., 77.

12 Vgl. V. Drehsen, Neuzeitliche Konstitutionsbedingungen der Praktischen Theologie 1 und 2, Gütersloh, 1988.

13 Ebd. 5.

14 Ebd. 6. Das eingeschlossene Zitat stammt von T. Rendtorff, Theorie des Christentums. Historisch-theologische Studien zu seiner neuzeitlichen Verfassung, Gütersloh 1972, 85.

15 W. Gräb, Lebensgeschichten – Lebensentwürfe – Sinndeutungen, a.a.O., 43f.

16 Für die Austretenden selbst, für diejenigen, die davon mittelbar oder unmittelbar betroffen sind, für Kirche und Gemeinde und schließlich auch für diejenigen, die sich wissenschaftlich mit dieser Problematik befassen.

17 M. Meyer-Blanck, Praktische Theologie und Postmoderne, a.a.O., 236-238.

1.2 Subjektbezug der Praktischen Theologie

Nach D. Rössler vollzieht sich neuzeitliche Christentumspraxis in drei Grundformen[18]: im privaten oder individuellen, im kirchlichen und im gesellschaftlichen bzw. öffentlichen Bereich. Den Primärbereich bildet das sich seiner selbst vergewissernde Individuum. „Die letzte Absicht aller Handlungen im Namen des Christentums gilt dem einzelnen Menschen.“[19] Die Praktische Theologie „gewinnt ihr Ziel und ihren Zweck in der Ausrichtung auf den einzelnen Menschen. Entsprechend ist der Einzelne das zentrale Thema der Praktischen Theologie.“[20] Subjektivität ist für Rössler ganz unmittelbar mit Religion verknüpft. In der gelebten Religion äußert sich das Selbst- und Weltverhältnis des Subjekts.[21] Dieses hat Selbstbezug und Sozialität jedoch nicht schon an sich, sondern erfährt die religiöse Konstitution seiner selbst gerade darin, daß beides von Gott zugeeignet wird und der subjektiven Aneignung im Glauben bedarf.[22] Folglich begründet „die Rechtfertigungslehre den Aufbau eines praxisfähigen Subjekts“[23]. „Die Praktische Theologie ist der Reflexionsbezug desjenigen Handelns vom Glauben bestimmter Subjekte, das auf die Rahmenbedingungen eben solcher Subjektivität so gerichtet ist, daß diese Subjektivität von anderen als eigene Selbstbestimmung vollzogen werden kann.“[24]

Konsequent hat H. Luther den Ansatz der Praktischen Theologie beim Subjekt weiterverfolgt.[25] Er fragt dabei nicht nur nach den Folgen der unübersehbaren Individualisierung *der* Religion, sondern auch nach ihrem spezifischen Beitrag *für* die Individualisierung. Wie kann die Religion die Subjektivität des Individuums fördern? Was bzw. wie kann insbesondere die Praktische Theologie zur Stabilisierung und Aktualisierung des Subjektstatus' beitragen? Luther versteht eine Praktische Theologie des Subjekts als „Theorie der Subjekt-*Werdung*“ im Gegensatz zu einer „Subjekttheorie, die über das Subjekt-*Sein* vergewissert und beruhigt“[26]. Damit sie dies überhaupt zu leisten vermag, muß sich die Praktische Theologie erst dahin begeben, wo die Objekte ihrer Aufmerksamkeit leben, nämlich „in den *Alltag*“[27] der Subjekte.

18 D. Rössler, Grundriß der Praktischen Theologie, Berlin/New York, 79-83.
19 Ebd. 63.
20 Ebd.
21 Vgl. auch W. Gräb, Der hermeneutische Imperativ. Lebensgeschichte als religiöse Selbstauslegung, in: W. Sparn (Hrsg.), Wer schreibt meine Lebensgeschichte: Biographie, Autobiographie, Hagiographie und ihre Entstehungszusammenhänge, Gütersloh 1990, 88.
22 W. Gräb/D. Korsch, Selbsttätiger Glaube. Die Einheit der Praktischen Theologie in der Rechtfertigungslehre, Neukirchen-Vluyn 1985, 39-49.
23 Ebd. 60.
24 Ebd. 61.
25 H. Luther, Religion und Alltag. Bausteine zu einer Praktischen Theologie des Subjekts, Stuttgart 1992.
26 Ebd. 17.
27 Ebd. 18.

Alltagswelt und Lebenswelt, aber auch Biographie und Sozialisation der Menschen rücken somit in den Blickpunkt des Interesses. Die Funktion der Religion in der Alltagskultur ist jedoch nicht immer augenfällig und muß daher immer wieder neu kulturhermeneutisch erschlossen werden.[28] Die individuelle Lebensgeschichte und die Sinnwelt des einzelnen Menschen bilden den Hintergrund für die Frage nach der Religionspraxis, vor allem aber nach der Alltagsrelevanz von Religion überhaupt, wobei die reflektierte Lebensgeschichte als religiös gerierte zu begreifen ist, weil in der Selbstreflexion immer eine Selbstüberschreitung stattfindet, die eine Grundform der Religion darstellt.

1.3 Praxisbezug der Praktischen Theologie

„Im neuzeitlichen Christentum geht die Praxis des religiösen Lebens nicht in den explizit kirchlichen Lebensformen auf. Sie besteht vielmehr mit jeweils eigenem Gewicht daneben in den Lebensformen des individuellen und des gesellschaftlichen Christentums."[29] Kirchliche und pastorale Praxis bilden demnach den Kernbestand dessen, was für die Praktische Theologie als Gegenstand der Theoriebildung von Interesse ist, da sie „im Rahmen von Ausbildungsinstitutionen ihren Ort hat, die auf den kirchlichen Dienst vorzubereiten haben."[30] Kirchliches Handeln ist jedoch nicht auf den Bereich der Institution Kirche zu beschränken, sondern hat immer auch eine gesellschaftliche Dimension. In der Wahrnehmung ihrer gestaltenden Funktion transportiert die Praktische Theologie ein nach beiden Seiten hin kritisches Moment, denn Kirche und Religion sind ebenso wie die Gesellschaft auf ihre Vermittlungsfähigkeit für diejenige Freiheit zu befragen, die der christliche Glaube aus sich heraus setzt. Mit der gesellschaftlichen Bedeutung des kirchlichen Handelns ist aber die religiöse Wirklichkeit noch nicht vollständig erfaßt. Religion ist vielmehr grundlegend zu verstehen als „diejenige Perspektive aller menschlichen Wirklichkeit, die die Unverfügbarkeit, die Erneuerungsfähigkeit und die Überholbarkeit dieser menschlichen Wirklichkeit wahrnimmt"[31]. Darum muß es in der Praktischen Theologie zur Konzentration auf die individuelle Religionspraxis des Subjekts kommen. Die Praktische Theologie muß die Lebenswelt der Menschen als Praxisfeld von Religion eigens erschließen, bevor sie nach ihrer eigenen Gestaltungsfähigkeit und Alltagsrelevanz fragt. Dazu kann sie sich der Sozialwissenschaften bedienen, weil diese selbst ein Instrumentarium „der Selbstthematisie-

---

28 W. Gräb, Religion in der Alltagskultur, in: A. Grözinger/J. Lott (Hrsg.), Gelebte Religion, Rheinbach 1997, 35.
29 D. Rössler, Grundriß der Praktischen Theologie, a.a.O., 17.
30 W. Gräb/D. Korsch, Selbsttätiger Glaube, a.a.O., 63.
31 D. Rössler, Grundriß der Praktischen Theologie, a.a.O., 70.

rung und Selbstauslegung"[32] des Individuums darstellen. Freilich wird diese Erschließungsfunktion Praktischer Theologie immer eine vorläufige bleiben, da Subjektwerdung und Individualisierung nicht als abgeschlossene Vorgänge anzusehen sind und die mit ihnen einhergehende Pluralisierung von Lebenswelten zu immer neuen Anstrengungen der Praxiskonstruktion nötigt.

1.4 Die besondere Funktion der Pastoraltheologie

Muß es nicht zwangsläufig zu einer Verengung des Untersuchungshorizontes kommen, wenn die Kirchenaustrittsproblematik im folgenden vor allem unter pastoraltheologischen Gesichtspunkten betrachtet wird? Wird damit nicht eine Selbstbespiegelung der Pfarrer und Pfarrerinnen betrieben, die der Gesamtthematik letztlich abträglich ist? Mit diesen kritischen Einwänden gilt es sich zunächst auseinanderzusetzen, weil sie nach dem Stellenwert der Pastoraltheologie in der beschriebenen Konzeption von Praktischer Theologie fragen. Die Pastoraltheologie ist nicht eine alternative Theorie kirchlichen Handelns, sondern ein eigenständiger Teilbereich der Praktischen Theologie. Sie „beschreibt den gesamten, theologisch verantworteten Dienst der dazu Vorgebildeten und Ordinierten."[33] Als solche nehmen Pfarrer und Pfarrerinnen zentrale Aufgaben in den für die Praktische Theologie überhaupt in Frage kommenden Tätigkeitsfeldern wahr, ohne freilich daraus einen Anspruch auf eine exklusive und umfassende Ausübung kirchlicher Praxis ableiten zu sollen. Da sie von Berufs wegen auch an der Nahtstelle zwischen Kirche und Gesellschaft stehen, da sie ein öffentliches Amt bekleiden und auch hinsichtlich ihrer personalen Kompetenz eine repräsentative Funktion für die Außenwahrnehmung der Kirche haben[34], sind sie in besonderer Weise auch mit den Grenzbereichen kirchlicher Wirklichkeit befaßt. Auch der Kirchenaustritt gehört wie gezeigt zu jenen Grenzbereichen der von Pfarrern und Pfarreinnen repräsentierten institutionalisierten Religion. Er ist damit in einer jener „Konfliktzonen pastoraler Existenz"[35] anzusiedeln, die wissenschaftlich zu reflektieren M. Josuttis als Aufgabe einer „zeitgenössische[n] Pastoraltheologie"[36] ansieht. Wie jene anderen Konfliktzonen auch ist der Kirchenaustritt „an den Schnittpunkten zwischen der beruflichen, der religiösen und der personalen Dimension pastoraler

---

32 V. Drehsen, Neuzeitliche Konstitutionsbedingungen der Praktischen Theologie 1, a.a.O., 613.

33 F. Merkel, Art. Pastoraltheologie II. Evangelisch, in: TRE 26, Berlin/New York 1996, 76.

34 Vgl. G. Wegner, Kirchliche Wahrnehmung und Wahrnehmung von Kirche. Studien zum Verhältnis von Eigen- und Fremdwahrnehmung der evangelischen Volkskirche, Hannover 1996, 243ff. Zur Rolle des Pfarrer/der Pfarrerin 249-268.

35 M. Josuttis, Der Pfarrer ist anders, a.a.O., 25 u.ö.

36 Ebd. 20.

Existenz"[37] zu lokalisieren. Wie die im Pfarramt Tätigen ihn wahrnehmen, erleben, reflektieren und deuten, ist Gegenstand der pastoraltheologischen Annäherung an das Thema in diesem Buch. Damit ist jedoch keineswegs eine thematische Reduktion verbunden, etwa in dem Sinne, als ginge es ausschließlich darum, die Wahrnehmungsfähigkeit oder die praktische Handlungskompetenz von Pfarrerinnen und Pfarrern im Blick auf das Kirchenaustrittsthema zu fördern. Vielmehr soll auch danach gefragt werden, welchen speziellen Beitrag die Aufmerksamkeit für die Perspektive der durch die Problematik an vorderster Stelle Betroffenen für die Erhellung dieses kirchen- und religionssoziologischen Themas leisten kann. Denn Kirchenaustritte gehören nicht nur zu den Konfliktzonen der pastoralen Existenz, sondern eben auch zu den Konfliktfeldern kirchlicher Praxis im besonderen und religiöser Befindlichkeiten im allgemeinen. Über die pastoraltheologische Zugangsweise können daher nicht nur die theologisch-ekklesiologischen Dimensionen des Problems erschlossen werden, sondern auf diesem Wege wird auch der gesellschaftstheoretische Hintergrund einer Verlagerung von Religion weg von den großen Institutionen in die subjektive Sphäre einer theoretischen Reflexion zugänglich gemacht. Gerade darin zeigt sich aber auch die Praxisrelevanz der Praktischen Theologie insgesamt, nämlich „daran, ob und wie sie die situationsbedingten und berufsspezifisch auftretenden Problemerfahrungen der religiös-kirchlichen Praxis in ihrem Zusammenhang als reflexiv entfaltbare Themen aufzunehmen versteht, um dadurch ihre Adressaten zu Orientierungs- und Handlungskompetenz zu befähigen."[38]

1.5 Die religiösen Implikationen der Kirchenaustrittsproblematik

Der Kirchenaustritt war bislang nahezu ausschließlich ein Untersuchungsgegenstand der Kirchensoziologie. Diese näherte sich ihm vor allem auf empirischem Wege und entwickelte auf der Grundlage statistischer Ergebnisse soziologische Theorien zu seiner Deutung. Auch die Kirchensoziologie gilt als eigenständiger Teilbereich der Praktischen Theologie, hat sich aber in den letzten Jahrzehnten zunehmend verselbständigt, so daß nicht mehr ohne weiteres erkennbar ist, welche Funktion und Bedeutung sie für die Praktische Theologie hat. Die Kirchensoziologie hat ohne Zweifel stets einen wichtigen Beitrag zur Erfassung der Kirchenaustrittsproblematik geleistet. Trägt sie doch dazu bei, die individuellen Motive der Ausgetretenen zu erhellen und Ursachen und Umstände aufzuzeigen, die dazu führen, daß Menschen ihre Mitgliedschaft in der Kirche einer kritischen Prüfung nach Nutzen und Aufwand unterziehen. Sozialwissenschaftliche Untersuchun-

37 Ebd.

38 V. Drehsen, Neuzeitliche Konstitutionsbedingungen der Praktischen Theologie 1, a.a.O., 24.

gen können darüber hinaus zu einer gesellschaftstheoretischen Verortung der Kirchenaustritte beitragen, indem sie etwa die Mitgliedschaftsfluktuationen in anderen gesellschaftlichen Institutionen wie Parteien, Gewerkschaften und Vereinen zum sozialstatistischen Vergleich heranziehen. Das alles sind unerläßliche Vorleistungen für eine sachgemäße Problemanalyse. Der Kirchenaustritt ist der Praktischen Theologie jedoch nicht nur unter kirchensoziologischen Gesichtspunkten als Thema aufgegeben. Denn über seine empirisch faßbaren Faktoren und Funktionen hinausgehend und neben seiner Bedeutung für die praktisch-theologische Ekklesiologie hat er spezifisch religiöse Implikationen.

Die Mitgliedschaft in einer der beiden Großkirchen gehörte bis 1990 zu den prägenden Kennzeichen der institutionalisierten Religionskultur in der Bundesrepublik Deutschland. Zumindest für den Bereich der westlichen Bundesländern trifft dies noch heute zu, wenn auch mit gewissen Einschränkungen.[39] Allein daran wird deutlich, daß die Mitgliedschaftsstruktur der Kirchen zu den elementaren Kennzeichen des von ihnen repräsentierten Religionssystems dieser Gesellschaft gehört.[40] Wenn eine wachsende Zahl von Menschen die Mitgliedschaft in der Kirche aufkündigt, ohne sich einer anderen Kircheninstitution oder sonstigen religiösen Gruppierung zuzuwenden, berührt dies ohne Zweifel die gesellschaftliche Funktion der organisierten Religion, gehört diese doch zu den die Gesellschaft insgesamt maßgeblich bestimmenden Faktoren.[41] Wenn darüber hinaus der individuelle Kirchenaustritt damit begründet wird, Religion sei letztlich Privatsache, so muß dies insofern bedenklich erscheinen, als es den Kirchen offenbar in der Vergangenheit nicht überzeugend genug gelungen ist, den sich in der modern-gesellschaftlichen Situation auftuenden Hiat zwischen Individuum und Institution zu überbrücken bzw. die zwischen ihnen bestehende Spannung für die eigene Religionsfähigkeit fruchtbar zu machen. Zwar hat das neuzeitliche Christentum den Typus der individuellen Religionspraxis aus guten Gründen hervorgebracht und nachhaltig mitgeprägt, eine Verlagerung von Religion ausschließlich in die Privatsphäre des Einzelnen war damit jedoch nicht intendiert, denn wie Subjektivität nach christlichem Verständnis ihre Herkunft von einem anderen ableitet, gehört zur Individualität des Subjektes immer zugleich seine Sozialität, das heißt sein Bezogensein auf andere Subjekte.

---

39 Evangelische Kirche in Deutschland – Studien- und Planungsgruppe, Fremde Heimat Kirche, a.a.O., 8f.

40 E. Herms, Kirche in der Welt: Lage und Aufgabe der evangelischen Kirchen im vereinigten Deutschland, Tübingen 1995, 15-18.

41 Nach D. Pollack, Zur religiös-kirchlichen Lage in Deutschland nach der Wiedervereinigung, a.a.O., 598, ist die Bedeutung der gegenwärtigen Austrittswelle für die Verankerung der Kirche in der Gesellschaft „kirchen- und religionssoziologisch noch nicht begriffen."

Damit ist jedoch nicht gesagt, daß zur religiösen Praxis des Individuums zwangsläufig die Mitgliedschaft in einer Kirche oder, zugespitzt, die Zugehörigkeit zu einer der beiden Großkirchen gehört und daß andersherum der Austritt das Ende der religiösen Praxis signalisiert. Im Gegenteil: „Die Teilnahme an Religion betrifft [...] die Individuen als solche, so daß der zugleich dem Menschen- und Grundrecht der Religionsfreiheit entsprechende Zugang zur Religion von den privatisierten Entscheidungen der einzelnen abhängig ist."[42] Gerade der Protestantismus hat ein solches Freiheitsverständnis hinsichtlich der individuellen Religionspraxis von Anfang an hervorgebracht und – wenn auch nicht linear, so doch in bestimmten Phasen seiner Geschichte – mit Nachdruck eingefordert. Religionsfreiheit bedeutet demnach nicht nur Wahl*freiheit*, sondern zieht unweigerlich einen *Zwang* zur Wahl nach sich und kann schließlich auch zum unausweichlichen Bruch mit der eigenen Religiosität führen. Folglich muß auch der Kirchenaustritt als letzte Konsequenz eines solcherart freiheitlichen, privatisierten Selbstbestimmungsvorgangs im Blick auf Religion angesehen werden, selbst wenn damit eine dezidiert religionskritische Attitüde verbunden ist. Daran wird jedoch zugleich deutlich, daß der Austritt letztlich der Grenzfall von Religionsmündigkeit ist, nicht nur, weil er die Spannung von Individualität und Sozialität einseitig auflöst, sondern, unabhängig von seinen individuellen Implikationen, eine Tendenz zur Ablösung derjenigen institutionellen Religionskultur hat, die das ihm zugrundeliegende Freiheitsverständnis bis dato transportiert.

2 Die Rolle der Pfarrerinnen und Pfarrer – ein Forschungsdesiderat

Forschungsarbeiten, die sich mit den pastoraltheologischen Gesichtspunkten des Kirchenaustritts beschäftigen, gibt es bislang nicht. Aufsätze mit wissenschaftlichem Charakter zu diesem Themenaspekt sucht man selbst in den einschlägigen pastoraltheologischen und praktisch-theologischen Zeitschriften vergeblich. Daß aber gerade Gemeindepfarrer und -pfarrerinnen in ihrer Gemeindepraxis mit der Kirchenaustrittsproblematik in besonderer Weise konfrontiert werden, liegt auf der Hand. Jeder Austritt aus der Kirche ist aufgrund der parochialen Strukturen der Landeskirchen zunächst ein Austritt aus einer konkreten Gemeinde am Ort. Diese wird in der Regel als erste durch Mitteilung des zuständigen Amtsgerichtes oder Standesamtes über den Austritt in Kenntnis gesetzt. Über den Dienstweg erfahren die Pfarrer und Pfarrerinnen vor Ort, daß ein Gemeindeglied aus der Kirche ausgetreten ist. Sie sind dadurch mit einer Tatsache konfrontiert, die ihren Zuständigkeits- und Wirkungsbereich, eben die Gemeinde, den Pfarrbezirk, betrifft, auf die sie jedoch weder mittelbar noch unmittelbar

42 F. Wagner, Zur gegenwärtigen Lage des Protestantismus, Gütersloh 1995, 23.

Einfluß gehabt haben und die zumindest vorläufig irreversibel ist. Durch die staatliche Regelung des Austrittsverfahrens kommt ein direkter Kontakt zu den Austretenden weder vor der Austrittshandlung noch bei der Inkenntnissetzung darüber zustande. Und nur in den seltensten Fällen wird es im Anschluß daran zu einem klärenden Gespräch zwischen den Betroffenen kommen.[43] Es handelt sich damit um eine für die Pfarrerin/den Pfarrer äußerst unbefriedigende Situation, die dringend der Klärung bedarf, in der Regel aber aus unterschiedlichen Gründen unreflektiert bleibt.
Andere Probleme ergeben sich für die im Pfarramt Tätigen bei der Begegnung mit Ausgetretenen in der Gemeinde. Besonders dann, wenn diese mit bestimmten Erwartungen an sie herantreten, etwa mit dem Wunsch nach einer Amtshandlung, kann es zu äußeren wie inneren Konflikten kommen. Beide Situationen, die Konfrontation mit dem anonymen Bescheid des Amtsgerichtes und die persönliche Begegnung mit Ausgetretenen oder ihren Angehörigen bilden jedoch nur die äußeren Kristallisationspunkte der Problematik. Für die pastoraltheologische Beschäftigung mit dem Kirchenaustrittsthema ist vor allem die Rolle der Pfarrerinnen und Pfarrer selbst von großer Bedeutung. Hier stellt sich nämlich die grundsätzliche Frage, ob sie überhaupt willens sind, sich dieser Herausforderung reflexiv zu stellen. Und dazu gehört auch die Bereitschaft, sich mit möglichen persönlichen Anteilen an diesem Geschehen auseinanderzusetzen, speziell mit der Frage, ob sie durch ihre Arbeit oder durch individuelles Fehlverhalten dazu beitragen oder beigetragen haben, daß Menschen die Kirche verlassen. Kirchenaustritte betreffen aber auch die pastorale Identität als solche. Denn jede Pfarrerin/jeder Pfarrer entwickelt und vertritt, bewußt oder unbewußt, in und mit seiner Arbeit ein bestimmtes pastorales Selbstkonzept, das in enger Kohärenz zu der von ihr/ihm vertretenen theologischen Konzeption steht. Innerhalb dieser Konzeption wird auch in der Regel implizit eine theologisch Deutung der Austrittsproblematik vorgenommen. Persönliche Erfahrungen mit Kirchenaustritten und Begegnungen mit Ausgetretenen können unter Umständen aber auch dazu führen, daß die eigenen Konzepte sich als kontrafaktisch erweisen und somit korrekturbedürftig werden.
Die pastoraltheologischen Aspekte des Kirchenaustritts sind bislang in der theologischen und kirchlichen Beschäftigung mit der Kirchenaustrittsthematik nahezu gänzlich vernachlässigt worden. Nur wenige

43 U. Müller-Weißner/R. Volz, Kirchenaustritte aus der evangelischen Kirche. Beweggründe, Zusammenhänge, Perspektiven. Erste Ergebnisse einer interpretierenden Studie zur Situation in Ludwigshafen am Rhein 1989/1990 in: U. Müller-Weißner/R. Volz u.a.: Kirche ohne Volk. Kirchenaustritte: Interpretationen und Schlußfolgerungen, Ludwigshafen 1991, 38, kommen in ihrer Studie zu einem anderen Ergebnis. Dabei ist freilich zu berücksichtigen, daß die Situation beim Interview eine andere war, da die Interviewer nicht im Auftrag der Kirchengemeinde tätig waren.

Veröffentlichungen, die jedoch strengen wissenschaftlichen Ansprüchen nicht genügen, lassen überhaupt ein Gespür für diese Fragen erkennen. So hat M. Blumenau 1988 in einem Kirchenkreis bei Hannover Pastoren und Pastorinnen zu ihren Erfahrungen mit Kirchenaustritten befragt.[44] Sie konzentriert sich dabei auf die Bereiche Amtshandlungspraxis, Austrittsmotivation und persönliche Begegnung mit Ausgetretenen. Die theologische Beurteilung des Kirchenaustritts durch die Pastoren und Pastorinnen wurde von ihr jedoch nicht erfragt. Die Auswertung des durchaus interessanten Materials erfolgt unsystematisch und eignet sich daher nicht für eine weiterführende Analyse. Auch H. Meile ist in der vom Volksmissionarischen Amt der Evangelischen Kirche von Westfalen herausgegebenen Broschüre „Kirchenaustritte • Kircheneintritte“[45] der Frage nachgegangen, wie mit Menschen umgegangen werden kann, die ausgetreten sind.[46] Auch wenn darin eigenartigerweise die Rolle der Pfarrerinnen und Pfarrer nicht eigens berücksichtigt wird[47], werden hier die wichtigsten Fragen auch des pastoralen Umgangs mit Kirchenaustritten behandelt. Eine theologische Annäherung an das Problem ist jedoch nur in Ansätzen vorhanden. Das gleiche trifft auf den Beitrag von G. Schüepp in einer auch für den interkonfessionellen Vergleich aufschlußreichen Schweizer Studie[48] zum Kirchenaustritt zu. Der Titel dieses Beitrages[49], der sich speziell mit der katholischen Handhabung der Kirchenaustrittsproblematik beschäftigt, hält leider seine vielversprechende Perspektive[50] nicht. Sein Vorzug besteht jedoch darin, die pastoralen Aspekte aufgezeigt zu haben. Das Hauptaugenmerk aber gilt hier der sakra-

---

44 M. Blumenau, Pastoren und Kirchenaustritte. Gespräche mit ehemaligen Kirchenmitgliedern in Hannover-Linden, in: Werkstatt Gemeinde 6, 1988, 63-76.

45 Volksmissionarisches Amt der Evangelischen Kirche von Westfalen (Hrsg.), Kirchenaustritte • Kircheneintritte. Mitarbeiterhilfe des Volksmissionarischen Amtes der Evangelischen Kirche von Westfalen. Aus der Praxis für die Praxis Nr. 1/1989. Vgl. auch Evangelischer Oberkirchenrat (Hrsg.), „Eine offene Tür, Kirchenaustritte und Kircheneintritte – eine Herausforderung an unsere Landeskirche und ihre Gemeinden in den nächsten Jahren, Karlsruhe 1988.

46 H. Meile, Vom Umgang mit Menschen, die die Kirche verlassen haben, in: Volksmissionarisches Amt der Evangelischen Kirche von Westfalen (Hrsg.), Kirchenaustritte • Kircheneintritte, a.a.O., 3-17.

47 Meile spricht fast durchweg von der Kirchengemeinde als dem handelnden Subjekt.

48 L. Carlen (Hrsg.), Austritt aus der Kirche, a.a O.

49 G. Schüepp, Kirchenaustritte – Anfrage an Selbstverständnis und pastorales Handeln der Kirche, in: L. Carlen (Hrsg.), Austritt aus der Kirche, a.a.O., 243-311.

50 Ebd. 245: „Die Intention der christlichen Kirche, mit ihrer Botschaft sich an alle Menschen zu richten und unter allen Gemeinschaft zu stiften, bringt es mit sich, dass jede Abwendung von ihr sie veranlassen muss oder müsste, sich die Frage nach ihrem richtigen Selbstverständnis und Verhalten zu stellen. Weder einzelne Kirchenaustritte noch Austrittswellen können sie ehrlicherweise unberührt lassen. [...] Unsere Fragestellung ist pastoraler und nicht juristischer Art.“

mentalen und seelsorgerlichen Praxis im Umgang mit Ausgetretenen.[51] Daß das Thema „Pfarrer/Pfarrerinnen und Kirchenaustritte" immer aktuell war, seit es Kirchenaustritte überhaupt gibt, läßt sich auch historisch nachweisen.[52] In einer Zeit mit nach wie vor hohen Austrittszahlen muß es um so dringlicher erscheinen, diese Problematik auch wissenschaftlich aufzuarbeiten.

51 Ebd. 276-311.

52 So kam es nach H.D. Ermel beispielsweise auf preußischen Synoden zu Beginn dieses Jahrhunderts immer wieder zum leidenschaftlichen Streit zwischen konservativen und liberalen Pfarrern. „Diese waren über die Selbstgerechtigkeit jener nicht weniger verstimmt als jene über die Friedfertigkeit dieser." H.D. Ermel, Die Kirchenaustrittsbewegung im Deutschen Reich 1906-1914. Studien zum Widerstand gegen die soziale und politische Kontrolle unter dem Staatskirchentum, Diss., Köln 1971, 162f. (unter Verweis auf P. Göhre, Kirche und Kirchenaustrittsbewegung, in: Sozialistische Monatshefte 13, 1909, Bd. 1, 300ff.). Nach A. Feige, Art. Kirchenentfremdung/Kirchenaustritte, in: TRE 18, Berlin/New York 1989, 533, ähnelte beispielsweise die innerkirchliche Diskussion in den 70er Jahren in Stil und Niveau den Auseinandersetzungen am Ende des 19. Jahrhunderts.

2. Kapitel:
Art und Durchführung der Untersuchung

1 Intention der Befragung

„Kirchenaustritte bedeuten eine Kränkung und eine Verunsicherung für den Gemeindepfarrer. Er reagiert mit einer Mischung von Ärger, Traurigkeit und Schuldgefühlen darauf. Hat er vielleicht etwas versäumt? Hat er die Menschen abgestoßen? Jeder Kirchenaustritt ist eine persönliche Infragestellung der Gemeindepfarrer."[1] Wenn H.-C. Piper mit dieser auf der Grundlage eines von ihm interpretierten Verbatims aufgestellten Diagnose recht hat, gehören die Erfahrungen mit Kirchenaustritten für Pfarrerinnen und Pfarrer zu den traumatischsten ihres pfarramtlichen Alltags. Die prägnante Symptomatik dieser Deskription läßt keinen Zweifel daran aufkommen, daß es sich hier nicht etwa nur um singuläre Erfahrungen eines einzelnen handelt, sondern um Emotionen und Irritationen, welche all diejenigen kennen, die sich mit Kirchenaustritten in der eigenen Gemeinde selbstreflektierend auseinanderzusetzen haben.[2] Warum die Austritte solche Gefühle und Fragen auslösen, führt Piper nicht weiter aus.[3] Seine Interpretation bleibt konsequent auf der Ebene der emotionalen Dynamik des Geschehens.[4] Kirchenaustritte betreffen die im Pfarramt Tätigen jedoch

---

1 H.-C. Piper, Der Hausbesuch des Pfarrers H.-C. Piper, Der Hausbesuch des Pfarrers. Hilfen für die Praxis, Göttingen ²1988, 66.

2 Daß das Problembewußtsein für Kirchenaustritte auch aufgrund der kirchensoziologischen Untersuchungen zur Austrittsbereitschaft unter den Mitgliedern bei vielen Gemeindepfarrern und -pfarrerinnen tatsächlich in den letzten Jahren gewachsen ist, bestätigen im übrigen einzelne Selbstmitteilungen wie etwa die von H.W. Grosse, Ein Gemeindepfarrer kommentiert eine Kirchenuntersuchung, in: PTh 75, 1986, 172-174. Mögliche und notwendige Reaktionen auf Kirchenaustritte werden hier thematisiert. Aus pastoraltheologischer Sicht auch interessant die Frage: „Sind diejenigen, die mir und anderen Gemeindepfarrern in vielen Einstellungen nahe sind, gerade die, die 'meiner' Organisation, der Kirche fernstehen?" (174).

3 In dem von ihm besprochenen Fall hält er jedoch eine „Entmischung" des „Knäuels" der Gefühle für erforderlich, um zu einer möglichst offenen Kommunikation mit den Austrittswilligen zu gelangen. H.-C. Piper, Der Hausbesuch des Pfarrers, a.a.O., 68.

4 Daß ein Pfarrer/eine Pfarrerin wie in dem vorliegenden Fall vor dem Vollzug des Kirchenaustritts Gelegenheit hat, mit den Austrittswilligen zu reden, dürfte allerdings heute eher selten vorkommen. Insofern ist das Beispiel eher atypisch.

nicht nur emotional. Sie berühren auch das eigene Rollenverständnis, die Kirchentheorie, das Gemeindebild und das Verständnis von Kirchenmitgliedschaft. Die Art und Weise, wie sie den Kirchenaustritt erleben und in der Praxis damit umgehen, hängt entscheidend davon ab, wie sie den Austritt theologisch beurteilen. Ohne eine Klärung auch der impliziten Theorievoraussetzungen wird eine praktisch-theologische Analyse der Kirchenaustrittsthematik folglich über hypothetische Annahmen nicht hinauskommen.

Die Erfahrungen von Pfarrerinnen und Pfarrern mit dem Kirchenaustritt, ihre Gefühle und Reaktionen, vor allem aber ihre theologischen Deutungsleistungen und Reflexionen standen im Blickpunkt des Interesses bei der durchgeführten Erhebung. Ihr Ziel war es, zunächst eine empirische Bestandsaufnahme vorzunehmen. Dazu sollten die Betroffenen selbst, also Pfarrerinnen und Pfarrer, zu ihren Erfahrungen, Einstellungen und Verhaltensweisen befragt werden. Dies sollte in möglichst offener Form geschehen, also den Befragten selbst viel Raum für ihre subjektiven Deutungsleistungen bieten. Kirchenaustritte sind, das galt es im Auge zu behalten, nicht nur ein Problem für die im Pfarramt Tätigen. Auch Kirchenvorstände bzw. Presbyterien werden immer wieder mit der Thematik konfrontiert. Werden sie regelmäßig über die Austritte in der eigenen Gemeinde informiert, was nicht unbedingt als selbstverständlich vorauszusetzen ist, entsteht ein Interesse an weiterführenden Fragen wie etwa nach einer sinnvollen Reaktion auf die Austritte bzw. nach Vermeidungsstrategien. Pfarrer und Pfarrerinnen sind jedoch als Funktionsträger und -trägerinnen der Kirche auf ganz besondere Weise in die Austrittsproblematik involviert. Im Verstehen der persönlichkeitsspezifischen Anteile und Deutungen liegt demnach der Schlüssel für eine adäquate Beurteilung und Behandlung dieses Problems, das zu einer permanenten Reflexion der ekklesiologischen Prämissen nötigt. Damit kann diese Untersuchung einen exemplarischen Beitrag zu der von Pfarrern und Pfarrerinnen oft als Problem empfundenen Vermittlung von Theorie und Praxis, bzw. Theologie und Empirie in der Kirche leisten.

Ausgehend von der Perspektive der durch Kirchenaustritte unmittelbar Betroffenen sollen hier die theologisch-ekklesiologischen Dimensionen des Themas erhellt werden. Dem Umstand, daß der die Untersuchung durchführende Forscher selbst Theologe und ehemaliger Gemeindepfarrer ist, muß an dieser Stelle Rechnung getragen werden. Die Gefahr einer zu großen subjektiven Nähe zur Thematik ist aus wissenssoziologischer Sicht ohne Zweifel vorhanden, sollte jedoch

---

Auch E. Lohse, Kleine evangelische Pastoralethik, Göttingen, 1985, 152, scheint eine solche Situation vor Augen zu haben und empfiehlt, Menschen, die sich mit dem Gedanken an den Kirchenaustritt tragen, einen Brief zu schreiben oder besser einen Besuch abzustatten. Beides kann nach Lohse nur mit der Intention geschehen, sie zur Beibehaltung der Mitgliedschaft zu bewegen.

auch nicht überschätzt werden. Die Forderung nach prinzipieller Offenheit und Wertneutralität war nicht nur unter sozialwissenschaftlichen Gesichtspunkten, sondern auch vom Anspruch der praktischen Theologie als wissenschaftlicher Theorie her unbedingt geboten.

2 Methodenwahl und praktische Durchführung

Quantitatives oder qualitatives Forschen? Über diese Grundsatzfrage war zunächst zu entscheiden. Ganz abgesehen von den organisatorischen Problemen, die eine quantitative, auf Repräsentativität ausgerichtete Erhebung mit sich gebracht hätte, wurde bereits im Vorfeld deutlich, daß dieses sensible Thema mit einem vollstandardisierten Verfahren kaum in seiner ganzen Tiefe und Komplexität hätte erfaßt werden können.[5] Ein qualitatives Verfahren legte sich dagegen sogar nahe, weil die Kirchenaustrittsthematik persönlichkeitsspezifische, organisationssoziologische und sozialisationstheoretische Aspekte vereint. Die subjektive Sinnwelt der Pfarrer und Pfarrerinnen, so wurde deutlich, läßt sich am ehesten mittels einer ihrer beruflichen Praxis entsprechenden Gesprächs- bzw. Interviewführung erschließen, denn: „Qualitative Forschung hat ihren Ausgangspunkt im Versuch eines vorrangig deutenden und sinnverstehenden Zugangs zu der interaktiv 'hergestellt' und in sprachlichen wie nichtsprachlichen Symbolen repräsentiert gedachten sozialen Wirklichkeit."[6]
Nach der Grundentscheidung für ein qualitatives Vorgehen mußte unter den in Frage kommenden Methoden eine dem Thema und dem Erkenntnisinteresse angemessene ausgewählt werden.[7] Bei einem im Sommer 1995 durchgeführten Pretest wurde in zwei Fällen zunächst die von F. Schütze entwickelte Technik des narrativen Interviews[8] angewandt. Die Interviews dienten vorwiegend einer näheren Exploration des Forschungsgegenstandes und der Konzeptgenerierung. Bei der

---

5 Zur Methodenentscheidung vgl. G. Kleining, Methodologie und Geschichte qualitativer Sozialforschung, in: U. Flick u.a. (Hrsg.) Handbuch Qualitative Sozialforschung. Grundlagen, Konzepte, Methoden und Anwendungen, Weinheim [2]1995, 11-22. Nach Kleining „ist die Verwendung qualitativer Verfahren in *allen* Wissenschaften angezeigt, in denen die Gegenstände komplex sind oder durch den jeweiligen Kenntnisstand als komplex angesehen werden müssen." (14).

6 E. von Kardoff, Qualitative Sozialforschung – Versuch einer Standortbestimmung, in U. Flick u.a. (Hrsg.), Handbuch Qualitative Sozialforschung, a.a.O., 4.

7 Zu den qualitativen Befragungsverfahren vgl. C. Hopf, Qualitative Interviews in der Sozialforschung. Ein Überblick, in: U. Flick u.a. (Hrsg.), Handbuch Qualitative Sozialforschung, a.a.O., 177-182.

8 F. Schütze, Die Technik des narrativen Interviews in Interaktionsfeldstudien, dargestellt an einem Projekt zur Erforschung von kommunalen Machtstrukturen, Arbeitsberichte und Forschungsmaterialien der Universität Bielefeld, Fakultät für Soziologie, Bielefeld 1977. Vgl. auch H. Hermanns, Narratives Interview, in: U. Flick u.a. (Hrsg.), Handbuch Qualitative Sozialforschung, a.a.O., 182-185.

Auswertung zeigte sich jedoch, daß sich verschiedene Aspekte der Thematik, die nicht unmittelbar mit der Konfrontation durch Kirchenaustritte im Zusammenhang stehen, nicht zwangsläufig im Erzählvorgang einstellten und auch durch exmanentes Nachfragen nur sehr unzureichend erfaßt werden konnten. Daher wurde für die Befragung ein teilstandardisiertes bzw. semistrukturiertes Interviewverfahren gewählt. Das sog. „problemzentrierte Interview"[9] sieht einen thematisch orientierten Leitfaden vor, welcher den Befragten einen weiten Gestaltungsspielraum einräumt und flexibel zu handhaben ist.[10] Andererseits gelingt es auf diese Weise, auch jene Problemaspekte anzusprechen, die sich nicht von selbst ergeben, die aber im Hinblick auf eine möglichst umfassende Analyse des Forschungsgegenstandes von Interesse sind. Durch die auch für das Leitfadeninterview typische Erzählstruktur werden die grundlegenden Kriterien qualitativer Interviewführung, nämlich Offenheit, Kommunikativität und Flexibilität, berücksichtigt.[11] Im Gegensatz zum rein induktiv vorgehenden narrativen Interview zeichnet sich das problemzentrierte Interview jedoch „durch eine *Kombination* aus *Induktion und Deduktion* mit der Chance auf *Modifikation der theoretischen Konzepte* des Forschers"[12] aus. Genau dies lag und liegt im Interesse dieser Untersuchung. Dabei wird der Erfahrungshintergrund des Verfassers ebenso berücksichtigt wie die theoretischen Hintergründe der aktuellen Kirchenaustrittsthematik.

3 Durchführung der Interviews

3.1 Pretests, Konzeptgenerierung und Leitfadenentwicklung

Anhand der beiden vorauslaufenden Interviews ließ sich ein Eindruck über die grundsätzliche Bereitschaft von Pfarrern und Pfarrerinnen, sich auf ein Interview zu diesem Thema einzulassen, ermitteln. Diesbezügliche Bedenken erwiesen sich als unbegründet. Ein weiterer Pretest wurde nach der Aufstellung des vorläufigen Leitfadens, also kurz vor der eigentlichen Untersuchung durchgeführt. Dabei zeigte sich, daß der Befragte mit der angewandten Impulstechnik[13] Schwie-

---

9 Die Bezeichnung stammt von A. Witzel, Das problemzentrierte Interview, in: G. Jüttemann (Hrsg.), Qualitative Forschung in der Psychologie. Grundfragen, Verfahrensweisen, Anwendungsfelder, Weinheim 1985, 227-255.

10 Die Fragen werden nicht unbedingt in der vorgegebenen Reihenfolge angesprochen, sondern dann, wenn es sich aus der Darstellung der Interviewten ergibt. Bestimmte Fragen können gegebenenfalls entfallen, wenn sie von den Interviewten von selbst angesprochen wurden.

11 S. Lamnek, Qualitative Sozialforschung Bd. 2, Methoden und Techniken, Weinheim [3]1995, 60-64.

12 Ebd. 75.

13 Die einzelnen Themenaspekte wurden von mir lediglich benannt, also nicht als Frage formuliert.

rigkeiten hatte. An mehreren Stellen waren präzisierende Fragen als Ergänzung notwendig.[14] Das inzwischen vertiefte theoretische Konzept mußte jedoch nur unwesentlich modifiziert werden. Die angenommene Kohärenz und wechselseitige Durchdringung von subjektivem Affiziertsein, kirchentheoretischer Reflexion und der Entwicklung von praxisorientierten Maximen hinsichtlich der Kirchenaustrittsthematik bestätigte sich erneut.
Der Interviewleitfaden[15] wurde auf der Grundlage der geschilderten Vorerfahrungen erstellt. Er setzt induktiv ein, enthält im mittleren Teil überwiegend deduktive Impulse und läuft mit zwei offenen Fragestellungen aus. Nach der Behandlung aller Themenaspekte wurde den Interviewten Gelegenheit zu Ergänzungen bzw. zu einem Resümee gegeben.

3.2 Auswahl der Interviewpartner und -partnerinnen und praktische Durchführung

Aus organisatorischen Gründen erschien es sinnvoll, die geplante Erhebung auf den Bereich einer Landeskirche, nämlich der Ev. Kirche von Westfalen zu beschränken, da die gesetzlichen, kirchenrechtlichen und agendarischen Regelungen und Voraussetzungen zum Kirchenaustritt und -eintritt für alle Interviewten einheitlich sein sollten. Die Auswahl der zu Interviewenden erfolgte unter Berücksichtigung der Kriterien Alter, Geschlecht, Soziogeographie und Frömmigkeitsstruktur des räumlichen Umfeldes.[16] Bei der Altersangabe wurden vier Alterskategorien[17] zugrundegelegt:

Kategorie I:	30	bis	37	Jahre
Kategorie II:	38	bis	47	Jahre
Kategorie III:	48	bis	56	Jahre
Kategorie IV:	57	bis	65	Jahre alt.

Zu den ausgewählten 24 Pfarrern und Pfarrerinnen nahm ich zunächst telefonisch Kontakt auf, um einen Termin zu vereinbaren. In 22 Fällen kam es tatsächlich zur Durchführung des Interviews.[18] Die zu Interviewenden wurden von mir persönlich aufgesucht. Die meisten Interviews fanden in der Privatwohnung der Befragten statt, einige wenige

14 Besondere Probleme hatte er mit dem Topos „Ekklesiologische Beurteilung des Kirchenaustritts." Hier mußte das Frageinteresse deutlicher expliziert werden.

15 Er ist im Dokumentationsband der Arbeit vollständig abgedruckt.

16 Damit wird jedoch nicht ein Anspruch auf Repräsentativität erhoben, da diese Gesichtspunkte für die Auswahl der auszuwertenden Interviews nicht mehr maßgeblich sein konnten.

17 In der Evangelischen Kirche von Westfalen kann man seit einigen Jahren wegen der langen Wartezeit für den Vorbereitungsdienst (Vikariat) frühestens mit 30 Jahren in ein Gemeindepfarramt kommen. Das Pensionsalter wird spätestens mit Vollendung des 65 Lebensjahres erreicht.

18 Nur ein Pfarrer sagte definitiv ab, weil ihm der Aufwand für das Interview zu groß erschien. In einem anderen Fall kam kein Termin zustande. Ansonsten waren bei fast allen Angerufenen sofort Bereitschaft und Interesse vorhanden.

im Gemeindehaus bzw. -büro und eines an einem „neutralen“ Ort. In einem Vorgespräch mit jeweils unterschiedlicher Länge wurde das Projekt kurz vorgestellt. Die Interviews, die im Schnitt etwa eine Stunde dauerten[19], wurden mittels eines Bandgerätes aufgezeichnet. Nach dem Interview kam es in den meisten Fällen zu einem Nachgespräch mit ebenfalls unterschiedlicher Dauer. Vor- und Nachgespräch, sowie sonstige Beobachtungen flossen ein in ein Postskriptum, das in unmittelbarem Anschluß angefertigt wurde. Alle 22 Interviews wurden von mir wörtlich transkribiert. Die Angaben zur Person mußten allerdings so weit wie möglich verfremdet oder entfernt werden, damit die Anonymität der Befragten gewährleistet war. Ebenso wurde in den Interviewtexten die Erwähnung von örtlichen Gegebenheiten, soweit sie zur Identifizierung der Befragten führen könnten, anonymisiert oder ganz weggelassen.

3.3 Auswahl der ausgewerteten Interviews

Die Auswahl der auszuwertenden Interviews erwies sich als schwierig, weil es zwischen den verschiedenen Texten etliche Parallelen gab. Die intendierte Entscheidung für einen individuellen Typus war daher nicht ohne weiteres möglich. Erst nach mehrfacher Lektüre und nach eingehender Beratung reduzierte sich die Zahl der in Frage kommenden Interviews auf jene sechs, die schließlich interpretiert wurden, weil hier bestimmte Deutungs- und Verhaltensmuster besonders hervortraten. Es handelt sich nicht um Extrempositionen, wie überhaupt bei der Befragung kaum besonders ausgefallene Einstellungen hervortraten. Die ausgewerteten Interviews stehen vielmehr für sechs unterschiedliche pastoraltheologische Beurteilungen bzw. Sichtweisen des Kirchenaustritts in der gegenwärtigen kirchlichen und gesellschaftlichen Situation. Die Auswertung erhebt jedoch keinen Anspruch auf Repräsentativität, geht aber davon aus, daß sich in diesen Deutungsmustern bestimmte, für die evangelische Pfarrerschaft und die allgemeine kirchliche Situation typische Züge widerspiegeln.

4 Auswertung der Interviews

4.1 Hermeneutisches Verfahren

Hermeneutik ist nach der klassischen Definition von W. Dilthey die „Kunstlehre des Verstehens schriftlich fixierter Lebensäußerungen“[20]. Auch bei den auszuwertenden Interviewtexten handelt es sich um Äußerungen individueller Lebens- und Weltdeutung. Ein objektiver Gegenstand, das Thema Kirchenaustritte, wird subjektiv gedeutet und

---

19 Das kürzeste dauerte 35 Minuten, das längste ca. 90 Minuten.
20 W. Dilthey, Die Entstehung der Hermeneutik, GS 5, Stuttgart/Göttingen ^{4}1964, 332.

theoretisch verortet. Entscheidend ist bei diesem Vorgang die Vermittlungsleistung von subjektiver Wahrnehmung und Gegenstandsbezug. Von Interesse für die Auswertung ist genau dieser Vermittlungsvorgang. Es geht also nicht einseitig um das Verstehen der subjektiven Sinnwelt der Interviewten[21] und auch nicht ausschließlich um die am Gegenstand orientierte Konstruktion sozialer Wirklichkeit[22], sondern um eine am „immanent-dynamischen Zusammenhang"[23] von Subjekt und Gegenstand interessierte Interpretation der Texte. Die Vorgehensweise bei der Inhaltsanalyse war darum konsequent interpretativ-explikativ.[24] Auf den möglichen Vorwurf der Beliebigkeit einer solchen Vorgehensweise ist zu entgegnen, daß der qualitative Forschungsprozeß immer eine Verbindung von „alltagsweltlichem Fremdverstehen und wissenschaftlich kontrolliertem Nachvollzug"[25] darstellen sollte. Die charakteristischen Merkmale qualitativer Sozialforschung, Offenheit, Kommunikativität, Naturalistizität und Interpretativität[26] finden daher ebenso Anwendung wie die Beachtung wissenschaftlich fundierter Einsichten und Regeln.
Ergebnis der Inhaltsanalyse ist die Typisierung der aus Text und Material gewonnenen Interaktions- und Deutungsmuster. „Ziel der Typisierung ist die Identifikation eines Sets von sozialen Handlungsmustern in einem Feld."[27] Dabei wird auf Quantifizierung und Repräsentativität bewußt verzichtet. Verallgemeinerungsfähigkeit wird jedoch insofern beansprucht, als bestimmte Muster, wenn auch nicht in vollständiger Detailentsprechung, so doch in der Tendenz oder als Typen in einer bestimmten Personengruppe immer wieder auftreten.[28] Dabei gilt es auch zu beachten, „daß ein Muster ein wissenschaftliches Konstrukt ist, das in der empirischen Wirklichkeit nicht immer in allen Einzelheiten den Handlungsfiguren entspricht."[29]

---

21 Darum werden subjektivitätstheoretische Aspekte und individual-psychologische Momente auch nur dort thematisiert, wo es für das Gesamtverständnis einzelner Textpassagen unverzichtbar erscheint.

22 Damit wird die einseitige Anwendung verfahrenstechnischer Elemente der sog. Objektiven Hermeneutik, wie sie vor allem von U. Oevermann, zuletzt z.B. in Objektive Hermeneutik – Eine Methodologie soziologischer Strukturanalyse, Frankfurt am Main 1989, vertreten wird, als für dieses Textgenre ungeeignet angesehen.

23 G. Kleining, Methodologie und Geschichte qualitativer Sozialforschung, a.a.O., 22.

24 Zur Vorgehensweise vgl. die näheren Ausführungen im Dokumentationsband.

25 S. Lamnek, Qualitative Sozialforschung 2, a.a.O., 204 (dort kursiv).

26 Ebd. 199-202.

27 Ebd. 204 (dort kursiv).

28 Ebd. 92: Ziel qualitativer Forschung ist, „*nicht die Häufigkeit* bestimmter Handlungsmuster, sondern ein möglichst *zutreffendes Set der relevanten Handlungsmuster* in einer sozialen Situation herauszufinden".

29 Ebd. 204.

4.2 Auswertungsschritte[30]

Zunächst wurde eine Konzentration des Interviewtextes vorgenommen. Nebensächlichkeiten und Wiederholungen wurden weggelassen, die Texte insgesamt in unterschiedlichem Ausmaß gekürzt.[31] Unter Berücksichtigung des gesamten Interviewtextes wurde dann der reduzierte Text unter thematischen Aspekten interpretiert und kommentiert. Dabei wurden die jeweiligen Besonderheiten der Interviews hervorgehoben, wobei sich wörtliche Passagen, Querverweise und gegebenenfalls die Heranziehung äußeren Materials vermischten.[32] Daran schloß sich der typisierende und kompilierende Vergleich der sechs Interviews unter thematischen Gesichtspunkten an. Die Ergebnisse dieser generalisierenden Analyse werden in den folgenden Kapiteln aufgenommen und bezogen auf die wissenschaftliche Literatur zu den verschiedenen Themenbereichen und Spannungsfeldern der aktuellen Kirchenaustrittsproblematik. In allen Stadien der Auswertung gab es Kontrollphasen, überwiegend als Selbst-, aber auch als Fremdkontrolle.

---

30 Die Auswertung erfolgte nach dem von S. Lamnek, Qualitative Sozialforschung Bd. 2, a.a.O., 107-110 entwickelten Verfahren. Zur Inhaltsanalyse vgl. ebd. 197-238.

31 Diese reduzierten Texte sind im Dokumentationsband der Arbeit abgedruckt.

32 Die Einzelauswertung ist ebenfalls Bestandteil des Dokumentationsbandes.

3. Kapitel: Wahrnehmung, Deutung und Handhabung des Kirchenaustritts durch die Interviewten

1 Vorstellung der Interviewten und ihrer Einstellungen zum Kirchenaustritt

Die sechs interviewten Pfarrer und Pfarrerinnen werden zunächst kurz persönlich vorgestellt. Sie erhalten, wie das in der qualitativen Sozialforschung inzwischen üblich ist, zur besseren Unterscheidung der einzelnen Personen und ihrer Positionen für ihre jeweilige Altersgruppe typische Vornamen[1] in alphabetischer Reihenfolge, so daß beim Bezug auf bestimmte Interviewpassagen aus dem Dokumentationsband die entsprechenden Stellen bei Bedarf nachgeschlagen werden können. Nähere Informationen, auch zum äußeren Rahmen des Interviews, sind ebenfalls im Dokumentationsband abgedruckt. Der persönlichen Vorstellung schließt sich eine kurze Charakterisierung der jeweiligen Einstellung zur Kirchenaustrittsthematik an. Daraus wird ersichtlich, warum gerade diese sechs Interviews für die Darstellung und Analyse ausgewählt wurden. Die einzelnen Interviewten weisen zum Teil erhebliche Unterschiede bei der Beurteilung der Kirchenaustrittsproblematik auf. Aber sie haben auch Berührungspunkte und Parallelen. Von daher wäre es verfehlt, die einzelnen Positionen als einander ausschließende oder repräsentative Erklärungsmuster anzusehen.

1.1 Annegret: Kirchenaustritte führen auch zur Gesundschrumpfung der Kirche.

Annegret, Alterskategorie II, verheiratet, drei Kinder, ist seit acht Jahren als Pfarrerin in einer Vorstadtgemeinde mit etwa 6.000 Gemeindegliedern und drei Pfarrstellen tätig. Die durchschnittliche Austrittszahl lag nach ihrer Schätzung in den Jahren 1990 bis 1994 bei 50-60 Personen. 1995 war ein Anstieg zu verzeichnen (ca. 60-70 Personen).
„Ein, gibt's ja auch so 'ne, so 'ne Trotzgegenreaktion, daß ich so denke, ja, hm, 'ne Austrittswelle hat auch die andere Seite, daß, ähm, die

1 Dies dient ausschließlich der Erleichterung der Lektüre. Es sollte jedoch stets beachtet werden, daß es sich bei den erwähnten Personen um Funktionsträger und -trägerinnen der Kirche und nicht um Privatpersonen handelt und folglich ihre Einstellungen zwar subjektiven Charakter haben, aber dennoch auf theologischen Grundüberzeugungen beruhen.

Leute, die drinbleiben, vielleicht kann man mit denen eher was Gescheites anfangen, so 'ne Art Gesundschrumpfen" (A1). Kirchenaustritte haben nach *Annegret* nicht nur eine negative Seite. Als Ausdruck von Institutionskritik sind sie sogar ein grundsätzlich begrüßenswertes Geschehen. Sie selbst empfindet dabei eine gewisse Genugtuung, was sie mit dem Wortkonstrukt „Trotzgegenreaktion" zum Ausdruck bringt. Die in weiten Teilen degenerierte Institutionskirche wird so zu einschneidenden Reform- und Konzentrationsleistungen gezwungen. Die Kirche schrumpft sich nach *Annegret* gesund, wenn diejenigen austreten, die ohnehin nicht dazugehörten, weil die anderen mit um so größerem Ernst dabei bleiben. Damit verknüpft sie die Hoffnung, daß „man mit denen eher was Gescheites anfangen" (A1) kann. Das ist der für *Annegret* positive Nebenaspekt, weil die Minorisierung zwangsläufig zur Reform der Kirche führen wird. Anhaltspunkte für ihre Theorie sieht *Annegret* in der geschichtlichen Entwicklung der DDR-Kirchen.

1.2 Bernd: Wer aus der Kirche austritt, trennt sich vor allem von der Gemeinde.

Bernd, Alterskategorie II, verheiratet, zwei Kinder, ist seit acht Jahren Pfarrer in einer Gemeinde mit etwa 5.000 Gemeindegliedern und drei Pfarrstellen. Die Austritte lagen in den Jahren 1990 bis 1994 im Schnitt bei 45 Personen. 1995 waren ca. 50 Austritte zu verzeichnen. Etwa 5-8 Personen traten jährlich zwischen 1990 und 1994 in die Kirche ein. 1995 waren es etwa 10.

Ekklesiologisch brisant ist der Kirchenaustritt für *Bernd* hinsichtlich seiner Bedeutung für die Gemeinde (B6). Wer seine Mitgliedschaft in der Kirche formal beendet, gibt damit auch seine Gemeindegliedschaft auf und trennt sich von seiner Ortsgemeinde. Da Gemeinde hier als verbindliche und überschaubare Gemeinschaft verstanden wird, ist dies ein Vorgang, der sie unmittelbar betrifft. Die Gemeinde von Schwestern und Brüdern kann es nicht einfach hinnehmen, wenn jemand weggeht. Dies bringt *Bernd* sehr anschaulich mit dem Bezug auf die paulinische Ekklesiologie zum Ausdruck. „Es kann der Gemeinde nich egal sein, daß die Hand gar nich merkt, daß der Fuß fehlt" (B6). Gemeindegliedschaft ist keine persönliche Angelegenheit, sondern „theologisch eine relevante Größe, die auch ekklesiologisch bedacht werden will". Darum ist jeder einzelne Kirchenaustritt nicht einfach nur zur Kenntnis, sondern ernstzunehmen. Die Gemeinde soll wissen, „wer zu ihr gehören will und wer das nich will." Wenn nicht schon der einzelne Kirchenaustritt ein solches Interesse auslöst, dann muß es doch die nach *Bernd* höchst bedenkliche Entwicklung sein, daß „'massenhaft Getaufte' sich jeglicher christlicher Gemeinschaft entziehen." (B9) In der gemeindlichen Wirklichkeit jedoch sieht *Bernd* gegenwärtig nur wenige Anzeichen dafür, daß dieser Anspruch umgesetzt werden kann. Er ist der Meinung, daß der Austritt aufgrund seiner ekklesiologischen Bedeutung nur durch eine persönliche Kontaktaufnahme der Austretenden mit der zuständigen Gemeinde erfolgen sollte. Auf diesem Wege möchte er ihre Motive in Erfahrung bringen. An ein Einwirken auf die Austrittswilligen mit der Absicht, sie von ihrem Entschluß abzubringen, denkt er nicht. Die Gemeinde soll sie dann auch entlassen, wenn sie gehen wollen (B4). Trotz der aus gemeindlicher Sicht notwendigen Radikalisierung der Austrittsentscheidung räumt *Bernd* ein, daß für die Menschen selbst der „unpersönliche Abschied durchaus konsequent is" (B4), weil sie nie eine persönliche Beziehung zur Institution Kirche gehabt haben. Interessant ist, daß *Bernd* hier nicht von der Gemeinde spricht, sondern von der Institution. Da sich für ihn der Zugang zur Kirche nur über die Gemeinde erschließt, kann auch nur so eine persönliche Beziehung zur Institution entstehen.

1.3 Christa: Kirchenaustritte zeigen die Ablösung von der verfaßten Kirche an.

Christa, Alterskategorie III, nicht verheiratet, ist in ihrer zweiten Gemeindepfarrstelle seit etwa 4 Jahren tätig. Die dörflich geprägte Gemeinde hat ca. 2.000 Gemeindeglieder. Die durchschnittliche Austrittszahl der Jahre 1990 bis 1994 lag bei 15. 1995 war nach *Christa* keine Erhöhung festzustellen. Das gleiche gilt für die Zahl der Eintritte, die bei 3 bis 4 Personen pro Jahr liegt.

Kirchenaustritte sind für *Christa* ein polyvalentes Phänomen, dem nicht mit einfachen Erklärungs- oder Verortungsversuchen beizukommen ist. Maßgeblich sind für sie die subjektiven Deutungsleistungen der Betroffenen selbst. Das allen Austritten gemeinsame Element ist die formale Ablösung von der Institution Kirche. Welche individuellen Beweggründe vorliegen, welche konkreten Anlässe den Ausschlag geben und wie die Betreffenden darüber hinaus ihre Beziehung zu religiösen oder spezifisch christlichen Traditionen und zu Gemeinde und Kirche definieren, läßt sich – wenn überhaupt – nur im direkten Kontakt zum/zur einzelnen ermitteln. Diejenigen Kirchenaustritte, bei denen eine entschiedene Abkehr von der durch die Kirche repräsentierten Glaubenstradition vorliegt, dürften nach *Christas* Auffassung eher die Ausnahme bilden (C1). Nicht wenige Ausgetretene trennen sich zwar formal von der Kirche, möchten jedoch an einer christlichen Einstellung ausdrücklich festhalten (C2). Für *Christa* ist nicht die verfaßte Kirchenmitgliedschaft maßgeblich, sondern die innere Affinität der Menschen zu den wesentlichen, kirchlich tradierten Glaubensinhalten. Dort, wo letztere nicht oder nicht mehr vorhanden ist, muß man „die Menschen auch gehen lassen können" (C20). Daß Menschen sich von der Institution Kirche trennen, ist im Einzelfall zwar traurig, sollte aber auch als individueller Klärungsvorgang respektiert werden.

Bedenklich sind die Kirchenaustritte für *Christa* jedoch in ihrer Tendenz deshalb, weil immer mehr Menschen dadurch aus der Solidargemeinschaft Kirche aussteigen (C2). Gerade in einer Phase, in der die finanziellen Ressourcen knapp werden, wird dieser Aspekt nach *Christa* von vielen Austretenden, die auch weiterhin kirchliche Angebote in Anspruch nehmen, nicht ausreichend bedacht. Sie kehren „der Gemeinschaft den Rücken zu“ (C2), obwohl sie doch am besten wissen müßten, wie wichtig es wäre, dieser Einrichtung in – wenn auch kritischer – Solidarität verbunden zu bleiben.

1.4 Dietmar: Austritte signalisieren den Verlust kirchlicher Identität.[2]

Dietmar, Alterskategorie II, ist verheiratet und hat drei Kinder. Er ist seit dreizehn Jahren als Pfarrer in dieser Gemeinde mit drei Pfarrstellen tätig. Die im Vorstadtbereich gelegene Gemeinde hat ca. 7.500 Gemeindeglieder. Die durchschnittliche Austrittszahl in den Jahren 1990 bis 1994 lag zwischen 60 und 70. 1995 waren 91 Austritte zu verzeichnen. Diese Zahl weiß *Dietmar* im Gegensatz zu den anderen exakt zu benennen. Die Eintritte liegen konstant zwischen 10-12 p.a.
Für das Gros der Austretenden ist die Trennung von der Kirche auch nach *Dietmar* das Ergebnis eines individuellen Emanzipationsvorganges (D1). Er macht dafür den Verlust kirchlicher Identität verantwortlich. Es ist diesen Menschen nicht mehr bewußt, warum es Sinn macht, in der Kirche zu sein. Sie sehen keinen Zusammenhang mehr zwischen ihrer Lebenssituation und dem, was die Kirche tradiert. Sie mögen sich zwar noch als religiöse oder als christliche Menschen bezeichnen, aber eben nicht mehr als kirchlich. Die in früheren Generationen weithin selbstverständliche Weitervermittlung christlicher Bindung und kirchlicher Zugehörigkeit gibt es nach *Dietmar* heute selbst in kirchlich orientierten Familien nicht mehr (D2). Eine latente Verbundenheit mit Kirche ist zwar noch vorhanden, aber ein Bewußtsein für die Bedeutung der eigenen Mitgliedschaft kaum mehr als selbstverständlich vorauszusetzen. Nichtentschiedenheit und fehlende Identität führen schließlich auch zur formalen Ablösung von der Kirche, wenn äußere Faktoren dies begünstigen. Der Kosten-Nutzen-Effekt spielt dabei eine entscheidende Rolle, denn für etwas, was ihnen nichts (mehr) bedeutet, sind Menschen heute kaum noch bereit, eine regelmäßige Zahlungsverpflichtung einzugehen oder beizubehalten. Der Vollzug des Kirchenaustritts ist nach *Dietmar* dennoch kein leichter Schritt. „Es is ja auch ‘ne Schwelle, dahinzugehen.“ (D3) Gerade das macht den Austritt aber auch zu einer nahezu unumkehrbaren Entscheidung und erschwert Betroffenen und *Dietmar* selbst den un-

2 Den Begriff Identität benutzt *Dietmar* im Interview an zwei Stellen als Ausdruck für das Bewußtsein kirchlicher Mitarbeitender für die eigene Verbundenheit mit dem System Kirche (D11 und D13). Da diese Identität jedoch, wie er in D13 sagt, auch nach außen wirksam werden soll, ist es sachgemäß, den Begriff auch in dem im folgenden zum Ausdruck kommenden Sinne einer subjektiven Wahrnehmung der Kirchenzugehörigkeit zu verwenden.

belasteten Dialog, weil das Gespräch sofort apologetische Züge annimmt, wenn sich die Ausgetretenen hinsichtlich ihres Austritts kritisch befragt fühlen. Die Kirche steht nach *Dietmar* angesichts dieser Situation vor einer großen Herausforderung. Die Kirchenaustritte sind für sie „Anlaß zur Reflexion" (D13) oder „Stachel im Fleisch" und verursachen dementsprechend Leidensdruck.

1.5 Eckhard: Kirchenaustritte sind vor allem eine Anfrage an Kirche und Gemeinde.

Eckhard, Alterskategorie II, verheiratet, drei Kinder, ist in seiner ersten Pfarrstelle seit 7 Jahren tätig. Die Gemeinde hat ca. 4.600 Gemeindeglieder und wird von zwei Pfarrern versorgt. Die Kirchenaustritte sind seit 1991 auf durchschnittlich 27 pro Jahr gestiegen. Während es 1993 einen deutlichen Rückgang gab (14), waren 1995 30 Austritte zu verzeichnen. Die Eintritte liegen bei jährlich 1-3, 1995 traten dagegen 6 Menschen in die Kirche ein. Alle genannten Daten lagen in exakten Zahlen vor.
Kirchenaustritte stellen auch für *Eckhard* eine Herausforderung dar, der es sich kirchlicherseits zu stellen gilt. Jeder Austritt ist ernstzunehmen, weil dahinter eine kritische Anfrage an Gemeinde und Kirche steht. Darum hat *Eckhard* für sich die Entscheidung getroffen, den Ausgetretenen nachzugehen, sie zu besuchen oder zumindest telefonisch mit ihnen Kontakt aufzunehmen. Er will verstehen, welche Motive die einzelnen Menschen bewogen haben, sich von der Kirche zu trennen (E5). Sein Besuch soll zugleich aber auch ein Signal dafür sein, daß Kirche und Gemeinde weiterhin für sie da sind, wenn auch unter veränderten Voraussetzungen. Die von den Ausgetretenen selbst genannten Austrittsgründe meint *Eckhard* unter vier verschiedenen Gesichtspunkten kategorisieren zu können. Er spricht dabei auch von „Typen" (E1) bzw. von „Gruppen". Zusammenfassend stellt er fest, daß sich die Kritik dieser vier Gruppen darauf richtet, „was Kirche tut, was Kirche sagt, wie sie's sagt und was es, was sie nicht tut, was Kirche nicht tut und nich sagt." Daß vordergründig oft die Kirchensteuer der Anlaß für den Kirchenaustritt ist, weiß *Eckhard* wohl (E1). Dahinter stehen jedoch nach seiner Überzeugung in der Regel andere Motive und Begründungen.

1.6 Friedrich: Der Kirchenaustritt ist ein zwangsläufiger Vorgang im gesellschaftlichen Differenzierungs- und Individualisierungsprozeß.

Friedrich, Alterskategorie III, verheiratet, drei Kinder, ist in seiner ersten Gemeindepfarrstelle seit fast 20 Jahren tätig. Die am Innenrand einer Großstadt gelegene Gemeinde hat etwa 4.000 Gemeindeglieder und zwei Pfarrstellen. Die schriftlich vorliegenden, zum Teil statistisch aufgeschlüsselten Austrittszahlen zeigen einen deutlichen Anstieg in den Jahren 1991 und 92 (62) und einen Rückgang in den Jah-

ren 1993 (31) und 94 (43). 1995 traten 30 Personen aus, also deutlich weniger als in den Vorjahren. Die Zahl der Eintritte liegt konstant bei ca. 10 Personen jährlich.
Über die individualperspektivische Beurteilung hinausgehend begreift *Friedrich* das „Problem Kirchenaustritt“ (F1), indem er es gesellschaftstheoretisch verortet. Danach sind die Austritte ein „ganz zwangsläufiger Vorgang so im gesamtgesellschaftlichen, äh, Differenzierungs- und Individualisierungsprozeß“ (F5). Es handelt sich also um ein nicht nur die Kirche betreffendes Geschehen. Die Kirche ist nach *Friedrich* weder eine unhinterfragbare Größe, noch kann sie für sich einen Schonraum innerhalb der gegenwärtigen gesellschaftlichen Veränderungen beanspruchen. Als gesellschaftliche Institution ist sie selbst in diese Vorgänge involviert. Verfehlt wäre es deshalb, die Kirchenaustritte allein unter der Fragestellung zu verhandeln: „Was haben wir [als Kirche, M.H.] eigentlich falsch gemacht?“ (F21) Konkrete Versäumnisse oder Fehler in der Gemeindearbeit sind nur äußerst selten Anlaß zum Austritt (F6), eher schon das gesamtkirchliche Erscheinungsbild, das oft undeutlich und abstrakt ist und wenig Bezüge zum Leben der Menschen hat (F18). Entscheidend aber ist für *Friedrich*, daß Menschen im Zuge der gesellschaftlichen Wandlungsprozesse „überall ihre Mitgliedschaften überprüfen, sie nach Nutz und Fromm abwägen und fallen lassen, was ihnen, was ihnen nützt und da eintreten, wo's ihnen was bringt.“ (F1) Damit wird auch die Kirchenmitgliedschaft zu einer Angelegenheit der freien Wahl und Entscheidung. Da die Zugehörigkeit zu einer der beiden großen Kirchen nicht mehr selbstverständlich ist und auch durch primäre (Familie) oder sekundäre (Schule) Sozialisationserfahrungen nicht mehr in jedem Falle abgestützt wird (F17), der Kirchenaustritt andererseits nicht länger staatlich sanktioniert oder gesellschaftlich tabuisiert ist (F5), wird auch die Entscheidung über die Beibehaltung, Beendigung oder Wiederaufnahme einer formalen Kirchenmitgliedschaft primär unter dem Aspekt der Nützlichkeit getroffen.

2 Persönlichkeits- und berufsspezifische Wahrnehmung der Kirchenaustrittsproblematik

2.1 Subjektives Erleben des Kirchenaustritts

2.1.1 Emotionale Betroffenheit bei persönlich bekannten Personen

Wie reagieren die Befragten auf den Kirchenaustritt eines ihnen bekannten Gemeindegliedes? Läßt sich auch bei ihnen die emotionale Gemengelage nachweisen, die von H.-C. Piper mit den Stichworten „Kränkung“, „Verunsicherung“, „Ärger“, „Traurigkeit“ und „Schuldgefühlen“[3] beschrieben wird? Alle sechs Interviewten äußern, teils

3 H.-C. Piper, Der Hausbesuch des Pfarrers, a.a.O., 66.

von sich aus, teils auf gezielte Nachfrage hin, eine emotionale Betroffenheit in denjenigen Fällen, bei denen ihnen die betreffende Person bekannt war oder bei denen zuvor eine persönliche Beziehung von unterschiedlicher Intensität und Ausprägung bestand. Von einer privaten Beziehung zu einem später ausgetretenen Gemeindeglied berichten *Annegret, Dietmar* und *Friedrich.* Diese Austritte werden als besonders problematisch erlebt. Bei *Annegret* beispielsweise ist es der behandelnde Zahnarzt, bei *Friedrich* die engagierte Frau aus der Gemeinde. Hier geraten die Betroffenen in eine emotional diffuse Situation, weil sowohl das Gefühl der Sympathie da ist [(„netter junger Kerl" (A1), „Ich mochte sie auch, es war auch 'ne Sympathiebeziehung zwischen uns." (F3)] als auch die Enttäuschung darüber, daß mit dem Austritt auch die persönliche Beziehung zumindest tendenziell in Frage gestellt wird. Dies kann gegebenenfalls zum Rollenkonflikt führen, wenn der Pfarrer/die Pfarrerin sich unschlüssig darüber ist, ob die private Beziehung nun noch aufrechterhalten werden kann und soll. In der Regel sind jedoch eher solche Beziehungen betroffen, die sich aus der gemeindlichen Praxis ergeben, also etwa über eine Amtshandlung (*Annegret, Bernd, Dietmar, Friedrich*) oder über den Konfirmandenunterricht (*Dietmar*). Die Beziehung zu den Ausgetretenen kann auch durch Dritte vermittelt sein wie etwa durch Mitarbeitende der Gemeinde (*Dietmar*). In diesen Fällen löst der Kirchenaustritt eine unterschiedlich starke Betroffenheit aus.

Werden diese Austritte aber auch als persönliche Kränkung empfunden? Erzeugen sie, wie M. Josuttis meint, sogar das Gefühl einer sozialen Bedrohung?[4] Kränkungsgefühle werden in der Tat von *Annegret* und *Friedrich* ausdrücklich benannt. Eine Kränkung sind die Austritte deshalb, weil sie auf der Beziehungsebene zu Enttäuschungen und Verletzungen führen. Sehr anschaulich beschreibt *Friedrich* dieses Kränkungsgefühl, wenn er darauf hinweist, daß die Ausgetretenen ja „etwas weggeben" (F1), was kirchlich engagierten Menschen, gleich ob Theologen/Theologinnen oder Laien, haupt- oder ehrenamtlich Mitarbeitenden einiges bedeutet. Mit der Kränkung sind manchmal auch Zweifel am Sinn des eigenen Engagements verbunden. Daneben rufen Austritte von persönlich bekannten Personen aber noch weitere Emotionen hervor. So spricht *Dietmar* von Enttäuschung (D9) und *Bernd* erwähnt das Gefühl der Trauer (B3). Aber auch Aggressivität kommt hier und da zum Ausdruck. So erzählt *Bernd*, er bekomme gelegentlich einen „Schreikrampf" (B3) und *Annegret* fühlt sich von einzelnen Austretenden „ausgetrickst" (A1). Ähnliche Gefühle ergeben sich dann, wenn die vorausgegangene Beziehung kontinuierlicher

4 M. Josuttis, Die Einführung in das Leben. Pastoraltheologie zwischen Phänomenologie und Spiritualität, Gütersloh 1996, 79: „Unter der Fassade freundlicher Geselligkeit, die das Milieu an der Oberfläche beherrscht, toben manchmal Erpressungsmethoden."

Art war, etwa wenn die betreffende Person in der Gemeinde mitgearbeitet hat (*Dietmar*) bzw. noch mitarbeitet (*Friedrich*), oder wenn sie zuvor seelsorgerisch betreut wurde (*Bernd*). Wenn dann in der Regel unerwartet der Austritt des Gemeindegliedes erfolgt, wird dieser als besonders schmerzlicher Verlust empfunden. Am deutlichsten bringt *Bernd* das zum Ausdruck, wenn er sagt, in solchen Fällen habe er „was investiert" (B3). Der Austritt wird als Aufkündigung der Beziehung bzw. als Abschied empfunden. Es handelt sich damit um eine Trauersituation und hier gilt, was V. Kast in ihrem Buch über das Trauern schreibt, „daß Sterben nicht nur in dieser radikalen Form von uns Menschen erlebt wird, sondern in unendlich vielfältigen Formen, und daß immer dann, wenn ein Verlust uns betrifft, wenn wir uns von etwas trennen müssen, das Trauern notwendig ist."[5] Es entspricht der Dynamik des Trauerprozesses, wenn als erste Reaktion das Gefühl des Nichtverstehens eintritt. So sagt *Friedrich*, er sei in einem besonderen Fall „überrascht" (F3) gewesen, und *Dietmar* ist besonders dann betroffen, wenn jemand austritt, von dem man das „eigentlich gar nicht erwartet" (D1) hätte. Es ist für die Interviewten nicht nachvollziehbar, warum jemand, der sich in Kirche und Gemeinde engagiert (hat), den Austritt überhaupt vollzieht. Gerade von einem solchen Menschen hätte man doch zumindest erwarten können, daß er vor der Entscheidung zum Austritt den Kontakt sucht, und sei es nur, um über den geplanten Schritt zu informieren.

Auffälligerweise berichten *Christa* und *Eckhard* nicht von besonders eindrücklichen Fällen. Sie nehmen hinsichtlich der emotionalen Betroffenheit eine gewisse Sonderstellung ein. Aufgrund ihres entschieden den Gemeinschaftsaspekt betonenden Gemeinde- und Kirchenverständnisses erleben sie jeden Kirchenaustritt als Störung und emotionale Herausforderung. Unabhängig davon, ob ihnen die Ausgetretenen persönlich bekannt oder gar vertraut waren, sehen sie es als wichtig an, Kontakt herzustellen und damit auch ihre eigene Betroffenheit zu dokumentieren. Dabei treten die bei den übrigen Interviews dominierenden Gefühlsaspekte deutlich zurück. So lassen weder *Christa* noch *Eckhard* Gefühle von persönlicher Enttäuschung, Kränkung oder Ärger[6] über ihnen bekannte Personen erkennen. Gleichwohl kann *Eck-*

---

5 V. Kast, Trauern. Phasen und Chancen des psychischen Prozesses, Stuttgart [16]1994, 141. Im Vorwort schreibt Kast: „Da wir uns wesentlich aus den Beziehungen zu Mitmenschen verstehen, Bindungen ein wesentlicher Aspekt unseres Selbst- und Welterlebens sind, werden wir durch den Tod eines geliebten Menschen in unserem bisherigen Selbst- und Weltverständnis erschüttert. Die Trauer ist die Emotion, durch die wir Abschied nehmen, Probleme der zerbrochenen Beziehung aufarbeiten und soviel als möglich von der Beziehung und von den Eigenheiten des Partners integrieren können, so daß wir mit neuem Selbst- und Weltverständnis weiterzuleben vermögen" (7).

6 Bei *Eckhard* sind zwar auch Verärgerung, Enttäuschung und Kränkungsgefühle festzustellen. Diese Gefühle richten sich jedoch nicht so sehr gegen die Ausgetre-

hard etwa für seine Empfindungen sehr deutliche Worte finden [„Jeder Kirchenaustritt tut ‘n Stück weit weh“ (E10)], und *Christa* erlebt jeden Austritt auch als Abschied, bei dem individuelle Trauerarbeit zu leisten ist.

Die emotionale Betroffenheit ist also ein zentraler Aspekt im Erleben des Kirchenaustritts und das trotz eines zum Teil hohen Reflexions- und Abstraktionsgrades in der Auseinandersetzung mit der Kirchenaustrittsthematik. Dies spricht für die Authentizität der Interviewten in der Befragungssituation. Sehr unterschiedlich jedoch gehen die einzelnen Interviewten mit ihren zum Teil sehr zwiespältigen Gefühlen um. Bei *Annegret* klingt stellenweise eine gewisse Verbitterung an. *Bernd* scheint dagegen über seine Kränkungsgefühle eher schnell hinwegzukommen. *Christa* will vor allem verstehen und akzeptieren und nimmt daher, genau wie *Eckhard*, Kontakt zu den Ausgetretenen auf. *Eckhard* möchte dadurch auch signalisieren, daß die Beziehung für ihn nicht abgerissen ist. *Dietmar* ist ähnlich wie *Bernd* bemüht, seine Gefühle reflexiv zu verarbeiten. *Friedrich* schließlich fällt es dann leicht, die Kränkung zu anzunehmen, wenn die Ausgetretenen ihm dazu von sich aus die Chance geben. Wo dies nicht der Fall ist, erscheint er dagegen eher hilflos.

Die eingangs erwähnte Situationsbeschreibung von H.-C. Piper findet also zumindest hinsichtlich ihrer emotionalen Aspekte durchaus Bestätigung. Keine Anzeichen gibt es jedoch dafür, daß die Interviewten angesichts der Austritte persönliche Schuldgefühle[7] entwickeln bzw. sich auf der menschlichen Ebene persönlich infragegestellt sehen. Auch scheinen die Interviewten keine Erfahrungen mit Menschen gemacht zu haben, die einen (angedrohten) Kirchenaustritt als Druckmittel zur Durchsetzung von bestimmten Interessen einsetzen wollten.[8] Zumindest der einzelne Kirchenaustritt wird nicht als Bedrohung auf der sozialen Ebene[9] empfunden.

2.1.2 Distanzierte Wahrnehmung von unspezifischen Kirchenaustritten

Deutlich anders als oben geschildert, werden von den Interviewten *Annegret*, *Bernd*, *Dietmar* und *Friedrich* jene Austritte wahrgenommen und beurteilt, bei denen keine persönliche Beziehung zu den betreffenden Personen bestand oder wo es sich um namentlich nicht bekannte Personen handelt. *Annegret* meint, diese Austritte gingen sie „erst mal nichts an“ (A1) und auch *Bernd* fühlt sich nicht betroffen.

---

tenen persönlich, sondern sind eher als Klage darüber anzusehen, daß Menschen überhaupt dahin kommen, sich von der Kirche zu trennen, ohne verstanden zu haben, wie wichtig sie für das eigene Leben sein kann. Dafür sind Gemeinde und Kirche eben auch in nicht geringem Maße verantwortlich zu machen.

7 Nicht gemeint ist hier das Gefühl, beruflich versagt zu haben. Vgl. u., 48f.

8 Vgl. dazu M. Fischer, Kirchenaustritt?, in: PTh 71, 1982, 48-51.

9 M. Josuttis, Die Einführung in das Leben, a.a.O., 79.

Für *Dietmar* sind nicht so sehr die einzelnen Austrittsmitteilungen Anlaß zur Reflexion, er findet vielmehr deren Anzahl „erschreckend" (D2). *Friedrich* schließlich sieht die Entwicklung insgesamt – im Gegensatz zu dem sehr betroffenen Presbyterium – „nicht ganz so dramatisch" (F1). Diese vier Interviewten nehmen also eine deutlich distanziertere Haltung ein, wenn sie sich nicht unmittelbar und nicht persönlich berührt sehen. Auch die „anonymen" Austritte werden durchaus zur Kenntnis genommen und keineswegs ignoriert oder verdrängt. Offenbar gelingt es in diesen Fällen jedoch, sich zu dem Geschehen eine angemessene Distanz zu verschaffen, aus der heraus auch die jeweilige Handlungsstrategie entworfen und verfolgt werden kann. Beide Vorgänge, die distanzierte Wahrnehmung sowie die daraus abgeleiteten pragmatischen Folgerungen, werden maßgeblich durch die Beurteilung des Kirchenaustritts bzw. der Kirchenaustritte an sich bestimmt: Werden die Austritte wie bei *Annegret* als „Gesundschrumpfung" der Kirche, also im Grunde als positives Geschehen gedeutet, ist jede weitere Beschäftigung mit den Ausgetretenen überflüssig. *Bernd* hingegen, der den Austritt in erster Linie als Trennung von der Gemeinde versteht, interessiert weniger, was auf Seiten der Betroffenen zu diesem Schritt geführt hat und welche persönlichen Konsequenzen sie daraus ziehen. *Dietmar* sieht in der hohen Zahl der Kirchenaustritte, die er als Verlust kirchlicher Identität wertet, eine Herausforderung für die Kirche, der es sich in selbstkritischer Weise zu stellen gilt. Zwar ist er der Ansicht, man müsse die individuellen Beweggründe der Austretenden zu verstehen suchen. Praktische Folgerungen werden daraus jedoch nicht gezogen. *Friedrich*, der die Freiheit der religiösen Wahl als Wesenszug protestantischer Gesinnung versteht und den Austritt im gesellschaftlichen Differenzierungs- und Individualisierungsprozeß verortet, verschafft sich damit eine reflexive Distanz zum „Phänomen Kirchenaustritte" (F1). Er ist sich jedoch darüber im klaren, daß diese Haltung selbst in der eigenen gemeindlichen Praxis nicht immer konsequent durchzuhalten ist. Eine Sonderrolle nehmen wiederum die Interviewten *Christa* und *Eckhard* ein. Zwar ist auch ihre Art des Erlebens und Umgehens mit Kirchenaustritten maßgeblich durch die jeweilige Bewertung der Problematik bestimmt. Da beide jedoch nicht zwischen persönlich bekannten und „anonymen" Austretenden unterscheiden, weil sie den Kirchenaustritt an sich als Ablösung von bzw. Anfrage an Kirche und Gemeinde verstehen, machen sie grundsätzlich auch keine Unterschiede in der Behandlung der einzelnen Fälle.[10]

Zusammenfassend läßt sich feststellen, daß die persönliche emotionale Betroffenheit durch Kirchenaustritte gleichzeitig mit dem Bekannt-

---

10 Die Interviewte *Christa* teilt zwar mit, daß sie zu denjenigen, die sie gut kennt, „am schnellsten hin"- (C6) geht. Grundsätzlich hält sie es jedoch für richtig, alle Ausgetretenen zu besuchen.

heitsgrad der Austretenden abnimmt. Dies ist aber keine zwangsläufige Entwicklung, wie die Beispiele von *Christa* und *Eckhard* zeigen. Offenbar muß aber eine grundsätzliche Bereitschaft vorhanden sein, sich durch die Kirchenaustritte überhaupt betreffen zu lassen. Auch ist auffällig, daß alle Interviewten von sich aus nicht ausdrücklich auf die Unterscheidung von persönlichen Gefühlen im Einzelfall und der emotionalen Distanz im allgemeinen eingehen. Darum bleibt letztlich auch für die Betreffenden selbst die Frage unbeantwortet, wieso einzelne Kirchenaustritte immer noch derart intensive Gefühle hervorrufen können. An dieser Stelle erweist sich auch die Beschreibung H.-C. Pipers, der erst gar nicht zwischen „anonymen" und bekannten Kirchenaustritten unterscheidet, als zu undifferenziert.

2.1.3 Beurteilung des Kirchenaustrittsverfahrens

Der Kirchenaustritt ist ein durch staatliche Gesetzgebung garantiertes Recht der Bürger und Bürgerinnen. Darauf nehmen die Interviewten jedoch kaum Bezug, was darauf schließen läßt, daß sie diesen Umstand ohne Einschränkung akzeptieren. Lediglich *Bernd* beklagt die Anonymität des Austrittsverfahrens aus der Sicht der Kirche, was von seinem Kirchen- und Gemeindeverständnis her einleuchtet. Da der Austritt Trennung von der Gemeinde bedeutet, sollte er auch so behandelt werden. Der Hinweis auf die Praxis in anderen Kirchen macht deutlich, wie dies nach Ansicht von *Bernd* idealerweise geschehen müßte, nämlich dergestalt, daß sich die Austrittswilligen persönlich bei der Gemeinde, am besten natürlich beim Pfarrer oder bei der Pfarrerin selbst, melden. Das würde zwar vermutlich auf jenen Selbstrechtfertigungszwang hinauslaufen, den *Bernd* in der Auseinandersetzung mit Ausgetretenen für unproduktiv hält, möglicherweise aber den Betreffenden selbst die Tragweite ihrer Entscheidung deutlich machen. Die Abkündigung der Ausgetretenen im Gottesdienst ist unter diesem Blickwinkel eine Ersatzhandlung. Für *Annegret* liegt in der staatlich geregelten Austrittspraxis ein Kränkungsmoment, weil sich die Austretenden auf diese Weise dem Gespräch mit ihr entziehen können. Wozu ein solches Gespräch dienen sollte, sagt sie nicht. Da sie an den individuellen Gründen nicht sonderlich interessiert ist, käme es ihr dabei vermutlich darauf an, daß die Ausgetretenen ihr selbst ihren Entschluß mitteilen, weil sie ja als Pfarrerin davon mittelbar ebenfalls betroffen ist.

Beide, *Annegret* und *Bernd* gehen davon aus, daß der Gang zum Amtsgericht für die Betreffenden selbst relativ unproblematisch ist. Ganz anders sieht das *Dietmar*, der von einer „Schwelle" (D3) spricht. Hier ist ein Gespür dafür vorhanden, daß der formale Vorgang des Austritts von vielen Menschen möglicherweise nicht wie oft behauptet ohne innere Beteiligung vollzogen wird. Schließlich ist die Kirchenzugehörigkeit ganz unabhängig von ihrer individuellen Ausprägung auch ein Bestandteil des zurückliegenden Lebens.[11] Hier findet also in gewisser Weise ein biographischer Bruch statt. Für *Friedrich* wird dies an dem Beispiel der in F3 erwähnten Frau deutlich (F3), die offenbar in einen schwerwiegenden inneren Konflikt gerät, weil sie diesen Schritt meint vollziehen zu müssen. Er sieht es nicht als seine Aufgabe an, ihr dies zu erleichtern oder ihr ein gutes Gewissen zu machen, aber sein seelsorgerlich verantwortungsvoller Umgang mit ihr zeigt, daß die These vom unkomplizierten und anonymen Austrittsverfahren sich in dieser Pauschalität nicht halten läßt.

2.2 Pastorale Identität

2.2.1 Infragestellung der pastoralen Integrität

Bis auf *Christa* ziehen alle Interviewten eine mögliche Mitverantwortung für Kirchenaustritte zumindest theoretisch in Betracht. Gerade *Christa* weiß aber aus Gesprächen mit Ausgetretenen, daß oft Enttäuschungen mit „Kollegen“ (C2; ob sie die männliche Form in diesem Zusammenhang exklusiv versteht, sei dahingestellt) den konkreten Anstoß geben. Dahinter sieht sie in der Regel überzogene Erwartungen und Ansprüche nicht nur an Pfarrerinnen und Pfarrer, sondern an Menschen in der Kirche überhaupt. In der Auseinandersetzung mit diesem sensiblen Aspekt wird von den übrigen Befragten die Frage erörtert, ob sie durch eigenes Fehlverhalten in der Ausübung ihres Berufes mit zu einzelnen Austritten beigetragen oder diese sogar maßgeblich „verschuldet“ haben könnten. Vor allem *Bernd* und *Eckhard* fragen sich darüber hinaus grundsätzlich, ob sie in ihrer Funktion als Pfarrer dafür verantwortlich zu machen sind, daß Menschen die Kirche verlassen. Während *Bernd* jedoch trotz eingestandenen Fehlverhaltens in einzelnen Fällen zu dem Ergebnis kommt, daß die Austritte grundsätzlich nicht auf die eigene Person oder die Integrität als Pfarrer bezogen werden können, sieht sich *Eckhard* in der direkten Begegnung mit den Ausgetretenen durchaus auch als Pfarrer infragegestellt. Er empfindet die Nötigung, sich für seinen Beruf rechtfertigen zu müssen, obwohl doch gerade er durch seine Praxis ein Pfarrerbild vermitteln will, das auf Offenheit, Kommunikativität und Lebensnähe ausgerichtet ist. Zugleich ist er sich bewußt, daß er als Pfarrer wie kaum eine andere Person oder Einrichtung mit der Kirche identifiziert wird. Kritik an der Kirche muß er daher als personal fokussierte, auf sich und seine berufliche Identität bezogene Kritik verstehen, auch wenn er ansonsten der Meinung ist, im oben beschriebenen Sinne ein guter Pfarrer zu sein. Man könnte daraus den Schluß ziehen, daß die anderen Interviewten sich ebenfalls viel intensiver mit ihrer eigenen pastoralen Identität auseinanderzusetzen genötigt sähen, würden sie sich den kritischen Fragen und Vorwürfen der Ausgetretenen ebenso

---

11 Evangelische Kirche in Deutschland – Studien- und Planungsgruppe, Fremde Heimat Kirche, a.a.O., 21.

offensiv wie *Eckhard* stellen. Da jedoch bis auf *Christa* und *Eckhard* niemand die direkte Konfrontation sucht, bleibt diese Annahme hypothetisch. Auch die empirischen Untersuchungen zu Austrittsmotiven und Austrittsanlässen tragen wenig zur Klärung dieses Sachverhalts bei. Die Befragung von Ausgetretenen in der dritten EKD-Mitgliedschaftsuntersuchung hat ergeben, daß 16% (Ost: 9%) der Befragten als Grund für den Austritt Ärger über Pastoren und Pastorinnen und/oder andere kirchliche Mitarbeitende angeben.[12] Es wurde in der Antwortvorgabe jedoch bedauerlicherweise nicht ausdrücklich unterschieden zwischen Pastoren/Pastorinnen und anderen Mitarbeitenden, so daß sich der jeweilige prozentuale Anteil nicht ermitteln läßt. Erst recht lassen sich die Ergebnisse nicht als Kritik am Pfarrberuf schlechthin deuten.[13] Umgekehrt lassen die Befragungsergebnisse, die sich auf die Person des Pfarrers/der Pfarrerin beziehen, den Schluß zu, daß diese nach wie vor einer hohen Wertschätzung durch die Mitglieder gewiß sein dürfen.[14] Gegenüber der zweiten Mitgliederbefragung hat sich sogar der Anteil derer, die einen sehr guten oder guten Eindruck von ihrem Gemeindepfarrer oder ihrer Pfarrerin haben, jeweils noch einmal deutlich erhöht und macht insgesamt etwa 95% aus.[15] Ob und inwieweit individuelle Erfahrungen mit dem Gemeindepfarrer[16] oder das Pfarrerbild der Ausgetretenen im allgemeinen tat-

---

12 Evangelische Kirche in Deutschland – Studien- und Planungsgruppe, Fremde Heimat Kirche, a.a.O., 54.

13 Man könnte natürlich darüber spekulieren, inwieweit die im Pfarramt Tätigen mit dazu beitragen, daß die Kirche 53% (Ost: 56%) der Befragten gleichgültig ist, 42% (Ost: 17%) sich über kirchliche Stellungnahmen geärgert haben und 36% (Ost: 26%) die Kirche unglaubwürdig finden, weil sie in Vergangenheit und Gegenwart Schuld auf sich geladen hat bzw. lädt. Vgl. K. Engelhardt/H. von Loewenich/P. Steinacker (Hrsg.), Fremde Heimat Kirche, a.a.O., 400.

14 Die beiden ersten Kirchenmitgliedschaftsstudien machen zwar auf eine insgesamt hohe Wertschätzung für den Pfarrer/die Pfarrerin aufmerksam. Aber schon 1974 heißt es: „Es ist offenbar die Person des Pfarrers, die die Zustimmung auf sich zieht, nicht so sehr sein amtliches Handeln." H. Hild (Hrsg.), Wie stabil ist die Kirche?, a.a.O., 69. Vgl. auch J. Hanselmann/H. Hild/E. Lohse (Hrsg.), Was wird aus der Kirche?, a.a.O., 107.

15 K. Engelhardt/H. von Loewenich/P. Steinacker (Hrsg.), Fremde Heimat Kirche, a.a.O., 384.

16 K.-W. Dahm, Beruf Pfarrer, München 1971, 106, nimmt an, daß unter den die Entscheidung zum Kirchenaustritt beeinflussenden Faktoren „die aktuelle Haltung der Kirche und insbesondere die des eigenen Gemeindepfarrers ein ganz erhebliches Gewicht haben können." Vgl. auch E. Lange, Die Schwierigkeit, Pfarrer zu sein, in: ders., Predigen als Beruf. Aufsätze zu Homiletik, Liturgie und Pfarramt, München 1982, 161, zur in der ersten Kirchenmitgliedschaftsstudie ermittelten Austrittsbereitschaft: „Bei immerhin 15 Prozent der Mitgliedschaft gibt es anscheinend so etwas wie eine latente Austrittstendenz, die sich an einem nicht bestimmbaren Punkt aktualisieren könnte, an einem Punkt, von dem nur feststeht, daß er vermutlich weniger mit Synodalbeschlüssen erreicht werden wird als durch die unzureichende Arbeit von Pastoren."

sächlich von Bedeutung für ihre Austrittsentscheidung sind, läßt sich anhand des zugrundegelegten Materials nicht bestimmen. Zusammenfassend läßt jedoch sich mit A. Feige feststellen: „Die Wertschätzung des Pfarrerberufes durch die Gesellschaft ist sehr hoch. Eine hohe Austrittsneigung bleibt davon aber unberührt.“[17]
Kirchenaustritte auf die eigene Person zu beziehen, sie gar als „persönliche Infragestellung“[18] zu verstehen, wie dies vor allem von *Eckhard* erwogen wird, ist also von der Sache her nicht angemessen. Aber auch vor einer zu starken Selbstimmunisierung ist zu warnen, weil auf diese Weise die mit der hohen Identifikation des Pfarrers/der Pfarrerin mit der Kirche seitens der Mitglieder und Nicht-mehr-Mitglieder gegebenen positiven Chancen vernachlässigt würden. In der gegenwärtigen Situation einer „dezidierten Aufwertung der Person des Pfarrers vor seiner amtlichen Stellung in der organisierten Kirche“[19] käme es entscheidend darauf an, daß sich die im Pfarramt Tätigen dieser Differenz bewußt werden. Dies würde sie zu einem adäquaten Umgang mit Kritik befähigen und von möglichen persönlichen Schuldgefühlen entlasten. Auf der anderen Seite könnte dies zu einer authentischen Wahrnehmung und Praxis der eigenen Berufsrolle führen, was für das öffentliche Ansehen als Amtsperson und Repräsentationsfigur der Kirche vermutlich positive Folgewirkungen hätte. Inwieweit jedoch Pfarrerinnen und Pfarrer durch authentisches Auftreten und eine kompetente Gemeindepraxis dazu beitragen können, daß austrittsgeneigte Menschen sich für den Verbleib in der Kirche entscheiden, läßt sich anhand der empirischen Untersuchungsergebnisse nicht sagen.

2.2.2 Existenzängste

Als existentielle Bedrohung können die Kirchenaustritte in zweifacher Hinsicht empfunden werden, nämlich 1. für die eigene Person und die private Existenz des Pfarrers/der Pfarrerin und gegebenenfalls der dazugehörenden Familie und 2. für die berufliche Existenz. Beide Bereiche bedingen einander natürlich wechselseitig. Auf der privaten Ebene kann sich die Bedrohung äußern in der Sorge, daß – bedingt durch eine anhaltende Entwicklung der Kirchenaustrittszahlen auf gegenwärtigem Niveau und die damit verbundenen Kirchensteuerausfälle – die Stabilität der Pfarrbesoldung zukünftig nicht mehr gewährleistet sein

---

17 A. Feige, Erfahrungen mit Kirche. Daten und Analysen einer empirischen Untersuchung über Beziehungen und Einstellungen junger Erwachsener zur Kirche, Hannover 1982, 130.
18 H.-C. Piper, Der Hausbesuch des Pfarrers, a.a.O., 66.
19 W. Gräb, Der Pfarrer als Musterprotestant. Zum Wandel einer kirchlichen Funktionselite, in: F.W. Graf/K. Tanner (Hrsg.), Protestantische Identität heute, Gütersloh 1992, 250. Jetzt auch in: ders., Lebensgeschichten – Lebensentwürfe – Sinndeutungen, a.a.O., 319-333.

könnte.[20] Kirchenaustritte können aus dieser Perspektive im Extremfall durchaus zu Existenzängsten führen, vor allem, wenn der Pfarrer/die Pfarrerin allein für den Lebensunterhalt der Familie sorgt.[21] Obwohl die Kirchenaustritte von allen Interviewten im Blick auf die Entwicklung der Kirche als Problem empfunden werden, lösen sie offenbar Sorgen um die eigene Existenz oder persönliche Zukunftsängste nicht aus.[22] Lediglich *Bernd* und *Christa* reflektieren diesen Aspekt, messen ihm jedoch für sich selbst keine Bedeutung zu. Beruflich könnte sich die Bedrohung vor allem als Sinnkrise äußern. Diese könnte dazu führen, daß man den Sinn und Erfolg der eigenen Arbeit in Frage gestellt sieht, wenn so viele Menschen die Mitgliedschaft in der Gemeinde beenden und die Institution verlassen, für die man tätig ist. Hier wäre theoretisch die Möglichkeit denkbar, daß die Pfarrerin/der Pfarrer die Gemeinde verläßt, um eine andere Tätigkeit innerhalb oder außerhalb der Kirche wahrzunehmen. Gedanken in diese Richtung sind ansatzweise bei *Annegret* vorhanden. *Bernd* hingegen weist ausdrücklich darauf hin, daß er in den Austritten keine Gefährdung seiner beruflichen Existenz sieht. Zwar hält er es für denkbar, daß – bedingt durch Kirchensteuermindereinnahmen – Einsparungen in den kirchlichen Haushalten nötig werden, die möglicherweise auch die im Pfarramt Tätigen betreffen. Die wesentlichen Ursachen für den Rückgang der Kirchensteuern liegen für ihn jedoch woanders. Er fühlt sich jedenfalls in beruflicher Hinsicht nicht bedroht, da seine Entscheidung, in dieser Kirche trotz ihrer Defizite tätig sein zu wollen, als Grundsatzentscheidung getroffen wurde. Und auch wenn *Christa* nach eigenen Angaben gelegentlich darüber nachdenkt, ob angesichts der Kirchenaustrittsentwicklung ihre Rente noch gesichert ist, so ist dies sicher nicht als Ausdruck von Existenzangst zu verstehen. Eher schon hält sie es für möglich, daß zukünftige Genera-

---

20 Vgl. M. Josuttis, Die Einführung in das Leben, a.a.O., 80. Diese Situation ist im Bereich der westfälischen Landeskirche jetzt bereits da, wie die jüngsten Beschlüsse der Landessynode 1998 zeigen.

21 H. Krebber, Die Kirchenmitglieder und die „Stabilität" der evangelischen Kirche, in: J. Matthes (Hrsg.), Erneuerung der Kirche. Stabilität als Chance. Konsequenzen aus einer Umfrage, Gelnhausen/Berlin 1975, 15: „Das Interesse an der Stabilität der Kirchen erhält bei den Mitarbeitern der Kirche, also vor allem bei den Pfarrern, eine zusätzliche Nuance, weil eine Verschlechterung der finanziellen Lage der Kirchen zugleich eine Gefährdung ihrer (der Pfarrer) ökonomischen Existenz bedeuten würde. Ein Minderaufkommen an Kirchensteuern durch vermehrte Kirchenaustritte oder eine Änderung des Beitragssystems in Richtung auf freiwillige Beiträge würde früher oder später auch die Frage nach der Einkommenshöhe der kirchlichen Mitarbeiter aufwerfen."

22 Das bestätigen auch die übrigen, hier nicht analysierten Interviews. Von den meisten Befragten wurde dieser Gesichtspunkt nicht einmal thematisiert. In den wenigen Fällen, wo dies ansatzweise geschah, wurde eine mögliche Bedrohung entschieden verneint. Eine Befragte sagte, als Kirchenbeamtin mit gesicherten Bezügen sei sie davon überhaupt nicht betroffen.

tionen von Pfarrerinnen und Pfarrern sich mit dieser Frage auseinandersetzen müssen. Von ihrem Kirchenverständnis her kann sie aber auch diesbezüglich gelassen in die Zukunft schauen.

2.2.3 Gedanken an den eigenen Kirchenaustritt

Auch Pfarrer und Pfarrerinnen sind Mitglieder der Kirche und könnten theoretisch wie andere auch aus ihr austreten. Ein solcher Schritt kommt jedoch für die Interviewten praktisch nicht in Frage. Spekulationen über einen möglichen Kirchenaustritt liegen den Befragten bis auf *Annegret* fern. Sie spricht diesen Gedanken offen aus, verfolgt ihn aber nicht weiter. Auch wenn *Annegret* vermutlich weit davon entfernt ist, diesen Schritt tatsächlich zu vollziehen, zeigt ihre Überlegung immerhin, daß der mögliche Austritt eines Pfarrers/einer Pfarrerin aus der evangelischen Landeskirche weder eine grundsätzlich absurde Vorstellung noch im einzelnen Fall ein Tabu ist. Selbstverständlich hat es immer wieder einzelne Pfarrer und Pfarrerinnen gegeben, die diesen Schritt z.T. spektakulär wie im Falle W. Kopfermanns vollzogen haben.[23] Als offenkundiger Selbstwiderspruch muß die Spekulation über den eigenen Austritt jedoch anmuten, wenn dabei – wie bei *Annegret* – übersehen wird, in welcher Weise die eigene Existenz und die eigenen Idealbilder von christlicher Gemeinschaft mit der Kirche verknüpft sind. Überzeugender wirkt unter diesem Gesichtspunkt die Haltung von *Bernd*, der durchaus Verständnis für diejenigen aufbringen kann, welche die Kirche wegen ihres als defizitär beurteilten Erscheinungsbildes verlassen, auch wenn er selbst gerade diese Defizite als Impuls für sein Engagement innerhalb der Kirche begreift. Die Entscheidung für den Pfarrberuf war für *Bernd* auch eine generelle Entscheidung für den Verbleib in der Kirche. Respekt und Sympathie für die Entscheidung zum Kirchenaustritt kann auch *Friedrich* aufbringen. Eine persönliche Neigung zum Austritt ist bei ihm dagegen nicht vorhanden.

Auch wenn die Befragten sich aus naheliegenden Gründen nicht näher zu der Option des eigenen Kirchenaustritts äußern, werden sie ihre eigene Kirchenzugehörigkeit sicher nicht allein aus beruflichem Interesse bejahen. Wenn Pfarrerinnen und Pfarrer sich aber tatsächlich, wie R. Riess treffend bemerkt, „in einer Art gesellschaftlichem Schwebezustand"[24] befinden, der die ihnen attestierte „eigene strukturelle Ambivalenz" noch verstärkt, wäre es fast verwunderlich, wenn sie von gesellschaftlichen Veränderungen nicht auch persönlich berührt würden.

---

23 Vgl. dazu H.N. Janowski, Totengräber der Kirche?, in: EK 21, 1988, 560-561. Wenn ein Pfarrer/eine Pfarrerin aus der Kirche austritt, bedeutet dies nicht nur das Ende der beruflichen Existenz innerhalb der Kirche, sondern dies hat auch für die private Situation erhebliche Folgen (Verlust des sozialen Status, Auszug aus dem Pfarrhaus etc.).

24 R. Riess, Pfarrer werden? Zur Motivation von Theologiestudenten, Göttingen 1986, 20.

Als typische Vertreter des sog. Bildungsbürgertums gehören sie zweifelsohne zu jener Gesellschaftsgruppe, die gegenwärtig am ehesten zu kritischer Distanz gegenüber der Institution Kirche neigt und zumindest latent austrittsbereit ist. Dieser Aspekt des so bezeichneten 'Bildungsdilemmas'[25] der Kirche ist bislang nicht bedacht worden. Warum aber sollten gebildete Pfarrer und Pfarrerinnen nicht gerade angesichts der eigenen Idealbilder von Kirche und der damit oftmals nur schwierig in Einklang zu bringenden religiösen Wirklichkeit in Gemeinde, Kirche und Gesellschaft auch gelegentliche Zweifel an der eigenen Zugehörigkeit zur Kirche entwickeln[26] Als Pfarrer oder Pfarrerin aus der Kirche auszutreten, bedeutet freilich nicht nur einen Bruch mit der eigenen Lebensgeschichte zu vollziehen, sondern auch, wenn sich keine Alternativen[27] auftun, die materielle Sicherung der persönlichen Existenz aufzugeben. Dadurch wird dieser Schritt geradezu verunmöglicht.

3 Verhaltens- und Handlungsstrategien

3.1 Die Rolle des Presbyteriums

In der theologischen und kirchlichen Literatur zur Kirchenaustrittsproblematik wird zwar gelegentlich die Frage gestreift, wie Pfarrer und Pfarrerinnen auf die Austritte reagieren sollten, die Rolle des Leitungsorgans der Kirchengemeinde, des Presbyteriums, bleibt jedoch gänzlich unberücksichtigt. Dabei ist es doch diejenige Instanz, welche die Kirchenaustritte zur Kenntnis nehmen und als ein die Gemeinde betreffendes Geschehen verhandeln muß. So weit besteht auch unter den Befragten ein Konsens.[28] Die bereits erwähnte Studie der EKD-Kirchenkanzlei zur Kirchenaustrittsproblematik will die Kirchenaustritte ausdrücklich „als Herausforderung an kirchenleitendes

---

25 E. Lange, Bildung als Problem und als Funktion der Kirche, in: J. Matthes (Hrsg.), Erneuerung der Kirche, a.a.O., 189-222; G. Brockmann u.a., Kirche im Übergang von der traditionalen zur Lerngesellschaft, ebd. 223-254, bes. 223-232; R. Schloz, Das Bildungsdilemma der Kirche, in: J. Matthes (Hrsg.), Kirchenmitgliedschaft im Wandel, a.a.O., 215-230; V. Drehsen, Wie religionsfähig ist die Volkskirche?, a.a.O., 41-65, bes. 49-55.

26 Verstärkt werden solche Zweifel möglicherweise dann, wenn aus dem eigenen Freundeskreis Menschen aus der Kirche austreten und es zum Gespräch darüber kommt. Davon berichtete eine andere junge Pfarrerin im Interview.

27 Dazu M. Josuttis, Der Traum des Theologen. Aspekte einer zeitgenössischen Pastoraltheologie 2, München 1988, 173-194. Für Josuttis ist eine solche Alternative der Konfessionswechsel (176f.). Dem muß natürlich der Kirchenaustritt vorausgehen, was von Josuttis nicht eigens erwähnt wird. Der Schritt in die Konfessionslosigkeit scheint für ihn keine echte Alternative zu sein.

28 Unterschiede ergeben sich lediglich hinsichtlich der Beurteilung der Häufigkeit (*Annegret*, *Christa*, *Dietmar* und *Friedrich* monatlich, *Eckhard* aus gegebenem Anlaß, *Bernd* zwei Mal im Jahr), mit der dies geschehen sollte.

Handeln"[29] begreifen. Die Worte 'Kirchenvorstand' oder 'Presbyterium' sucht man darin allerdings vergeblich. Dagegen geht die „Mitarbeiterhilfe des Volksmissionarischen Amtes der Evangelischen Kirche von Westfalen" zum Thema „Kirchenaustritte • Kircheneintritte"[30] immerhin davon aus, daß neben Pfarrern/Pfarrerinnen und anderen Mitarbeitenden sich auch Presbyterien zunehmend betroffen fühlen. Welche Funktion aber gerade das Presbyterium bei der Auseinandersetzung mit Kirchenaustritten hat bzw. haben könnte, wird nicht eigens ausgeführt.[31] Insofern können die Aussagen der Befragten aufschlußreich sein hinsichtlich der Funktion der einzelnen Presbyterien. Deren Reaktionen weichen zum Teil deutlich voneinander ab. So berichten *Annegret* und *Friedrich*, daß die Presbyterinnen und Presbyter oft frustriert oder bedrückt seien, wenn in der Sitzung über die Austritte informiert werde. Für *Bernd* und *Christa* zeigt sich diese Betroffenheit nur in einzelnen Fällen, in denen dann auch nach konkreten Ursachen oder Motiven gefragt wird. Die Presbyterien von *Dietmar* und *Eckhard* nehmen die Austritte an sich ohne erkennbare Gefühlsreaktion auf. Wenn sie sich jedoch vereinzelt zu einem Schmunzeln veranlaßt sehen (*Eckhard*), so scheint dies auf eine gewisse Verlegenheit hinzudeuten. Ganz unwillkürlich drängt sich in einzelnen Presbyterien auch die Frage auf, wer denn für die Kirchenaustritte verantwortlich zu machen sei. Bei *Annegret* wird die Schuld bei den Pfarrern und Pfarrerinnen der Gemeinde gesucht, bei *Bernd* immerhin überlegt, ob die Gemeindearbeit gewisse Defizite aufweist. Auch das Presbyterium von *Friedrich* hält eine Mitverantwortung für möglich, wie das Anschreiben an die Ausgetretenen zeigt. Dagegen machen die Presbyterinnen und Presbyter der Gemeinde von *Eckhard* allein die Ausgetretenen verantwortlich.

Sehr unterschiedlich sind die Erwartungen, welche die Befragten an „ihr" Presbyterium hinsichtlich der Behandlung des Kirchenaustrittsproblems stellen. Nach *Annegret* sollte das Presbyterium die Austritte nicht auf die eigene Gemeinde zurückbeziehen, sondern als Symptom für die Erosion der Volkskirche begreifen. Sie können also im Grunde nur passiv zur Kenntnis genommen werden. Darum steht sie selbst allen vom Presbyterium veranlaßten Maßnahmen (Brief) und Überlegungen zur Vermeidung weiterer Austritte (Arbeitsgruppe) kritisch gegenüber. *Bernd* sieht das Presbyterium in der Kirchenaustrittsproblematik hingegen besonders gefordert, zunächst deshalb, weil es als Leitungsorgan auch für die Trennungen von der Gemeinde zuständig

29 Ev. Kirche in Deutschland – Kirchenkanzlei, Kirchenaustritte als Herausforderung an kirchenleitendes Handeln, a.a.O.

30 Volksmissionarisches Amt der Evangelischen Kirche von Westfalen (Hrsg.), Kirchenaustritte • Kircheneintritte, a.a.O.

31 H. Meile, Vom Umgang mit Menschen, die die Kirche verlassen haben, a.a.O., 17, rät lediglich dazu, das Thema als geistlichen Impuls im Presbyterium aufzunehmen.

ist. Daher ist es nach *Bernd* dessen Aufgabe, gerade die ekklesiologische Dimension dieses Geschehens aufzuarbeiten und im Ergebnis gegenüber der Gemeinde zu vertreten. Besonders dieser letzten Erwartung konnte das Leitungsgremium jedoch nur bis zu einem gewissen Grad entsprechen. *Christa* hingegen möchte das Presbyterium nicht überfordern. Sie selbst trifft für sich eine klare Entscheidung, wie sie auf die Austritte reagieren will, zeigt aber Verständnis dafür, daß das Presbyterium sich schwer damit tut, ihr darin zu folgen, auch wenn sie sich dies zu ihrer eigenen Entlastung wünscht. Den von synodaler Ebene (KSV) an das Presbyterium gestellten Anspruch, auf die Kirchenaustritte wirksamer reagieren zu sollen, weist man allerdings gemeinsam zurück. Auch *Eckhard* findet mit seinem Engagement im Presbyterium zunächst wenig Verständnis. Man toleriert jedoch wunschgemäß seine Besuche, auch wenn man selbst der Ansicht ist, daß ein Nachgehen der Ausgetretenen Kräfte verschleißt, die an anderer Stelle sinnvoller eingesetzt werden könnten. In der Gemeinde von *Dietmar* hat man hingegen im Presbyterium gemeinsam überlegt, wie es zu den angestiegenen Kirchenaustrittszahlen kommen konnte und welche Gegenmaßnahmen man treffen könnte. Die Mitglieder des Leitungsgremiums sahen sich hier besonders herausgefordert und machten zahlreiche Vorschläge, ohne daß es jedoch zu einer konkreten Maßnahme kam. Interesse und Engagement führten auch zu weiterführenden Überlegungen und Beratungen etwa in der Frage nach dem Profil der Kirche. Genau wie *Annegret* lehnt auch *Friedrich* die in seiner Gemeinde (auf Beschluß des Presbyteriums) gängige Praxis des Anschreibens an die Ausgetretenen ab. Da die Austritte nicht auf innerkirchliche Entwicklungen zurückzuführen sind, ist die Frage des Presbyteriums nach einer möglichen Mitverursachung ebenso unangebracht wie jegliche Maßnahme, die auch nur im Ansatz als disziplinierend oder nötigend empfunden werden könnte. Das Presbyterium sollte es daher dabei belassen, die Austritte als individuelle Willensäußerung lediglich zur Kenntnis zu nehmen.

Als Ergebnis ist festzuhalten: Die Presbyterien haben eine wichtige Funktion im Prozeß der Auseinandersetzung mit Kirchenaustritten. Nicht immer sind dabei die Erwartungen der Pfarrer und Pfarrerinnen mit denen der Presbyteriumsmitglieder kongruent. So kann es zu Mißverständnissen und Konflikten kommen. Diesem Aspekt sollte daher vor allem in der kirchlichen Literatur mehr Aufmerksamkeit als bisher gewidmet werden.

3.2 Unmittelbare Handlungsstrategien

In den sechs Interviews werden alle gängigen Maßnahmen, die als Reaktion auf Kirchenaustritte in Frage kommen, angesprochen oder geschildert. Nicht immer deckt sich dabei die tatsächliche Praxis in der jeweiligen Gemeinde mit den Vorstellungen der Interviewten. *Annegret* und *Friedrich* schreiben den Ausgetretenen im Auftrag des Pres-

byteriums einen Brief, obwohl sie selbst dies für nicht zweckdienlich bzw. für nicht sinnvoll halten. Beide sind übereinstimmend der Ansicht, daß die Angeschriebenen eine klare Entscheidung getroffen haben, die es zu respektieren gilt und auf die darum auch nicht unmittelbar reagiert werden sollte. Beide weisen außerdem darauf hin, daß die erhoffte Rückmeldung auf diesen Brief in der Regel ausbleibt, dieser also seinen vorgeblichen Hauptzweck verfehlt. *Friedrich* befürchtet darüber hinaus, daß jeder Brief – gleich welchen Inhalts – von den Ausgetretenen als Disziplinierungsmaßnahme verstanden werden könnte. Auch *Dietmar* hält es aufgrund eines in der Gemeinde durchgeführten Pilotversuches für wenig ertragreich, einen Brief zu versenden. Die Rücklaufquote sei so gering gewesen, daß man daraus keine weiterführenden Schlüsse habe ziehen können. Die vielerorts übliche Praxis, Ausgetretenen nach Eingang der Mitteilung des Amtsgerichtes einen Brief zu schreiben, wird also von allen Befragten im Prinzip abgelehnt. Die genannten Gründe leuchten ein und werden zum Teil auch von sozialwissenschaftlicher Seite vorgebracht.[32] Genauso ließen sich aber auch gute Gründe für diese Praxis anführen.[33] Letztlich ist es eine Frage des Inhalts und dieser wiederum ist abhängig von der Intention des Briefes. Darauf ist später noch genauer einzugehen.[34]
Als Alternative oder ergänzend zum Verschicken eines Briefes kommt die Möglichkeit eines Besuches bei den Ausgetretenen in Frage. Auch diese Maßnahme wird von den Interviewten sehr kontrovers beurteilt. *Christa* und *Eckhard* haben über einen längeren Zeitraum alle Ausgetretenen persönlich besucht. Zum Zeitpunkt des Interviews fand jedoch ein solcher Besuch bei beiden nur noch dann statt, wenn ihnen die Ausgetretenen persönlich nahestanden. Ansonsten wird der Kontakt über das Telefon hergestellt, was von beiden, gemessen an der ursprünglichen Intention, nicht als vollkommen befriedigend erlebt wird. Immerhin kommt es aber noch zu einer direkten Kommunikation mit einzelnen Ausgetretenen. *Dietmar* hingegen lehnt Kontaktbesuche bei Ausgetretenen ab, weil sie nachweislich nicht dazu führen, daß Menschen ihre Entscheidung überdenken und gegebenenfalls korrigieren. Auch *Bernd* ist grundsätzlich der Ansicht, daß alle Formen der Kontaktaufnahme wenig fruchtbringend sind, weil die Betreffenden sich zwangsläufig genötigt fühlen, ihre Entscheidung zu rechtfertigen. In der pastoraltheologischen und kirchlichen Literatur wird die Möglichkeit eines Besuches bei Ausgetretenen, wo überhaupt thematisiert,

32 U. Müller-Weißner/R. Volz, Kirchenaustritte aus der evangelischen Kirche, a.a.O., 38.
33 H. Meile, Vom Umgang mit Menschen, die die Kirche verlassen haben, a.a.O., 8-11.
34 Vgl. u., 276.

positiv bewertet.[35] Auch hier ist ähnlich wie beim Verschicken von Briefen das Motiv ausschlaggebend. Werden die Besuche vorwiegend mit der Absicht durchgeführt, die eigene Betroffenheit anzuzeigen und die Motive der Ausgetretenen in Erfahrung zu bringen, wie das bei *Christa* und *Eckhard* der Fall ist, ist dagegen kaum etwas einzuwenden. Sollen die Besuchten dagegen vor allem zur Rede gestellt oder auf ihre verlorengegangenen Rechte hingewiesen werden, ist zu vermuten, daß dies eher zu einer Verhärtung ihrer Einstellung führen wird.[36] Gleiches gilt auch im Blick auf die von *Bernd* vorgeschlagene und zeitweilig praktizierte Maßnahme der Kanzelabkündigung. Die Ausgetretenen im Gottesdienst der Gemeinde namentlich bekanntzugeben und sie in die Fürbitte einzubeziehen, ist als öffentliche Publikation einer privaten Entscheidung die radikalste Maßnahme als Reaktion auf einzelne Kirchenaustritte. Sie wird, wie *Bernd* mitteilt, von Betroffenen, aber auch von Mitgliedern des Presbyteriums auch als solche erlebt, was schließlich zu ihrer Einstellung führt. In diesem Falle stellt sich also nicht nur die Frage nach der Intention der Abkündigung, sondern auch nach ihrer öffentlichen Wirkung. Darüber hinaus ergeben sich auch theologische Bedenken, auf die noch einzugehen ist.[37]

3.3 Strukturelle Folgerungen

In der EKD-Vorlage „Kirchenaustritte als Herausforderung an kirchenleitendes Handeln“ werden unter IV. konkrete Maßnahmen zur Stabilisierung der Kirchenmitgliedschaft vorgeschlagen.[38] Diese Maßnahmen betreffen zunächst die Arbeit der Gemeinde vor Ort, leiten dann aber über zu gesamtkirchlichen Reformvorschlägen. Sie sollen beitragen zum „Gelingen der Sinnvermittlung in einer für die Kirchenmitglieder aufgrund i h r e r Denkvoraussetzungen plausiblen Weise.“[39] Die Prävention von Kirchenaustritten ist dabei also nur das vordergründige Ziel. Die Vorlage geht vielmehr davon aus, daß es in vielen einzelnen Bereichen der Kirche zu Reformen kommen muß. Auch die sechs Interviewten sind der Ansicht, daß die Kirche und ihre Gemeinden durch geeignete Maßnahmen auf die Herausforderung durch Kirchenaustritte reagieren müssen. Die Befragung hat aber auch ergeben, daß es in der Praxis der Gemeinden sehr unterschiedliche Ansätze und Arbeitsformen gibt, mit denen man auf diese Herausforderung zu reagieren sucht. In der Gemeinde von *Annegret* führten die

---

35 H. Meile, Vom Umgang mit Menschen, die die Kirche verlassen haben, a.a.O., 9f.; E. Lohse, Kleine evangelische Pastoralethik, a.a.O., 152. Gedacht ist hier aber an einen Besuch *vor* dem angekündigten Austritt.

36 Vgl. u., 271-272.

37 Vgl. u., 254-257.

38 Ev. Kirche in Deutschland – Kirchenkanzlei, Kirchenaustritte als Herausforderung an kirchenleitendes Handeln, a.a.O., 18-35.

39 Ebd. 16.

steigenden Kirchenaustrittszahlen dazu, daß sich innerhalb des Presbyteriums eine Arbeitsgruppe bildete, die sich nach *Annegret* mit dem „Profil der Gemeinde nach außen“ (A3) befaßt. Welche konkrete Zielsetzung diese Gruppe hat, wird aus *Annegrets* Darstellung nicht recht deutlich, zumal sie selbst diesem Unternehmen offensichtlich kritisch gegenübersteht. Die Unzufriedenheit mit der Kirche aufzuarbeiten, wie *Annegret* sagt, kann jedenfalls nicht ihr Hauptanliegen sein. Die Suche nach dem Profil der Gemeinde läßt jedenfalls mehr erwarten, als es nach *Annegret* den Anschein macht. Auch *Bernd* und *Dietmar* geht es um das ‘Profil’, allerdings nicht nur um das ihrer Gemeinde, sondern um das gesellschaftliche Profil der Kirche (beide) oder, anders gesagt, um die Frage, wie sich evangelisches Profil (*Dietmar*) heute zeigt. Während es für *Bernd* jedoch eher eine allgemeine Forderung ist, daß die Kirche ihr gesellschaftliches Profil schärfen sollte, wobei er offenbar davon ausgeht, daß die Kirche ein solches Profil bereits hat, muß nach *Dietmar* dieses Profil erst gefunden werden. Darum gab es innerhalb der Gemeinde, aber auch auf synodaler Ebene verschiedene Arbeitsvorhaben, die sich mit dieser Thematik beschäftigten. Die Hoffnung, man könne sich auf ein bestimmtes Profil einigen, um so nach außen geschlossener, erkennbarer und nicht zuletzt auch attraktiver zu erscheinen, erwies sich jedoch als Fehlschluß, denn innerhalb der Gemeinde und erst recht im Kirchenkreis gab es sehr verschiedene Ansichten darüber, was das Profil der Kirche sein und wie es aussehen könnte. Daneben kam es in der Gemeinde von *Dietmar* aber auch zu konkreten Maßnahmen als Reaktion auf die Kirchenaustritte, die man zusammenfassend als Offensivstrategien bezeichnen könnte (Kirchlicher Unterricht, Öffentlichkeitsarbeit, Präsenz und andere Formen der „Mitgliederpflege“). Hier finden sich deutliche Anklänge an das Reformprogramm der EKD-Vorlage.[40] Für *Christa* und *Eckhard* konzentrieren sich die strukturellen Überlegungen aus Anlaß der Kirchenaustritte stärker auf den Bereich der eigenen Gemeinde. Von organisatorischen Maßnahmen oder Projekten berichten sie nicht. Aber ihre eigene Praxis zeigt, worauf es ihrer Meinung nach ankommt. Ihr Engagement in Sachen Kirchenaustritte hat, auch wenn dies für sie selbst nicht handlungsleitend ist, einen gewissen Vorbildcharakter. Nicht nur die Besuche bei den Ausgetretenen, sondern ihre Offenheit und ihre Authentizität müßten andere, Mitarbeitende und Gemeindeglieder, eigentlich motivieren, es ihnen nachzutun, was in anderen Bereichen der Gemeindearbeit (Offenheit der Gruppen, Teilnahme an gesellschaftlichen Ereignissen) auch geschieht. Dies deutet darauf hin, daß Menschen, die in der Kirche mitarbeiten, offensichtlich empfindsamer auf dieses Thema reagieren, als sie nach außen zeigen. Genau dies ist die Erfahrung von *Friedrich*. Das Presbyterium tut sich schwer damit, seine Gelassenheit im Blick

40 Ebd. 21, 24.

auf die Austritte zu teilen. Bei der erwähnten Freizeit mit Gemeindeberatern trat unerwartet die für die Presbyterinnen und Presbyter belastende Kirchenaustrittsproblematik zu Tage. Zugleich wurde deutlich, wie hilfreich ein Perspektivenwechsel sein kann, um das Problem mit einer gewissen Distanz wahrzunehmen. Dies führte nach *Friedrich* nicht nur zu einem gelasseneren Umgang mit dem Problem, sondern auch zu einer realitätsnahen Beschäftigung mit der Frage, wie Kirche und Gemeinde auf die gegenwärtigen Herausforderungen reagieren sollten.

Zusammenfassend ist festzuhalten: Weder in der kirchlich-theologischen Literatur noch in der kirchlichen Wirklichkeit gibt es bislang bewährte Rezepte zur Vermeidung von Austritten. Das deutet darauf hin, daß die Austrittsproblematik nicht allein unter kirchlich-theologischen Gesichtspunkten diskutiert und behandelt werden kann. Weitgehende Übereinstimmung besteht darin, daß es zu weitreichenden Reformen in Gemeinde und Kirche kommen muß, wenn eine Stärkung des Mitgliedschaftsbewußtseins erreicht werden soll. Wie diese Reformen allerdings praktisch aussehen könnten, wird von den Interviewten genauso kontrovers beurteilt wie in der theologischen und kirchlichen Literatur.[41]

41 Vgl. u., 118-122.

Zweiter Teil:

Die Kirchenaustrittsproblematik in den Spannungsfeldern von Ekklesiologie, Mitgliedschaftsverständnis und Funktionsbestimmung des Pfarramtes

4. Kapitel: Der Theorie – Praxiszusammenhang

1 Theorie der Praxis – Praxis der Theorie

Die Praktische Theologie wurde zu Beginn als „Theorie der Praxis" beschrieben.[1] Ihre Aufgabe besteht in der Reflexion gegenwärtig vorfindlicher pastoraler, kirchlicher und religiöser Praxis. Zugleich ist davon auszugehen, daß pastorale und kirchliche Praxis immer schon theoriegeleitet sind. Die Praktische Theologie muß folglich auch die impliziten und prozessualen Theorievoraussetzungen der von ihr analysierten Praxis mitbedenken. Auch ihre kritische Funktion ist daher nicht nur auf die Praxis selbst bezogen, sondern auch auf die Theorie der Praxis. Erweist sich die Theorie-Praxis-Relation dabei als nicht kongruent, muß es entweder zu einer Veränderung der Praxis oder zu einer Modifizierung der Theorie kommen. Nach K.-F. Daiber hat Praxisreflexion sechs verschiedene Funktionen[2], die aufeinander aufbauen: 1. *Feststellen* dessen, was in der Praxis geschieht, 2. *Verstehen* und *erklären* dessen, was festgestellt wurde, 3. *Begründung* und *Legitimation* von vorgefundener Praxis als richtiger Praxis, 4. *Kritik* bestehender Praxis, 5. *Entwerfen* und *Planen* von Neuem und 6. *Erfolgskontrolle* hinsichtlich der praktizierten Praxis. Gerade die beiden zuletzt genannten Funktionen sind als „Reflexion von Praxis integrierter Bestandteil geschehender Praxis"[3].
Das Phänomen Kirchenaustritt hat freilich anderen Charakter als die klassischen Praxisfelder der Praktischen Theologie. Wenn der Austritt selbst als Grenzfall religiöser Praxis aufzufassen ist[4], bedeutet das zwangsläufig, daß auch die Reflexion dieser Praxis intermediären Charakter hat. Der Ausgangspunkt solcher Reflexion ist in dieser Untersuchung die pastorale Praxis, die einerseits praktizierende, andererseits deutende und also theoriegeleitete Praxis ist. Darin liegt die Schwierigkeit einer pastoraltheologischen Annäherung an das Thema, zugleich aber auch ihre Chance. Denn indem die Aussagen der befragten Pfarrer und Pfarrerinnen als maßgeblichen Subjekten kirchli-

1 Vgl. o., 18-19.
2 K.-F. Daiber, Religion in Kirche und Gesellschaft: theologische und soziologische Studien zur Präsenz von Religion in der gegenwärtigen Kultur, Stuttgart u.a. 1997, 35-38.
3 Ebd. 38.
4 Vgl. o., 25f.

chen und kirchenleitenden Handelns zugleich auf ihre impliziten theoretischen Voraussetzungen ihrer Praxis hin analysiert werden, entsteht eine Praxis-Theorie-Praxis-Reflexion, welche den von Daiber aufgeführten Funktionen voll entspricht und sich auf diesem Wege selbst an der Fortschreibung der von ihr analysierten Praxisreflexion beteiligt.
Eine empirische pastoraltheologische Untersuchung zum Kirchenaustritt, in der die subjektiven Wahrnehmungs-, Deutungs- und Handlungsmuster von Pfarrerinnen und Pfarrern untersucht und für die kirchen- und religionssoziologische Diskussion zum Austrag gebracht werden sollen, muß jedoch auch den theoretischen Hintergrund der Gesamtproblematik in angemessener Form berücksichtigen und aufzeigen, in welchen Spannungsfeldern sie sich bewegt. Sich ausschließlich mit der Wahrnehmung der Betroffenen unter Vernachlässigung der strukturellen Zusammenhänge von Religion, Kirche und Gesellschaft zu befassen, greift entschieden zu kurz und eignet sich wissenschaftstheoretisch allenfalls zur Hypothesenbildung, womit letztlich auch für den kirchlichen und gesellschaftlichen Diskurs über Kirchenaustritte nicht viel gewonnen wäre. Daß das Thema Kirchenaustritt in unmittelbarem Bezug zur Kirchentheorie steht und folglich auch die theologische Ekklesiologie betrifft, wurde bereits verdeutlicht.[5] Evident ist auch, daß der Austritt als negative Mitgliedschaftsdefinition indirekt das Mitgliedschaftsverständnis berührt. Die Verbindungslinien zur Pastoraltheologie ergeben sich in einem allgemeinen Sinne dadurch, daß die evangelische Pfarrerschaft nach wie vor eine zentrale repräsentative Funktion für die Wahrnehmung der Kirche hat und dies auch in der Sicht derer, die aus der Kirche austreten. Die besondere Notwendigkeit, die Funktionszuweisung für das Pfarramt als theoretischen Hintergrund einzubeziehen, ergibt sich aus der Befragung selbst. Denn auch die befragten Pfarrerinnen und Pfarrer haben und vertreten ein bestimmtes berufsbezogenes Selbstkonzept.
Bei der theoretischen Darstellung ist zu beachten, daß es in der theologischen Ekklesiologie, im Mitgliedschaftsverständnis und hinsichtlich der Funktionszuweisung des Pfarramts in der jüngeren Vergangenheit zu tiefgreifenden Wandlungsprozessen gekommen ist, ohne deren Aufarbeitung die gegenwärtige Problemlage kaum treffend zu beschreiben ist. Damit ist der theoretische Rahmen der Untersuchung abgesteckt und der Bereich der Praxisreflexion benannt. Zu klären ist noch, wie der Praxis-Theorie-Praxis-Zusammenhang in der Darstellung zum Tragen kommen und zu praxisrelevanten Ergebnissen führen kann.

5 Vgl. o., 17-19.

2 Zur Vermittlung von Theorie und Empirie in der Darstellung

In den folgenden Kapiteln werden die pastoralen Deutungsmuster zum Kirchenaustritt in die entsprechenden theologischen und forschungsgeschichtlichen Kontexte gestellt und auf ihre eigenen theoretischen Implikationen hin analysiert. Es handelt sich um die Kernfragen bzw. -themen der Ekklesiologie, der theologischen und rechtlichen Auffassungen von Kirchenmitgliedschaft und um das Verständnis des Pfarramtes. Die für die Untersuchung maßgeblichen Fragen werden aufgenommen und hinsichtlich ihrer Relevanz für die Kirchenaustrittsproblematik untersucht. Dabei ist die kirchlich-theologische Selbstauslegung ebenso von Bedeutung wie die Außenwahrnehmung von Kirche, Mitgliedschaft und Pfarramt. In der Darstellung finden allerdings ausschließlich jene Aspekte Berücksichtigung, die tatsächlich einen Bezug zur Themenstellung haben. Sie werden nur insoweit skizziert, wie es im Blick auf die Gesamtuntersuchung unbedingt erforderlich war, konnten also nicht immer in der ihnen anderweitig gebührenden Ausführlichkeit behandelt werden.

Die Vermittlung von Theorie und Praxis in der Darstellung erfolgt dergestalt, daß die impliziten und expliziten Bezüge zwischen den verschiedenen Sachbereichen und thematischen Aspekten und dem empirischen Material hergestellt werden. Die Interviews werden dabei analysiert unter der Fragestellung, inwieweit sich in ihnen Meinungen und Theorien aufgenommen finden, die auch in der wissenschaftlichen Literatur begegnen und wo es Ansätze zur Fortschreibung neuerer kirchentheoretischer Programme und Konzeptionen gibt. Es geht also nicht nur um Abbildungen und Entsprechungen. Der Theorie-Praxis-Bezug ist vielmehr nach beiden Seiten hin offen zu halten. Nicht allein die Theoriefähigkeit der Praxis gilt es zu bedenken, sondern auch die Praxisfähigkeit der Theorie. Erweisen sich die dargestellten Theoriekonzeptionen auch in der pfarramtlichen Praxis als tragfähig, werden sie hier möglicherweise sogar in konstruktiver Weise modifiziert und weiterentwickelt, kann der Praxis-Theorie-Praxis-Zusammenhang als in sich schlüssig angesehen werden. Die kritische Praxisreflexion wird auch auf jene Aspekte aufmerksam machen, unter denen die in den Interviews vorfindliche Praxis problematisch und korrekturbedürftig erscheint. Andererseits können sich aus der Analyse der Praxis auch kritische Rückfragen im Blick auf bestimmte Theoriekonstrukte ergeben. Praxisrelevanz haben die Ergebnisse darin, daß sie zu einer bewußteren und gegebenenfalls angemesseneren Praxis anleiten wollen. Deshalb sind sie als generalisierende Aussagen formuliert. Auf diese Weise wird zwar nicht Repräsentativität beansprucht, wohl aber die Verallgemeinerungsfähigkeit der aufgezeigten gegenwärtigen Entwicklungstrends.

5. Kapitel: Zentrale Aspekte der gegenwärtigen ekklesiologischen Diskussion

1 Das Problem des doppelten Kirchenbegriffes

Die sich unterschiedlicher Nomenklatur bedienende Unterscheidung von wahrer und wirklicher Kirche[1], die sich seit der Reformation wie ein roter Faden durch die theologische Ekklesiologie zieht[2], macht auf das Problem eines doppelten Kirchenbegriffes aufmerksam. Diese Problematik muß „bis in die Gegenwart hinein als unerledigt“[3] gelten und hat sich nach U. Kühn durch „das zunehmende Schwinden der Deckungsgleichheit von Kirche und Gesellschaft“[4] eher noch verschärft, da die Identifizierung der institutionalisierten Kirchengestalten mit der wahren Kirche allenfalls noch gebrochen erfolgen kann. Die Verbindungslinien zur Kirchenaustrittsthematik liegen auf der Hand. Es sind eben jene Vereinseitigungstendenzen, die entweder die geglaubte Kirche in der erfahrbaren Kirche aufgehen lassen, wodurch die empirischen Fakten wie etwa die Mitgliedschaftsentwicklung eine enorme theologische Aufwertung erfahren oder aber auf einer strengen Diastase zwischen wahrer Kirche und Kircheninstitution bestehen und damit jene Tendenz verfolgen, die T. Rendtorff feststellen läßt, „daß es einen Zynismus im Umgang mit der Volkskirche gibt, der sich um so hemmungsloser ausspricht, je stärker er von dem Bewußtsein ge-

1 Andere Gegensatzpaare, die diese Ambiguität zum Ausdruck bringen, lauten: ‘Geglaubte – erfahrene Kirche’, ‘sichtbare – verborgene bzw. unsichtbare Kirche’, ‘transzendentale – empirische Kirche’, ‘weltliche – geistliche Kirche’, wobei jeweils ein besonderer Aspekt hervorgehoben wird. W. Huber, Die wirkliche Kirche. Das Verhältnis von Botschaft und Ordnung als Grundproblem evangelischen Kirchenverständnisses im Anschluß an die 3. Barmer These, in: A. Burgsmüller (Hrsg.), Kirche als „Gemeinde von Brüdern“ 1, 249-277, bes. 249-253, verwendet die Begriffe ‘wahre’ und ‘wirkliche’ Kirche in Anlehnung an H.-G. Geyer und K. Barth und bringt damit den Gegensatz auf eine grundlegende Ebene, denn bereits diese Terminologie macht eine synthetische Beziehungssetzung erforderlich. Zugleich wird damit eine vorschnelle Identifizierung von wirklicher Kirche und empirischer Kirche verhindert und die von M. Luther vorgenommene Unterscheidung von ‘wahrer’ und ‘falscher’ Kirche (oder Scheinkirche) als innere Potenz der wirklichen Kirche verstanden. Dazu U. Kühn, Kirche HST 10, Gütersloh ^{2}1990, 27-30.

2 Ebd. 164-167.

3 Ebd. 164.

4 Ebd. 165.

tragen ist, zur 'wahren' Kirche zu gehören."[5] Der empirischen Kirche wird dabei jegliche theologische Bedeutung aberkannt. In diesem Falle zieht der doppelte Kirchenbegriff auch eine doppelte Kirchenmitgliedschaft nach sich[6], denn neben den wahren Mitgliedern gibt es die nur nominellen. Auch U. Kühn geht für die Gegenwart von einer wachsenden Differenz zwischen „lediglich getauften (und vielleicht konfirmierten) nominellen Kirchengliedern und praktizierenden Christen"[7] aus und leistet damit einem zweistufigen Mitgliedschaftsverständnis Vorschub. Der Austritt kann unter diesem Blickwinkel als sinnvolle Vereindeutigung gesehen werden, ist aber letztlich für die wahre Kirche bedeutungslos.

Das Problem des doppelten Kirchenbegriffs wirft in seiner gegenwärtigen Ausprägung die grundlegende Frage auf, wie wahre und wirkliche Kirche überhaupt noch in Beziehung gesetzt werden können. Während sich daraus für die theologische Ekklesiologie eine theoretische Aufgabenstellung ergibt, stellt sich für die in der Kirche Tätigen das Problem als praktische Herausforderung, gilt es doch hier immer wieder zu vermitteln zwischen theologischem Anspruch und kirchlicher Wirklichkeit. Von daher kann die Analyse der Interviews wichtige Aufschlüsse darüber geben, wie die kirchlichen Praktiker und Praktikerinnen mit dieser Herausforderung umgehen.

Auffällig ist zunächst, daß die Befragten auf geprägte biblische und dogmatische Vorstellungen und Bilder von Kirche zur Darstellung ihrer ekklesiologischen Position nur in Ansätzen zurückgreifen. Dies mag eine Ursache in dem eingangs beschriebenen Umstand haben, daß nach der Relevanz der eigenen Ekklesiologie im Blick auf ein besonderes Problem gefragt wurde, wobei die Fragestellung offenließ, ob der Kirchenaustritt überhaupt theologisch beurteilt werden kann. Beim näheren Hinsehen wird jedoch deutlich, daß die Befragten durchaus ekklesiologisch argumentieren, auch wenn sie sich dabei nur in Ansätzen auf bestimmte theologische Konzeptionen berufen oder einer vorgeprägten Begrifflichkeit bedienen. Der einzige, der sich nicht auf ein bestimmtes theologisches Kirchenbild bezieht, ist *Eckhard*. Seine Zurückhaltung läßt sich erklären mit seinem Hinweis auf die Vielgestaltigkeit christlicher Glaubenstraditionen, die schon im Neuen Testament angelegt ist, denn schon damals gab es nach *Eckhard* eine Reihe von Kirchenbildern, was von der neutestamentlichen Forschung auch

5 T. Rendtorff, Theologische Probleme der Volkskirche, in: W. Lohff/L. Mohaupt (Hrsg.), Volkskirche – Kirche der Zukunft? Leitlinien der Augsburgischen Konfession für das Kirchenverständnis heute. Eine Studie des Theologischen Ausschusses der VELKD, Hamburg 1977, 110.

6 P. Steinacker, Kirchenbegriff und kirchliche Wirklichkeit, in: T. Rendtorff (Hrsg.), Charisma und Institution, Gütersloh 1985, 436.

7 U. Kühn, Kirche, a.a.O., 165.

bestätigt wird.[8] Eine zentrale Bedeutung für das theologische Kirchenverständnis von *Eckhard* hat der Begriff 'Leben'. Die Kirche ist der Ort, wo Leben aus und mit Gott in gemeinschaftlicher Weise Raum finden kann und darum hat die Kirche auch dem Leben zu dienen. Die Volkskirche ist dafür der geeignete Entfaltungsraum. Sie ist durch ihr Erscheinungsbild, vor allem durch ihre lebenspraktische Relevanz sichtbarer Ausdruck dafür, daß Kirche in ihrem Wesen selbst für das wirkliche Leben, das Leben aus Gott, steht.
Der prägnanteste Bezug auf ein überkommenes theologisches Kirchenmodell findet sich bei *Bernd.* Die Kernaussage der dritten These der Barmer Theologischen Erklärung, die Kirche sei „Gemeinde von Brüdern" wird von ihm theoretisch in ihrer gesamtkirchlichen Dimension bejaht. Faktisch aber entfaltet er sie nur auf der Ebene der Gemeinde. Auch das aus dem paulinischen Gedankengut aufgenommene Bild vom Leib Christi, von *Bernd* nicht ausdrücklich benannt, wird lediglich auf die Glieder des Leibes angewandt, indem Gliedschaft und Kirchenmitgliedschaft, die wiederum als Gemeindegliedschaft zu verstehen ist, ineinsgesetzt werden. Immerhin gelingt es *Bernd*, mit der Rezeption des Kirchenbegriffes der Barmer Theologischen Erklärung die Sozialgestalt der Kirche theologisch zu verorten. Da sich diese jedoch primär in der Gemeinde am Ort verwirklicht, ist die vorfindliche Kirche als ganze von dort aus theologisch zu durchdringen. Kirche ist die Gemeinschaft der getauften Christen und Christinnen und hat als solche immer auch eine ökumenische Dimension. Zur Beschreibung ihres Auftrag verweist *Bernd* auf die drei Grundzüge kirchlichen Dienstes, Martyria (Verkündigung der christlichen Botschaft), Diakonia (Dienst am Nächsten vor allem als soziales Engagement) und Koinonia, (Versammlung im Gottesdienst als der Mitte aller Gemeinschaft). Für *Bernd* hat die Institution Kirche allein darin ihre Berechtigung, daß sie ihrer Bestimmung entspricht und ihrer Sache treu bleibt. Auch nach außen hin, etwa im gesellschaftlichen Umfeld, muß sich zeigen, daß Kirche „Gemeinde von Schwestern und Brüdern" ist. Als solche hat sie eine Botschaft weiterzugeben und nicht um sich selbst besorgt zu sein. Gerade dieses Bestreben aber prägt nach seiner Ansicht das gegenwärtige Erscheinungsbild von Kirche. Die Besinnung auf die eigene Sache muß aber notfalls auch gegen äußere Widerstände erfolgen, weshalb *Bernd* auch für das prophetische Amt der Kirche votiert. Damit wird an die Institution ein hoher theologischer Anspruch gestellt. Auf diese Weise bleibt die notwendige Spannung zwischen wahrer und wirklicher Kirche zwar vordergründig erhalten, tendenziell aber soll sie zur wirklichen Kirche hin aufgelöst werden. *Annegret* und *Dietmar* verwenden das Bild der Kirche als der Gemeinschaft der Glaubenden. *Dietmar* gebraucht allerdings nur an einer

---

8 Vgl. J. Roloff, Die Kirche im Neuen Testament, Göttingen 1993, vor allem 310-323.

Stelle die Bezeichnung „Gemeinschaft der Gläubigen“ (D7). Daß hierin die Bestimmung der Kirche, liegt, wird von ihm offenbar als evident voraussetzt und nicht weiter ausgeführt. Ansonsten hat er bei seiner Argumentation die Kirche als Organisation vor Augen, also die äußerlich vorfindliche Kirche. Hier, und nur hier müssen die Probleme, vor die sich die Kirche heute gestellt sieht, behandelt werden. Bei *Annegret* hingegen wird das theologische Verständnis von Kirche auch in praktischer Absicht entfaltet. Kirche ist die Gemeinschaft, in der das Evangelium glaubwürdig gelebt und bezeugt wird. Als solche ist sie *communio sanctorum*, also Heilsgemeinschaft. Der exklusive Anspruch dieser Vorstellung bringt sie jedoch selbst in Verlegenheit, da sie in der praktischen Umsetzung nicht zwischen Wesen und äußerer Wirklichkeit der Kirche zu unterscheiden vermag. In der Institution ist dieser Anspruch jedenfalls nicht mehr zu realisieren. Bei *Annegret* ist deutlich ein Gefälle von der wahren zur vorfindlichen Kirche vorhanden. Mit den Gegensatzpaaren ‘innen und außen’, ‘wahr und falsch’ rückt sie beide weit voneinander ab. Die Gemeinschaft der Gläubigen hat mit der äußeren Fassade der Kirche im Grunde nichts mehr gemein. Die Institution Kirche depraviert vielmehr durch ihr negatives Erscheinungsbild die Glaubwürdigkeit der christlichen Gemeinschaft und ihrer Botschaft. Die Spannung zwischen wahrer und wirklicher Kirche wird damit jedoch eher noch verschärft, denn *Annegret* verlagert sie mit einem zweistufigen Mitgliedschaftsverständnis in den Bereich der vorfindlichen Kirche hinein und unterliegt damit der von P. Steinacker aufgezeigten Gefahr einer doppelten Mitgliedschaft.[9]

In den Interviews ist die traditionelle Unterscheidung von theologischer Ekklesiologie[10] und empirischer Kirche als thematischer Aspekt also durchaus präsent, wird jedoch außer bei *Christa* und *Friedrich* nicht eigens thematisiert. Das eigentlich Problematische an der Ambiguität des Kirchenbegriffes ist aus theologischer Sicht weniger die zweifelsohne notwendige Unterscheidung als vielmehr die Beziehung oder Korrelation von wahrer und wirklicher Kirche. Beide stehen grundsätzlich in einem Spannungsverhältnis zueinander. Jede einseitige Auflösung dieser Spannung führt zwar möglicherweise zu einer Vereindeutigung des Kirchenbegriffes, verkennt aber gerade das Proprium dessen, was mit der bivalenten Auffassung von Kirche zum Ausdruck kommen soll. Denn wahre Kirche und wirkliche Kirche sind jeweils in ihrem Bedeutungsgehalt bereits mehrschichtig. „Die Kirche ist – ihrem inneren Wesen nach – immer auch ‘simul iusta et pecca-

---

9 P. Steinacker, Kirchenbegriff und kirchliche Wirklichkeit, a.a.O., 436.

10 Für die Innenseite der Kirche stehen zahlreiche Begriffe zur Verfügung, die jedoch allesamt nicht den Kern der Sache treffen. Der Ausdruck ‘geglaubte Kirche’ gibt ebenso wie die anderen Bezeichnungen (‘transzendentale Kirche’, ‘dogmatische Kirche’, ‘verborgene Kirche’, ‘unsichtbare Kirche’, ‘wahre Kirche’ u.a.) nur einen Teilaspekt dessen wieder, was gemeint ist.

trix', sie ist 'zugleich heilig und stets der Reinigung bedürftig', sie ist Schauplatz des Kampfes zwischen dem Geist Gottes und menschlichem Ungeist, der sich nicht nur zwischen verschiedenen Gliedern der Kirche, sondern *in* ihnen und auch in der Handhabung des Institutionellen der Kirche abspielt.“[11] Der theologische Kirchenbegriff erschließt sich daher über die Rechtfertigungslehre. Nicht erst angesichts der vorfindlichen Kirche tut sich die Spannung zwischen wahrer und wirklicher Kirche auf. „Die Diskrepanz zwischen geglaubter und erfahrener Kirche hat theologische Relevanz für den Kirchenbegriff selbst.“[12] Auf der anderen Seite geht die wirkliche Kirche als Institution nicht einfach in der empirischen Kirche auf. „Die institutionelle Gestalt der Kirche ist mit hineingezogen in die Spannung zwischen geglaubter und erfahrener Kirche.“[13] Mithin kommt es in der praktisch-theologischen Ekklesiologie darauf an, die immanente Dialektik[14] der beiden Aspekte zu beachten.[15] Gerade in dieser Spannung liegt ein bedeutsames Moment, das es für die Gestaltwerdung und Theoriebildung von Kirche wirksam zu machen gilt. „Die wirkliche Kirche ist die sichtbare Kirche, in der sich christlicher Glaube unter je verschiedenen geschichtlichen Bedingungen vergesellschaftet. Die wirkliche Kirche steht unter der Verheißung, daß in ihr die wahre Kirche begegnet; zugleich unterliegt sie um der wahren Kirche willen

---

11 U. Kühn, Kirche, a.a.O., 180.

12 Ebd.

13 W. Huber, Kirche, ThTh.E, Stuttgart/Berlin 1979, 42.

14 W.-D. Marsch, Institution im Übergang, a.a.O., 16-20. Nach Marsch gilt: „nur 'in, mit und unter' der historisch-soziologisch verifizierbaren Gestalt von Kirche vermögen wir zu erkennen, wie es um die glaubend zu denkende bzw. denkend zu glaubende Kirche in Wahrheit bestellt ist.“ (19).

15 Diese Absicht verfolgt auch E. Hübner, Theologie und Empirie der Kirche. Prolegomena zur Praktischen Theologie, Neukirchen-Vluyn 1985. Er sieht die Aufgabe der Praktischen Theologie als funktionaler theologischer Ekklesiologie darin, „im Ausblick auf die verheißene Kirche des Glaubens Theorie der sich in ihrer Praxis manifestierenden empirischen Kirche“ (287) zu sein. Indem er jedoch von einem normativen neutestamentlichen Kirchenbegriff ausgeht und von da aus die ekklesiologischen Entwürfe des 19. und 20. Jahrhunderts nur in der von ihm behaupteten Antinomie von anthropologischem Zirkel einerseits und verfehlter Empirie andererseits zu analysieren vermag, kommt es schließlich doch zu jener Einseitigkeit, die er ursprünglich vermeiden wollte. So etwa 171: „Von sich aus ist die Kirche in Raum und Zeit wohl eine Religionsgesellschaft, aber nicht die apostolische, mit dem apostolischen 'Wort vom Kreuz' zu den Menschen gesandte Kirche des Glaubens.“ Sein Vorgehen ist darum letztlich konsequent deduktiv, denn vom theologischen Kirchenbegriff (Kirche des Glaubens) aus wird die empirische Kirche (Kirche in Raum und Zeit) erschlossen und einer funktionalen theologischen Ekklesiologie zugänglich gemacht. Praktische Theologie hat demnach die Aufgabe, Wegbereiterin „der charismatischen Kirche des Glaubens in der empirischen Volkskirche“ (301) zu sein. Hier ist von der aufgezeigten Spannung und Dialektik nicht mehr viel übriggeblieben. Vgl. dazu die Kritik von H. Schröer, Art. Kirche IX. Praktisch-theologisch, in: TRE 18, Berlin/New York 1989, 338.

immer wieder der schärfsten Kritik."[16] Diese „Einheit in der Differenz"[17] gilt es zu wahren und konstruktiv zu gestalten.
Wie dies auch in praktischer Hinsicht geschehen könnte, wird bei *Friedrich* angedeutet. Er nimmt wie *Bernd* seinen theologischen Ausgangspunkt bei der Vorstellung der Kirche als Leib Christi. Der Leib Christi und die äußere Kirche, die *Friedrich* als Körperschaft öffentlichen Rechts bezeichnet, sind zunächst klar voneinander zu unterscheiden. Nur so können beide ihren Eigenwert behalten und dann auch wieder aufeinander bezogen werden. Die eigentliche Kirche geht also in der äußeren Gestalt von Kirche nicht auf. Die empirische Sozialform Kirche gibt jedoch den Rahmen vor, indem das hohe Gut der Teilhabe am Leib Christi tradiert werden und äußere Form annehmen kann. Diese Transformation ist aber nicht an eine bestimmte äußere Gestalt von Kirche gebunden, wie sie gegenwärtig etwa in der Volkskirche verwirklicht ist. Der Leib Christi beruht vielmehr auf transzendentaler Stiftung und ist folglich zeitlos und jeglichem menschlichen Einfluß entzogen. Von daher bleibt das grundsätzliche Problem der Vermittlung von theologischem Kirchenbild und empirischer Kirchentheorie letztlich ungelöst. Überzeugend gelingt diese Vermittlung hingegen *Christa.* Mit der Aussage „das Wesentliche is sicher unsichtbar" (C15) nimmt sie auf die traditionelle Unterscheidung von sichtbarer und unsichtbarer Kirche Bezug. Das Wesen der Kirche ist nach ihrer Ansicht nur indirekt zu erschließen, weil es sich immer nur vermittelt zeigt. Das entscheidende Verbindungsglied zwischen verborgener und sichtbarer Kirche liegt in dem Vertrauen, welches zuerst die Gottesbeziehung der Menschen prägt, dann aber auch in der Gestaltung von Sozialbeziehungen und Weltumgang erfahrbar werden kann und soll. Mit der angedeuteten Unterscheidung von unsichtbarer und verfaßter Kirche gelingt es *Christa*, beide Seiten von inadäquaten Überfrachtungen zu entlasten. Fragen der Mitgliedschaft etwa gehören für sie in den Bereich der verfaßten Kirche. Das, was Kirche letztlich ausmacht, ihr unsichtbares Wesen, kann hingegen auch durch disparate Entwicklungen im äußeren Bereich nicht in Frage gestellt werden. Beide Seiten sind aber auch aufeinander zu beziehen, weil das Wesentliche auf äußere Gestaltwerdung drängt und in der verfaßten Kirche bewährt werden will. Und dort, wo die verfaßte Kirche sich vom

---

16 W. Huber, Die wirkliche Kirche. Das Verhältnis von Botschaft und Ordnung als Grundproblem evangelischen Kirchenverständnisses im Anschluß an die 3. Barmer These, in: ders., Folgen christlicher Freiheit, NBST 4, Neukirchen-Vluyn 1983, 148.

17 W. Huber, Kirche, a.a.O., 44. Unter Bezug auf die dritte Barmer These macht Huber darauf aufmerksam, daß die Spannung zwischen verborgener und sichtbarer Kirche nicht ontologisch, sondern eschatologisch zu begreifen ist, da sich in ihr die Spannung zwischen der Gegenwärtigkeit und der Ausständigkeit des Heils wiederholt. Vgl. dazu W. Huber, Die wirkliche Kirche, in: ders., Folgen christlicher Freiheit, a.a.O., 167.

Wesentlichen entfernt, setzt sie sich theologischer Kritik aus und wird zur Korrektur ihres Erscheinungsbildes oder getroffener Entscheidungen veranlaßt.
In dieser Konzeption ist also die Differenz zwischen wahrer und wirklicher Kirche gewahrt und es kommt gleichzeitig zu einer Verschränkung von theologischem Kirchenbegriff und empirischer Kirchenverfassung. Auf diese Weise wird das neuzeitliche Problem des doppelten Kirchenbegriffes einer theologisch überzeugenden und praktisch handhabbaren Lösung zugeführt, etwa wenn es um Fragen der Kirchenmitgliedschaft und des Kirchenaustritt geht.

2 Diskussion um die Volkskirche[18]

Der theologische Streit um die Volkskirche ist so alt wie diese selbst. Ihre Befürworter sehen in ihr eine in der Tradition des reformatorisch-neuzeitlichen Christentums stehende und höchst zeitgemäße Gestalt von Kirche, während ihre Kritiker ausgehend von biblisch-dogmatischen Leitbildern gerade ihre theologische Legitimität bestreiten. Allein der Begriff 'Volkskirche' erzeugt angesichts seines schillernden Charakters und seiner historischen Verwendung Widerspruch und Kritik und so erst recht die damit verbundene Programmatik. Kritische Anfragen an das Konzept der Volkskirche ergeben sich seit einiger Zeit auch aus statistischer Sicht. Die Mitgliederzahlen der evangelischen Landeskirchen gehen seit etwa drei Jahrzehnten spürbar und kontinuierlich zurück. Die Kirchenaustritte schlagen zwar dabei nur zum Teil zu Buche, werden aber von den Kritikern der Volkskirche dennoch als ein wichtiger Faktor dieser Entwicklung gesehen.[19] Hinzu kommt, daß sich seit der Wiedervereinigung die konfessionelle Situation in der Bundesrepublik Deutschland verschoben hat und die Kirchenmitglieder in den östlichen Landeskirchen nur noch eine Minderheit bilden. Diese Beobachtungen geben Anlaß zu der Frage, ob man im Blick auf die Situation der beiden großen Kirchen noch von 'Volkskirchen' sprechen kann und ob die Volkskirche angesichts dieser Entwicklungen überhaupt noch eine Zukunft hat. Auch das Bild der Gesellschaft in der Bundesrepublik hat sich seit dem Ende des Zweiten Weltkrieges enorm gewandelt. Die stetige Ausdifferenzierung der gesellschaftlichen Strukturen hat zu einem Pluralismus geführt, der die Individuen in ihren jeweiligen Lebenskontexten ständig vor neue Entscheidungen stellt. Neben dem gesellschaftlichen Pluralismus

---

18 Eine griffige Übersicht über die Literatur zu den im folgenden behandelten Problemkreisen bietet G. Rau, Volkskirche heute – im Spiegel ihrer theologischen Problematisierung, in: VuF 32, 1987, 2-31.

19 Vgl. M. Josuttis, „Unsere Volkskirche" und die Gemeinde der Heiligen. Erinnerungen an die Zukunft der Kirche, Gütersloh 1977, 15.

und in ihn verwoben gibt es längst auch einen religiösen Pluralismus. Wie kann sich die Volkskirche auf diese moderne Situation einstellen? Wie wird sie pluralismusfähig und religionsfähig? Kann sie ihrem volkskirchlichen Anspruch noch gerecht werden, also Kirche des Volkes sein und sich darin als eine attraktive, gestaltende Kraft im Blick auf die Sache, für die sie steht und die gesellschaftliche Öffentlichkeit erweisen? Diese Fragen richten sich nicht zuletzt auch an diejenigen, die diese Kirche vor Ort vertreten, also an die Pfarrer und Pfarrerinnen. Ihre Sicht und Beurteilung der Volkskirche, aber auch ihre volkskirchliche Praxis können deutlich machen, wo die Grenzen und Chancen einer modernen Volkskirchenkonzeption liegen.

2.1 Ist der Begriff Volkskirche (noch) angemessen?

„Wer über 'Volkskirche' spricht oder schreibt, ist von Anfang an zu Präzisierungen genötigt, will er nicht unbemerkt in eine der Fallen tappen, welche dieser Begriff aufgrund seiner Vieldeutigkeit bereithält.“[20] Aufgrund seiner historisch variierenden Inanspruchnahme[21] und der daraus resultierenden Unschärfe ist der Volkskirchenbegriff in der gegenwärtigen Ekklesiologie nicht unumstritten. Seine theologische Legitimität zur Beschreibung der kirchlichen Situation wird zum Teil sogar grundsätzlich in Frage gestellt. So kann beispielsweise für R. Weth bei der Frage nach dem künftigen Profil der EKD „der schillernde Begriff 'Volkskirche' mit dem immer noch vorhandenen Beigeschmack 'Staatskirche' bzw. 'Kirche für das Volk' kein theologisch zu legitimierender Leitbegriff sein.“ Hingegen hat sich der Theologische Ausschuß der Vereinigten Evangelisch-Lutherischen Kirche Deutschlands (VELKD) 1977 mit Nachdruck dafür ausgesprochen, „am Begriff der Volkskirche festhalten zu sollen, weil er in ihm ein entscheidendes Element reformatorischer Ekklesiologie unter den Bedingungen einer modernen, offenen Gesellschaft präsent gehalten sah: die programmatische Absicht nämlich, 'Kirche für die Menschen, Kirche für andere zu gestalten', weil das Evangelium allen gelte.“[22] Damit wird eine theologische Präzisierung vorgenommen, die sich von mißbräuchlichen oder mißverständlichen Verwendungen des Begriffes –

---

20 N. Mette, „Volkskirche“ – Zeichen von Verfall oder Aufbruch?, in: ders. u.a., Volkskirche – Gemeindekirche – Parakirche, a.a.O., 11.

21 Eine Übersicht bieten: W. Huber, Welche Volkskirche meinen wir?, in: ders., Folgen christlicher Freiheit, a.a.O., 133-138; E. Mechels, Volk Gottes – Volkskirche – Gemeindekirche, in: ders. und M. Weinrich (Hrsg.), Die Kirche im Wort. Arbeitsbuch zur Ekklesiologie, Neukirchen-Vluyn 1992, 129-131; A. Leipold, Volkskirche. Die Funktionalität einer spezifischen Ekklesiologie in Deutschland nach 1945, Göttingen 1997, passim, bes. 147ff.

22 L. Mohaupt, Volkskirche? Volkskirche! Überlegungen zu ihrer Modernisierung, in: PTh 84, 1995, 637 unter Bezug auf W. Lohff/L. Mohaupt (Hrsg.), Volkskirche – Kirche der Zukunft?, a.a.O., 11.

etwa im Sinne einer Nationalkirche, einer Staatskirche[23] oder einer mit dem Anspruch auf Erfassung des Volksganzen auftretenden Kirche – abgrenzt, gleichwohl aber ein Verständnis von „Kirche für das Volk" für tragfähig hält, bei dem die innerkirchliche wie gesellschaftliche „Integrationskraft der Volkskirche"[24], die sich auch in ihrer öffentlichkeitswirksamen Präsenz zeigt, im Vordergrund steht.
Bei der Befragung der Pfarrer und Pfarrerinnen wurde der Begriff 'Volkskirche' vom Interviewer selbst eingebracht. Er wird von allen Befragten aufgenommen, aber sowohl der Begriff selbst wie auch die Sache, für die er steht, werden sehr unterschiedlich beurteilt. Die Frage nach seiner sachlichen Angemessenheit wird von *Christa*, *Bernd* und *Dietmar* thematisiert, während *Annegret*, *Eckhard* und *Friedrich* grundsätzlich zur Volkskirche Stellung beziehen. Wird mit dem Begriff der Volkskirche die zunächst rein formale Mitgliedschaft eines Großteils der Bevölkerung in einer der Konfessionskirchen voraussetzt, so ergibt sich vor allem angesichts der konfessionellen Situation in den östlichen Bundesländern die berechtigte Frage, ob er von der Sache her überhaupt noch angemessen ist.[25] Gehören in den westlichen Bundesländern immerhin noch insgesamt 84% der Menschen entweder der römisch-katholischen oder der evangelischen Kirche an, so sind es im Osten lediglich 31,6%.[26] Angesichts dieser Situation ist es nach *Bernd* schon heute an der Zeit, sich von der Vorstellung einer Kirche des Volkes zu verabschieden, weil dem die tatsächlichen Mitgliedschaftsverhältnisse nicht mehr entsprechen. Ähnlich äußern sich *Christa* und *Dietmar*. Auch für sie steht mit dem Mitgliederrückgang langfristig die Volkskirche als solche zur Disposition. Bei *Christa* klingt in der Frage, ob „nich eigentlich auch was faul da dran [sei],

---

23 R. Weth, Kirche in der Sendung Jesu Christi, a.a.O., übersieht bei seiner Abgrenzung, daß der Volkskirchenbegriff sich in seiner ursprünglichen Verwendung durch F. Schleiermacher programmatisch gegen die konsistorial verfaßte Staatskirche richtete. Vgl. W. Huber, Welche Volkskirche meinen wir?, a.a.O., 133f.

24 T. Rendtorff, Volkskirche in Deutschland. Eine historisch-theologische Problemskizze, in: C. Nicolaisen (Hrsg.), Nordische und deutsche Kirchen im 20. Jahrhundert. Referate auf der Internationalen Arbeitstagung in Sandbjerg/Dänemark 1981, Göttingen 1982, 292.

25 E. Mechels, Volks Gottes – Volkskirche – Gemeindekirche, a.a.O., 133: „Daß dieser Zusammenhang [von Volkszugehörigkeit und Kirchenzugehörigkeit, M.H.] nicht mehr selbstverständlich gegeben ist, läßt die Tauglichkeit des Begriffs 'Volkskirche' als eines beschreibenden Begriffs fraglich erscheinen." Auch H. Lindner, Kirche am Ort. Eine Gemeindetheorie, Stuttgart u.a. 1994, 54, Anm. 111, fragt, ob das zukünftige Modell „einer differenzierten, komplexen, konziliaren Groß-Kirche auf der Basis der bisherigen Volkskirche" diese Bezeichnung „noch zurecht tragen wird".

26 Vgl. Zentralarchiv für Empirische Sozialforschung an der Universität zu Köln, Allgemeine Bevölkerungsumfrage der Sozialwissenschaften 1992 (ALLBUS 1992) 226, konfessionsspezifische Auswertung: Pastoralsoziologische Arbeitsstelle Hannover. Die genaue Übersicht bietet K.-F. Daiber, Religion unter den Bedingungen der Moderne, a.a.O., 62f.

daß die Kirche so groß is, wie se is, irgendwie“ (C20) auch verhaltene Kritik an. Dagegen bringt *Dietmar* unmißverständlich zum Ausdruck, daß er am volkskirchlichen Charakter der Kirche unbedingt festhalten will.

Es ist unbestritten, daß die Kirchenmitgliedschaft ebenso wie das Parochial- und Kirchensteuersystem zu den charakteristischen Merkmalen der Volkskirche gehört. Es wäre allerdings ein sehr eingeschränktes Verständnis des Begriffes Volkskirche, wollte man ihn ausschließlich an diesen äußerlichen Kriterien messen. Die ursprüngliche Programmatik weist der Volkskirche einen Zuständigkeitsbereich zu, der über ihren faktischen Mitgliederbestand hinausgeht. In der gegenwärtigen Situation sind es vor allem die gesellschaftlichen Funktionen, die auf den verschiedenen Ebenen des Kirchensystems jeweils im Blick auf die gesamte Bevölkerung wahrgenommen werden sowie ihre Ökumenizität[27], die einer Eingrenzung des Begriffsspektrums entgegenzuhalten sind. Daher könnte es angesichts der gesellschaftlichen Veränderungen und der damit einhergehenden Herausforderungen bei der unzweifelhaft notwendigen Reform der Volkskirche hilfreich sein, sich auf die ursprüngliche Programmatik des Begriffes von neuem zu besinnen[28] und auch angesichts kleiner werdender Zahlen daran festzuhalten, daß das Evangelium auch in der Praxis allen gilt und der christliche Glaube eine umfassende Lebensrelevanz besitzt. „Volkskirche ist somit vom Programm her pluralistische Kirche. Dieser Programmbegriff der Volkskirche als einer pluralistischen Kirche verdankt sich freilich selber einer bestimmten theologischen Tradition und ist dabei gegen andere Kirchenprogramme abzugrenzen, die sich ebenfalls des Begriffs der Volkskirche bedient haben.“[29] Von einer solchen Funktionsbestimmung aus kann auch die inhaltliche Auseinandersetzung mit der theologischen Kritik an der Volkskirche erfolgen[30], die auch in einzelnen Interviews zum Ausdruck kommt. Eine kritische Position zum „Modell Volkskirche“ (A13) nimmt vor allem *Annegret* ein. Nach ihrer Ansicht leidet die Volkskirche unter ihrer Zweigleisigkeit, wonach sie auf der einen Seite den christlichen Glau-

---

27 W. Huber, Kirche, a.a.O., 29-32; Evangelische Kirche in Hessen und Nassau (Hrsg.), Person und Institution. Volkskirche auf dem Weg in die Zukunft, Frankfurt am Main 1993, 47.

28 Wie er zum Beispiel von F. Schleiermacher und E. Troeltsch gebraucht wird. Vgl. dazu W. Huber, Welche Volkskirche meinen wir?, a.a.O., 133f.; K. Fechtner, Volkskirche im neuzeitlichen Christentum. Die Bedeutung Ernst Troeltschs für eine künftige praktisch-theologische Theorie der Kirche, Troeltsch-Studien Bd. 8, Gütersloh 1995, bes. 123-127.

29 W. Gräb, Die Volkskirche: Historische Häutungen eines programmatischen Begriffes, in: F.E. Anhelm (Hrsg.), Protestantismus als Volkskirche. Eine Perspektive gegen den Strom?, Rehburg-Loccum 1997, 13.

30 Eine Zusammenfassung der wichtigsten Kritikpunkte und ihrer Entgegnung findet sich bei K. Fechtner, Den Zeitgenossen Kirche sein. Plädoyer für eine offene Volkskirche, in: DtPfrBl 96, 1996, 235-238.

ben vermitteln will, während ihr äußeres Erscheinungsbild ständig Anlaß gibt, diesen Vermittlungsanspruch zu hinterfragen. Dem „Modell Volkskirche" (A13) räumt *Annegret* daher langfristig keine Zukunft mehr ein. Ganz anders beurteilt dagegen *Friedrich* die Volkskirche. Er sieht in ihr die gegenwärtig angemessene Gestalt von empirischer Kirche und glaubt nicht, daß sich daran in absehbarer Zeit etwas ändern wird. Insgesamt ist die Volkskirche jedoch nach seiner Ansicht genau wie das Parochialsystem Ergebnis historischer Entwicklungen und daher nicht die einzig denkbare und zeitübergreifende Sozialgestalt von Kirche schlechthin. Bei *Eckhard* nimmt die grundsätzliche Befürwortung der Volkskirche geradezu bekenntnishafte Züge an und dabei scheint die Mitgliederstatistik keine Bedeutung zu haben.
Es ist deutlich, daß alle Interviewten den Begriff 'Volkskirche' sehr eng mit der gegenwärtigen Funktion und Bedeutung der Kirche in der Bundesrepublik Deutschland verbinden. Volkskirche ist nach ihrem Verständnis durchaus im ursprünglichen Sinne „Kirche durch das Volk"[31]. Das Kriterium 'Mitgliedschaft' ist dabei von zentraler Bedeutung. Nur bei *Dietmar* und *Eckhard* kommt jedoch in Ansätzen der programmatische Charakter des Begriffes zum Tragen. Bei ihnen wird deutlich, daß die Volkskirche als theologisches Programm sich nicht durch ihren Mitgliederbestand konstituiert, sondern dadurch, daß sie Kirche für das Volk ist und zwar nicht nur für das Kirchenvolk. Weil sie eine Botschaft hat, die allen gilt, und gesellschaftlich Verantwortung trägt, muß sie eine offene und öffentliche Kirche sein und bleiben.[32] Wer sich wie die Kritiker der Volkskirche und einzelne Befragte vom einem solchen Programm verabschieden will, muß sich dessen bewußt sein, daß damit auch die Chancen einer öffentlichkeitswirksamen Präsenz der Kirche schwinden, was nicht zuletzt auch dem von den Kritikern immer wieder betonten missionarischen Auftrag abträglich ist.

2.2 Ende der Volkskirche?

Hat die Volkskirche als solche überhaupt eine Zukunft oder wird sie weiter an Bedeutung und Substanz verlieren, so daß sie sich in absehbarer Zukunft zu einer Minderheitenkirche entwickeln wird?[33] Die

31 W. Huber, Welche Volkskirche meinen wir?, a.a.O., 133.

32 W. Huber, Nicht schwarz sehen. Kirche muß offen, öffentlich und eigenständig sein, in: EK 27, 1994, 28-31.

33 Die Literatur allein zu diesem Thema ist nahezu unüberschaubar und kann hier nur in Auswahl aufgegriffen werden. „Die Zukunft der Kirche" gehört seit jeher zu den klassischen Topoi der dogmatischen Ekklesiologie. Bei der hier gestellten Frage geht es jedoch nicht um die Zukunft der wahren Kirche, sondern um die Fragen nach der Stabilität und Zukunftsfähigkeit der Kirchenorganisation. Diese Fragen haben angesichts der spürbaren Veränderungen z.B. in der Mitgliedschaftsentwicklung [(vgl. auch die Rechenbeispiele in: Evangelische Kirche in Deutschland – Studien- und Planungsgruppe, Strukturbedingungen der Kirche auf

Frage nach der Zukunft der Kirche hat eine lange Tradition, wird jedoch seit Beginn der 70er Jahre zunehmend kontroverser diskutiert und nimmt gegenwärtig in Kirche und Theologie breiten Raum ein.[34] Auch die Befragten äußern sich dazu. Für *Eckhard* und *Bernd* ist diese Frage jedoch von nachgeordneter Bedeutung. Nach *Bernd* sind die entscheidenden Veränderungen im System Kirche im Grunde bereits geschehen. Die Kirchenaustritte bringen nur ans Licht, daß es die Volkskirche im althergebrachten Sinne als Kirche des Volkes schon heute nicht mehr gibt. Im Blick auf die Zukunft empfiehlt *Bernd* daher, daß die Kirche die Angst vor einem weiteren Bedeutungsverlust für die Menschen auf keinen Fall zur bestimmenden Handlungsmaxime machen dürfe. *Eckhard* ist hingegen der Überzeugung, daß selbst wenn die finanziellen Spielräume in Zukunft deutlich begrenzter sein werden, die Kirche an ihrem öffentlichen Auftrag festhalten muß. Das mit dem Begriff 'Volkskirche' verbundene Programm bleibt für *Eckhard* nach wie vor gültig. Die Kirche hat für die Menschen da zu sein, egal ob sie ihr nominell angehören oder nicht. Gerade deshalb ist die Frage nach ihrer Zukunft von nachgeordneter Bedeutung.

Dies wird allerdings in der theologischen und kirchlichen Literatur z.T. deutlich anders beurteilt. So sah H.-O. Wölber ausgehend von den Ergebnissen der ersten Kirchenmitgliedschaftsuntersuchung[35] und in kritischer Auseinandersetzung mit deren positivem Gesamtergebnis bereits 1974 „[d]as allmähliche Ende der Volkskirche“[36] heraufziehen. Zur Begründung dieser Prognose führt Wölber an erster Stelle die

---

längere Sicht, Hannover 1985 (Maschinenschriftliche Vorlage)] eine ganz neue Aktualität gewonnen. Zwar gab es bereits im 19. Jahrhundert pessimistische Prognosen, die das Ende der Kirche innerhalb weniger Jahrzehnte voraussagten (vgl. dazu T. Rendtorff, Christentum zwischen Revolution und Restauration. Politische Wirkungen neuzeitlicher Theologie, München 1970, 36, der berichtet, daß bereits in den 40er Jahren des letzten Jahrhunderts, also noch vor jeglicher Kirchenaustrittsgesetzgebung, „am Tische des preußischen Kultusministers Altenstein gelegentlich kühl die Frage erörtert wurde, ob das Christentum noch 30 oder 40 Jahre bestehen würde.“). Heute kann man sich auf ebensolche statistischen und prognostischen Befunde stützen. Auch die bevorstehende Schwellenüberschreitung zum nächsten Jahrtausend ist seit einigen Jahren Gegenstand solcher Überlegungen. Vgl. dazu stellvertretend das Themenheft Christentum 2000, in: ThPr 28, 1993, 257-275, mit Beiträgen von R. Schloz, W. Jens, P. Beier und G. Otto. Vgl. auch den Literaturbericht von I. Praetorius, Die Zukunft der Kirche, ebd. 327-332.

34 Dazu das Themenheft Modernisierung der Volkskirche, in: PTh 84 Nr. 12, 1995, mit kommentierenden Beiträgen von T. Gundlach, H. Adolphsen, F. Ahuis, A. Denecke, L. Mohaupt, E. Cauer und M. Voigt.

35 H. Hild (Hrsg.), Wie stabil ist die Kirche?, a.a.O.

36 H.-O. Wölber, Das allmähliche Ende der Volkskirche. Vermutungen anläßlich einer Umfrage, in: EK 7, 1974, 397-400. In den Ergebnissen der zweiten Kirchenmitgliedschaftsstudie fand Wölber seine Prognose der (schleichenden) Erosion der Volkskirche bestätigt. Vgl. H.-O. Wölber, Austritt der Gesellschaft aus der Kirche. Zur neuen EKD-Umfrage über die Kirchenmitgliedschaft, in: EK 11, 1984, 615-618, vor allem 616.

Kirchenaustritte an und verweist darauf, daß „in den Mitgliederschwund eine Progression eingebaut“[37] ist. Um diese Erosion aufzuhalten, müsse es zu einschneidenden Erneuerungsprozessen in der Kirche kommen, forderte Wölber[38], dessen Position hier stellvertretend für andere steht. Daß die Volkskirche im Abbröckeln begriffen ist, steht auch für *Dietmar* außer Frage. Besonders die Kirchenaustritte müssen als Herausforderung begriffen werden, weil sie als Folge eine Reduzierung der finanziellen Kapazitäten nach sich ziehen und damit eine Aufrechterhaltung der kirchlichen Arbeit im bisherigen Umfang erschweren. Damit einher geht ein allgemeiner Bedeutungsverlust der Kirche, dem nur schwer entgegenzusteuern ist. Für *Friedrich* ist hingegen das volkskirchliche System in der Bundesrepublik Deutschland zwar unter besonderen geschichtlichen Umständen entstanden und daher nicht unbedingt auf Dauer angelegt. Aber auch angesichts der sich gegenwärtig vollziehenden gesellschaftlichen Wandlungsprozesse ist es nach seiner Einschätzung ein sehr stabiles System. Sorgen um die Zukunft der Kirche sind aber selbst dann nicht angebracht, wenn sie einmal nicht mehr Volkskirche sein sollte. Das, was Kirche zu vermitteln sucht, werde weiterhin gefragt sein. Allerdings muß sich nach *Friedrich* die Kirche in Zukunft noch stärker als bisher auf dem religiösen ‘Markt’ behaupten, wenn sie ihre gesellschaftliche Bedeutung nicht gänzlich verlieren will.

Zu einer ähnlich positiven Sicht hinsichtlich der Zukunft der Volkskirche kam auch der Theologische Ausschuß der VELKD in seiner Stellungnahme zur Zukunft der Kirche.[39] Nach Ansicht des Ausschusses heißt, die Frage nach der Zukunft der Volkskirche zu stellen „vom Boden reformatorischen Kirchenverständnisses her, sie zu bejahen. Als Kirche liegt ihre Zukunft in der Verheißung des kommenden Reiches beschlossen.“[40] Diese theologische Grundlegung der Volkskirche kann daher von äußeren Gegebenheiten wie „Mehrheits- oder Minderheitsverhältnissen statistischer Art, mit regionalen Eigentümlichkeiten wie dem Kirchensteuersystem oder dem Status als Körperschaft öffentlichen Rechts“[41] letztlich absehen, weil diese aufgrund ihres kontingenten Charakters für das Kirchenverständnis nicht wesentlich sind. Maßgeblich ist jedoch, daß die Volkskirche im reformatorischen Sinne „Institution der Freiheit“[42] ist und bleibt. Darin ist sie Kirche des Bekenntnisses auch „im Wandel der Zeiten [...], indem sie sich selbst die Treue hält.“[43] Diesem Verständnis einer offenen, freien und gerade

---

37 H.-O. Wölber, Das allmähliche Ende der Volkskirche, a.a.O., 397.

38 Vgl. auch H.-O. Wölber, Innovation der Volkskirche! Missionsstrategien auf den Hintergrund der demoskopischen Erkenntnisse, in: PTh 75, 1986, 150-159.

39 W. Lohff, L. Mohaupt /Hrsg.), Volkskirche – Kirche der Zukunft, a.a.O.

40 Ebd. 35.

41 Ebd. 36.

42 T. Rendtorff, Theologische Probleme der Volkskirche, a.a.O., 129ff.

43 Ebd. 130.

darin wandlungsfähigen Volkskirche ist von anderer Seite heftig widersprochen worden.[44] So erteilt R. Weth ihr unter dem Titel „Die Zukunft der Volkskirche und die Kirche der Zukunft“[45] eine deutliche Absage. „Es ist höchste Zeit, der ‘Volkskirche’ als ekklesiologischem Programm für die Zukunft der Kirche den Abschied zu geben.“[46] Das „Dilemma der Volkskirche“[47] sieht Weth darin, daß sie nicht oder zumindest nicht entschieden genug zum Glauben ruft und nicht auf der persönlichen Bekehrung des Einzelnen insistiert. Neben der Ekklesiologie von Barmen III und dem Konzept des missionarischen Gemeindeaufbaus fließen auch pietistische Elemente in dieses Kirchenverständnis ein.[48] Ähnlich gelagert ist die Sicht von *Annegret*. Sie bezeichnet die Volkskirche als „Auslaufmodell“ (A13). Zukunft hat für sie allein das sich schon in der gegenwärtigen Entwicklung abzeichnende Minderheitenmodell von Kirche. Kirche ist danach im Grunde nur noch als Gemeinde vorstellbar und als solche besteht sie vor allem aus denjenigen, die mit Ernst Christen sein wollen und sich auch für ihre Gemeinde engagieren. Auch *Christa* räumt der Volkskirche keine großen Zukunftschancen mehr ein. Sie sieht darin jedoch nicht eine positiv zu bewertende Entwicklung. Der Prozeß der Auflösung wird sich zwangsläufig vollziehen und ist von der Kirche nicht aufzuhalten. Vorstellen kann sich *Christa* eine zukünftige Kirchengestalt, die stärker von der Basis her geprägt wird. Es besteht für sie daher kein Anlaß, sich um die Zukunft der Kirche zu sorgen.

Zwischen den beiden Extrempositionen einer ausdrücklichen Befürwortung einerseits und einer radikalen Ablehnung andererseits hat sich in den letzten beiden Jahrzehnten eine „Vermittlungsposition“

44 Schon H. Gollwitzer, Vortrupp des Lebens, München 1975, 114, hatte die Schriftgemäßheit der Volkskirche radikal in Abrede gestellt: „Eine Staats- oder Volkskirche, die durch Tradition und Kindertaufe große Teile einer Bevölkerung von Geburt an umfaßt, kann nicht Kirche im Sinne des Neuen Testaments sein.“ Zur kritischen Auseinandersetzung mit Gollwitzer vgl. W. Kreck, Kirche und Kirchenorganisation, in: ders., Kirche in der Krise der bürgerlichen Welt. Vorträge und Aufsätze 1973-1978, München 1980, 203-213. Kreck kritisiert vor allem die Doppelung im Kirchenbegriff und im Mitgliedschaftsverständnis in Gollwitzers Thesen.

45 R. Weth, Die Zukunft der Volkskirche und die Kirche der Zukunft, in: ders.(Hrsg.), Diskussion zur „Theologie des Gemeindeaufbaus“, Neukirchen-Vluyn 1986, 134-159.

46 Ebd. 145 (dort kursiv).

47 Ebd. 152.

48 Weniger radikal, aber von der Tendenz her durchaus analog stellt E. Mechels, Volk Gottes – Volkskirche – Gemeindekirche, a.a.O., 135f., die theologische Legitimität der Volkskirche in Frage und votiert dagegen „für eine offene Gemeindekirche auf der Basis von Freiwilligkeit und Beteiligung“ (136). Vgl. auch das Votum des Theologischen Ausschusses zu der EKU; in: A. Burgsmüller (Hrsg.), Kirche als „Gemeinde von Brüdern“ 2, a.a.O., 59ff.

herausgebildet.[49] Dabei geht es nach J. Track „um eine ebenso behutsame wie entschlossene und klare *Korrektur und Veränderung des bestehenden Modells* von Volkskirche“[50] hin zu einer konziliaren Lern- und Lebensgemeinschaft. Dieser Ansatz ist in den letzten fünfzehn Jahren von verschiedenen Seiten aufgenommen und weiterverfolgt worden.[51] „Kirche als konziliare Gemeinschaft ist ein zukunftsfähiges, komplexes Leitbild für die Kirche in immer komplexeren Situationen.“[52] Zwar hat auch diese Vermittlungsposition wiederum Kritik geerntet[53] und bedarf künftig sicher weiterer Konkretisierungen und Elementarisierungen. Gleichwohl bietet sie nicht nur die Chance einer innerkirchlichen und innertheologischen Verständigungsebene, sondern ist auch dazu geeignet, eine Kommunikationsbasis mit den Menschen am Rande oder jenseits der Kirche herzustellen.[54] Auch wenn die Volkskirche kleiner wird, auch wenn sie sich, wie W. Fahlbusch bereits 1985 prognostizierte, tatsächlich in den nächsten 50 Jahren „im klassischen, rechtlichen, vor allem staatskirchenrechtlichen Sinne“[55] auflösen wird, sie „wird um so mehr als eine Kirche für das Volk honoriert und auch finanziert, je plausibler und eindrücklicher sie an der Gestaltung des öffentlichen und des privaten Lebens sachkundig und solidarisch Anteil nimmt.“[56] Nur so kann sie auch über ihren erfaßbaren Mitgliederbestand hinaus „Kirche der Zukunft und mit Zukunft

---

49 Sie findet sich nach J. Track, Volkskirche – quo vadis? Überlegungen zu Auftrag und Gestalt der Kirche in unserer Zeit, in: PTh 77, 1988, 151, unter anderem in den Veröffentlichungen der Studien- und Planungsgruppe der EKD. Wie z.B. in den Mitgliedschaftsstudien und in: Kirchenamt der EKD (Hrsg.), Christsein gestalten. Eine Studie zum Weg der Kirche, Gütersloh [4]1987.

50 J. Track, Volkskirche – quo vadis?, a.a.O., 159.

51 Z.B. in der Kolloquienreihe „Zukunft der Kirche“ Nr. 1-5 der Evangelischen Akademie LoPr 73/1985, 26/1986, 69/1986, 17/1987 und 26/1988 mit jeweils unterschiedlichen Themenschwerpunkten. Vgl. Evangelische Kirche in Hessen und Nassau (Hrsg.), Person und Institution, a.a.O.; H. Lindner, Kirche am Ort, a.a.O.

52 H. Lindner, Kirche am Ort, a.a.O., 94; vgl. auch ders., Konziliarität und Gemeindepraxis, in: J. Matthes (Hrsg.), Kirchenmitgliedschaft im Wandel, a.a.O., 99-117.

53 M. Welker, Kirche ohne Kurs? Aus Anlaß der EKD-Studie ›Christsein gestalten‹, Neukirchen-Vluyn 1987, 66; M. Herbst, Missionarischer Gemeindeaufbau in der Volkskirche, Stuttgart [3]1993, 222f.; M. Weinrich, Kirche in der Säkularisation. Konziliarität jenseits von Konzilianz und Weltanschaulichkeit, in: ders. und E. Mechels (Hrsg.), Kirche im Wort, a.a.O., 229f. Dazu wiederum kritisch: H. Lindner, Kirche am Ort, a.a.O., 91f.

54 S. Sunnus, Nähe zu den Kirchenfernen. Gemeindeleitung, pastoraler Auftrag und Konfirmandenarbeit zwischen Getto und Volkskirche, Gütersloh 1994, bes. 13-20.

55 W. Fahlbusch, Was kann die Kirche zur Lebensvergewisserung unter veränderten Bedingungen beitragen?, in: H. May/H. Westmüller/K. Lorenz (Hrsg.), Demographische Entwicklungen – ihre Ursachen, ihre strukturellen und geistlichen Folgen für die Kirche, LoPr 73/1985, Rehburg-Loccum [3]1986, 66.

56 Ebd. 76.

sein."[57] Theologisch gesehen steht die Zukunft der Kirche, darin sind sich alle Interviewten einig, nicht zur Disposition. Daß die meisten von ihnen der Volkskirche insgesamt wenig Zukunftschancen einräumen, liegt, wie bereits angedeutet, daran, daß sie sich vorwiegend am gegenwärtigen Mitgliederbestand orientieren. Die theologische Auseinandersetzung mit der Volkskirche hingegen findet lediglich in Ansätzen statt. Eine programmatische Befürwortung der Volkskirche vertritt nur *Eckhard*, bei dem auch Ansätze eines konziliaren Kirchenverständnisses sichtbar werden. Die Volkskirche soll nach seiner Ansicht Raum bieten für unterschiedliche Glaubensstile und -formen. Dazu braucht es gegenseitige Toleranz, wobei es *Eckhard* nicht um ein Nebeneinander der verschiedenen Positionen und Glaubensstile geht, sondern darum, daß diese im Gespräch miteinander sind, von einander lernen und sich gegenseitig befruchten (E15). Konziliarität ist folglich der Weg, der in die Zukunft der Volkskirche führt.
Als Gesamteindruck bei der Analyse des empirischen Materials läßt sich jedoch festhalten, daß die Extrempositionen im Streit um die Volkskirche in der kirchlichen Praxis eher einer nüchternen Orientierung an den Fakten gewichen sind.

2.3 Volkskirche im Pluralismus

Das neuzeitliche Phänomen des Pluralismus ist selbst ein vielgestaltiges und vielschichtiges. Nach T. Rendtorff ist die Bezeichnung Pluralismus „der Sammelbegriff für die Beschreibung der Vielfalt, die als unabweisbare Tatsache der Erfahrung den großen Dualen der Gegensätze widerspricht, die die Neuzeit bestimmt haben."[58] Darin liegt die geradezu paradigmatische Bedeutung der aktuellen Diskussion. Diese ist gesellschaftlich und kirchlich von enormen Polarisierungen bestimmt. So gerieren sich Pluralisierungsdiagnosen in der Moderne von Beginn an als Zerfallsdiagnosen.[59] Diese häufig emotional besetzte Diskrepanz[60] spiegelt sich auch in der kirchlichen und theologischen Beschäftigung mit dem Pluralismus wider. Es muß aber zunächst festgehalten werden: „Das Pluralismusproblem, verstanden als Problem einer grundsätzlichen Erschwerung und Infragestellung von sozialer Identität durch eine Pluralisierung von Kohärenzprinzipien der Interaktion, betrifft zwar Kirche und Theologie in besonderer Weise, ist

57 J. Track, Volkskirche – quo vadis?, a.a.O., 161; vgl. auch E. Herms, Auf dem Weg in die offene Gesellschaft, in: ders., Erfahrbare Kirche. Beiträge zur Ekklesiologie, Tübingen 1990, 243-249.
58 T. Rendtorff, Über die Wahrheit der Vielfalt. Theologische Perspektiven nachneuzeitlichen Christentums. Eröffnungsvortrag auf dem VIII. Europäischen Theologenkongreß, in: J. Mehlhausen (Hrsg.), Pluralismus und Identität, Gütersloh 1995, 21.
59 Vgl. W. Welsch, Vernunft. Die zeitgenössische Vernunftkritik und das Konzept der transversalen Vernunft, Frankfurt am Main ^{2}1996, 663-668.
60 Ebd. 662f.

aber kein theologisches Spezialproblem, sondern ein Problem der gegenwärtigen Gesamtbefindlichkeit von Gesellschaft."[61] Die Kirche ist immer noch ein wichtiger Faktor in der modernen, multikulturellen Gesellschaft[62] und damit zwangsläufig in den Prozeß ihrer weiteren Ausdifferenzierung involviert. Dabei kommt ihr aufgrund ihrer gesellschaftlichen Bedeutung eine wichtige Rolle zu.[63]
Auch wenn bei den Befragten auffälligerweise die Begriffe 'Pluralismus' oder 'Pluralität' ebensowenig vorkommen wie das Adjektiv 'plural', ist bei allen die damit angezeigte Thematik präsent. Der gesellschaftliche Pluralismus bildet für sie den Hintergrund für die kirchliche Auseinandersetzung mit multiplen religiösen Erwartungen und Lebensformen. Auf eine ausführliche Auseinandersetzung mit den gesellschaftstheoretischen Aspekten der Pluralismusdiskussion kann daher verzichtet werden. Von Interesse ist hier zunächst, wie die Interviewten den religiösen Pluralismus in der Gesellschaft sehen. Vor dem Hintergrund der Kirchenaustrittsproblematik ergibt sich jedoch auch die Frage nach der Beurteilung des innerkirchlichen Pluralismus. Wird dieser beispielsweise abgelehnt mit der Forderung nach größerer Eindeutigkeit, oder findet er seinen Widerpart gar in einem „evangelischen Fundamentalismus"[64], wird es nach außen hin auch zu klaren Grenzziehungen kommen. Die Analyse des empirischen Materials zeigt, daß die religiöse Multiplizität der Gesellschaft von allen Befragten als Tatbestand angesehen wird, hinter den es kein Zurück gibt. Ausgangspunkt für die innertheologische wie innerkirchliche Beschäftigung mit dem Pluralismus ist daher die Erfassung der spezifischen Funktion der „Religion in der pluralistischen Gesellschaft"[65],

61 E. Herms, Pluralismus aus christlicher Identität. Vorblick auf den VIII. Europäischen Theologenkongress, in: J. Mehlhausen (Hrsg.), Pluralismus und Identität, a.a.O., 16. Herms unterscheidet drei verschiedene Gestalten des Pluralismusproblems: 1. den Pluralismus der Religionen und Weltanschauungen, 2. den ethischen Pluralismus und 3. den Wissenschaftspluralismus (16-18).

62 A. Grözinger, Es bröckelt an den Rändern, a.a.O., 11-35.

63 R. Preul, Das öffentliche Auftreten der Kirche in der pluralistischen Gesellschaft, in: J. Mehlhausen (Hrsg.), Pluralismus und Identität, a.a.O., 505-517. „Die Kirche muß also aus theologischen Gründen den Pluralismus, genauer: jene öffentliche Philosophie des Pluralismus selbst zum Gegenstand öffentlicher Erörterung machen, sich also an jenen Überlegungen über Wesen, Grundlage und Folgen des Pluralismus beteiligen" (516). Vgl. auch E. Herms, Vom halben zum ganzen Pluralismus. Einige bisher übersehene Aspekte im Verhältnis von Staat und Kirche, in: ders., Kirche in der Welt: Lage und Aufgabe der evangelischen Kirchen im vereinigten Deutschland, Tübingen 1995, 388-431, bes. 425-429; ders., Pluralismus aus Prinzip, ebd. 467-485. Vgl. auch M. Welker, Kirche zwischen pluralistischer Kultur und Pluralismus des Geistes, in: J. Mehlhausen (Hrsg.), Pluralismus und Identität, a.a.O., 468-485, bes. 477-485.

64 M. Josuttis, „Für einen evangelischen Fundamentalismus", in: PTh 85, 1996, 74-85.

65 So der deutsche Untertitel des Buches von P.L. Berger, Der Zwang zur Häresie. Religion in der pluralistischen Gesellschaft, Freiburg 1992.

die gekennzeichnet ist durch eine sich ständig weiter differenzierende Fülle von Wahlmöglichkeiten[66], welche den modernen Menschen geradezu zur Häresie, also zur Auswahl unter verschiedensten Glaubensvorstellungen und Sinndeutungsangeboten, nötigt.[67] Nach *Christa* hat die sich ausdifferenzierende Gesellschaft aber auch problematische Aspekte, vor allem für solche Menschen, die sich vom Zwang zur Wahl überfordert sehen und von daher ein Bedürfnis nach Lebensstabilisierung haben. Hier ist die Kirche gefordert, Orientierung anzubieten, sich als Ort des Vertrauens, der Werttradition und der Kontingenzbewältigung in der drohenden Dissoziation zu bewähren. Es ist jedoch nach *Christa* davon auszugehen, daß auch andere Institutionen diese Funktion in Zukunft verstärkt wahrnehmen werden. Auch darin ist die Kirche ein Teil der pluralen gesellschaftlichen Wirklichkeit. Daß viele Menschen heute ihr Verhältnis zur Religion und zu den „Anbietern" von Religion neu definieren und dabei sehr gezielt auswählen, erkennt auch *Annegret* sehr nüchtern. Wie *Christa* und *Friedrich* verweist sie auf die bestehende Vielfalt des religiösen Marktes. Die Kirche ist nur noch ein – wenn auch sehr bedeutender – Anbieter unter mehreren auf diesem Markt und muß daher für ihre eigene Sache dort effizienter als bisher werben. Traditionsbindung und äußerer Konformitätszwang spielen für die Menschen heute kaum noch eine Rolle. Sie können daher freier als je zuvor unter den verschiedenen Angeboten, Gruppen und institutionalisierten Religionsgestalten eine Auswahl treffen, die sich nach dem Grundsatz richtet: „Gut ist, was mir nützlich ist". Auch das Verhältnis zur Religion und insbesondere zur Kirche wird dabei nicht ausgenommen. Kirchenbindung ist dann nur noch eine Möglichkeit unter vielen, der Kirchenaustritt gegebenenfalls die naheliegendere Alternative.

Die Kirche ist aber, wie die aktuelle Literatur zum Thema deutlich macht, vom Pluralismus nicht nur partiell betroffen, sondern selbst längst von ihm eingeholt worden: Auch innerhalb der Kirche gibt es bereits eine Vielfalt von Lebensformen des christlichen Glaubens und christlicher Spiritualität sowie ein breites Spektrum von Überzeugungen und Aktionsformen.[68] Diese „Pluralität volkskirchlicher Verhältnisse ist nicht die Folge divergenter Beliebigkeiten, sondern das Re-

---

66 Darin unterscheidet sich der moderne Mensch der westlichen Hemisphäre von seinen Vorfahren. Er hat im Gegensatz zu jenen eine große Bandbreite von Wahlmöglichkeiten. „Anders gesagt, *modernes Bewußtsein zieht eine Bewegung vom Schicksal zur Wahl nach sich.*" (Ebd. 24).

67 Ebd. 40-45; vgl. auch P.L. Berger/T. Luckmann, Modernität, Pluralismus und Sinnkrise: die Orientierung des modernen Menschen, Gütersloh 1995. Kritisch P. Zulehner, Auswahlchristen, in: ders. u.a., Volkskirche – Gemeindekirche – Parakirche, a.a.O., 130-137.

68 Evangelische Kirche in Hessen und Nassau (Hrsg.), Person und Institution, a.a.O., 45f.

sultat eines geschichtlichen Differenzierungsprozesses."[69] Sie nicht nur zu akzeptieren, sondern als Chance für die Gestaltung des eigenen Auftrags zu begreifen, tut sich die Volkskirche nach V. Drehsen jedoch unübersehbar schwer. Pluralismus wird weithin gleichgesetzt mit Identitätsverlust, Profillosigkeit, mangelnder Verbindlichkeit und Beliebigkeit. Diese Einstellung findet sich in Anklängen auch bei *Bernd* wieder. Nach seiner Überzeugung führt die Privatisierung des Glaubens zur Neutralisierung dessen, was Kirche und Gemeinde nach theologischem Verständnis ausmachen. Auch nach H.-O. Wölber ist der Pluralismus „die Ideologie des Indifferentismus."[70] Er „bedeutet Werterelativismus, Wertedistanz, Glaube und Religionen werden daraufhin immer anonymer."[71] Während Wölber jedoch den faktischen Pluralismus in der Volkskirche, den er allerdings als „ein schweres, seelsorgerisches Problem, nämlich das der Ungewißheit, wenn nicht gar der Anfechtung"[72] ansieht, immerhin als Ausgangsbasis bei der Suche nach Profilen der Kirche in der Zukunft annehmen kann, kritisiert M. Josuttis an der Kirche der Gegenwart gerade ihre „pluralistische Profillosigkeit"[73], durch welche er sie in ihrem Wesen bedroht sieht. In scharfer Kritik an der Studie „Christsein gestalten" sieht Josuttis in dem Pluralismus-Konzept der Volkskirche lediglich ein „eigenes Programm der Selbsterhaltung"[74], welches der Macht der Gesellschaft verfallen ist, und kontrastiert dem das allein tragfähige Vertrauen „auf die klärende, erhellende, heilende Macht Gottes"[75], was Verbindlichkeit als unausweichliche Alternative zum Pluralismus erscheinen läßt. Gegenüber all den Pluralismus-Konzepten, „die Wahrheit durch Konsensbildung erzielen wollen"[76], präferiert Josuttis darum das Ausagieren von Konflikten zur Schaffung von größerer Eindeutigkeit. Welchen Beitrag solche scharfen Aussagen zur aktuellen Diskussion im Pluralismusstreit leisten können, bleibt allerdings weit-

69 V. Drehsen, Wie religionsfähig ist die Volkskirche?, a.a.O., 255.

70 H.-O. Wölber, Profile der Kirche in der Zukunft – Vermutungen und Erwartungen – in: H. May/K. Lorenz (Hrsg.), Pluralismus und Profil. Kirchenbild und Lebenswelt in der Volkskirche, LoPr 69/86, Rehburg-Loccum 1987, 8.

71 Ebd. 9.

72 Ebd. 23.

73 M. Josuttis, Petrus, die Kirche und die verdammte Macht, Stuttgart 1993, 82 u.ö.

74 Ebd. 160.

75 Ebd. 164. Abgesehen davon, daß Josuttis seine z.T. plakativen Unterstellungen nur an einigen wenigen, allerdings z.T. tatsächlich problematischen Textstellen der EKD-Studie festmacht, werden seine Schlußfolgerungen der um historisch-analytische Deskriptivität bemühten Darstellung der innerkirchlichen Vielfalt kaum gerecht. Im Ergebnis liegen beide interessanterweise gar nicht so weit auseinander, denn hier wie dort werden Konziliarität bzw. die Umsetzung der Ergebnisse des konziliaren Prozesses als zukunftseröffnende Prozesse gefordert.

76 M. Josuttis, „Unsere Volkskirche" und die Gemeinde der Heiligen, a.a.O., 49.

gehend offen.[77] Daß es auch an der Basis der Kirche, also in den Gemeinden längst pluralistische Strukturen gibt, wird dabei erst gar nicht berücksichtigt.[78] Oder muß auch hier erst Verbindlichkeit und Klarheit entstehen, wenn „[i]n mit und unter Organisation und Milieu [...] die Schar der Heiligen“[79] wächst? Dann aber sind Trennungen nahezu unausweichlich.

Birgt aber nicht gerade der innerkirchliche Pluralismus die Gefahr einer zunehmenden Diffundierung der inneren Kohärenz von Kirche und Christentum? Nach E. Herms bedroht der Pluralismus sozialer Kohärenzprinzipien nicht die soziale Identität des Christentums, sondern „diese Identität besitzt selbst *einen Ursprung und eine Konstitution*, die jedem solchen Pluralismus von Regeln der Interaktion so vorangeht, daß sie zu diesem Pluralismus befreit, ihn erträglich und sogar fruchtbar macht.“[80] Nimmt die äußerst ideologisch geführte Diskussion hier ihren Ausgangspunkt, kann es auch zu einer Verständigung zwischen Kritikern und Befürwortern des Pluralismus kommen. In seinem Vortrag auf der EKD-Synode 1993[81] hat P.L. Berger zwischen den beiden Extremen der kategorischen Ablehnung des Pluralismus und der permanenten Anpassung an die religiösen Bedürfnisse der Zeit einen dritten Weg aufzuzeigen versucht. Er akzeptiert den Pluralismus und schlägt vor, ihn auch „als eine große Gelegenheit zu sehen, als eine Herausforderung mit sehr positiven Möglichkeiten.“[82] In der Auseinandersetzung mit dem Pluralismus bietet sich nach Berger „die Gelegenheit, den Glauben als lebendige Möglichkeit neu zu erleben, in einer reineren Form, wie sie in den Selbstverständlichkeiten einer traditionellen Ordnung eben nicht nur oder nur sehr selten

77 In seinem Plädoyer „Für einen evangelischen Fundamentalismus“, in: PTh 85, 1996, 74-85, bezeichnet Josuttis das Pluralismuskonzept als „Ausdruck und Spiegelbild kirchlicher Ohnmachtsgefühle. [...] Die Zugehörigkeit zur Kirche ist bei vielen Zeitgenossen derart labil, daß man alles tun muß bzw. fast alles akzeptieren muß, um latente Austrittsneigungen nicht zu provozieren.“ (78). Die Stärke des Fundamentalismus sieht Josuttis darin, daß er Grenzen setzt. Statt aber auf diesem Wege in neue Gesetzlichkeiten zu fallen, sollten die Kirchen vielmehr fragen „wie Christen aus der Kraft *evangelischer* Fundamente glauben und leben können.“ (85).

78 Auch die breiter angelegte Kritik von M. Welker, Kirche ohne Kurs, a.a.O., 64ff., an „Christsein gestalten“ geht auf den in der Studie bejahten Pluralismus und die geschilderte Relativität menschlicher Lebensverhältnisse ein, hinterfragt sie jedoch vor allem hinsichtlich der darauf fußenden wahrheitstheoretischen Konzeption der Konziliarität.

79 M. Josuttis, „Unsere Volkskirche“ und die Gemeinde der Heiligen, a.a.O., 36.

80 E. Herms, Pluralismus aus christlicher Identität, a.a.O., 19.

81 P.L. Berger, Pluralistische Angebote: Kirche auf dem Markt?, EpdD 51/93, 35-44; vgl. auch ders. und T. Luckmann, Modernität, Pluralismus und Sinnkrise, a.a.O., 66-71.

82 P.L. Berger, Pluralistische Angebote, a.a.O., 43.

vorkommt."[83] Das Eigene wird nach Berger gerade in der Auseinandersetzung mit dem Anderen klarer. Subjektivität begreift sich erst durch Reflexivität, die sich ihrerseits dem kritischen Diskurs verdankt. Im Bewußtsein dieser Grundlagen eröffnet sich wiederum die Möglichkeit eines konziliaren Fragens nach dem Verbindenden. Den Pluralismus als Herausforderung und Chance zugleich sehen auch *Annegret* und *Friedrich*. Nach *Annegret* kann die Kirche in dieser Situation ihr spezifisches Angebot pointierter zur Sprache bringen. Sie muß jedoch gezielt zum Glauben und zu bewußter Mitgliedschaft einladen. Dies zielt auf eine größere Eindeutigkeit und Vereinheitlichung der Mitgliedschaftsverhältnisse. In die gleiche Richtung gehen die Aussagen von *Friedrich* zur Freiheit der religiösen Wahl, die von der Kirche unbedingt zu akzeptieren ist. Daß Staat und Gesellschaft den Kirchenaustritt nicht mehr sanktionieren bzw. tabuisieren, kann für die Kirche auch von Vorteil sein, da auf diesem Wege „die Substanz der Entscheidung sich behauptet" (F17). Daß die Kirche Teil der gesellschaftlichen und religiösen Pluralität ist und auch bleiben muß, kann von *Annegret* und *Friedrich* gleichermaßen befürwortet werden. Ihre Positionen unterscheiden sich jedoch darin, daß sich die Kirche mit ihrem Angebot nach *Annegret* selbst entschieden von anderen religiösen Anbietern abgrenzen muß, um ihre eigene Botschaft deutlich zur Sprache bringen zu können. Nach *Friedrich* muß sich hingegen die Volkskirche allein aufgrund ihres gesellschaftlichen Auftrages eine Offenheit zur Gesellschaft hin bewahren. Während sich für *Friedrich* die Frage nach der Beurteilung des innerkirchlichen Pluralismus nicht stellt, kann es nach *Annegret* faktisch dazu nicht kommen, denn nach außen hin muß die Kirche ja mit *einer* Sprache sprechen.

Zu Recht muß vor einer Ideologisierung des Pluralismus[84] in der Kirche gewarnt werden, als gelte es, ihn nicht nur zu bejahen, sondern um seiner selbst willen zu fördern. Ein solches Konzept vernachlässigt die mit dem Pluralismus aufgeworfene Frage nach der eigenen Identität[85] des Christlichen[86] bzw. nach dem Profil[87] der Kirche. Für *Dietmar* hat

83 Ebd.; vgl. auch P.L. Berger, Sehnsucht nach Sinn: Glauben in einer Zeit der Leichtgläubigkeit, Frankfurt am Main/New York 1994, 22-27.

84 Den Befürwortern des Pluralismus wird von Kritikern häufig unterstellt, sie würden ihn selbst zum Dogma erheben. Als Erwiderung darauf vgl. H. Löwe, Abschied von der Kirche? Was tun die Verantwortlichen gegen die Kirchenaustritte?, in: ZW 60, 1989, 141. Auch M. Kroeger, Die Notwendigkeit der unakzeptablen Kirche, a.a.O., 181, kritisiert die Ideologisierung des Pluralismus, den er aber ansonsten für unumkehrbar wichtig hält.

85 Vgl. dazu die Beiträge in J. Mehlhausen (Hrsg.), Pluralismus und Identität, a.a.O.

86 W. Pannenberg, Angst um die Kirche?, in: ders. u.a., Angst um die Kirche?, Weimar/Jena 1994, 50-53. „Der christliche Glaube kann sich auf eine Selbstauffassung im Sinne eines solchen Pluralismus nicht einlassen, ohne sich selbst aufzugeben." (52).

diese Frage, also die Verhältnisbestimmung von Pluralismus und Profil eine zentrale Bedeutung. Den innergemeindlichen und innerkirchlichen Pluralismus kann *Dietmar* vorbehaltlos bejahen. Er will ihn sogar ausdrücklich stärker in die eigene Gemeinde hineinholen. Damit ist die Intention verbunden, durch Integration der Vielseitigkeit eine kirchliche Identität zu schaffen, die auch nach außen wirksam wird und Kirche attraktiv macht. Ohne ein bestimmtes kirchliches Profil sind für *Dietmar* Offenheit und Vielfalt in der Kirche nicht denkbar. Wie aber können Pluralismusbejahung und Profilsuche miteinander vermittelt werden? Mit dieser Frage setzt sich auch W. Huber in einem Beitrag zur Jahrestagung für Evangelische Theologie 1997[88] auseinander. Er stellt zunächst fest: „Das *Haupt*problem des Protestantismus besteht heute nicht darin, daß er sich nicht vollständig genug der Wirklichkeit der pluralistischen Gesellschaft angepaßt hätte. Sein *Haupt*problem ist vielmehr, daß er in dieser Gesellschaft sein Eigenes, seine unverwechselbare Kompetenz nicht deutlich genug zur Geltung bringt.“[89] Huber fordert daher unter Verweis auf die Barmer Theologische Erklärung eine Rückbesinnung auf den kirchlichen Auftrag, die Botschaft von der freien Gnade Gottes in einer für alle verständlichen Form auszurichten.[90] Nur eine solche Kirche, die „ihrer genuinen Kompetenz gewiß ist, kann [...] auch in der pluralistischen Gesellschaft eine öffentliche Kirche bleiben oder auf neue Weise werden.“[91] Mit der Unterscheidung von Pluralität einerseits, deren Grenzen auch in der pluralistischen Gesellschaft unbedingt anerkannt werden, und Pluralismus andererseits gelingt es Huber, auch dem von der Kirche vertretenen religiösen Diskurs eine öffentlichkeitsbedeutsame Funktion zuzuweisen.[92] Die Kirche zeigt nicht nur da Profil im Sinne ihres Auftrages, wo dies ausdrücklich von ihr erwartet wird, sondern muß sich als öffentliche Größe am Diskurs der pluralistischen Gesellschaft beteiligen.

Nach V. Drehsen hängt die Glaubwürdigkeit der Volkskirche heute wesentlich davon ab, „inwieweit es ihr gelingt, gerade im Prozeß des gesamtgesellschaftlichen und religiös-kirchlichen Pluralismus, auf plausible Weise ihrerseits ein ‘offenes Konzentrat’ dessen darzubieten, was dem Menschen in der Gesellschaftskultur an religiöser Lebenspraxis möglich ist.“[93] Nur so kann sie auch im Gespräch mit denjenigen bleiben, die zwar ihre formale Bindung für beendet erklären,

87 Vgl. dazu die Beiträge in: H. May, K. Lorenz (Hrsg.), Pluralismus und Profil, a.a.O.

88 W. Huber, Auftrag und Freiheit der Kirche in der pluralistischen Gesellschaft, a.a.O., 11-29.

89 Ebd. 16.

90 Ebd. 20.

91 Ebd. 28.

92 Ebd. 23.

93 V. Drehsen, Wie religionsfähig ist die Volkskirche?, a.a.O., 280.

damit aber weder zwangsläufig als unreligiös gelten müssen, der christlich-kirchlichen Tradition zum Teil sogar weiterhin nahestehen und darum letztlich innerhalb des pluralen religiös-kirchlichen Spektrums anzusiedeln sind.[94] Die gesellschaftliche Vielfalt muß und wird sich auch innerkirchlich spiegeln, wenn die Kirche sich dieser Pluralität ohne Berührungsängste öffnet und sie als Chance der eigenen Verlebendigung begreift. Auf dieser Linie liegt die Position von *Eckhard*. Für ihn steht fest, daß auch innerkirchlich dem Pluralismus Raum gegeben werden muß. Die bereits vorhandene Pluralität innerkirchlicher Glaubens- und Lebensformen muß und kann vorbehaltlos bejaht werden, ohne daß die Kirche damit in Relativismus und Indifferentismus verfällt. Diese Öffnung ist nur indirekt eine Anpassungsleistung an den gesellschaftlichen Pluralismus, denn Kirche ist auch in theologischem Sinne von Anfang an eine in sich vielschichtige Größe gewesen und entspricht somit ihrer ureigensten Bestimmung, wenn sie sich als Entfaltungsraum für die verschiedenen Glaubensformen offenhält.

Die anderen Befragten tun sich hingegen schwer mit dem innerkirchlichen Pluralismus. *Christa* und *Friedrich* machen ihn nicht zum Thema. Nach *Bernd* und *Annegret* darf es dazu im Prinzip nicht kommen, weil die Kirche zur Gesellschaft hin ein klares und erkennbares Profil haben muß. Sie muß sich daher auf ihre eigenen theologischen Prämissen besinnen und das zieht eine deutliche Abgrenzung nach außen nach sich. Hier besteht jedoch die Gefahr, daß die Kirche auf lange Sicht zu einer gesellschaftlichen Enklave wird. Die von *Dietmar* aufgezeigte Aporie macht aber auch deutlich, daß hinsichtlich der Verhältnisbestimmung von Pluralismus und Profil theroetischer und praktischer Klärungsbedarf besteht. Die Ausführungen von W. Huber[95] stellen daher einen wichtigen Beitrag zu einer Fortsetzung der theologischen Pluralismusdiskussion dar. Dabei sollten auch die kritischen Bedenken von *Christa* aufgenommen werden, die aus ihrem Erfahrungsbereich zu berichten weiß, daß Menschen sich durch den Pluralismus von Wahl- und Entscheidungsmöglichkeiten auch überfordert sehen können und sich von Kirche und Gemeinde Orientierungshilfen wünschen. Auch darin wird eine größere Transparenz eingefordert hinsichtlich dessen, wofür die Kirche in der pluralistischen Gesellschaft steht.

2.4 Religionsfähigkeit der Volkskirche

Angesichts der beschriebenen Pluralität religiöser Deutungsmuster und Lebensformen in Gesellschaft *und* Kirche stellt sich für die

---

94 Vgl. auch W. Huber, Auftrag und Freiheit der Kirche in der pluralistischen Gesellschaft, a.a.O., 29.
95 S.o. 88.

Volkskirche die Frage nach ihrer Religionsfähigkeit.[96] Wenn es zutrifft, daß seit einiger Zeit ein neues Interesse an religiösen Fragen und Themen besteht, und das nicht nur im Blick auf die christlich-kirchliche Tradition, sondern in einem weitaus allgemeineren Sinne, dann müssen sich Theologie und Kirche fragen, wie sie darauf reagieren können. „Womit wir es heute zu tun haben, ist jedenfalls ebenso sehr die Unkenntlichkeit der Religion, ein Verstummen der Religion wie auch die offenkundige Konkurrenz religiöser Deutungskulturen, so daß im Blick auf die Kirche zu fragen ist, wie sie sich angesichts dieser Situation zu behaupten vermag, ohne das ihr eigene Profil zu verlieren."[97] Hinzu kommt, daß die christlichen Kirchen im Zuge der gesellschaftlichen und religiösen Differenzierung ihr überkommenes Monopol in Sachen Religion weitgehend verloren haben. Gelebte Religion gibt es mittlerweile längst nicht mehr nur im engeren kirchlichen Kontext, sondern auch im gesellschaftlichen und individuellen Bereich. Die Religion des Subjekts liegt allen Formen und Gestalten organisierter Religionskultur immer schon voraus. Eben dies muß eine Kirche, die sich in ihrer Verkündigung, aber auch in ihren praktischen Vollzügen um Lebensnähe und Alltagsrelevanz bemüht, heute um so eindringlicher beachten. „Es geht um die Religionsfähigkeit in dem Sinne, daß die Kirche sehr viel stärker die existentiell-religiösen Sinnerwartungen, die von den Menschen im Kontext ihrer Lebens- und Alltagswelt selber immer schon entworfen werden, aufsuchen, aufnehmen und im Auslegungszusammenhang des Evangeliums verarbeiten müßte."[98]

Die Analyse der Interviews macht deutlich, daß bei den meisten der befragten Pfarrer und Pfarrerinnen durchaus ein Bewußtsein für diese Erfordernisse vorhanden ist. Vom Begriff 'Religion' machen sie insgesamt allerdings sehr spärlichen Gebrauch.[99] Nach *Eckhard* kann die

---

96 V. Drehsen, Erosion – Auswanderung – Selbstparalysierung. Vermutungen über Schwund und Distanz protestantischer Kirchenbindung, in: F.W. Graf/K. Tanner (Hrsg.), Protestantische Identität heute, a.a.O., 205-222; auch in: ders., Wie religionsfähig ist die Volkskirche?, a.a.O., 15-40. Vgl. auch W. Gräb, Auf den Spuren der Religion, a.a.O.

97 W. Gräb, Auf den Spuren der Religion, a.a.O., 47.

98 Ebd. 49.

99 Nur bei *Annegret* und *Eckhard* taucht er überhaupt als einzelnes Wort auf. Während *Annegret* von der Kirche als einer institutionalisierten Religion spricht, kann *Eckhard* bemerkenswerterweise den Begriff in eine Reihe bringen mit Kirche und Christentum (E6). Weitaus häufiger wird dagegen das Adjektiv 'religiös' verwendet (bis auf *Bernd* von allen). Dabei geht es aber ebenfalls in der Regel um spezifisch kirchliche oder christliche Religiosität. Ausdrücklichen Bezug auf die differenzierte gesellschaftliche und außerkirchliche Religiosität nehmen *Annegret* (religiöse Bedürfnisse), *Dietmar* (religiöse Fragen), *Eckhard* (religiöse Gruppierungen) und *Friedrich*. Ob sich in dieser Zurückhaltung im Blick auf den Religionsbegriff immer noch die Spätfolgen einer theologischen Religionskritik, wie sie

Kirche entscheidend dazu beitragen, daß die Menschen sich mit ihren individuellen religiösen Bedürfnissen zu ihr hin orientieren. Die Kirche selbst muß sich dazu gar nicht sonderlich verändern, sie muß sich und ihre Arbeit, ihre Angebote nur besser darstellen. Es sollte deutlich werden, daß Kirche, Religion und Christentum mit dem Leben zu tun haben. Dazu muß die Kirche am Alltag und Festtag der Menschen teilnehmen. In dieser klaren Option für eine religionsfähige und offene Kirche stimmt *Eckhard* mit *Dietmar* überein. Für eine vielseitige Kirche tritt auch *Christa* ein. Sie soll breiten Raum bieten für die unterschiedlichsten Glaubensformen und Interessen der Menschen. Den Bezugsrahmen bildet dabei für *Christa* allerdings der christlich-kirchliche Lebenskontext, wie er sich in der Gemeinde am Ort konkretisiert. Ähnlich sieht das auch *Dietmar*. Finden die Menschen in der Gemeinde am Ort nicht das Erwartete, muß man sie auch gehen lassen können. Auch nach *Friedrich* muß die Kirche das gesamte Spektrum des religiösen Marktes (F17) im Blick haben. Die religiöse Selbstbestimmung des einzelnen gilt es unbedingt zu respektieren, die Vielfalt an religiösen Angeboten und Gruppierungen ausdrücklich zu befürworten. Zwar zielen *Friedrichs* Reformvorschläge nicht ausdrücklich auf eine gesteigerte Religionsfähigkeit der Kirche. Wenn es aber zum genuinen Auftrag der Kirche gehört, „offen zu sein für die Leute, bei den Leuten zu sein, zu werben“ (F18), so erfordert dies auch die Bereitschaft, sich auf die vorhandene differenzierte Religiosität der Menschen einzulassen und einzustellen. Der vielfältiger gewordene Markt der religiösen Möglichkeiten wird nach *Friedrich* auch zu einer Verlebendigung von Kirche führen müssen, wenn sie nicht ins gesellschaftliche und religiöse Abseits gelangen will. Kirchenreform heißt für ihn, wie die Metaphorik des zu restaurierenden Bildes deutlich macht, sich auf das Eigentliche zu besinnen und dieses profilierter zu vertreten. Religionsfähig wird die Kirche also nicht, wenn sie sich den religiösen Erwartungen und Bedürfnissen der Menschen einfach anpaßt[100], sondern indem sie die biblisch-kirchliche Überlieferung für die religiöse Selbstauslegung der Menschen zur Anwendung bringt, ohne sie dabei in individuelle Beliebigkeiten aufzulösen und die in Bibel und Christentumsgeschichte gleichfalls vorhandenen kontrastiven Elemente[101] außer acht zu lassen. Was das im Blick auf die dreifache Gestalt des neuzeitlichen Christentums konkret bedeutet, hat V. Drehsen entfaltet.[102] Kirche und Theologie müssen danach ihre angestammten Themen, Bezugsrahmen und Erfahrungsbe-

die Dialektische Theologie und vor allem Karl Barth vertreten haben, bemerkbar machen, läßt sich anhand des Materials nicht sagen.

100 So die Kritik von R. Gronemeyer, Wozu noch Kirche? Berlin 1995, 24-32. Gronemeyer unterstellt der sich als „Sinnagentur“ (24) präsentierenden Kirche „Anpassung an den Zeitgeist“ (30).

101 Zum Beispiel in der Verkündigung Jesu.

102 V. Drehsen, Wie religionsfähig ist die Volkskirche?, a.a.O., 37-40.

reiche immer wieder überschreiten, um auch im Horizont des privaten, individualisierten Christentums ihren öffentlichen Angebotscharakter kommunikations- und partizipationsfähig zu erhalten. Die zunehmende Kirchendistanz und Kirchenentfremdung vieler Menschen stellt sie dabei vor eine besondere Herausforderung. Eine religionsfähige Kirche muß daher eine nachgehende und nachfragende und zugleich eine auf das Eigene bedachte Kirche sein, um „mit ihrer religiösen Rede und ihren symbolisch-rituellen Handlungen *Ort religiöser Deutungskultur*“[103] sein zu können. Als ein solcher Ort hat sie sich nach W. Gräb zu bewähren 1. in der „Deutung biographischer Erfahrung“, 2. in der Verarbeitung der „prekären Sozialbeziehungen“ der Menschen und 3. in der „religiösen Klärung und Stärkung individueller Lebensgewißheit.“[104] Die bereitstehenden Deutungsmuster der kirchlich organisierten Religion müssen dazu allerdings von ihrem „objektivistischen Schein befreit werden“[105], um auf das individuelle Deutungsbedürfnis, das sich vor allem in besonderen lebensgeschichtlichen Situationen äußert, beziehbar zu sein. Hierin sieht Gräb auch für die Zukunft gute Chancen für die christliche Religion[106], wie sie von der Kirche vertreten wird.

Eine solche Konzeption wird zwangsläufig Widerspruch dort erzeugen, wo in Theologie und Kirche normative Vorstellungen hinsichtlich dessen anzutreffen sind, was die Kirche heute nach außen hin vertreten sollte. Denn die Entfaltung der lebenspraktischen Relevanz des christlichen Glaubens wird nur unter Verzicht auf vereindeutigende, dogmatisch fixierte, modernem Denken und Handeln nicht mehr vermittelbare Glaubensnormen und Verhaltenskodices geschehen können. Solcher Widerspruch deutet sich beispielsweise bei *Annegret* an. Sie weiß zwar um die vielfältigen religiösen Bedürfnisse der Menschen, ist jedoch nicht der Meinung, daß die Kirche selbst sich darauf einstellen sollte. Vielmehr sollte sie sich in Abgrenzung dazu auf ihren eigentlichen Auftrag konzentrieren und sich als glaubwürdige Alternative präsentieren. Auch *Bernd* hält es für wichtig, daß die Kirche sich klar von äußeren Erwartungen abgrenzt, die nach seiner Ansicht theologisch fragwürdig sind. In der „Angst von Kirche, im Leben der Menschen irrelevant zu werden“ (B1) sieht er die große Gefahr einer permanenten Anpassung unter Preisgabe der eigenen Sache. Für

103 W. Gräb, Kirche als Ort religiöser Deutungskultur. Erwägungen zum Zusammenhang von Kirche, Religion und individueller Lebensgeschichte, in: ders./U. Barth, Gott im Selbstbewußtsein der Moderne. Zum neuzeitlichen Begriff der Religion, Gütersloh, 1993, 234. Jetzt auch in: ders., Lebensgeschichten – Lebensentwürfe – Sinndeutungen, a.a.O., 79-99, bes. 94-99.

104 W. Gräb, Lebensgeschichten – Lebensentwürfe – Sinndeutungen, a.a.O., 95f., 98.

105 W. Gräb, Kirche als Ort religiöser Deutungskultur, a.a.O., 235.

106 Ebd.

Bernd fällt jegliche Form außerkirchlicher Religiosität unter das Verdikt eines privatisierten Glaubens.

Die neueren empirischen Untersuchungen zur Religiosität bzw. zur Konfessionslosigkeit in der Gesellschaft haben allerdings auch deutlich gemacht, daß es nicht nur in den östlichen Bundesländern viele Menschen gibt, für die Religion keine Bedeutung mehr in ihrem Leben hat.[107] Damit sind die Grenzen der Religionsfähigkeit der Kirche angedeutet. Wo Menschen bewußt auf Religion keinen Wert (mehr) legen, sich selbst als areligiös bezeichnen und dies auch konsequent leben, gilt es, diese Entscheidung zu akzeptieren. Nach *Dietmar* muß es aber auch schon akzeptiert werden, wenn Menschen Kirche und Glauben als für ihr Leben irrelevant bezeichnen [„Das ist nicht mein Lebensweg"(D12)]. Gleichwohl will er die Menschen, die ihre Ablösung von der kirchlichen Religion als konsequenten Trennungsakt vollziehen, nicht abgeschrieben wissen. Religionsfähigkeit heißt folglich im Blick auf den Kirchenaustritt wiederum Übergangsfähigkeit.

Ein Bewußtsein für die notwendige Religionsfähigkeit und Reformbedürftigkeit der Volkskirche ist also bei einigen der Befragten vorhanden, auch wenn sie den terminus technicus dafür nicht gebrauchen. Nach *Eckhard* wird die Zukunftsfähigkeit der Volkskirche entscheidend davon abhängen, inwieweit es ihr gelingt, eine offene und öffentliche[108], eine pluralismus- und religionsfähige und dabei doch ihrer eigenen Wurzeln und Traditionen eingedenke zu sein. Darin wird sie jenem „Grundtypus einer meditativ-reflexiven Frömmigkeit, die sich im Abschreiten der Frage *offenhält*, wer eigentlich wir in der Vielfalt unserer Lebensbezüge als die zugleich so und nicht anders seienden sind"[109], Raum geben und so die Bedeutung des Evangeliums für die menschliche Lebenspraxis erschließen können. Dafür bietet, und das bestätigen besonders *Eckhard* und *Christa*, die Kirchengemeinde am Ort nach wie vor ideale Voraussetzungen, sofern sie sich als offenes System begreift.

---

107 K. Engelhardt/H. von Loewenich/P. Steinacker (Hrsg.), Fremde Heimat Kirche, a.a.O., 400. Danach sagen im Westen 35% und im Osten 57% der Ausgetretenen, daß sie in ihrem Leben keine Religion brauchen. Unter den schon immer Konfessionslosen dürfte diese Aussage noch deutlich höhere Zustimmung finden. Wichtig aber der Hinweis von E. Neubert, Konfessionslose in Ostdeutschland. Folgen verinnerlichter Unterdrückung, in: PTh 87, 1998, 371: „Viele ostdeutsche Konfessionslose sind eben 'gläubige' Atheisten, die ihre Unkenntnis und den Mangel an Erfahrung mit christlicher Religion als höheres Wissen identifizieren. Der Osten Deutschlands ist insofern kein religiöses Niemandsland, sondern noch vom Erbe des Kommunismus mit umgeformten und häufig banalisierten Gehalten und Inhalten des Religionsersatzes bestimmt. Dieses blockiert weithin die Bereitschaft vieler Ostdeutscher zur offenen Begegnung mit der christlichen Religion."

108 Vgl. W. Huber, Nicht schwarz sehen. Kirche muß offen, öffentlich und eigenständig sein, a.a.O., 28-31. Huber hat dafür die Formel „Öffentliche Kirche in pluralen Öffentlichkeiten" geprägt (31).

109 W. Gräb, Kirche als Ort religiöser Deutungskultur, a.a.O., 237.

3 Kirchentheorien in der Kirchen- und Religionssoziologie

Daß es in der theologischen Ekklesiologie unterschiedliche, sich zum Teil sogar deutlich voneinander abgrenzende Kirchenverständnisse gibt, wurde schon bei der Darstellung der Problematik des doppelten Kirchenbegriffes deutlich.[110] Ging es dabei um die Frage, in welchem Verhältnis wahre und wirkliche Kirche zueinander stehen, sollen nunmehr verschiedene Theorien aus dem Bereich der empirischen Ekklesiologie vorgestellt werden. Dies ist eine unerläßliche Voraussetzung für die an späterer Stelle erfolgende kirchen- und gesellschaftstheoretische Verortung der Kirchenaustrittsproblematik.
In der modernen Kirchentheorie sind in der Vergangenheit vor allem drei sozialphilosophische bzw. soziologische Theorien der Vergesellschaftung rezipiert und im Hinblick auf ihre Bedeutung für das Verständnis von Religion und Kirche entfaltet worden. Die am Anfang stehende *Institutionstheorie* hat in Theologie und Kirche die älteste Tradition und kann auch theologisch abgeleitet werden. Die sozialwissenschaftliche *Systemtheorie* hat zwar ihre Wurzeln schon im 19. Jahrhundert, ist aber erst in den 60er Jahren von N. Luhmann zu der heute dominierenden funktional-strukturellen Gestalt entwickelt worden. Luhmann hat sie selbst bereits auf die Kirche angewandt und diese als *organisiertes Religionssystem* der Gesellschaft beschrieben. Mit dem *Organisationsbegriff* verbindet sich in der neueren Kirchentheorie aber auch die Vorstellung einer bürokratischen und zweckrationalen Großinstitution.
Bei den drei zu behandelnden Theorien handelt es sich nicht um alternative oder einander ausschließende Modelle. Wie in der Sozialphilosophie sind auch in der Kirchentheorie Institutionen, Systeme und Organisationen auf einander bezogen, ergänzen sich, bedingen einander und weisen jeweils über sich hinaus. Die zum Teil sehr kontroversen philosophischen und soziologischen Theoriediskussionen können hier nicht im einzelnen entfaltet werden. Lediglich die für das Kirchenverständnis maßgeblichen Aspekte sollen aufgenommen und hinsichtlich ihrer Bedeutung für die kirchliche Praxis untersucht werden. Dabei soll der Bezug auf das empirische Material aufzeigen, inwieweit die verschiedenen Theorien auch von den Funktionsträgern und -trägerinnen der Kirche aufgenommen werden, was sie für die jeweilige Kirchentheorie der Befragten austragen und wo ihre praktischen Grenzen liegen.

3.1 Kirche als Institution

Für die Befragten hat der Institutionsbegriff zentrale Bedeutung für das empirische Kirchenverständnis. Bis auf *Dietmar* gebrauchen ihn alle, allerdings in unterschiedlicher Häufung und auch verschieden

110 S. o., 67-73.

akzentuiert. Was aber sind Institutionen überhaupt? „Ganz allgemein läßt sich antworten: *Institutionen sind regelmäßige Formen gemeinsamen menschlichen Handelns.*“[111] Wenn von der Kirche als einer Institution geredet wird, muß dabei nicht eine bestimmte Institutionstheorie im Hintergrund stehen. Allerdings ist es häufig gerade der unkritische Gebrauch dieses Begriffes, der mitursächlich ist für eine inner- wie außerkirchliche Institutionskritik. Solche Kritik begegnet unter den Befragten am deutlichsten bei *Annegret.* Für sie ist schon der Begriff[112] ‘Institution’ überwiegend negativ gefärbt. Der institutionelle Charakter widerspricht nach ihrer Überzeugung an vielen Stellen dem eigentlichen Auftrag der Kirche. Und ihre Erfahrung zeigt, daß in der Gegenwart eine allgemeine Tendenz zur Kritik an den Groß-Institutionen besteht. Von daher ist es nach *Annegret* nicht verwunderlich, daß Menschen verstärkt auf innere wie auf äußere Distanz auch zur Kirche gehen. *Annegret* geht offensichtlich nicht davon aus, daß die Kirche als Institution auch eine theologische Grundlegung besitzt. Für sie ist primär die vorfindliche Kircheninstitution im Blick und die trägt als „Machtapparat“ (A8) überwiegend negative Züge. Auch *Bernd*, *Christa* und *Friedrich* gehen bei der Verwendung des Institutionsbegriffes nicht explizit von theologischen Voraussetzungen aus. Für *Bernd* hat der Begriff an sich deskriptiven Charakter. Wenn er allerdings bestimmte Trends in der Kirche wie etwa Stellungnahmen zu ethischen Fragen kritisiert, berührt das natürlich auch in negativer Weise das Bild der Institution. Auch für *Christa* und *Friedrich* ist die vorfindliche Kirche ohne erkennbare Wertung als Institution zu beschreiben. *Friedrich* macht jedoch zugleich auf die innere Entfremdung der Menschen von der Institution Kirche aufmerksam und thematisiert damit einen wichtigen Aspekt der gegenwärtigen Institutionsdiskussion, auf den später noch einzugehen ist, nämlich das Verhältnis von Institution und Individuum.[113]

In der neueren theologischen Rezeption des Institutionstheorems ist häufig die streng theologische Betrachtungsweise von Kirche als Glaubensgemeinschaft gegen die sozialwissenschaftlich-funktionale ausgespielt worden. Dabei kam es sowohl zu einer theologisch begründeten Apologetik der Institution als einer göttlichen Stiftung als auch zu einer generellen Delegitimierung jeglicher religiöser Institutionalisierung unter Verweis auf die Individualität und Spiritualität des Glaubens.[114] Aber auch in der sozialwissenschaftlichen Diskussion gibt es nach wie vor unterschiedliche Institutionsverständnisse, die jeweils auf bestimmte sozialphilosophische und soziologische Institu-

---

111 R. Preul, Kirchentheorie, a.a.O., 129.

112 Sie gebraucht allein zwölf Mal das Wort oder Wortverbindungen von ‘Institution’.

113 W. Gräb, Institution und Individuum. Überlegungen zur Diagnose der modernen Religionskultur, in: PTh 79, 1990, 255-269.

114 H.-G. Stobbe, Art. Institution, in: EKL Bd. 2, Göttingen ^{3}1989, Sp. 698f.

tionstheorien bzw. deren Kritik zurückzuführen sind. Da die theologischen Betrachtungsweisen zum Teil auf diesen Theorien aufbauen, sollen sie kurz dargestellt werden. Die anthropologisch begründeten Institutionsphilosophien A. Gehlens und H. Spencers[115] gehen davon aus, daß die Institutionen aufgrund ihrer objektiven Geltung eine Entlastungsfunktion für den Menschen haben, aber auch wiederum neue Institutionalisierungen aus sich heraus setzen. Die Theorie T. Parsons ist im Grunde schon eine struktur-funktionale Systemtheorie[116], wird aber in der Sozialphilosophie auch als Institutionstheorie verstanden. Parsons verbindet das organologische Verständnis der Institutionen mit ihren funktionalen Aspekten. Für ihn haben Institutionen insofern systemstabilisierende Funktionen, als sie die individuellen Bedürfnisse der Menschen berücksichtigen, durch geeignete Mechanismen institutionalisieren und mit den Systemerfordernissen vermitteln. Beide Theorien, die anthroplogische und die strukturfunktionale sind wiederum von H. Schelsky miteinander verbunden worden. Schelsky geht dabei von einem Prozeß der Höherentwicklung der Institutionen aus, die durch die von ihnen selbst ausgelösten Bedürfnisse immer wieder erforderlich wird. Dies führt zu einer Entmythologisierung der Institutionen, gleichzeitig aber zu ihrer Erneuerung und Verlebendigung, indem eine neue Leitidee zum Tragen kommen kann.
Grundsätzlichen Widerspruch haben alle Institutionstheorien bei J. Habermas[117] hervorgerufen. Für ihn sind Institutionen Formen der Herrschaft und fördern das regressive Bewußtsein der sich ihnen unterstellenden Menschen bzw. verhindern deren notwendige Emanzipation von unfreien Strukturen. Die aktuelle Diskussionslage ist damit umrissen, kann hier aber nicht weiter entfaltet werden.[118] Die unterschiedlichen Institutionsverständnisse bilden den Hintergrund auch der theologisch-anthropologischen und ekklesiologischen Institutionsdiskussion.[119] Auch hier gibt es institutionskritische Positionen

115 Die folgenden Ausführungen beziehen sich auf R. Preul, Kirchentheorie, a.a.O., 128-152; E. Mechels, Kirche als Institution, in: ders. u. M. Weinrich (Hrsg.), Kirche im Wort, a.a.O., 151-155; U. Kühn, Kirche, a.a.O., 167-172; D. Rössler, Die Institutionalisierung der Religion, in: W. Lohff, L. Mohaupt (Hrsg.), Volkskirche – Kirche der Zukunft?, a.a.O., 60-69.

116 Sie wurde von N. Luhmann später als funktional-strukturelle Systemtheorie weiterentwickelt.

117 Zur Auseinandersetzung mit Habermas vgl. H. Schelsky, Zur soziologischen Theorie der Institution, in: ders. (Hrsg.), Zur Theorie der Institution, Düsseldorf 1970, 25f.

118 Vgl. dazu die Beiträge in H. Schelsky (Hrsg.), Zur Theorie der Institution, a.a.O.

119 Dazu W.-D. Marsch, Das Institutionen-Gespräch in der evangelischen Kirche. Rückblickender Bericht über die Entwicklung eines interdisziplinären Problems, in: H. Schelsky (Hrsg.), Zur Theorie der Institution, a.a.O., 127-139; T. Rendtorff, Das Problem der Institution in der neueren Christentumsgeschichte. Ein Diskussionsbeitrag, in: ebd., 141-153.

ebenso wie solche, die bestimmte Aspekte der verschiedenen Institutionstheorien in die Kirchentheorie aufnehmen. Eine dezidierte theologische Institutionskritik vertritt E. Mechels.[120] Er verweist auf „[d]as doppelte Grunddilemma der Institution Kirche“[121]. Da die Kirche vom lebenschaffenden Tun des lebendigen Christus abhängt, bedeutet ihre dauerhafte und selbständige Institutionalisierung, daß sie sich im Widerspruch zu sich selbst befindet, denn eine von Christus unabhängige Kirche hört auf, christliche Kirche zu sein. Zugleich gibt sie damit ihren universalen Charakter auf, denn eine Institution ist immer insofern etwas Partikulares[122], als sie neben anderen Institutionen existiert. Nur in einem einzigen Sinne hält Mechels es für theologisch legitim, von der Kirche als einer Institution zu sprechen. „Die Kirche ist eine Stiftung Gottes, also eine Institution göttlichen Rechts, als solche ist sie Ausdruck der Menschenfreundlichkeit Gottes, der den Menschen durch den Menschen retten will.“[123] Die Institutionalität der Kirche kann nach Mechels nur in Entsprechung zu diesem Grundgeschehen verstanden werden. Wird damit aber nicht doch ein auf Objektivität beruhendes Institutionsmodell vertreten, bei dem die Subjekthaftigkeit des Menschen vernachlässigt wird?[124] Für H. Schelsky verbietet sich eine solche objektivistische Sicht der Institutionen, da diese in der modernen Reflexionskultur immer wieder hinsichtlich ihrer „Zweckdienlichkeit, ethische[n] Legitimität und Subjektverträglichkeit“[125] kritisch reflektiert werden müssen. Dies betrifft eben auch die Kirche, die er als Versuch der institutionalisierten Dauerreflexion beschreibt. Nach Schelsky „ist das Ziel all dieser institutionalisierten Formen der modernen Religiosität das ‘echte Gespräch’, die innere Begegnung und das Sich-finden subjektiver Erfahrungen in der gemeinsamen Verbindlichkeit eines Glaubens“[126]. Institutionalisierung ist damit ein Geschehen, das von der Basis, von der Reflexivität der Subjekte auszugehen hat.[127] Dies entspricht natürlich nicht der realen Konstitution

---

120 E. Mechels, Kirche als Institution, a.a.O., 155-168.

121 Ebd. 164ff.

122 Vgl. dazu auch W. Huber, Kirche, a.a.O., 43.

123 E. Mechels, Kirche als Institution, a.a.O., 167.

124 So die Kritik von H.E. Tödt, Art. ‘Institution’, in: TRE 16, Berlin/New York 1987, 209, an der systemtheoretischen Institutionslehre Parsons und Luhmanns. Diese Frage ist auch an das Institutionsverständnis von D. Rössler zu richten, der im Blick auf die Kirche ebenfalls von einem objektiven Institutionsbegriff ausgeht, wobei das Individuum sich der Institution gegenüber rezeptiv und konsumierend verhält. Vgl. D. Rössler, Die Institutionalisierung der Religion, a.a.O., 67ff.

125 R. Preul, Kirchentheorie, a.a.O., 139.

126 H. Schelsky, Ist die Dauerreflexion institutionalisierbar?, in: ZEE 1, 1957, 170.

127 Nach J. Taubes, Das Unbehagen an den Institutionen. Zur Kritik der soziologischen Institutionenlehre, in: H. Schelsky (Hrsg.), Zur Theorie der Institution, a.a.O., 75, wird bei der modernen Institutionskritik häufig unterstellt, daß die Institutionen einen Anspruch an das Subjekt stellen. „Doch verschwiegen wird, daß

der Institution, wie Schelsky selbst bemerkt.[128] Dem grundsätzlichen Einwand A. Gehlens, „daß die moderne Subjektivität und Dauerreflexion überhaupt nicht institutionalisierbar sei“[129], kann aber dadurch begegnet werden, daß man auf die sozialen Mechanismen autonomer und dynamischer Subjektivität und ihrer Reflexionsleistungen verweist. Eben diese Mechanismen müssen durch die modernen Institutionalisierungen gesichert und gefördert werden. Damit sind die tradierten Institutionen wie die Kirchen nach Schelsky heute vor eine enorme Herausforderung gestellt.[130] Sie dürfen dabei jedoch nicht ihre andere Funktion, nämlich „den institutionellen Appell zur Überwindung der Subjektivität und des Sozialen“[131], außer acht lassen. Diese ist ihnen durch ihre Leitidee, ihren geschichtlich vermittelten Glaubensgrund vorgegeben und macht sich beispielsweise in der notwendigen Unterscheidung von sichtbarer und unsichtbarer Kirche bemerkbar. Folglich ist in den religiösen Institutionen der Widerspruch der Institution zu sich selbst immer schon mitinstitutionalisiert.[132] Dieser Widerspruch ist notwendig, darf jedoch jene andere Funktion nicht neutralisieren. Mit dem Hinweis auf diesen Vorbehalt kann der theologischen Institutionskritik E. Mechels ebenso begegnet werden wie der soziologischen Kritik J. Habermas'.

In positiver Weise wird das von Schelsky geprägte Institutionsverständnis[133] vor allem von den Theologen W. Huber[134] und T. Rendtorff rezipiert. Beiden gelingt es, die von Schelsky beschriebene Dialektik der Institutionalisierung direkt auf die Kirche zu übertragen. Nach Huber ist die Kirche Institution zunächst in dem Sinne, daß ihr eine von den einzelnen Mitgliedern unabhängige *Geltung* zukommt.[135] „Auf diesen ihren Stiftungssinn antworten die Menschen durch Akte

---

in Wahrheit die Institutionen im Gang der Geschichte eben das Individuum, den Menschen als Subjekt konstituiert haben.“

128 H. Schelsky, Ist die Dauerreflexion institutionalisierbar?, a.a.O., 170.

129 Ebd. 166, dort teilweise kursiv; zur Auseinandersetzung mit Gehlen auch ders., Zur soziologischen Theorie der Institution, in: ders. (Hrsg.), Zur Theorie der Institution, a.a.O., 22ff.

130 H. Schelsky, Ist die Dauerreflexion institutionalisierbar?, a.a.O., 170f.

131 Ebd. 173, dort teilweise kursiv.

132 Ebd.; vgl. auch ders., Zur soziologischen Theorie der Institution, a.a.O., 25. Danach entspricht es zugleich den Ausdrucksbedürfnissen der reflektierenden Subjekte, daß ihre Vorbehalte und kritischen Ansprüche gegen die „Zwänge“ der Institution nicht auf eine unmittelbare Veränderung der Institution zielen, sondern ebenfalls mitinstitutionalisiert werden wollen. „Gerade in dieser Form verharrt die Subjektivität in funktions- und herrschaftsfreier Kommunikation“ (25), ein Einwand, der gegen die soziologische Institutionskritik von J. Habermas geltend gemacht werden kann.

133 U. Kühn, Kirche, a.a.O., 169, erwähnt die Arbeiten von W.-D. Marsch und M. Kehl.

134 Vgl. auch P.L. Berger, Sehnsucht nach Sinn, a.a.O., 173-176.

135 W. Huber, Kirche, a.a.O., 118.

der *Institutionalisierung*, durch die bestimmte Regelungen dauerhaft festgelegt werden." Da die Kirche als Personenverband unter der Perspektive Jesu steht, ist sie „als Institution beständig der Kritik ausgesetzt und zur Veränderung herausgefordert."[136] Gerade diese letzte Option gilt es im Blick auf die eingangs erwähnte Institutionskritik, die gelegentlich in Institutionsfeindlichkeit umschlagen kann, im Auge zu behalten. Eine Institution, die den Bezug zu ihrer Basis verliert[137], die etwa unter Verweis auf ihren göttlichen Stiftungssinn die Subjekthaftigkeit ihrer Mitglieder vernachlässigt und sich gleichzeitig profaner Mittel zur eigenen Bestandserhaltung bedient, setzt sich berechtigter Kritik von innen wie von außen aus. Demgegenüber muß nach T. Rendtorff auch geltend gemacht werden, daß „es ein Interesse an den institutionellen Verhältnissen der Religion gibt, das nicht mit dem Selbstverständnis der Kirchen und ihrer Theologie identisch ist. Das nichtkirchliche Christentum ist sowohl nach innen wie nach außen die eigentliche und allgemeinste Grundlage der Institution der Kirche."[138] Eine theologische Institutionstheorie, die diesen Sachverhalt ignoriert, proklamiert damit einen Ausnahmezustand, weil sie nach Rendtorff nur noch eine Minderheit repräsentiert. Darin mag zwar das „besondere Recht einer besonderen Institution"[139] zum Ausdruck kommen, aber eine solche Theorie kann nicht für sich beanspruchen, die gesamte institutionelle Welt des gegenwärtigen Christentums zu vertreten. Andererseits muß aber auch unter Verweis auf H. Schelsky geltend gemacht werden, daß eine Institution, die ihren inneren Widerspruch depotenziert, sich in der Endlosigkeit von Pluralisierungspotentialen zu verlieren droht. Die Institution Kirche ist also zu Vermittlungsleistungen in beide Richtungen gezwungen. Sie muß auch in diesem Sinne eine „intermediäre"[140] Institution sein.

Obwohl fast alle Befragten wie bereits dargelegt den Institutionsbegriff zur Beschreibung empirischer Kirchenverfassung gebrauchen, lassen sich bei ihnen kaum Bezüge zu den in der sozialwissenschaftlichen und theologischen Diskussion vertretenen Theorien aufweisen. Das wird vor allem daran liegen, daß ein unmittelbarer Zusammenhang zur Kirchenaustrittsproblematik nicht ohne weiteres herzustellen ist. Hier und da zeigt sich jedoch ein kritisches Bewußtsein für die Problematik der Kirche als Institution. Im Vordergrund steht dabei in

---

136 Ebd.

137 W. Gräb, Institution und Individuum, a.a.O., 258.

138 T. Rendtorff, Das Problem der Institution in der neueren Christentumsgeschichte. Ein Diskussionsbeitrag, in: H. Schelsky (Hrsg.), Zur Theorie der Institution, a.a.O., 152.

139 Ebd. 153.

140 P.L. Berger/T. Luckmann, Modernität, Pluralismus und Sinnkrise, a.a.O., 75f. Nach Berger/Luckmann besteht der intermediäre Charakter dieser Institutionen darin, daß sie „zwischen den großen Institutionen der Gesamtgesellschaft und dem einzelnen in seinen Lebensgemeinschaften tatsächlich vermitteln".

der Regel der drohende oder tatsächliche Basisverlust, also die Spannung zwischen Institution und Individuum. Zu einer für die eigene Kirchentheorie gewinnbringenden Aufnahme der beschriebenen Dialektik des Institutionalisierungsgeschehens kommt es hingegen nicht, denn der innere Widerspruch der Institution wird auch von *Christa* und *Friedrich* nicht geltend gemacht, obwohl sie doch in anderem Zusammenhang auf die notwendige Unterscheidung von sichtbarer und unsichtbarer Kirche verweisen. Einzig *Eckhard* verwendet den Institutionsbegriff im beschriebenen Sinne positiv, wenn er sagt, daß die Institution Kirche ein Ort sein soll, wo die Menschen hinkommen können, wie sie sind. Für ihn kommt es entscheidend darauf an, daß über die Gemeinde hinausgehend auch das Bild der Kirche als Institution attraktiv und lebensnah erscheint. Hier ist die Spannung zwischen der Institution als einer objektiven Größe und der Institutionalisierung als Rezeptionsgeschehen zumindest angedeutet. Diese Spannung aufzunehmen und sie sowohl unter Berücksichtigung der Leitidee der Institution als auch unter ständigem Bezug auf die Bedürfnisse der von ihr überhaupt noch erreichten Menschen reflexiv zu gestalten, könnte ein Ansatzpunkt für eine institutionstheoretische Annäherung an die Kirchenaustrittsproblematik sein.

3.2 Kirche als System

Die Systemtheorie N. Luhmanns[141] wird in der Soziologie als eigenständige Weiterentwicklung der strukturfunktionalen Konzeption T. Parsons angesehen.[142] „Nicht Institution ist Profil oder Rahmen der Gesellschaft, sondern System. Im System bezeichnet Institutionalisierung die Generalisierung von Erwartungen, erwarteten Erwartungen oder Konsensen.“[143] Luhmann unterscheidet in seiner Gesellschaftstheorie drei Ebenen von sozialen Systemen: „*Gesellschaftssysteme, organisierte Sozialsysteme* und *einfache Sozialsysteme elementarer Interaktion.*“[144] Während die „Religion der Systemebene der Gesamtgesellschaft zugeordnet ist und bleibt“[145], da sie für diese eine konstitutive wie eine spezifische Funktion erfüllt[146], ist die Kirche zu

141 N. Luhmann, Soziale Systeme. Grundriß einer allgemeinen Theorie, Frankfurt am Main ^{5}1994.

142 Vgl. aber T. Schöfthaler, Religion paradox: Der systemtheoretische Ansatz in der deutschsprachigen Religionssoziologie, in: K.-F. Daiber/T. Luckmann (Hrsg.), Religion in den Gegenwartsströmungen der deutschen Soziologie, München 1983, 153, der unter Verweis auf S. Jensen die Überwindung und Vollendung des Parsonsschen Strukturfunktionalismus in dessen Spätwerken beschreibt.

143 D. Rössler, Die Institutionalisierung der Religion, a.a.O., 62.

144 N. Luhmann, Die Organisierbarkeit von Religionen und Kirchen, in: J. Wössner (Hrsg.), Religion im Umbruch. Soziologische Beiträge zur Situation von Religion und Kirche in der gegenwärtigen Gesellschaft, Stuttgart 1972, 246.

145 Ebd. 251.

146 N. Luhmann, Funktion der Religion, Frankfurt am Main ^{3}1992, 9-71.

den gesellschaftlichen Teilsystemen zu rechnen.[147] Als „System geistlicher Kommunikation"[148] erfüllt sie die Funktion der Religion und trägt damit „den funktionalen Primat des Religionssystems."[149] Gerade darin liegt aber auch die Grenze ihrer Organisierbarkeit[150] als spezifisches religiöses System. Folglich muß es zu einer funktionalen Differenzierung des Religionssystems *„in spezifisch organisatorische und spezifisch geistliche Prozesse"*[151] kommen. Nach Luhmann ist es nur unter Beachtung einer doppelten Systemreferenz, also dem Bezug auf das Gesamtsystem und das organisierte System, angebracht zu fragen, „ob und wie weit Kirche als Organisation religiöse Funktionen im Gesellschaftssystem erfüllen kann."[152] Diese Funktionen hat Luhmann in seinen religionssoziologischen Arbeiten entfaltet. Er hat dies immer als Anregung für die Kirchensoziologie im engeren Sinne wie auch für die Theologie verstanden. Die Rezeption seines systemtheoretischen Ansatzes in Kirche[153] und Theologie hat T. Schöfthaler dargestellt und kritisch gewürdigt.[154] Zusammenfassend stellt er fest, daß in der Theologie neben Immunreaktionen gegenüber der Systemtheorie vor allem zwei Trends auszumachen sind: „Einige Theologen [...] fühlten sich so weit herausgefordert, daß sie ihre Theologie den Abstraktionsanforderungen der Systemtheorie zu unterwerfen suchten. Andere [...] nehmen Luhmanns Entwurf als Anlaß zu ernster Kritik auch an der eigenen Theologie. Ihr Resümee ist systemtheoretisch nicht wegzudiskutieren: Eine Theologie, die nicht nur Chiffre und Ausdruck des Handlungskonzepts dieser Welt sein will, muß sich als soziale Konflikttheorie verstehen."[155]

---

147 N. Luhmann, Religion als System. Thesen, in: K.-W. Dahm, N. Luhmann, D. Stoodt, Religion – System und Sozialisation, Religion – System und Sozialisation, Darmstadt/Neuwied 1972, 11.

148 N. Luhmann, Funktion der Religion, a.a.O., 56.

149 Ebd. 57.

150 Ebd. 288; ders., Die Organisierbarkeit von Religionen und Kirchen, a.a.O., 245.

151 N. Luhmann, Religiöse Dogmatik und gesellschaftliche Evolution, in: K.-W. Dahm/N. Luhmann/D. Stoodt, Religion – System und Sozialisation, a.a.O., 42.

152 N. Luhmann, Die Organisierbarkeit von Religionen und Kirchen, a.a.O., 249.

153 Z.B. als theoretische Grundlage der Kirchenmitgliedschaftsstudien der EKD. Hier wird Kirche verstanden „als ein gesellschaftliches Teilsystem mit differenzierten Funktionen". H. Hild (Hrsg.), Wie stabil ist die Kirche?, a.a.O., 185. Dazu T. Rendtorff, Religion – Umwelt der Gesellschaft. Theoretische Voraussetzungen der Deutung des empirischen Verhältnisses von Kirche und Gesellschaft, in: J. Matthes (Hrsg.), Erneuerung der Kirche, a.a.O., bes. 65-70. Vgl. auch W. Lück, Die Volkskirche. Kirchenverständnis als Norm kirchlichen Handelns, Stuttgart u.a. 1980, 43-47.

154 T. Schöfthaler, Religion paradox, a.a.O., 143ff. und 148-151; vgl. auch M. Welker (Hrsg.), Theologie und funktionale Systemtheorie. Luhmanns Religionssoziologie in theologischer Diskussion, Frankfurt am Main 1985.

155 Ebd. 151.

Bei den Interviewten finden sich keine ausdrücklichen Bezüge auf die Systemtheorie. Den Begriff 'System' verwenden überhaupt nur *Dietmar* und *Friedrich*. Während *Dietmar* davon ausgeht, daß die Austritte massive Folgen für „unser System" (D11) haben werden, hält *Friedrich* die Kirche im Grunde für ein „sehr stabiles System"(F8). Da es sich jedoch lediglich um singuläre Erwähnungen handelt, wird man davon ausgehen müssen, daß eine elaborierte systemtheoretische Position bei beiden nicht vorliegt. Über den Begriff hinaus finden sich weder explizite noch implizite Hinweise auf Luhmann oder auf die theologischen Rezeptionsversuche des Systemgedankens. Die beiden Befragten verwenden den Systembegriff eher in einem allgemeineren Sinne. Ob darüber hinaus Kenntnisse hinsichtlich der Systemtheorie vorhanden sind, läßt sich anhand des Materials nicht beantworten. Zu einer Übertragung auf das eigene Kirchen- und Gemeindeverständnis kommt es jedenfalls nicht, was möglicherweise auf den hohen Abstraktionsgrad der Theorie zurückzuführen ist.
Eine Rezeption und Elementarisierung der Systemtheorie in der Kirchentheorie haben neuerdings H. Lindner[156] und R. Preul[157] vorgenommen. Preul beschreibt die Kirche als Kommunikationssystem, genauer als „System der Kommunikation christlichen Wirklichkeitsverständnisses"[158] und unterscheidet darin Kommunikationssituationen, Kommunikationspositionen und Kommunikationsmedien. „Anzustreben ist ein flexibles und differenziertes System, in dem die verschiedenen Praxisfelder und das jeweilige positions- und medienspezifische kirchliche Handeln sich gegenseitig ergänzen und entlasten."[159] Das System Kirche leistet einen wichtigen Beitrag zur Stabilisierung der Gesellschaft, wenn es die sinnerschließende Funktion der Religion im Rahmen von gemeinsamen Wirklichkeitskonstruktionen zum Austrag bringen kann.[160] Lindner orientiert sich in seiner Rezeption des Systemgedankens stärker an Luhmann selbst. Für ihn ist Religion als Kirche ein gesellschaftliches Teilsystem, das im Zuge der gesellschaftlichen Ausdifferenzierung, aber auch angesichts der zunehmenden Binnendifferenzierung vor enormen Herausforderungen steht.[161] In dieser Situation sieht Lindner jedoch auch eine Chance für die Kirche. Die Volkskirche als multiples System mit ausgeprägter Binnenpluralität ist selbst Teil des Netzwerkes[162] Christentum, und dieses wiederum ein „*Ensemble* verschiedenster Sozialformen."[163] Das Chri-

156 H. Lindner, Kirche am Ort, a.a.O., grundlegend 23-26.
157 R. Preul, Kirchentheorie, a.a.O., 153-177.
158 Ebd. 155.
159 Ebd. 159.
160 Ebd. 163.
161 H. Lindner, Kirche am Ort, a.a.O., 30.
162 Diesen Begriff übernimmt Lindner von H. Keupp/B. Röhrle, Soziale Netzwerke, Frankfurt am Main/New York 1987.
163 H. Lindner, Kirche am Ort, a.a.O., 43.

stentum ist also das Ganze, die ihm angehörenden Kirchen sind eigenständige Teilsysteme, die sich im Sinne der doppelten Systemreferenz organisieren. Die Systemgrenzen können dabei flexibel definiert werden, denn Grenzerfahrungen sind im konziliaren Sinne systemimmanente Verständigungsbemühungen. „So gilt es zunächst, diese Kirche als ein komplexes System zu begreifen und zu akzeptieren, um sie dann gestalten zu können.“[164] Die bislang nicht thematisierte Frage der Mitgliedschaft läßt sich allerdings nur unter Beschreibung des Organisationscharakters der Kirche angemessen behandeln.[165] Auch die beiden Interviewten *Dietmar* und *Friedrich* verwenden neben dem Systembegriff den Organisationsbegriff und folgen damit der Luhmannschen Systemdifferenzierung.

3.3 Kirche als Organisation

Die neuere Soziologie versteht unter Organisationen „Sozialsysteme, die im Interesse der Erreichung bestimmter Ziele, bzw. der Durchführung bestimmter Funktionen gebildet sind.“[166] Die Übertragung der Organisationstheorie bietet sich an, weil auch die Kirche ein soziales Gebilde ist, welches vorwiegend religiöse Zwecke verfolgt. N. Luhmann versteht unter „Kirchenorganisation“ ein Teilsystem des kirchlich-religiösen Systems[167], welches selbst als Gesamtsystem nicht in Organisationsform gebracht werden kann. „Als Organisation ist die Kirche ein Stellensystem“[168], das sich durch Programme, Personal und Organisation im engeren Sinne konstituiert. Die religiöse Relevanz der Organisation läßt sich nur mit Hilfe einer Organisationstheorie herstellen. Diese konzentriert sich auf die innerhalb der Organisation und die zwischen der Organisation und ihrer Umwelt stattfindenden Kommunikationsprozesse, die als Entscheidungen begriffen werden.[169] Dazu gehören auch jene die Mitgliedschaft betreffenden Fragen wie Eintritt oder Austritt in bzw. aus der Organisation. Aber erst „auf der Ebene der Entscheidung über Entscheidungsprämissen“[170], wie sie durch Ein- bzw. Austritt angezeigt sind, wird eine selbstreferentielle Strukturfunktionalisierung der Organisation möglich, denn auf diese Weise werden die Grenzen zwischen System und Umwelt deutlich. Daß es aufgrund der Mitgliedschaftsstrukturen jedoch nur selten zu echten, positiven Mitgliedschaftsentscheidungen kommt und zudem die Organisation Kirche als offenes System darauf aus sein

164 Ebd. 53.
165 Vgl. T. Schöfthaler, Religion paradox, a.a.O., 144, zum Zusammenhang zwischen Systemstabilität und Mitgliedschaftsmotivation.
166 K.-F. Daiber, Religion in Kirche und Gesellschaft, a.a.O., 65.
167 N. Luhmann, Die Organisierbarkeit von Religionen und Kirchen, a.a.O., 278f.
168 Ebd. 279.
169 N. Luhmann, Funktion der Religion, a.a.O., 284-287.
170 Ebd. 285.

muß, daß alle ihr beitreten, macht deutlich, daß konventionelle Mitgliedschaftsregeln für Organisationen offenbar nicht ohne weiteres auf die Kirche übertragbar sind.[171] Für die Kirche bedeutet dies zunächst, daß man aufgrund der gegebenen Austrittsmöglichkeit „die Mitglieder im organisatorischen Kontext so behandeln kann, als ob sie sich für die Kirche entschieden hätten."[172] Luhmann unterscheidet drei Arten von Mitgliedschaft: 1. die der Amtsträger, 2. aktive und 3. rein rechnerische. Zu letzteren zählt er die Gruppe der distanzierten Mitglieder, die trotz einer statistisch nachweisbaren Affinität zum Kirchenaustritt eine wenn auch heterogen motivationale Stabilität kennzeichnet.
Schon vor den erwähnten religionssoziologischen Arbeiten Luhmanns kam es in der empirischen Kirchentheorie zur Aufnahme des Organisationsgedankens.[173] Dabei wurde nach E. Herms[174] jedoch ein unspezifischer, vorwiegend auf Zweck- und Verfahrensrationalität zielender Organisationsbegriff angewandt.[175] Auch die Interviewten *Bernd*, *Dietmar* und *Friedrich*, die die Kirche an einzelnen Stellen als Organisation bezeichnen, gehen dabei überwiegend vom traditionellen Verständnis dieses Begriffes aus, das nach Herms auf die funktionale Rationalität der Organisation abhebt. *Bernd* vergleicht die Kirche mehrfach mit anderen „Großorganisationen" (B1), um zu verdeutlichen, daß hier wie dort dieselben gesellschaftlichen Mechanismen wirksam sind. Die Kirche unterscheidet sich nur strukturell, nicht aber grundsätzlich von anderen Organisationen. Für *Bernd* hat diese Bezeichnung daher rein deskriptive Bedeutung.
In einer zeitgemäßen, theologischen „Rezeption des Organisationsbegriffs in die Ekklesiologie"[176], die über die Beschreibung funktionaler Strukturen hinaus geht, sieht E. Herms die Chance für die gebotene Entwicklung eines „*theologischen* Begriffs der erfahrbaren sozialen Verfaßtheit des christlichen Glaubens". Unter deutlicher Abgrenzung gegen die systemtheoretische Funktionalisierung der Religion nach N. Luhmann entwickelt er auf phänomenologischer Grundlage ein theologisches Verständnis von Kirche als Organisation. Nach Herms zeichnet sich das soziale System Kirche durch die drei wesentlichen

---

171 Vgl. dazu R. Preul, Kirchentheorie, a.a.O., 206-209. Das gleiche gilt nach Preul auch für die anderen Entscheidungsebenen der Organisation Kirche (209-212).

172 N. Luhmann, Funktion der Religion, a.a.O., 294.

173 H. Lindner, Kirche am Ort, a.a.O., 45, beschreibt, beginnend bei D. Bonhoeffer, kurz die einzelnen Konzepte.

174 E. Herms, Religion und Organisation, in: ders., Erfahrbare Kirche, a.a.O., 49-79.

175 Die Wende hin zu einem phänomenologischen Verständnis der Kirche als erfahrbarem Sozialgebilde und einem theologischen Begriff der Kirche als Organisation sieht Herms in dem Vortrag von D. Rössler, Die Institutionalisierung der Religion, a.a.O., vgl. ebd. 51, Anm. 10.

176 Ebd.

Grundmerkmale einer Organisation aus[177]: 1. Eine die Mitglieder über ihre Anwesenheit hinaus verbindende Mitgliedschaftsregel. 2. Eine spezielle Leistung in einem gesellschaftskonstitutiven Funktionsbereich durch die Gewinnung von ethisch orientierenden, weltanschaulichen Überzeugungen. 3. Interne funktionale Ausdifferenzierung. Das organisationsartige Sozialsystem der christlichen Gemeinde ist nach Herms durch das Wirken des Heiligen Geistes konstituiert. Gerade in der gemeindlichen Sozialverfassung treten auch „die *Besonderheiten* des christlichen Lebens – das ‘spezifisch Christliche’, das ‘christliche Proprium’“[178] zutage. Dieses Proprium geht als soziale Verfaßtheit des christlichen Glaubens in der organisationsartigen Gestalt der Kirche nicht auf, kann aber auch nicht ohne sie erfahren werden. „Denn der christliche Glaube und seine spezifischen Züge *sprengen nicht* die Konditionen der sozialen Welt, sondern *qualifizieren* sie, indem sie sich in ihr manifestieren; und zwar in der organisationsartigen Sozialgestalt von Kirchen.“[179]
Positiv wenden auch *Dietmar* und *Friedrich* den Organisationsbegriff auf die Kirche an. Beide betonen die Chancen, die die Kirche als gesellschaftliche Organisation mit den vorhandenen Einflußmöglichkeiten hat. Sie kann sich öffentlich zu sozialen Fragen äußern und politisch engagieren und wird darin auch gehört und in Anspruch genommen, weil sie durch ihre Größe, ihre angestammte Bedeutung und ihre organisatorischen Strukturen dazu in der Lage ist. Diese Funktion entspricht dem zweiten von Herms aufgeführten Grundmerkmal. Im Zuge der internen Ausdifferenzierung (Merkmal 3) werden auch Grenzen und Nachteile sichtbar wie etwa der Hang zur „Verbürokratisierung“, auf den *Friedrich* aufmerksam macht (F20). Darum muß es auch immer wieder zu einer Respezifizierung der Organisationsziele und -aufgaben kommen. Insgesamt aber bietet der Organisationsstatus entschieden mehr Vor- als Nachteile.
Bei beiden Interviewten finden sich auch Ansätze zu einer inhaltlichen Füllung des Organisationsgedankens, wie sie von E. Herms vertreten wird. Hinweise auf eine pneumatologische Grundlegung gibt es zwar nicht, aber *Dietmar* hält es für wichtig, daß die Kirche eine Identität besitzt (D13), und *Friedrich* spricht von der Idee der „Trägerorganisation“ (F18). Beide verweisen darauf, daß die Kirche ein wichtiger Faktor im gesamtgesellschaftlichen System ist, sich aber als Organisation von ihrer Umwelt auch unterscheiden muß, um ihre gesellschaftliche Funktion wahrnehmen zu können. Nicht nur ethisch orientierendes Wissen gilt es zu vermitteln. Durch ihr sozialpolitisches Engagement leistet die Organisation Kirche auch einen wichtigen Beitrag

177 Ebd. 63-71.
178 Ebd. 64.
179 Ebd.

zur Funktionalität des Gesamtsystems. Darin stimmen *Dietmar* und *Friedrich* überein.

Von besonderem Interesse für das Thema der Untersuchung sind die Ausführungen E. Herms zur Mitgliedschaftsregel.[180] Grundsätzlich ist die Mitgliedschaft in der Organisation kontingent. Das heißt, daß die Entscheidung über sie oder über Nichtmitgliedschaft durch die Mitglieder oder Nichtmitglieder getroffen wird. Nach der spezifischen Mitgliedschaftsregel der Kirche aber fällt die Entscheidung „*nicht allein durch* sie; sondern durch sie nur aufgrund einer vorgängigen anderen Entscheidung, die nicht durch sie fällt, sondern sie nur betrifft; nämlich aufgrund der vorgängigen Entscheidung Gottes, überhaupt das Evangelium in der Welt laut werden und dessen Wahrheit einzelnen Menschen aufleuchten zu lassen."[181] Durch die Mitgliedschaftsregel ist das System Kirche sowohl ein Teil des gesamtgesellschaftlichen Funktionszusammenhanges als auch deutlich von seiner Umwelt geschieden. Erst dadurch wird es nach Herms pluralismusfähig, weil dabei die Differenz zwischen menschlichen und geistlichen Entscheidungen gewahrt bleibt. Und schließlich kommt es durch die Mitgliedschaftsregel auch zu einer funktionalen Interaktion und Ausdifferenzierung im Innern. Der Mitgliedschaft in der Kirche kommt nach dieser Theorie eine hohe Prägekraft für die Gestalt der Organisation zu.[182] Nichtmitgliedschaft wird zwar theologisch eingeholt, bleibt aber faktisch unbestimmt. Anders als bei Luhmann wird der Kirchenaustritt als Entscheidung nicht mit letzter Konsequenz ernstgenommen. Anklänge an die von Herms hervorgehobene Bedeutung der Mitgliedschaftsregel finden sich auch bei *Friedrich*. Er hält es für wichtig, daß die Menschen auch äußerlich durch Beibehaltung ihrer Mitgliedschaft erkennbar halten, daß sie der Organisation Kirche verbunden sind, auch wenn sie ansonsten nicht aktiv am kirchlichen Leben partizipieren. Die Zugehörigkeit zur Kirche dient der inneren wie der äußeren Systemabgrenzung. Der Kirchenaustritt muß nach *Friedrich* gerade von daher ernstgenommen werden.

Zusammenfassend läßt sich sagen, daß, wie vor allem *Dietmar* und *Friedrich* zeigen, die Organisationstheorie mit der von Herms vorgenommenen theologischen Grundlegung und den daraus resultierenden inhaltlichen Füllungen und ausgegebenen Merkmalen für die empirische Ekklesiologie durchaus fruchtbare Akzente setzen kann. Auch R. Preul stellt abschließend fest, daß die von Luhmann entwickelte Theorie „hervorragend geeignet ist, den Organisationsproblemen auch der

---

180 Ebd. 64ff.

181 Ebd. 65.

182 H. Lindner, Kirche am Ort, a.a.O., 47, Anm. 93, kritisiert die mit der geradezu 'pietistischen' Aufwertung der Mitgliedschaft einhergehende Abwertung von freien christlichen Bewegungen neben der Kirche. Überhaupt hält er den Organisationsbegriff von Herms für zu eng gefaßt.

Kirche auf die Spur zu kommen."[183] Daß nur die beiden Interviewten die Organisationstheorie in eindeutig positiver Form aufnehmen, macht aber auch deutlich, daß hier von Seiten der Pfarrerschaft – wie überhaupt in der praktisch-theologischen Ekklesiologie – noch erhebliche Zurückhaltung besteht, obwohl ihre Anwendung möglicherweise wichtige Hinweise darauf geben könnte, „welche Aktivitäten die Kirche verstärken muß, um als moderne Organisation zu funktionieren und ihren Zweck zu erfüllen."[184]

4 Kirchenbild und Kirchenaustritt

Welche Bedeutung hat das Kirchenbild für die Beurteilung des Kirchenaustritts? Da sich die theologische Ekklesiologie mit dem Kirchenaustritt bislang kaum beschäftigt hat, kann auf eine systematische Untersuchung dieses Zusammenhangs nicht zurückgegriffen werden. Ganz allgemein gilt: Die theologische Beurteilung des Kirchenaustritts „durch die Kirchen steht in engem Zusammenhang mit ihrem Verständnis des Verhältnisses von Kirche Christi und äußerer Kirchenorganisation. Je enger diese beiden Aspekte von Kirche verbunden werden, desto weniger erscheint ein Austritt aus der sichtbaren Kirche möglich."[185] Am deutlichsten tritt dies in der römisch-katholischen Beurteilung des Kirchenaustritts hervor.[186] Es gibt jedoch auch eine protestantische Ekklesiologie, für die gilt: *extra ecclesiam nulla salus*. Besonders die Dialektische Theologie hat im Gefolge Karl Barths immer wieder hervorgehoben, daß die christliche Gemeinde, in der das Wort verkündet und die Sakramente verwaltet werden, der einzige Ort ist, wo Offenbarung sich ereignet und es Erkenntnis des Heils gibt.[187] Ein Christentum außerhalb der Kirche kann es folglich nicht geben. Wer den Kirchenaustritt vollzieht, sagt sich damit nicht nur von Kirche und Gemeinde los, sondern legt auch seinen Glauben ab. Auch für die Interviewte *Annegret* bedeutet der Austritt streng genommen die Absage an die christliche Glaubensgemeinschaft, die als Heilsgemeinschaft gedacht ist. Wer sich von der Kirche trennt, fällt damit endgültig aus dem Wirkungsbereich dieses Heils heraus. Endgültig deshalb, weil faktisch eine innere Beziehung dazu ohnehin nicht mehr vorhanden war. *Annegret* beurteilt den Kirchenaustritt also von ihrem theologischen Kirchenbild aus, ist aber nicht sicher, ob dies angesichts der tatsächlichen Mitgliedschaftsverhältnisse in der Kirche

183 R. Preul, Kirchentheorie, a.a.O., 212.
184 Ebd.
185 H. Engelhardt, Art. Kirchenaustritt in: EKL Bd. 2., Göttingen ^{3}1989, Sp. 1099.
186 Vgl. u., 215.
187 H.W. Surkau, Art. Kirchenaustritt I. Theologisch, in: RGG 3, Tübingen ^{3}1959, Sp. 1341-1343.

statthaft ist. Im Blick auf die empirische Kirche ist der Austritt für sie in gewissem Sinne Ausdruck der Kirchenkritik. Sich der als „Machtapparat“ (A8) auftretenden Institution Kirche zu entziehen, hält sie für legitim. Auch *Bernd* begreift den Kirchenaustritt ekklesiologisch, indem er ihn als Trennung von der Gemeinde deutet, die nach biblisch-theologischem Verständnis eine überschaubare Größe (Leib Christi) mit eindeutigen Sozialformen (Schwestern und Brüder) ist. Insofern kann es der Gemeinde nicht egal sein, wenn jemand austritt. Für die Institution Kirche haben die Austritte keine unmittelbare Bedeutung. Da *Eckhard*, genau wie *Bernd*, eine hohe Komplementarität von Kirche und Gemeinde voraussetzt, ergibt sich auch in der ekklesiologischen Beurteilung des Austritts beider Interviewten eine gewisse Parallelität. Für *Eckhard* betrifft der Austritt nicht nur die Institution Kirche. Aufgrund der engen Kohärenz von geglaubter und erfahrener Kirche muß der Kirchenaustritt als Absage an die in der Kirche gelebte Form von Gemeinschaft verstanden werden. Weil hier das Angebot des wirklichen Lebens offeriert wird, ist der Austritt eines Menschen besonders schmerzlich. Ähnlich wie für *Bernd* ist daher der Austritt vor allem hinsichtlich seiner ekklesiologischen Signalwirkung von Bedeutung. In der praktischen Beurteilung unterscheidet sich *Eckhard* dagegen deutlich von *Bernd*, da er den Austritt nicht als objektiv gültigen, ekklesiologischen Tatbestand ansieht, sondern als eine vorläufige Entscheidung, der individuell begegnet werden muß.

Die Gegenposition zu diesen an bestimmten theologischen Leitbildern von Kirche orientierten Beurteilungen des Austritts findet sich in der theologischen Literatur und auch bei einzelnen Befragten da, wo zwischen wahrer Kirche und Kirchenorganisation klar unterschieden wird. Der Austritt aus der Organisation verliert dann unter ekklesiologischen Gesichtspunkten deutlich an Gewicht, ohne jedoch theologisch bedeutungslos zu werden. Für *Christa* etwa bedeutet der Kirchenaustritt zunächst nichts anderes als die formale Trennung von der verfaßten Kirche. Ob dieser Schritt auch eine innere Abkehr von der Gemeinde oder von der Glaubenstradition der Kirche impliziert, läßt sich allein aufgrund der zu erfragenden individuellen Deutung erhellen und kann daher auch nicht Gegenstand einer theologischen Beurteilung des Austritts durch Gemeinde und Kirche sein. Für die unsichtbare Kirche sind die Austritte ohnehin nicht von Bedeutung, weil hier äußere Kriterien keine Rolle spielen. Die Tatsache, daß sich nicht wenige Ausgetretene dennoch der Gemeinde innerlich wie äußerlich verbunden wissen und zeigen, unterstreicht jedoch die Notwendigkeit eines offenen und dynamischen Kirchenbegriffes.

Es lag und liegt nach V. Drehsen „durchaus in der Konsequenz von Luthers Reformationstheologie“, den Austritt als Emanzipationsvorgang zu sehen, wobei „ein Verständnis von Kirche, das mit der evangelischen Freiheit nicht mehr vereinbar war"[188] und ist, verabschiedet wird. Auf dieser Linie liegt auch die theologische Deutung des Austritts durch *Friedrich*. Für ihn haben Mitgliedschaft und Kirchenaustritt Zeichencharakter, dürfen also nicht als substantielle Kriterien für eine theologische Ekklesiologie herangezogen werden. Kirchenaustritte sind primär Folgeerscheinungen gesellschaftlicher Veränderungen, welche die Kirche selbst mit ausgelöst hat und die sie darum nicht beklagen sollte. Der Leib Christi als die wesenhafte Kirche ist davon jedenfalls nicht betroffen.

Schließlich gibt es die dritte Möglichkeit, den Kirchenaustritt allein unter organisationstheoretischen Gesichtspunkten zu sehen und somit einen Bezug zur theologischen Ekklesiologie gar nicht erst herzustellen. Für *Dietmar* etwa sind die Austritte allein für die Organisation Kirche von Bedeutung, weil sie die innere Stabilität des Systems gefährden. Damit ist mittelfristig auch die gesellschaftliche Leistungsfähigkeit der Kirche infragegestellt. *Dietmar* läßt hingegen offen, ob die Ausgetretenen weiterhin der Gemeinschaft der Gläubigen zuzurechnen sind.

5 Gemeinde als Kirche am Ort

„Die einzelne Gemeinde ist das ursprüngliche Organisationsprinzip des religiösen Lebens im Protestantismus"[189]. Als Teil der Kirche ist sie unter organisationssoziologischen Gesichtspunkten ein „strukturelles"[190] Subsystem. Sie bleibt daher auch in ihrer relativen Eigenständigkeit und lokalen Singularität auf die Kirche und über diese auch auf das Gesamtsystem bezogen. Die überkommene Gestalt der Gemeinde ist die Parochie, also die einen bestimmten, durch territoriale Grenzen und konfessionelle Zugehörigkeiten festgelegten Bezirk erfassende Ortsgemeinde. Mit dieser zweifachen Umgrenzung ist aber zugleich gesagt, daß sich die Gemeinde nicht auf einen bestimmten Personenkreis oder auf den engeren Bereich des kirchlichen Lebens in gemeindlichen Räumen beschränkt, sondern die gesamte „religiöse Praxis innerhalb des gesellschaftlichen Lebens"[191] im Raum der Parochie als ihren Referenzrahmen anzusehen hat. Gleichwohl ist die einzelne Gemeinde immer auch Kirche am Ort, steht also mit ihrem Erscheinungsbild, ihren Angeboten und Aktivitäten, ihrem Personal und ihrer öffentlichen Präsenz für die Kirche als solche. Welches Bild die einzelnen Befragten von ihrer Gemeinde haben, wo die Schwerpunkte

188 V. Drehsen, Wie religionsfähig ist die Volkskirche?, a.a.O., 26.
189 D. Rössler, Grundriß der Praktischen Theologie, a.a.O., 521.
190 So die Bezeichnung von H. Lindner, Kirche am Ort, a.a.O., 108, unter bezug auf W. Hill/R. Fehlbaum/P. Ulrich, Organisationslehre Bd. I. Ziele, Instrumente und Bedingungen der Organisation sozialer Systeme, ^{4}1989.
191 D. Rössler, Grundriß der Praktischen Theologie, a.a.O., 521.

ihrer Gemeindetheologie liegen, ist daher für die Einschätzung der kirchlichen Gesamtsituation von Interesse.
Die Kirchengemeinden vor Ort stehen gegenwärtig vor enormen Herausforderungen und Problemen, denn der gesellschaftliche Wandel hat auch die eher resistenten gesellschaftlichen Teilsysteme längst erfaßt. Kirchenaustritte sind nur ein Symptom dieses Wandels. Sie wirken sich vordergründig auf den Mitgliederbestand und die Kirchenfinanzen aus, machen aber bei näherem Hinsehen auf die Notwendigkeit tiefgreifender Reformen aufmerksam. Wie aber sollen und können die Gemeinden angemessen darauf reagieren? Die Frage nach geeigneten Maßnahmen zur Verhinderung von Kirchenaustritten wurde auch den Interviewten gestellt. Ihre Reformvorschläge können Hinweise darauf geben, inwieweit in der Pfarrerschaft bestimmte Konzepte reflektiert und praktiziert werden.

5.1 Funktionswandel der Kirchengemeinde

Die bis heute vorfindliche Parochialstruktur der evangelischen Landeskirchen bildete sich erst in der zweiten Hälfte des 19. Jahrhunderts heraus.[192] Bereits in der Aufklärung kam es vereinzelt, seit dem beginnenden 19. Jahrhundert dann, unter anderem auf Initiative F. Schleiermachers, vermehrt zu Gemeindebildungen jenseits oder innerhalb des noch sehr grobmaschigen Systems. Personalgemeinden, Freiwilligkeitsgemeinden oder Vereinsgemeinden waren jedoch nicht dazu gedacht, die parochiale Struktur der Kirche grundsätzlich aufzulösen. Sie stellten vielmehr eine Reaktion auf bestimmte gesellschaftliche Entwicklungen wie auf die rapide erfolgende Verstädterung im Zuge der Industrialisierung und die damit einhergehende Entkirchlichung breiter Bevölkerungsgruppen dar. Daher blieben sie auch weithin Episode und sahen sich spätestens mit dem Aufkommen der Dialektischen Theologie dem scharfen Protest einer christozentrischen, am Wortgeschehen orientierten Gemeindetheologie ausgesetzt. Wenn es auch nach dem Zweiten Weltkrieg immer wieder zu solchen alternativen Gemeindebildungen kam, so blieb doch die Parochie stets die eigentlich maßgebliche Bezugsgröße, gerade bei der Entwicklung hin zur modernen Volkskirche. Die Gemeinden vor Ort prägen das Bild der Kirche auch heute noch maßgeblich. Allerdings vollzieht sich gegenwärtig im Rahmen des parochialen Systems ein Wandel der Ortsgemeinde[193], der diese selbst vor schwerwiegende Entscheidungen stellt. Der Funktionswandel wird von folgenden gesellschaftlichen und kirchlichen Faktoren bestimmt:

---

192 C. Möller, Art. Gemeinde I. Christliche Gemeinde, in: TRE 12, Berlin/New York 1984, 323; H. Lindner, Kirche am Ort, a.a.O., 157-160. Hier werden die unterschiedlichen „Gesichter der Ortsgemeinde“ dargestellt.

193 Vgl. dazu die ausführliche Beschreibung von E. Lange, Kirche für die Welt. Aufsätze zur Theorie kirchlichen Handelns, München/Gelnhausen 1981, 183-189.

1. Trennung von Wohnbezirk und Arbeitsstätte
Der industrielle Strukturwandel hat zu einer größeren Mobilität der Berufstätigen geführt. Wohnten bis vor wenigen Jahrzehnten die Menschen noch überwiegend da, wo sie auch arbeiteten, fallen heute Arbeitswelt und Wohnwelt, Beruf und Freizeit immer mehr auseinander. Da die Kirche mit ihrem Angebot in den Freizeitbereich fällt, ist sie davon unmittelbar betroffen, denn wie in ihrem Einkaufsverhalten orientieren sich die Menschen auch in ihrer Freizeit nicht mehr ausschließlich an den Angeboten in ihrem Stadtteil, sondern eher zu größeren Zentren hin. Allerdings äußern viele Menschen unabhängig von ihrem Partizipationsstil die Hoffnung, wenigstens „die Kirche möge noch im Dorf bleiben".[194]
2. Steigende Erlebnisorientierung und randständiges Gemeindemilieu
Im Freizeitbereich ist nicht nur eine allgemeine Zunahme von Erlebnisorientierung[195], sondern auch eine Steigerung von Erlebnismöglichkeiten und Ästhetisierungen des Alltagslebens festzustellen, die den Einzelnen vor die Wahl zwischen vielen Alternativen stellen. Die Gemeinde erscheint mit ihren traditionellen Angeboten von Erlebnis- und Gemeinschaftsqualität eher rückständig. Sie erfüllt nach Ansicht vieler Menschen überwiegend die Bedürfnisse gesellschaftlich randständiger Gruppen und Einzelpersonen nach Trost und Lebensvergewisserung.
3. Plurale Bedürfnisse und eingeschränktes kirchliches Angebot
Auch innerhalb der Kirchengemeinden kommt es zu einer Pluralisierung von Lebensformen des Glaubens, zu unterschiedlichen Partizipationsformen und Verbundenheitsgraden der Mitglieder mit ihrer Gemeinde. Das gemeindliche Angebot ist jedoch nahezu ausschließlich auf eine Minderheit hochverbundener Mitglieder ausgerichtet, die man gewöhnlich als „Kerngemeinde" bezeichnet. „Die Kirche wird getragen von der 'bürgerlichen Mitte'. Eben diese fällt heute mehr und mehr aus, weil sich deren Lebensgewohnheiten stark verändert hat [sic!]. [...] Damit greifen die kirchlichen Angebote in dieser Zeit oft ins Leere."[196]
4. Mitgliederrückgang und Finanzkrise
Die Mitgliederzahlen der Kirchengemeinden nehmen, bedingt durch

194 Mit dieser Forderung setzt sich J.P. Rinderspacher, Die Kirche im Dorf lassen? Der Wandel in Arbeit und Freizeit und die Zukunft kirchlicher Gemeindearbeit, in: PTh 81, 1992, 313-323, kritisch auseinander.

195 G. Schulze, Die Erlebnisgesellschaft. Kultursoziologie der Gegenwart, Frankfurt am Main/New York [5]1995, 58ff.

196 J.P. Rinderspacher, Die Kirche im Dorf lassen?, a.a.O., 313. Rinderspacher beurteilt die Chancen der Kirche in der Freizeitgesellschaft insgesamt sehr positiv (ebd. 320-323). Voraussetzung sei allerdings eine größere Flexibilität der Angebote. Für ihn hat die Frage nach dem sinnvollen Umgang mit Zeit eine deutliche Affinität zur Frage nach dem Lebenssinn.

die allgemeine Bevölkerungsentwicklung[197] sowie durch Kirchenaustritte, langsam aber beständig ab. Dies führt seit 1994 zu einem deutlichen Rückgang der Kirchensteuereinnahmen. Landeskirchen, Kirchenkreise, aber auch die Gemeinden, besonders im städtischen Bereich sind inzwischen zu massiven Sparmaßnahmen gezwungen.[198] Dies führt zu strukturellen und konzeptionellen Überlegungen auf allen Ebenen des Kirchensystems.[199]
Auch die Interviewten nehmen für den Bereich ihrer Kirchengemeinden die Symptome des beschriebenen Funktionswandels wahr. Allerdings gewinnt man nicht den Eindruck, daß sie ihnen jenen grundlegenden Charakter beimessen. Von einem Wandel sprechen sie bezeichnenderweise auch selbst nicht. Viele der aufgezeigten Veränderungen vollziehen sich auch nicht in einer offen zu Tage tretenden Form, sondern allenfalls als kaum greifbare Begleiterscheinungen. Zudem besteht offensichtlich im Bereich der sog. Kerngemeinde nach wie vor ein hohes Anforderungspotential für die Pfarrerschaft[200], so daß eine zwingende Notwendigkeit, sich mit dem fälligen Strukturwandel der Ortsgemeinde zu befassen, zumindest zum Zeitpunkt des Interviews (Frühjahr 1996) noch nicht empfunden wird.

5.2 Kirche am Ort

Für alle Befragten gilt: Die Gemeinde ist Kirche am Ort. In der lokalen Kirchengemeinde wird Kirche erfahrbar und identifizierbar. Dieser Umstand kann jedoch sehr unterschiedlich beurteilt werden. *Annegret* und *Bernd* fordern, daß die Kirchengemeinde an einigen Stellen deutlich andere Akzente setzen muß, um sich von der Institution Kirche abzugrenzen. Zumindest bei *Annegret* droht dabei die Gefahr, daß die Kirche als ganze vor Ort aus dem Blick gerät, während für *Bernd* die Gemeinde immerhin den Auftrag hat, Kirche von der Basis her umzugestalten.

---

197 Vgl. Ev. Kirche in Deutschland – Statistik (Hrsg.), Kirchenzugehörigkeit in Deutschland, a.a.O., 12-15.

198 Dazu M. Hein, Thesen zu einer ‘Theologie des Gemeindeabbaus’ in der Großstadt, in: PTh 87, 1998, 192-196.

199 Vgl. dazu Evangelisch-Lutherische Kirche in Bayern, Dekanat München (Hrsg.), Das Evangelische München-Programm. Zusammenfassung der Ergebnisse, München 1996, Geheftetes Manuskript. Für Dortmund: Präsenz der Kirche im Lebensraum der Stadt. Ergebnisse der Arbeitsgruppe im Rahmen des Beratungsprozesses „Zukunft der Volkskirche in Dortmund und Lünen“, Dortmund 1997 (Geheftete Broschüre). Ausdrücklich ist mit M. Kroeger, Die Lebenswelt der Gegenwart und die Bedeutung dogmatischer Profile von Kirche, in: H. May/K. Lorenz (Hrsg.), Pluralismus und Profil, a.a.O., 41, vor der Gefahr einer „Ideologisierung der Schrumpfung“ zu warnen. Sie äußert sich in der Verwechslung von Reduktion mit Vergeistlichung.

200 Vgl. W. Lück, Praxis Kirchengemeinde, a.a.O., 56.

H. Lindner sieht die Chance der Ortsgemeinde dagegen darin, daß sie sich als „Kirche am Ort“ versteht und präsentiert.[201] Der Wohnort als Lebensraum der Menschen bildet auch den Zuständigkeits- und Lebensbereich der Kirchengemeinde.[202] Sie ist darin „Kirche am Ort“, daß sie in konkrete Verhältnisse eingeht, die Lebensvollzüge und Lebenswelten der Menschen als ihren Ort begreift und selbst zu einem Ort wird, wo diese Raum gewinnen können. „Wenn sie ‘Kirche am Ort’ ist, dann darf und muß sie nicht gegen die Situation am Ort leben und an ihr vorbei zu arbeiten versuchen.“[203] Sie kann zwar nicht mehr davon ausgehen, daß sie die Gesamtheit der Lebens- und Glaubensbezüge der Menschen erfaßt, aber „sie kann aber sehr wohl ein Kristallisationspunkt für Kirchlichkeit und Äußerungen des Glaubens sein.“[204] Sie steht damit genau am Schnittpunkt von individueller Lebensumwelt und dem von ihr vertretenen kirchlichen Interesse.

Nach Lindner braucht die Ortsgemeinde ein Leitbild. Dieses beschreibt er wie folgt: „Es geht um Gotteserfahrung in einem Lebensraum. Im lokalen Umfeld trägt die Ortsgemeinde für einzelne dazu bei, daß sie ihre Berufung finden und klären. Dazu begleitet sie die Stufen ihres Lebens, hilft bei der Ausbildung eines Lebensstils und orientiert sich am Lebensraum als Ganzem. Sie tut das als ‘förderliche Umwelt’ für das Gelingen des Lebens in einem Raum.“[205] Auch *Christa, Dietmar* und *Eckhard* sehen vor allem die Chancen, die in der lokalen Anbindung von Kirche liegen. Wichtig ist ihnen die Offenheit und Lebensnähe der Gemeinde, weil sich über den Kontakt zu ihr auch die Bedeutung der Kirche insgesamt erschließt. Für *Friedrich* muß die Gesamtkirche (Trägerorganisation) auf der Gemeindeebene aber immer im Blick bleiben.

Wie die Strukturen, Interaktionsformen und das Erscheinungsbild der Kirche am Ort unter gegenwärtigen gesellschaftlichen Bedingungen aussehen müßten, wird von H. Lindner ausführlich entfaltet. Die Kirchengemeinde bildet genau wie die Kirche als ganze ein offenes Netzwerk.[206] Darin besteht zugleich ihre größte Herausforderung. „Gemeinde heute kann sich zeitgemäß nur in einem örtlich speziell komponierten Zusammenspiel von möglichst eigenständigen, aber vernetzten thematischen und lokalen Lebenszentren im Rahmen einer leistungsfähigen Gegliederten Gesamtgemeinde verwirklichen, die

---

201 Die EKHN-Studie „Person und Institution“ gebraucht die Bezeichnung „Kirche vor Ort“, da Kirche „eben nicht mehr nur Kirche am Wohnort, sondern Kirche an verschieden prägenden Lebensorten“ sein soll. Evangelische Kirche in Hessen und Nassau (Hrsg.), Person und Institution, a.a.O., 88.

202 H. Lindner, Kirche am Ort, a.a.O., 132ff.

203 Ebd. 132.

204 Ebd. 131 (dort kursiv).

205 Ebd. 136.

206 Ebd. 136f., 153f.

sich wiederum als ein Teil einer Region versteht."[207] Flexibilität und Offenheit gehören daher zu den Kennzeichen einer konziliaren Gemeinde.[208] Nach Lindners Überzeugung kann der beklagten Krise der Ortsgemeinde nur so begegnet werden, daß sie „in einem zweiten Versuch der Kirchenreform [...] zu einem Instrument lebendiger Angebote"[209] wird. Auch wenn Kirche und Gemeinden kleiner werden, so haben sie doch nur im Festhalten an ihrer Vielgestaltigkeit Zukunft. Deutliche Konturen gewinnt die Kirche am Ort auch bei *Eckhard.* Die Gemeinde ist Ort des Vertrauens und ermöglicht Gemeinschaftserfahrungen. Zugleich ist sie eine entschieden offene Gemeinschaft, offen für vielfältige Interessen und Bedürfnisse, offen nicht nur für Kirchenmitglieder oder für diejenigen, die regelmäßig kommen (E7), sondern für jedermann.

5.3 Gemeinde als offenes System

Bei der Übertragung des Organisationsgedankens auf die Kirche wurde schon deutlich, daß die Kirche sich nicht wie andere Organisationen nach außen abschließen kann, indem sie sich etwa nur für ihre Mitglieder zuständig erklärt. Das gilt auch für die Gemeinde am Ort. *„Die Gemeinde ist als offene Organisation in sich selbst vielgestaltig und nach außen vieldeutend und vieldeutig."*[210] Innere Interdependenz und äußere Offenheit bedingen einander. Die Ortsgemeinde hat als „kommunikatives Netzwerk"[211] und offenes System auch zu ihrer Umwelt hin durchlässige Grenzen, die es ihr ermöglichen, Impulse von dort aufzunehmen und ihrerseits gestaltend im gesellschaftlichen Umfeld zu wirken.[212] Der primäre Bezugsrahmen ist dabei der jeweilige Stadt- oder Ortsteil als Lebens- und Arbeitsbereich der Menschen. Hier bieten sich immer noch sehr gute Anschlußmöglichkeiten, wie besonders *Dietmar* [„Kirche gehört noch zu X (Stadtteil)" (D2)] und *Christa* (C12) bestätigen.

Zieht die Gemeinde um der inneren Konzentration willen nach außen ihre Grenzen dagegen eher eng, droht auf lange Sicht der Verlust der Anschlußfähigkeit. *Annegret* und *Bernd* vertreten beispielsweise ein relativ geschlossenes Gemeindebild. Zur eigentlichen Gemeinde gehören nach *Annegret* nur diejenigen, die sich bewußt dafür entschieden

207 Ebd. 207f., dort kursiv.
208 Vgl. auch W. Lück, Praxis Kirchengemeinde, a.a.O., 83-88.
209 H. Lindner, Kirche am Ort, a.a.O., 353.
210 Evangelische Kirche in Hessen und Nassau (Hrsg.), Person und Institution, a.a.O., 83.
211 W. Lukatis, Der Pfarrer im Kommunikationssystem Gemeinde, in: K.-F. Daiber, Predigen und hören 3. Predigt als religiöse Rede: homiletische Überlegungen im Anschluß an eine empirische Untersuchung/mit Exkursen von Wolfgang Lukatis, München 1991, 123-127.
212 Evangelische Kirche in Hessen und Nassau (Hrsg.), Person und Institution, a.a.O., 81.

haben. Auch *Bernd* dringt auf mehr Verbindlichkeit im Mitgliedschaftsverständnis. Im Gegensatz zu *Annegret* möchte er jedoch grundsätzlich alle Gemeindeglieder aktivieren und an ihre Mitte, den Gottesdienst, heranführen. Wer aber aus der Kirche austritt, entzieht sich mit diesem Schritt auch dem Wirkungsbereich der Gemeinde. Für *Christa* hingegen ist Offenheit ein entscheidendes Kriterium gemeindlicher Praxis. Die Gemeinde soll breiten Raum bieten für unterschiedliche Verbundenheitsgrade und Partizipationsstile und sich auch Ausgetretenen gegenüber nicht verschließen. Offenheit zeigt sich für sie auch in der Bereitschaft, die vorherrschende Komm-Struktur kirchlicher Arbeit zu überwinden. Auch *Dietmar* will den Wirkungsbereich der Gemeinde nicht auf diejenigen beschränken, die er, wenn auch mit Bedenken, als „Kerngemeinde" bezeichnet und deren Bedürfnis nach traditionellen Angeboten er vorbehaltlos befürwortet. Gleiches trifft auch für *Eckhard* zu, dessen vordringliches Interesse es aber ist, möglichst viele Menschen an den Angeboten der Gemeinde zu beteiligen. Dies kann jedoch nicht nur eine einseitige Erwartung sein. Weil Kirche und Leben zusammengehören, ist es auch wichtig, am Leben der Menschen teilzunehmen und sie da aufzusuchen, wo sie wohnen, arbeiten und feiern. Die Elastizität der Gemeinde zeigt sich nach *Eckhard* aber auch in der Bereitschaft, Menschen gehen lassen zu können, wenn sie nach einer vorübergehenden Teilnahme am Gemeindeleben wieder auf Distanz gehen wollen.
Die notwendige Offenheit der Gemeinde hat auch Konsequenzen für das Verständnis von Kirchenmitgliedschaft. Zunächst gilt es sich zu verdeutlichen, daß die Gemeinde zwar „eine mögliche Umwelt der Kirchenmitglieder"[213] ist, aber nur ein Teil der Gesamtumwelt der Menschen. Daraus resultieren unterschiedliche Gestaltungsformen von Mitgliedschaft, die es eigens zu deuten und zu würdigen gilt. Da sich, wie *Friedrich* richtig bemerkt, auch das Mitgliedschaftsverständnis der Menschen gewandelt hat, kann eine Gemeinde ohnehin nicht mehr beanspruchen, für alle zu ihr gehörenden Glieder allein zuständig zu sein. Weil die Gemeinden immer stärker ein ganz eigenes Gepräge entwickeln, sollte es grundsätzlich möglich sein, sich dort anzubinden und zu engagieren, wo man sich zu Hause fühlt.
Unter der Forderung nach größtmöglicher Offenheit muß und kann aber auch die Beendigung der Mitgliedschaft „als *veränderte* Definition der Verbindlichkeit der *Kirchen*-Mitgliedschaft"[214] gedeutet werden. Wie die Befragten überwiegend bestätigen, verstehen sich viele Ausgetretene auch weiterhin als der Gemeinde zugehörig und be-

---

213 Ebd. 87 (dort fett).
214 A. Feige, Kirchenmitgliedschaft in der Bundesrepublik Deutschland. Zentrale Perspektiven empirischer Forschungsarbeiten im problemgeschichtlichen Kontext der deutschen Religions- und Kirchensoziologie nach 1945, Gütersloh 1990, 163.

zeichnen sich sogar ausdrücklich als Christen[215] oder als evangelisch (D7). Darin eröffnet sich für die Gemeinde die Gelegenheit, auch Nichtmitglieder als potentielle Gesprächspartner und -partnerinnen im Blick zu behalten. Auch wenn der Kontakt zu ihnen sicher nicht einfach herzustellen, geschweige denn kontinuierlich aufrechtzuerhalten ist, so können ihre Fragen und Kritikpunkte doch wichtige Anregungen für die notwendige Revision des kirchlichen Angebots geben. Sich auch damit auseinanderzusetzen, gehört sicher zu den schwierigsten Herausforderungen im konziliaren Kommunikationsprozeß der Gemeinde. Die theoretische Einsicht und die persönliche Bereitschaft dazu sind bei einigen Befragten ohne Zweifel vorhanden. In der Praxis aber ergeben sich oft kaum zu überwindende Hindernisse.

5.4 Beteiligung oder Betreuung?

Die Kirchenmitgliedschaftsstudien der EKD und die Befragungen von Ausgetretenen haben die naheliegende Vermutung bestätigt, daß unter den Kirchenmitgliedern diejenigen am ehesten einen Austritt in Erwägung ziehen und zum Teil dann auch tatsächlich vollziehen, die sich der Kirche nur schwach verbunden fühlen und am traditionellen Angebot der Kirchengemeinde nicht oder nur selten teilnehmen.[216] Von daher stellt sich die Frage, wie die Gemeindearbeit besonders diese Menschen erreichen kann. In der kirchlichen Literatur werden neben den unterschiedlichen Konzeptionen von Gemeindeaufbau vor allem zwei Modelle diskutiert, die jeweils einen bestimmten Schwerpunkt der Gemeindearbeit hervorheben: das Betreuungsmodell und das Beteiligungsmodell. Genügt es, die Gemeindeglieder entsprechend ihren Bedürfnissen und Erwartungen zu betreuen, oder muß nicht viel mehr Wert darauf gelegt werden, daß sie auch zu aktiver Beteiligung am kirchlichen Leben gelangen? Betreuungs- oder Beteiligungsaspekt werden häufig gegeneinander ausgespielt. So will beispielsweise die westfälische Stellungnahme zum „Berufsbild des Pfarrers" ausdrücklich „Anregungen und Anstöße geben, die Entwicklung von der pfarrerzentrierten Betreuungskirche zu einer offenen Gemeinde, in der Christsein verantwortlich verwirklicht wird, zu fördern."[217] Auf der

---

215 M. Josuttis, „Unsere Volkskirche" und die Gemeinde der Heiligen, a.a.O., 56, meint, daß sich solche Aussagen in einem doppelten Sinne interpretieren lassen: „Entweder sagen die Austretenden mit diesem Satz, sie gehörten weiter dazu, oder sie stellen fest, daß sie im Grunde nie dazugehört haben." Warum aber sollten sie, wie Umfragen bestätigen, weiterhin hohe Erwartungen an die Kirche haben und zum Teil auch weiterhin an kirchlichen Angeboten teilnehmen, wenn sie sich als nie dazugehörig ansehen?

216 K. Engelhardt/H. von Loewenich/P. Steinacker (Hrsg.), Fremde Heimat Kirche, a.a.O., 323-330.

217 Ev. Kirche von Westfalen (Hrsg.), Berufsbild des Pfarrers. Zwischen Betreuungskirche und Beteiligungskirche. Ausarbeitung des Ständigen Theologischen Ausschusses, Bielefeld 1985, 7.

anderen Seite kann eine funktionale Kirchentheorie, wie sie vor allem K.-W. Dahm[218] vertreten hat, einseitig die „Darstellung und Vermittlung grundlegender Werte“[219] und die helfende Begleitung vor allem „in Krisensituationen und an den Knotenpunkten des menschlichen Lebens“[220] hervorheben.

Arbeitsformen, die vorwiegend unter dem Gesichtspunkt der Begleitung und Versorgung stehen, gehören zur Berufspraxis jedes Pfarrers und jeder Pfarrerin. Auch die Interviewten versehen solche Funktionen mit großer Selbstverständlichkeit. Es ist jedoch zu beobachten, daß einzelne sich mit einer grundsätzlichen Bejahung der Betreuungsaufgaben ihres Dienstes schwer tun. Das Bild der Pfarrerin, die es allen möglichst recht machen soll, erzeugt bei *Annegret* großen Widerstand. Auch für *Bernd* haben die funktionalen Aufgaben der Gemeindetätigkeit nachgeordnete Bedeutung. Entsprechend legt er, genau wie *Annegret* mehr Wert darauf, Menschen zu einer aktiven Teilnahme am kirchlichen Leben zu führen. Das trifft zwar auch auf *Eckhard* zu, aber ihm geht es im Gegensatz zu *Annegret* und *Bernd* um differenzierte Teilnahmeformen und um „elastische“ Grenzen.

Andere Befragte betonen dagegen stärker den Betreuungsaspekt. Mit dem Ausdruck „Dienstleistungsunternehmen“ unterstreicht *Eckhard* die Notwendigkeit, sich für die vielfältigen Bedürfnislagen der Menschen zu öffnen und ein entsprechendes Angebot bereitzuhalten. Auch *Dietmar* spricht von der Kirche als einem „Servicebetrieb“. Gerade dieses Wort ‘Service’ hat dagegen für *Annegret* und *Bernd* im Blick auf das kirchliche und pastorale Handeln einen entschieden negativen Beigeschmack. Auch *Christa* sieht sich ausdrücklich als Begleiterin der Menschen. Kontaktpflege hat darum für sie einen hohen Stellenwert. Ganz praktisch sollte das so aussehen, daß die Menschen auch ohne besonderen Anlaß und ohne besondere Absichten besucht werden. Auch *Friedrich* sieht in der Betreuung der Menschen in der Gemeinde eine wichtige Aufgabe. Es gibt ihm allerdings zu denken, daß es Gemeindeglieder gibt, die nicht einmal Wert *darauf* legen. Hier werden die Grenzen einer Betreuungsstrategie sichtbar. Und faktisch gibt es immer noch einen hohen Prozentsatz von Mitgliedern, die auch auf diesem Wege nicht erreicht werden. Somit stellt sich die Frage, ob ein einseitig auf Betreuung ausgerichtetes Modell von Gemeindearbeit tatsächlich dazu beitragen kann, austrittsgeneigte Menschen zur Beibehaltung ihrer Mitgliedschaft zu bewegen. Grundsätzlich ist zu überlegen, ob Betreuung und Beteiligung nicht zwei verschiedene Arbeitsformen sind, die einander sinnvoll ergänzen können. Eine ausschließlich auf Beteiligung ausgerichtete Gemeindearbeit setzt sich über die individuellen Bedürfnislagen vor allem der kirchenfernen

---

218 K.-W. Dahm, Beruf: Pfarrer, a.a.O., 99-156.
219 Ebd. 117 (dort kursiv).
220 Ebd. 121.

Mitglieder hinweg und führt dazu, daß sie innerlich und gegebenenfalls sogar äußerlich endgültig auf Distanz gehen, weil für sie in einer solchen Gemeinde kein Platz mehr vorgesehen ist. Die einseitig auf Betreuung zielende Arbeit übersieht dagegen, daß nicht nur bei der hochverbundenen Minderheit der Gemeindeglieder, sondern auch bei vielen, die sich an den traditionellen Angeboten der Gemeinde überhaupt nicht beteiligen, die Bereitschaft zu punktueller Mitarbeit und Teilnahme an besonderen Aktivitäten oder Veranstaltungen in der Gemeinde oder auf synodaler Ebene durchaus vorhanden ist.[221] Die Alternative Betreuung oder Beteiligung ist also falsch gestellt. Vielmehr müssen beide Aspekte in ein sich wechselseitig ergänzendes Verhältnis gebracht werden, denn erst wenn die Menschen sich mit ihren Bedürfnissen auch nach kirchlicher Betreuung ernst genommen wissen, werden sie auch bereit sein, sich darüber hinaus am Gemeindeleben zu beteiligen und zu einer eigenverantwortlichen Deutung des eigenen Glaubens gelangen. Und nur wenn es der Gemeinde gelingt, attraktive Formen der Beteiligung auch für solche Mitglieder zu ermöglichen, wird sie auch guten Gewissens Betreuungsfunktionen wahrnehmen können.[222]

Eine grundsätzliche Spannung von Beteiligung und Betreuung im Gemeindeverständnis ist auch bei den Interviewten nicht festzustellen. Es finden sich aber die beschriebenen Tendenzen zur Vereinseitigung, die dem jeweiligen theologischen Programm entsprechen. Dort, wo das Verhältnis beider Aspekte ausgewogen ist, zeigen sich Ansatzpunkte einer offenen und vielseitigen Gemeindekonzeption.

5.5 Gemeindeaufbau oder Reform der Gemeindearbeit?

Es kommt sicher nicht von ungefähr, daß, wenn auch mit einer gewissen Verzögerung gegenüber der Austrittswelle 1970-1974, Anfang der 80er Jahre in Kirche und Theologie ein neues Nachdenken über geeignete Programme für den Gemeindeaufbau einsetzte.[223] Daneben trugen auch die Ergebnisse der beiden ersten EKD-Mitgliedschaftsstudien dazu bei, daß nunmehr gefragt wurde, wie die Kirche von ihrer Basis her, also von der Gemeinde ausgehend, erneuert werden könnte. M. Herbst widmet in seiner Studie zum Gemeindeaufbau den Kirchenaustritten ganz besonderes Augenmerk. Sie sind für ihn

221 J. Hanselmann, H. Hild, E. Lohse (Hrsg.), Was wird aus der Kirche?, a.a.O., 223: „Jeder dritte Befragte wäre dazu bereit, unter bestimmten Bedingungen mehr und stärker als bisher mitzuarbeiten. Die Bedingungen sind: überschaubare oder zeitlich begrenzte Aufgaben (16%), die Möglichkeit, persönliche Neigungen und Fähigkeiten zu verwirklichen (19%)."

222 H. Buß, Distanzierte Kirchlichkeit. Religion zwischen individueller Plausibilität und nicht gekündigter Mitgliedschaft, in: PTh 87, 1998, 337.

223 H. Lindner, Programme – Strategien – Visionen. Eine Analyse neuerer Gemeindeaufbaukonzepte, in: PTh 75, 1986, 210-229, stellt die wichtigsten Positionen dar und befragt sie kritisch hinsichtlich ihrer Praxistauglichkeit.

neben der „positiv-distanzierten Kirchlichkeit" ein wichtiger Faktor der „kybernetischen Situation", die mit ihrer Gesamtproblematik zum missionarischen Gemeindeaufbau nötigt. Als Ergebnis hält Herbst fest: „Eine Kirche ohne missionarischen Gemeindeaufbau hat genug dazu beigetragen, daß diese Menschen [gemeint sind die Ausgetretenen, M.H.] nicht zu einer persönlichen Glaubensentscheidung, einem persönlichen reditus ad baptismum gefunden haben."[224] Und mit deutlicher Kritik an der Diktion der beiden ersten Kirchenmitgliedschaftsstudien schreibt er: „Die Zahl der Kirchenaustritte, der hohe Anteil von 22% austrittswilligen Protestanten, die gewaltige Zahl der getauften Menschen, deren Verhältnis zur Gemeinde nur als positiv-distanzierte Kirchlichkeit beschrieben werden kann, die verunsicherte und sprachlose Kerngemeinde, schließlich der Niedergang der kirchlichen Sozialisation lassen nur einen Schluß zu: Von einer stabilen Kirche, von aufgebauten Gemeinden kann keine Rede sein."[225] Auch die sog. 'missionarische Doppelstrategie', wie sie ein Positionspapier der VELKD von 1983 vorstellt[226], nimmt ihren Ausgangspunkt bei der durch Mitgliederrückgang und Traditionsabbruch gekennzeichneten Situation der Volkskirche. Zu den Kirchenaustritten heißt es dort: „Wenn sich Randgruppen abspalten, hängt das auch damit zusammen, daß irgendwann einmal die Kernspannung nachgelassen hat. Kirchenaustritte sind dann auch Folge der Erosion der Volkskirche im Inneren."[227] Kirche und Gemeinde können darauf nach Herbst und anderen nur mit einer gezielten Strategie, nämlich der des missionarischen Gemeindeaufbaus reagieren. Weder die bewußt distanzierte Haltung der Kirchenfernen und erst recht nicht die Existenz eines Christentums außerhalb der Kirche entbinden von dieser Notwendigkeit. „Erst wenn der missionarische Gemeindeaufbau diese Menschen erreicht, zum Glauben in der Gemeinschaft beruft und zum Lob des dreieinigen Gottes befreit, hat er sein Ziel erreicht."[228]

Bei den Befragten führt die Auseinandersetzung mit der Kirchenaustrittsproblematik nachweislich nicht zu konkreten Überlegungen zum Gemeindeaufbau. Das Stichwort 'Gemeindeaufbau' taucht überhaupt nur bei *Eckhard* auf. Er bezeichnet die Vertrauensbildung in der Gemeinde als sein 'Gemeindeaufbaukonzept', nimmt dabei jedoch nicht

---

224 Ebd. 117.

225 Ebd. 149. Ähnlich äußert sich auch M. Seitz, Erneuerung der Gemeinde. Gemeindeaufbau und Spiritualität, Göttingen [2]1991, 41f.

226 Vereinigte Evangelisch-Lutherische Kirche Deutschlands – Lutherisches Kirchenamt (Hrsg.), Zur Entwicklung von Kirchenmitgliedschaft. Aspekte einer missionarischen Doppelstrategie, vorgelegt vom Ausschuß für Fragen des gemeindlichen Lebens in der VELKD, Hannover 1983.

227 Ebd. 2.

228 M. Herbst, Missionarischer Gemeindeaufbau in der Volkskirche, a.a.O., 373.

Bezug auf das gleichnamige Buch von R. Strunk[229] und ist auch inhaltlich nicht mit der Position Strunks' in Einklang zu bringen. Überhaupt grenzt er sich ja von den sog. 'etablierten Gemeindeaufbaukonzepten' deutlich ab. Die Kirchenaustritte sind für ihn auch nicht eigentlich eine Herausforderung für die Gemeindearbeit. Vielmehr sind sie ein Signal dafür, daß diese Menschen (noch) nicht begriffen haben, daß die Gemeinde ein Ort ist, wo Vertrauen erfahren und eingeübt werden kann. Darum ist es wichtig, im Kontakt zu ihnen wenigstens ein Zeichen zu setzen, um ihnen einen Neuanfang zu gegebener Zeit zu erleichtern. Auch für *Christa* hat das Stichwort 'Vertrauen' Signalcharakter. Die Gemeinde kann jedoch nichts anderes tun, als dieses Vertrauen vorbildlich zu leben.

Die übrigen Befragten stellen keine direkte Verbindung zwischen ihrem Gemeindekonzept und den Austritten her. *Annegret*, *Bernd* und *Friedrich* sind nahezu übereinstimmend der Meinung, daß Kirche und Gemeinde angesichts der Austritte nichts anderes tun sollten, als ihrem ureigenen Auftrag zu entsprechen. Für *Annegret* heißt dies, das Evangelium zu bezeugen und glaubwürdig zu leben. *Bernd* hält neben dem Verkündigungsauftrag die Schärfung des gesellschaftlichen Profils der Kirche für wichtig. *Friedrich* will die Gemeinde dadurch attraktiv machen, daß sie sich für die Menschen engagiert. Für *Bernd* stellen die Austritte allerdings eine enorme Herausforderung für die Identität der Gemeinde dar. Sie verweisen auf die Notwendigkeit einer Stärkung der personalen Identität der Gemeinde. Nach *Dietmar* kommt es angesichts der Austritte vor allem darauf an, daß die Gemeinde sich profilierter und damit überzeugender in der Öffentlichkeit präsentiert und betätigt. Er hält daher gezielte Verbesserungen und Reformen der kirchlichen Arbeit für sinnvoll, was jedoch in keinem Falle als Gemeindeaufbaukonzept verstanden sein will.

Die scharfe Kritik, die die Vertreter des missionarischen Gemeindeaufbaus und anderer Konzeptionen an der volkskirchlichen Situation üben, fordert ihrerseits zur Kritik heraus. Es ist besonders die einseitige, an einem bestimmten Leitbild von Kirche und Gemeinde ausgerichtete Sichtweise von Herbst und der VELKD-Studie, die Widerspruch provoziert.[230] Die undifferenzierte Beurteilung der Kirchen-

229 R. Strunk, Vertrauen. Grundzüge einer Theologie des Gemeindeaufbaus, Stuttgart 1985.

230 Die Kritik von C. Möller, Lehre vom Gemeindeaufbau, Bd.1: Konzepte Programme Wege, Göttingen ^{3}1991, 129, bezieht sich vornehmlich auf die VELKD-Studie, trifft aber auf M. Herbst ebenfalls zu: „Als '*Strategie*' ist sie [die VELKD-Studie, M.H.] von ihrem Gegner mitbestimmt, indem sie die Mängel und Defizite, die schleichende Auszehrung und die Austrittsbewegung der Volkskirche zu 'bekämpfen' sucht. Ist aber der Mangel der Kirche der Ausgangspunkt, so legt sich das lähmend auf alle weiteren Schritte zum Gemeindeaufbau, kommt es doch dann immer auf eine Leistung an, die den Mangel beheben soll.“ H. Lindner, Kirche am Ort, a.a.O., 166, spricht sogar von einem Mißtrauen solcher Konzepte gegenüber

austritte und bei Herbst die negative Bewertung der distanzierten Kirchlichkeit lassen sich angesichts neuerer kirchensoziologischer Untersuchungen nicht rechtfertigen.[231] Über die theologischen Anfragen hinsichtlich der kybernetischen Grundentscheidungen des „missionarischen Gemeindeaufbaus" hinaus sind vor allem Zweifel an der Durchführbarkeit angebracht. Kirchlich Distanzierte und Ausgetretene begegnen in der Regel dem Ruf nach einer Glaubensentscheidung und der Erwartung einer aktiven Gemeindegliedschaft gerade darum mit Vorbehalt, weil sie sich in ihrer subjektiven, bewußt getroffenen Entscheidung und Haltung nicht ernst genommen fühlen.[232] Und dies bedeutet eben nicht, daß sie dem christlichen Glauben, der Gemeinde und der Kirche grundsätzlich ablehnend gegenüberstehen. Eine gewisse Verbundenheit und eine Bereitschaft zur Partizipation kann sogar bei nicht wenigen Ausgetretenen noch vorausgesetzt werden. Wird jedoch ein bestimmtes, auf Konzentration und Vereindeutigung von Zugehörigkeit zielendes Gemeindeaufbauprogramm verfolgt, so ist eher zu erwarten, daß sich diese Menschen endgültig enttäuscht abwenden. Deshalb sollte in Kirche und Gemeinde vielmehr darüber nachgedacht werden, wie durch gezielte Reformen der Gemeindearbeit auch solche Menschen mit ihren religiösen Bedürfnissen und ihren nach wie vor hohen Erwartungen an Kirche und Gemeinde erreicht werden können, die bislang überwiegend als Objekte der Evangelisation oder Mission angesehen wurden. Darin hätte sich die Religionsfähigkeit der Gemeinde ebenso wie ihrer Mitarbeitenden allererst zu bewähren. Es müßte dazu allerdings eine grundsätzliche Bereitschaft vorhanden sein, die Menschen in ihrem jeweiligen Lebenskontext aufzusuchen und allererst verstehen zu wollen, wie sich selbst sehen. Die Erfahrungen von *Christa* und *Eckhard* zeigen, daß es prinzipiell sogar möglich ist, auch Ausgetretene noch zu erreichen, nicht als Objekte des Gemeindeaufbaus, sondern als wichtige Dialogpartner bei der von allen für notwendig erachteten Konzentration der kirchlichen Arbeit.

---

den Wirkungen des Evangeliums. In einer ausführlichen Anmerkung (ebd. 166f., Anm. 39) geht er kritisch auf die zentralen Kritikpunkte von Herbst ein.

231 K. Engelhardt/H. von Loewenich/P. Steinacker (Hrsg.), Fremde Heimat Kirche, a.a.O., 306-342.

232 M. Kroeger, Profile und Vollzüge religiösen Verhaltens unter den Bedingungen von Modernität, in: H. May/K. Lorenz (Hrsg.), Moderne und Religion. Geistliche und strukturelle Folgen der Säkularisierung für die Kirche, Rehburg-Loccum [4]1990, 34-45.

6. Kapitel: Neuorientierungen im Kirchenmitgliedschaftsverständnis

1 Theologische Probleme der Mitgliedschaft

Die rechtlichen Bestimmungen zur Kirchenmitgliedschaft sind für den Bereich der EKD einheitlich und führen in der Praxis kaum noch zu Problemen.[1] Nach Artikel I des Kirchengesetzes zur Vereinbarung über die Kirchenmitgliedschaft[2] wird dieselbe „durch die Taufe, durch evangelischen Bekenntnisstand [...] und durch Wohnsitz in einer Gliedkirche der Evangelischen Kirche in Deutschland begründet." Sie endet mit dem Fortzug aus dem o.a. Geltungsbereich, durch Übertritt zu einer anderen Kirche oder durch Kirchenaustritt.[3] Mit Beendigung der Mitgliedschaft erlischt der durch Taufe und Bekenntnis bewirkte bzw. konstituierte Rechtsstatus. Demnach entfallen auch alle daraus resultierenden Rechte und Pflichten des ehemaligen Mitglieds. Die rechtlichen Implikationen von Mitgliedschaft werden von den meisten Interviewten nicht eigens thematisiert, da sie diese als normativ voraussetzen. Mitgliedschaft ist für sie im juristischen Sinne die formale Zugehörigkeit zur Institution Kirche bzw. zur Körperschaft öffentlichen Rechts mit den daraus resultierenden rechtlichen Folgen. Lediglich *Friedrich* weist ausdrücklich auf den Doppelaspekt von Mitgliedschaft hin und grenzt formale Mitgliedschaft und Gliedschaft am Leib Christi deutlich voneinander ab. Neben ihrer formalrechtlichen Funktion hat die Taufe als sakramentaler Akt auch Bedeutung für die Zugehörigkeit zur christlichen Gemeinschaft, begründet also die Gliedschaft am Leib Christi.[4] Im theologischen Sinne handelt es sich damit

---

1 Mit solchen Problemen befassen sich A. Frh. von Campenhausen, Die Zugehörigkeit zu den Kirchen und Religionsgemeinschaften. Staatskirchenrechtliche Probleme der Kirchenmitgliedschaft, HSKR Bd. 1, Berlin 1974, 645-656, und A. Stein, Evangelisches Kirchenrecht. Ein Lernbuch, Neuwied u.a. [3]1992, 82-93.

2 Kirchengesetz zur Vereinbarung über die Kirchenmitgliedschaft zwischen den Gliedkirchen der Evangelischen Kirche in Deutschland in der Bundesrepublik Deutschland und in Berlin (West) vom 15. Oktober 1969, in: Ev. Kirche von Westfalen – Landeskirchenamt – (Hrsg.), Das Recht in der Evangelischen Kirche von Westfalen, Bd. I, Stand Januar 1998, Nr. 100, 2.

3 Kirchengesetz über die Kirchenmitgliedschaft, das kirchliche Meldewesen und den Schutz der Daten der Kirchenmitglieder, vom 10. November 1976, in: ebd. Nr. 101, § 10,3.

4 Dazu H. Brunotte, Taufe und Kirchenmitgliedschaft, in: P. Meinhold (Hrsg.), Das Problem der Kirchengliedschaft heute, Darmstadt 1979, 173-191, und die

um ein irreversibles geistliches Geschehen. Die Taufe ist jedoch „nicht gleichrangig damit und quasi automatisch rechtsverbindlich und sozusagen unabänderlich Inkorporation in eine sichtbare irdische Kirchenorganisation.“[5] Jedoch ist eine nur geistliche Gliedschaft ohne Zugehörigkeit zu einer christlichen Gemeinde, die ihrerseits Teil der sichtbaren Kirche ist, nicht vorstellbar, denn die Taufe hat auch ekklesiologische Wirkungen, und geistliche Gemeinschaft im christlichen Sinne gibt es von Anfang an nur in und unter institutionalisierter Gestalt. Mit der durch die Taufe bewirkten doppelten Zugehörigkeit ist nach P. Meinhold das theologische Grundproblem der Kirchenmitgliedschaft angedeutet.[6] Dieses Problem wird aber gerade nicht aufgelöst, wenn man dem Vorschlag von Meinhold folgt, „die Unterscheidung zwischen der Zugehörigkeit zur Kirche im allgemeinen bzw. der Gliedschaft am Leibe Christi und der Einfügung in die konkrete, lokale Gemeinde, also der Kirchenmitgliedschaft im besonderen, ganz aufzugeben.“[7] Gerade aufgrund dieser Unterscheidung ist eine angemessene Sichtweise der formalen Mitgliedschaft und auch des Kirchenaustritts[8] möglich, ohne daß sie als für die wahre Kirche bedeutungslos angesehen oder auf der anderen Seite theologisch überbewertet werden.[9] Mit der klaren Unterscheidung von Mitgliedschaft und Teilhabe am Leib Christi relativiert auch *Friedrich* die theologische Bedeutung der Kirchenmitgliedschaft. Die Teilhabe am Leib Christi ist grundsätzlich nicht aufhebbar und kann daher auch nicht Gegenstand einer Beurteilung von Mitgliedschaft und Austritt sein. Ob jemand zur Kirche gehört oder nicht, sagt für ihn inhaltlich nichts aus. Glauben und Gleichgültigkeit gibt es innerhalb wie außerhalb der Kirche. Auf die formale Mitgliedschaft kann nach *Friedrich* aber nicht

---

Beiträge in: C. Lienemann-Perrin (Hrsg.), Taufe und Kirchenzugehörigkeit, München 1983.

5 K.-W. Dahm, Art. Kirchenmitgliedschaft, in: TRE 18, Berlin/New York 1989, 643.

6 P. Meinhold, Das Problem der Kirchengliedschaft aus lutherischer Sicht, in: ders. (Hrsg.), Das Problem der Kirchengliedschaft, a.a.O., 345f.; vgl. auch G. Wendt, Kirchenmitgliedschaft, in: P.C. Bloth (Hrsg.), Handbuch der Praktischen Theologie 4, Gütersloh 1987, 619.

7 P. Meinhold, Das Problem der Kirchengliedschaft aus lutherischer Sicht, a.a.O., 345.

8 Ebd. 362: „Aber so viel dürfte klar sein, daß, wenn das Band der kirchlichen Zugehörigkeit zu einer lokalen Gemeinde durch den sog. Kirchenaustritt durchschnitten wird, jede Verbindung mit der Kirche Christi überhaupt aufgehoben wird, wie sie sich in der Gestalt der Landeskirchen darstellt.“

9 Das tut z.B. P. Meinhold, ebd. 352, wenn er schreibt: „Es gibt für die Kirchengliedschaft nur eine in fortschreitenden Wachstum bestehende oder in der fortgehenden Mortifikation der Sünde sich ausdrückende Entwicklung. [...] Die Kirchengliedschaft trägt somit immer eine Verheißung in sich, die sich erst ganz an ihrem Ende, d.h. im Tode des Christen, in der einen oder anderen Richtung erfüllen wird.“

verzichtet werden, weil sich dadurch das System Kirche in seiner gegenwärtigen Gestalt konstituiert. Mitgliedschaft ist für ihn ein äußeres Zeichen dafür, daß Menschen sich (noch) im Raum dieser Kirche ansiedeln und darum zumindest potentiell auf ihre Angebote ansprechbar sind. Das allein genügt aber nicht, darum hält *Friedrich* es für unerläßlich, daß die Mitglieder sich dieser Tatsache bewußt werden, sie nach Möglichkeit bejahen und entsprechend ihren Möglichkeiten und Wünschen ausgestalten. Dabei kann er im Blick auf die Bedeutung des Kircheneintritts von einem pädagogischen Prozeß (F8) sprechen.

Was für die übrigen Befragten Mitgliedschaft im theologischen Sinne bedeutet, kann oft nur indirekt erschlossen werden. Die Bedeutung der Taufe als Inkorporationsvorgang in die christliche Gemeinschaft, die nach *Bernd* und *Friedrich* im neutestamentlichen Sinne als Leib Christi bezeichnet werden kann, ist dabei immer vorausgesetzt. Zur Mitgliedschaft gehört auch nach dem Verständnis der Befragten aber die Zugehörigkeit zu einer konkreten Gemeinde am Ort und eine wie auch immer geartete innere Verbundenheit mit der Kirche im allgemeinen und der Gemeinde im besonderen.

Neben der Zuordnung von Taufe und Kirchenmitgliedschaft besteht ein zweiter theologischer Problemkreis in der inhaltlichen Füllung von Mitgliedschaft. Was kann und muß von den Mitgliedern über die formale Kirchenzugehörigkeit hinaus an Affinitäten, Beteiligungsformen und Aktivitäten in Kirche und Gemeinde erwartet werden? An dieser Stelle zeigen sich auch die unterschiedlichen Verstehensweisen von Mitgliedschaft bei den Befragten. Von Interesse ist besonders, wie sie ihr theologisches Verständnis von Mitgliedschaft zur „nur“ formalen Zugehörigkeit zur Kirche in Beziehung setzen. Letztere kann dabei als Negativfolie gesehen werden, von der das eigene Verständnis von Mitgliedschaft sich deutlich abzuheben hat (*Annegret* und *Bernd*), oder als äußere Rahmenbedingung, die es konstruktiv aufzunehmen und zu gestalten gilt (*Dietmar* und *Eckhard*), oder als positives Merkmal dafür, daß Menschen sich wenn auch nur formal der Kirche (noch) verbunden wissen (*Christa* und *Friedrich*).

Nach *Annegret* sagt die formale Kirchenmitgliedschaft nichts darüber aus, ob jemand sich als bewußtes Kirchen- oder Gemeindemitglied versteht. Sie kann aber die notwendige Bejahung der eigenen Zugehörigkeit zur Gemeinde verhindern, weil sie den Eindruck vermittelt, als reiche es aus, „nur“ zur Kirche zu gehören. Damit kaschiert die formale Kirchenmitgliedschaft die wahren Fakten, daß nämlich nur eine Minderheit durch eine Glaubensentscheidung zur echten und bewußten Aneignung der Mitgliedschaft gelangt. Diese muß nach *Annegret* aber auch realisiert werden durch die Teilnahme am Leben der Gemeinde und eine glaubwürdige christliche Existenz im Alltag. Wer nicht dahin gelangt, mag zwar formal noch Kirchenmitglied sein, gehört aber faktisch nicht dazu. In dieser zweistufigen Kirchenmitgliedschaft[10] spiegelt sich die Duplizität des Kirchenbegriffes von *Annegret* wider. Auch *Bernd* erhebt den Anspruch, daß die Mitgliedschaft in der Kirche bewußt angeeignet und verbindlich praktiziert werden soll. Dazu gehören im Idealfall ein äußerlich nachvollziehbarer Bekenntnisakt (Mündigentaufe, Kircheneintritt), die Teilnahme am Gottesdienst und die Mitarbeit in der Gemeinde. Hier zeigt sich erneut seine Anlehnung an das reformierte Kirchenverständnis[11], was auch im Hinweis auf die ökumenische Dimension der Zugehörigkeit zur christlichen Gemeinschaft sichtbar wird. Eine unverbindliche Mitgliedschaft muß *Bernd* von daher ablehnen. Er sieht aber auch, daß auf diese Weise immerhin noch eine wenn auch latente Verbundenheit mit Kirche vorhanden ist, die theoretisch auch aktiviert werden könnte. Ein klarer Abbruch ist dagegen der Kirchenaustritt.

Nach *Christa* und *Dietmar* ist die Mitgliedschaft in der Kirche zunächst eine formale Angelegenheit. Sie sollte aber irgendwann bewußt bejaht werden, weil sie ansonsten gefährdet bleibt. Diese Bejahung ist kein selbstverständlicher Vorgang und muß deshalb auch von kirchlicher Seite aus erst deutlich gemacht und gegebenenfalls gefördert werden. Traditionelle Bindungen oder spezifisch religiöse Zugänge zur eigenen Mitgliedschaft haben heute kaum noch Bedeutung für die Menschen. Sie fühlen sich als evangelisch, aber damit wird nicht notwendigerweise die Mitgliedschaft in der Kirche verknüpft. Darin sieht *Dietmar* eine Gefahr. Da die Organisation Kirche auf eine geordnete Mitgliedschaft nicht verzichten kann, muß sie bei ihren Mitgliedern ein Bewußtsein dafür erzeugen und wachhalten.[12] Dies wird ihr nur so gelingen, daß sie den Menschen einsichtig zu machen vermag, wozu Kirche überhaupt gut ist, und daß es darum wichtig ist, zu ihr zu gehören.

Mit der vorbehaltlosen Bejahung der Volkskirche ist für *Eckhard* auch die Bejahung ihrer Mitgliedschaftsverhältnisse verbunden. Daß so viele Menschen mit so unterschiedlichen Glaubenseinstellungen und Erwartungshaltungen zu dieser Kirche gehören, sieht er als Chance und Aufgabe. Weil er der Ansicht ist, daß eine praktizierte Mitgliedschaft auch für die Menschen selbst von Gewinn ist, will er ihnen die lebenspraktische Relevanz von Kirche und Glauben aufzeigen und erfahrbar machen. In der gelebten Gemeinschaft dürfte sich die Frage nach dem Sinn der Mitgliedschaft eigentlich gar nicht mehr stellen. *Eckhard* hält es allerdings für ganz entscheidend, daß die Menschen selbst über ihre konkrete Ausgestaltung entscheiden. Das Werben der

---

10 Vgl. dazu die Kritik von P. Steinacker, Kirchenbegriff und kirchliche Wirklichkeit, a.a.O., 433, an der Ekklesiologie von H.-J. Kraus, die auf einer radikalen Scheidung von Kirche und Welt beruht.

11 Vgl. J.-J. von Allmen, Die Zugehörigkeit zur Kirche in reformierter Sicht, in: P. Meinhold (Hrsg.), Das Problem der Kirchengliedschaft, a.a.O., vor allem 417ff.

12 Vgl. o., 105.

Kirche um ihre Mitglieder kann darum, ausgehend vom theologischen Grundgedanken, nur Angebotscharakter haben.
Christa und *Friedrich* machen hingegen darauf aufmerksam, daß auch die formale Mitgliedschaft einen Eigenwert hat. Sie sollte nicht überbewertet, aber auch nicht geringschätzig gesehen werden. Bei *Christa* wird diese positive Sicht der Mitgliedschaft allerdings nur verständlich auf dem Hintergrund ihrer Vorbehalte gegenüber der ausschließlichen Verkirchlichung des christlichen Glaubens. Gerade weil es auch außerhalb der verfaßten Kirche Glauben gibt, kann der spezifische Charakter der Kirchenmitgliedschaft erfaßt werden. Wenn Menschen sich zur Kirche halten, zunächst unabhängig davon, ob sie ihr angehören oder nicht, so zeigt das, daß sie darin auch für sich einen Sinn sehen. Im Erleben von Vertrauen und Gemeinschaft in der Gemeinde wird Kontingenzbewältigung ermöglicht, und diese Erfahrung wird wiederum eng mit dem In-der-Kirche-Sein assoziiert. Dabei sollte sich auch ein Bewußtsein für die Notwendigkeit der Solidargemeinschaft einstellen. Daraus zu schließen, dies ziehe notwendigerweise die Mitgliedschaft in der Kirche nach sich, wäre jedoch nach *Christa* verfehlt. Dagegen spricht, daß Menschen sich zur Gemeinde halten, ohne zur Kirche zu gehören. Auf der anderen Seite wäre es genauso falsch, aus der bloßen Tatsache der Mitgliedschaft die Erwartung abzuleiten, daß sich diese Mitglieder nun auch aktiv am Leben der Gemeinde beteiligen müßten. Auch *Friedrich* ist bei allem Respekt vor der „nur" formalen Kirchenzugehörigkeit daran gelegen, daß die Mitglieder sich ihrer Bedeutung bewußt werden. Er setzt offenbar voraus, daß die individuelle Auseinandersetzung mit der Möglichkeit eines Kirchenaustritts ein solches Bewußtsein erzeugen kann.
Die unterschiedlichen Auffassungen der Befragten hinsichtlich der inhaltlichen Füllung des Mitgliedschaftsverständnisses sind auf verschiedene theologische Traditionen zurückzuführen. Während die Bedeutung der Taufe als Mitgliedschaftskriterium ebenso selbstverständlich vorausgesetzt wird wie die formale Zugehörigkeit zu einer bestimmten Gemeinde, treten unterschiedliche Auffassungen vor allem hinsichtlich der inneren Haltung und äußeren Praxis der Mitgliedschaft auf, also im Blick auf das von K.-W. Dahm in Anlehnung an A. Stein so bezeichnete „biographische" Merkmal[13] der Mitgliedschaft. Dahm hat die bestehenden konfessionellen Unterschiede in der Beurteilung von Mitgliedschaft anschaulich dargelegt.[14] Nach wie vor uneingelöst ist hingegen die von ihm eingeforderte „theologische Verarbeitung des soziologisch erfaßten Verhaltens der wohl großen Mehrheit der Kirchenmitglieder, die wir als 'distanzierte Volkskirchlichkeit' beschreiben"[15]. Sie hat sich, wie auch einige der Befragten beto-

---

13 K.-W. Dahm, Art. Kirchenmitgliedschaft, a.a.O., 643.
14 Ebd. 643-645.
15 Ebd. 643.

nen, nicht nur an normativen Kriterien zu orientieren, sondern muß erst induktiv erschließen, wie jene distanzierte Kirchlichkeit sich aus der Sicht der Mitglieder selbst darstellt. Dies war neben der Frage nach der Stabilität der Mitgliedschaftsverhältnisse auch ein leitendes Interesse der EKD-Mitgliedschaftsstudien und anderer kirchensoziologischer Arbeiten.

2 Kirchenmitgliedschaft unter kirchen- und religionssoziologischen Gesichtspunkten

Die wichtigsten Forschungsarbeiten zur Kirchenmitgliedschaft seit 1970 hat A. Feige auf dem Hintergrund des problemgeschichtlichen Kontextes in der deutschen Religions- und Kirchensoziologie dargestellt und auf ihren Ertrag für die differenzierte Erfassung subjektiver Mitgliedschafts- bzw. Austrittsmotivation hin befragt.[16] Neben der Analyse der „Institution-Mitglied-Beziehungen" muß nach Feige „eine soziologisch ansetzende empirische Kirchenmitgliedschaftsforschung die Gestaltungsbedingungen für das religiös-*kirchliche* Wissenssystem"[17] erkunden und gibt damit unter einem erweiterten Fragehorizont auch Einblicke „in Prozesse kultureller Identitätsbildung des einzelnen wie der Gesellschaft"[18]. Für die Kirche selbst sind die Ergebnisse der kirchensoziologischen Forschung von Interesse, weil sie auf diesem Wege zum „Glauben" und den religiösen Bedürfnissen ihrer Mitglieder finden und sich entsprechend darauf einstellen kann. Die Ausgetretenen sind dabei die kritische Testgruppe, denn ihre zu erforschenden Motive geben unter Umständen Aufschluß darüber, wie das kirchliche Angebot modifiziert werden muß.

Im Rahmen dieser Untersuchung können nur bestimmte, für die Fragestellung besonders interessante Ergebnisse der Kirchenmitgliedschaftsforschung Berücksichtigung finden.[19] Die Darstellung stützt sich vor allem auf die drei im dekadischen Turnus durchgeführten Kirchenmitgliedschaftsstudien der EKD, da sie sich auch für Längsschnittanalysen eignen. Ergebnisse weiterer Untersuchungen und Sekundäranalysen werden ergänzend herangezogen. Der Blick auf das empirische Material wird zeigen, inwieweit die besagten Studien und ihre zentralen Einsichten in der Argumentation der Befragten Berücksichtigung finden und wo sich neue theoretische Fragestellungen für die empirische Kirchensoziologie ergeben.

---

16 A. Feige, Kirchenmitgliedschaft in der Bundesrepublik Deutschland, a.a.O., 136-140.

17 Ebd. 367.

18 Ebd.

19 Auch auf die zum Teil höchst kontroverse Diskussion über Forschungsansatz und -methode der Studien kann hier nicht eingegangen werden.

2.1 Kirchenverbundenheit und Austrittsbereitschaft

Der sprunghafte Anstieg der Kirchenaustritte zu Beginn der 70er Jahre war der entscheidende Anstoß zur Durchführung der ersten Kirchenmitgliedschaftsstudie.[20] Die Frage des Buchtitels „Wie stabil ist die Kirche?" drückt die damals herrschende Sorge um den Bestand der evangelischen Kirche aus. Gefragt wurden die ausgewählten Mitglieder daher unter anderem nach dem Grad ihrer Verbundenheit mit der Kirche und nach ihrer Einstellung zum Kirchenaustritt. Dabei wurde deutlich, daß es wohl ein breites Spektrum von Verbundenheitsprofilen gibt, jedoch weniger als ein Drittel der Befragten sich der Kirche kaum oder gar nicht verbunden fühlen. In der Kreuzauswertung ergab sich, „daß der Wille, aus der Kirche auszutreten, auch bei denen verhältnismäßig gering ist, die sich der Kirche kaum oder überhaupt nicht verbunden fühlen (nur 22 Prozent von diesen sind fast oder ganz zum Austritt entschlossen)."[21]

Wie die beiden folgenden Tabellen[22] zeigen, haben die nachfolgenden Studien diese Einschätzung im wesentlichen bestätigt. Die Verschiebungen in der Verbundenheit der Mitglieder von 1972 nach 1982 fallen weniger deutlich aus als die von 1982 nach 1992. Zwar ist bei der Gruppe der sehr Verbundenen gegenüber 1982 ein Rückgang von 4% zu verzeichnen, durch den deutlichen Anstieg bei den ziemlich Verbundenen (7%) und den leichten Anstieg bei den etwas Verbundenen (3%) ist jedoch der Anteil derer, die sich der Kirche kaum oder überhaupt nicht verbunden fühlen, auf deutlich unter ein Drittel (26%) abgesunken. Die Verfasser der 1997 erschienenen Auswertungsstudie kommen aufgrund dieser Verschiebungen zu dem Ergebnis: „Die Grundstimmung der Kirchenmitglieder ihrer Kirche gegenüber ist freundlicher, als es die öffentliche Meinung hätte vermuten lassen."[23] Der daraus gezogene Schluß, es handle sich um eine „neue Wertschätzung der Kirche"[24], muß jedoch gerade angesichts der Beobachtung, daß die Befragten im Gegensatz zu früher eher Mittelpositionen als Extreme bevorzugen, in Frage gestellt werden. Daß es unter den Kirchenmitgliedern unterschiedliche Grade von Verbundenheit mit der Kirche gibt, dürfte auch den Interviewten aus der eigenen Praxis bekannt sein und kommt hier und da in Nebenbemerkungen zum Aus-

---

20 H. Hild (Hrsg.), Wie stabil ist die Kirche?, a.a.O., 7-27.

21 S. von Kortzfleisch/T. Rendtorff, Korrektur herrschender Urteile. Erste Folgerungen aus einer Umfrage im Kirchenvolk, in: LM 13, 1974, 74.

22 Vgl. Evangelische Kirche in Deutschland – Studien- und Planungsgruppe, Fremde Heimat Kirche, a.a.O., 8f. Jetzt auch in: K. Engelhardt/H. von Loewenich/P. Steinacker (Hrsg.), Fremde Heimat Kirche, a.a.O., 378f. und 394.

23 K. Engelhardt/H. von Loewenich/P. Steinacker (Hrsg.), Fremde Heimat Kirche, a.a.O., 36.

24 Ebd.

druck.[25] Interessanterweise wird dies jedoch an keiner Stelle eigens thematisiert.

Tabelle 1: Gefühl der Verbundenheit mit der evangelischen Kirche				
	Befragte Evangelische in %			
	1972	1982	1992	
	Basis: 2.000	Basis: 1.523	Basis (West): 1.585	Basis (Ost): 313
sehr verbunden	12	14	10	16
ziemlich verbunden	25	22	29	30
etwas verbunden	31	32	35	33
kaum verbunden	20	22	18	16
überhaupt nicht verbunden	12	10	8	5

Bei der Frage nach der Austrittsneigung ergibt sich aus den Studien ein ähnliches Bild. Auch hier zeigt sich ein Rückgang bei denjenigen, für die ein Kirchenaustritt überhaupt nicht in Frage kommt. Gemeinsam mit der zweiten Gruppe („schon mal daran gedacht") erreichen sie aber annähernd den Wert von 1972 und liegen deutlich über dem Wert von 1982. Auffällig ist der Rückgang derer, die auf jeden Fall austreten wollen, auf 1%. Aber auch hier ist vor einer Überinterpretation des Materials zu warnen. So meinen die Verfasser der vorläufigen Auswertung, es sei „nicht auszuschließen, daß in der Verringerung manifester Austrittsneigungen ein 'Abschöpfungseffekt' durchschlägt"[26]. Aufgrund der hohen Kirchenaustrittszahlen der Jahre 1993-1996 hat sich diese Vermutung offensichtlich nicht bestätigt. Zu einer exakten Evaluation wären weitere Aufschlüsselungen und Kreuzauswertungen der Umfrageergebnisse nötig[27] und die werden auch in der endgültigen Darstellung der Ergebnisse nicht vorgenommen. Auffällig ist aber, daß

25 So spricht *Christa* in C2 von einer „Frau, äh, in unserer Gemeinde, die so ganz, äh, dicht dabei is" und *Eckhard* teilt in E1 mit, daß ein Teil der Ausgetretenen Menschen waren, „die schon immer mit Kirche, mit Christentum sehr eng verbunden waren."

26 Vgl. Evangelische Kirche in Deutschland – Studien- und Planungsgruppe, Fremde Heimat Kirche, a.a.O., 8. Diese Vermutung wird auch in der endgültigen Auswertung nicht korrigiert. Vgl. K. Engelhardt/H. von Loewenich/P. Steinacker (Hrsg.), Fremde Heimat Kirche, a.a.O., 38.

27 Für die beiden ersten Studien liegen solche Auswertungen als Materialbände vor. Vgl. Ev. Kirche in Deutschland, Ev. Kirche in Hessen und Nassau, Ev. Gemeindeverband: Wie stabil ist die Kirche? Ergebnisse der Repräsentativ-Erhebung „Kirchenmitgliedschaft" – Materialband, Gelnhausen/Berlin 1974, 367-410; Ev. Kirche in Deutschland – Kirchenamt – Studien- und Planungsgruppe, Kirchenmitgliedschaftsstudie II, 1982, Ergebnis- Übersichten, Hannover o.J. (Maschinenschriftliche Vorlage), 14 und 55.

die Werte in Ostdeutschland nur unwesentlich von denen im Westen abweichen. Insofern ist den Verfassern der Studie zuzustimmen: Der „Vergleich der Kirchenmitgliedschaft in Ost- und Westdeutschland zeigt insgesamt gesehen eine große Ähnlichkeit.“[28]

Tabelle 2: Austrittsneigung Evangelische in %

	1972	1982	1992	
			West	Ost
Für mich kommt ein Kirchenaustritt nicht in Frage	67	60	57	54
Wenn ich ehrlich bin, habe ich schon mal daran gedacht, aus der Kirche auszutreten, aber letztlich kommt es für mich doch nicht in Frage	17	18	26	27
Ich habe schon öfter daran gedacht, aus der Kirche auszutreten – ich bin mir aber noch nicht ganz sicher	10	11	11	11
Eigentlich bin ich fast schon entschlossen auszutreten, es ist nur noch eine Frage der Zeit	5	6	5	4
Ich werde ganz bestimmt so bald wie möglich austreten	2	5	1	4

Die Interviewten nehmen weder ausdrücklich auf die vorliegenden Kirchenmitgliedschaftsstudien Bezug, noch finden sich bei ihnen Aussagen über die Einschätzung der Austrittsbereitschaft der Mitglieder. Selbst die neueste Untersuchung von 1992 findet keine Erwähnung. Lediglich *Dietmar* geht mehrfach auf diverse „Untersuchungen“ ein, ohne diese allerdings genauer zu bezeichnen. So bezieht er sich in D2 auf Untersuchungen, die zeigen „wieviel Prozent austrittswillig sind und die sind also sehr, sehr gering.“ Hier hat er vermutlich die entsprechenden Ergebnisse der EKD-Mitgliedschaftserhebungen im Blick. Diese Aussage erfolgt jedoch im Erzählgang recht unvermittelt und wird nicht weiter expliziert. Es scheint hier nur ein sehr grobes Wissen hinsichtlich der Untersuchungsergebnisse vorzuliegen. Auch in anderen Zusammenhängen gibt *Dietmar* zu erkennen, daß er verschiedene kirchensoziologische Untersuchungen kennt. Deren Ergebnisse haben jedoch für seine Argumentation keine zentrale Bedeutung. Faßt man den Ertrag der Mitgliedschaftsstudien für die Austrittsforschung zusammen, ist festzustellen, daß bei aller notwendigen Differenzierung von einer bemerkenswerten Stabilität der Mitgliedschaftsverhältnisse auszugehen ist. Damit ist freilich keineswegs gesagt, daß

28 Evangelische Kirche in Deutschland – Studien- und Planungsgruppe, Fremde Heimat Kirche, a.a.O., 23.

es sich bei der vorhandenen Austrittsneigung und der faktischen Entwicklung der Kirchenaustritte um zu vernachlässigende Größen handelt. Daß die Befragten auf die für die Beurteilung der gegenwärtigen kirchlichen Ausgangslage maßgeblichen Untersuchungsergebnisse nicht Bezug nehmen, gibt hingegen zu denken. Zwar wurde nicht konkret nach den erwähnten Studien gefragt, eine Verbindung zur Austrittsproblematik hätte sich aber durchaus nahegelegt. Liegt hier bei den theologischen Praktikern und Praktikerinnen lediglich ein Informationsdefizit vor oder werden die besagten Studien als für die eigene Praxis irrelevant eingeschätzt? Daß die meisten Befragten sich nicht einmal kritisch mit den Untersuchungsergebnissen auseinandersetzen, legt eher den Schluß nahe, daß ihnen diese vermutlich nicht bekannt sind.

2.2 Distanzierte Kirchlichkeit und gestufte Partizipation

Entgegen dem üblichen Verfahren zur Messung von Kirchlichkeit anhand statistischer Daten über die Teilnahme am Gottesdienst, an Gemeindeveranstaltungen oder der Inanspruchnahme von Amtshandlungen wurde bei den Erhebungen zur Kirchenmitgliedschaft ein anderes Verfahren gewählt, nämlich die Befragung der Mitglieder hinsichtlich ihrer kirchlichen Praxis. Dazu bemerken die Autoren der ersten Studie: „Beschränkt sich die institutionelle Kirche wie bisher zur Einordnung ihrer Mitglieder vor allem auf die Kriterien der Teilnahme am gemeindlichen Leben und der Übereinstimmung, dann wird sie in Selbsteinschätzung und Strategiebildung leicht an der Wirklichkeit vorbeigehen.“[29] Gerade die empirischen Untersuchungen zur Kirchenmitgliedschaft haben gezeigt, daß schon im Ansatz eine entschieden offenere Frageperspektive erforderlich ist, um überhaupt zu erfassen, wie Menschen heute ihre religiöse Identität selbst definieren.[30] Dabei wurde deutlich, daß zwar eine latente, bisweilen sogar manifeste Spannung „zwischen dem auf seine Singularität und Autonomie dringenden Individuum und der auf individualitätsneutrale *soziale* Geltung insistierenden Institution“[31] existiert, daß aber die große Gruppe der aus kirchlicher Perspektive ‘Kirchenfernen’ sich als evangelische Christen eingebunden sieht in den weiten Kontext der Institution Kirche, auch wenn sie den kirchlichen Erwartungen nicht entspricht. Die große Mehrheit der Protestanten und Protestantinnen bejaht demnach die eigene Mitgliedschaft ausdrücklich, stimmt jedoch in

29 H. Hild (Hrsg.), Wie stabil ist die Kirche, a.a.O., 182. J. Matthes bescheinigt in seinem Vorwort zu ders. (Hrsg.), Kirchenmitgliedschaft im Wandel, a.a.O., 11, einem solchen Vorgehen aus gutem Grund einen „Autismus theologischer und kirchlicher Selbstwahrnehmung“.

30 Dem träg die unter der Regie von K.-P. Jörns durchgeführte Erhebung in Berlin Rechnung. Vgl. K.-P. Jörns, Die neuen Gesichter Gottes, a.a.O.

31 A. Feige, Kirchenmitgliedschaft in der Bundesrepublik Deutschland, a.a.O., 366.

wesentlichen Fragen des christlichen Glaubens nicht mit traditionellen kirchlichen Aussagen überein und verhält sich gegenüber den Angeboten von Kirche und Gemeinde eher distanziert. In der kirchlichen Sprache hat sich dafür in den letzten Jahrzehnten der Begriff „distanzierte Kirchlichkeit" eingebürgert. *Dietmar* ist der einzige Befragte, der explizit von 'distanzierter Kirchenmitgliedschaft' spricht. Für ihn verbietet sich jegliche Abwertung einer solchen Haltung schon allein deshalb, weil er darin ein ausdrückliches Bedürfnis jener Mitglieder sieht. Sie wollen ganz bewußt distanziert bleiben und erwarten, daß dies auch so akzeptiert wird. Andererseits nehmen sie die Kirche durchaus bei besonderen Anlässen in Anspruch, so daß 'distanziert' weder mit 'desinteressiert' noch mit 'desengagiert' gleichzusetzen ist.[32] Daß *Dietmar* gleichwohl eine Intensivierung des Mitgliedschaftsgefühls bei jenen Menschen erreichen möchte, begründet er damit, daß sie sich offenbar häufiger als hochverbundene Mitglieder fragen, warum es überhaupt noch sinnvoll ist, in der Kirche zu sein, bzw. welchen persönlichen Nutzen sie daraus ziehen.
Die Teilnahme der distanzierten Mitglieder findet wenn überhaupt nur selektiv oder im Zusammenhang mit lebensgeschichtlich bedeutenden Ereignissen statt (Amtshandlungen). Überblickt man das gesamte Spektrum von Teilnahmeformen am kirchlichen Leben, kann von einer gestuften Partizipation gesprochen werden. Diese auf statistischen Daten und Befragungsergebnissen beruhende Beschreibung muß dort auf Kritik stoßen, wo in Theologie und Kirche ein auf Verbindlichkeit und aktive Teilnahme zielendes Mitgliedschaftsverständnis in Anschlag gebracht wird. Auch *Annegret* und *Bernd* vertreten eher eine solche Anschauung, die sich kritisch mit der bestehenden Vielfalt der Mitgliedschaftsverhältnisse auseinandersetzt. Sie stimmen darin überein, daß sie die auch von ihnen durchaus wahrgenommene Distanz vieler Gemeindeglieder zum Gottesdienst und zu anderen kirchlichen Veranstaltungen inakzeptabel finden. Zur bewußten bzw. verbindlichen Mitgliedschaft gehört die aktive Beteiligung am Gemeindeleben ebenso wie der Besuch des Gottesdienstes. Ein gestuftes Modell von Partizipation ist folglich nicht akzeptabel, weil es im Grunde nur die Alternative Teilnahme oder Nichtteilnahme gibt. Während *Annegret* jedoch der Ansicht ist, daß ohnehin nur eine Minderheit zu einer 'echten' Realisierung der eigenen Mitgliedschaft kommen wird, hält *Bernd* an dem grundsätzlichen Anspruch fest, daß alle Glieder der Gemeinde zu einer verbindlichen Einstellung und einer engagierten Mitgliedschaftspraxis gelangen sollen und auch können. Er bezeichnet allerdings ein Mitgliedschaftsverhalten, das keinen erkennbaren Bezug zum christlichen Glauben und zur Gemeinde aufweist, als „Heidentum", obwohl diese Menschen doch etwa im Zusammenhang mit

32 Vgl. dazu H. Buß, Distanzierte Kirchlichkeit. Religion zwischen individueller Plausibilität und nicht gekündigter Mitgliedschaft, a.a.O., 330-334.

einem besonderen lebensgeschichtlichen Ereignis den Kontakt zur Gemeinde suchen. Die Einteilung der Mitglieder erfolgt also rein unter binnengemeindlichen Gesichtspunkten und ist für notwendige Differenzierungen nicht geeignet.
Im Zuge ihrer Mitgliedschaftstypologie unterscheidet die dritte Kirchenmitgliedschaftsstudie drei grundlegende Einstellungs- und Verhaltensmuster gegenüber der Institution Kirche: die Hochverbundenen, die sog. 'Christen in Halbdistanz' und die kaum bis gar nicht verbundenen Mitglieder.[33] Die Studie widmet den kirchlich Distanzierten aus gutem Grund eine hohe Aufmerksamkeit.[34] Sie geht davon aus, daß das Kirchen- und Religionsverhältnis der sog. distanzierten Kirchenmitglieder durchaus verläßlich ist. „Es ist weitgehend stabil – aber es ist anders als kirchlicherseits erwünscht, gefordert und normiert. Zwar weiß man [...] um die geforderten Verbindlichkeiten und Teilnahmenormen [...]. Dennoch folgt man [...] offenbar anderen Mustern und Plausibilitäten."[35] Diese Aussagen decken sich weitgehend mit den Einschätzungen der Befragten *Christa*, *Dietmar*, *Eckhard* und *Friedrich*. Auch sie nehmen wahr, daß die Gemeindeglieder mit unterschiedlicher Intensität an den Veranstaltungen der Gemeinde teilnehmen. Je nach ihren individuellen Interessen und Erwartungen wählen sie aus der schon bestehenden Vielfalt an Gruppen und offenen Angeboten diejenigen aus, die zu ihnen passen. Dies gilt es, und darin stimmen alle vier überein, zunächst einfach zu akzeptieren. Auch das Bedürfnis nach punktuellen oder phasengebundenen Kontakten zur Gemeinde ist legitim. Wünschenswert ist jedoch für diese Befragten, daß die Mitglieder sich über ihre formale Zugehörigkeit hinausgehend mit der Kirche identifizieren und – wenn auch nur gelegentlich – bestimmte Angebote der Gemeinde in Anspruch nehmen. Umgekehrt

33 Evangelische Kirche in Deutschland – Studien- und Planungsgruppe, Fremde Heimat Kirche, a.a.O., 15-21. Vgl. auch E. Hauschildt, Individualisierung und Standardisierung der Religion, in: A. Grözinger/J. Lott (Hrsg.), Gelebte Religion, a.a.O., 18f.; auch K.-F. Daiber, Religiöse Orientierungen und Kirchenmitgliedschaft in der Bundesrepublik Deutschland, in: Gegenwartskunde SH 5/1988, a.a.O., 65, nimmt auf der Basis der zweiten Kirchenmitgliedschaftsuntersuchung eine entsprechende Dreiteilung der Kirchenmitglieder vor. Daß der Anteil der dritten Gruppe in der letzten Mitgliedschaftsstudie deutlich zurückgegangen ist (auf 26%), spricht dafür, daß die Austritte mittelfristig zu einer Dezimierung dieser Gruppe führen werden.
34 Zu Recht macht H.-M. Niethammer, Die Kirche und die Kirchen. Volkskirche und Freikirche zwischen Institution und Organisation, in: PTh 87, 1998, 353, auf die Gefahr aufmerksam, daß auf diesem Wege „die Mehrheitssicht unter der Hand zur Norm wird, die Minderheit der hochverbundenen Mitglieder dagegen zum Problem erklärt wird." Daß es ein spezifisches Kommunikationsproblem zwischen Hochverbundenen und Kirchenfernen gibt, darf nach Niethammer nicht einseitig den engagierten Kirchenmitglieder angelastet werden.
35 Evangelische Kirche in Deutschland – Studien- und Planungsgruppe, Fremde Heimat Kirche, a.a.O., 21.

sollte nach *Christa* aber auch die Tatsache nachdenklich machen, daß es in der Gemeinde engagierte Menschen gibt, die nicht Mitglied der Kirche sind und selbst darin offensichtlich keinen Widerspruch sehen. Wenn Menschen hingegen in der Gemeinde nicht das finden, was sie brauchen, liegt das nach *Eckhard* nicht unbedingt nur an ihnen selbst, sondern möglicherweise daran, daß es der Gemeinde nicht gelingt, auch für sie entsprechende Angebote bereitzustellen. Für *Friedrich* ist zunächst nur von Bedeutung, daß Menschen überhaupt Mitglied der Kirche sind. Nicht akzeptabel ist für ihn die völlige Gleichgültigkeit gegenüber der eigenen Mitgliedschaft, wie er sie bei einzelnen Menschen vorfindet. Verbundenheit mit der Kirche kann sich jedoch nach *Friedrich* auch anders äußern als in der Teilnahme an Gemeindeveranstaltungen.
Das Spektrum religiöser Einstellungen und Verhaltensmuster der kirchlich Distanzierten ist also, wie auch die in der kirchlichen Praxis Tätigen bestätigen, sehr breit. In der individuellen, sozialisations- und milieuabhängigen Kirchenbeziehung gibt es zahlreiche Ausprägungen. Der von M. Kroeger beschriebene Typus der „distanzierten Kirchlichkeit“[36], der für sich unbedingte Autonomie beansprucht, seine religiösen Überzeugungen immer wieder induktiv erschließt und sich gleichzeitig seiner eigenen, inneren Religiosität bewußt bleibt, dürfte dabei eher die Ausnahme bilden. Er ist trotz einer latenten Kirchenbeziehung „im Grunde nicht kirchenfähig“[37] und neigt daher dazu, seine Problematik „nach dem Muster der *Trennung* zu lösen.“[38] Insofern ist die distanzierte Kirchenmitgliedschaft der kaum oder gar nicht Verbundenen nicht ungefährdet. Daß distanzierte Mitglieder beider Konfessionen hinsichtlich ihrer Wertmuster kaum signifikante Unterschiede zu den Konfessionslosen aufweisen, haben I. und W. Lukatis anhand der allgemeinen Bevölkerungsumfrage ALLBUS ‘82 deutlich gemacht.[39] „Jedenfalls besteht hier eine Zone religiöser Offenheit und Unsicherheit – und die Einbruchstelle steigender Unkirchlichkeit (sog. Austrittsneigung).“[40] Mit nachlassender Traditionsbindung sowohl im Bereich des Glaubenswissens als auch der Glaubenspraxis verlieren sich auch bislang unhinterfragte Plausibilitätsstrukturen. Werden dann an die Kirche herangetragene Erwartungen nicht erfüllt, kann sehr

---

36 M. Kroeger, Die religiöse Innenseite der distanzierten Kirchlichkeit, Hannover 1986, passim.
37 Ebd. 24.
38 H. Lindner, Kirche am Ort, a.a.O., 337.
39 I. Lukatis/W. Lukatis, Protestanten, Katholiken, Nicht-Kirchenmitglieder. Ein Vergleich ihrer Wert- und Orientierungsmuster, in: K.-F. Daiber (Hrsg.) Religion und Konfession. Studien zu politischen, ethischen und religiösen Einstellungen von Katholiken, Protestanten und Konfessionslosen in der Bundesrepublik Deutschland und in den Niederlanden, Hannover 1989.
40 M. Kroeger, Profile und Vollzüge religiösen Verhaltens unter den Bedingungen von Modernität, a.a.O., 34.

schnell der Eindruck entstehen, daß Kosten und Nutzen der Mitgliedschaft nicht mehr in einem angemessenen Verhältnis zueinander stehen. Damit wird im Zuge einer Kosten-Nutzen-Kalkulation auch das letzte allgemeingültige Kriterium der formalen Mitgliedschaft, die Kirchensteuerpflicht, einer kritischen Prüfung unterzogen.
Die distanzierte Kirchlichkeit bleibt daher der theologischen Verarbeitung weiterhin aufgegeben. In der kirchlichen und gemeindlichen Praxis aber käme es vor allem darauf an, Begegnungen auch mit jenen zu ermöglichen, die bewußt distanziert bleiben wollen, denn solche Begegnungen wären für alle Beteiligten gewinnbringend. Die Austrittsneigung unter den kaum oder gar nicht verbundenen Mitgliedern und die tatsächlichen Erfahrungen mit Kirchenaustritten müssen auch Anlaß zu der Frage sein, wie die Mitgliedschaftsmotivation insgesamt verstärkt werden kann. Bei den meisten Befragten zeigt sich überwiegend eine liberale und wohlwollende Einstellung gegenüber der sog. 'distanzierten Kirchlichkeit' und dem von der Mehrheit der Mitglieder praktizierten selektiven Partizipationsverhalten. Daß mit zunehmender Distanz zum traditionellen Angebot der Kirchengemeinde auch die Austrittsbereitschaft steigt, wird dabei nicht übersehen, sondern führt zu der verständlichen Überlegung, wie das Bewußtsein für die Mitgliedschaft auch bei jenen austrittsgefährdeten Menschen gestärkt werden kann. Ob es allerdings gelingen wird, sie in größerer Zahl zu einer verbindlichen Mitgliedschaftspraxis zu animieren (so *Bernd*) oder gar eine bewußte Glaubensentscheidung zu evozieren (so *Annegret*), muß angesichts der neueren kirchensoziologischen Untersuchungen entschieden bezweifelt werden.

2.3 Kirchenmitgliedschaft im Wandel

In der ersten Kirchenmitgliedschaftsuntersuchung wurde darauf aufmerksam gemacht, daß Mitgliedschaft für viele Menschen den Charakter eines 'zugeschriebenen', das heißt durch die Taufe passiv erlangten Merkmals hat. Im Zuge der Entwicklung der Kirche hin zu einem mehr und mehr organisierten System sei es aber erforderlich, daß daraus ein 'erworbenes', bewußt angeeignetes Merkmal werde.[41] Eine wichtige Funktion als Sozialisationsinstrument hat diesbezüglich der Konfirmandenunterricht.[42] Aber mit der Konfirmation ist die geforderte Transformation der Mitgliedschaft nicht abgeschlossen. Darum ist im Gefolge insbesondere die kirchliche Bildungsarbeit gefordert, auch wenn sie dabei bewußt das Risiko eingehen muß, durch die Ausweitung formaler Bildung zu größerer Kirchendistanz und gegebenenfalls zu Kirchenaustrittsentscheidungen beizutragen.[43] „Wichtig ist vor allem, welche Strategien entwickelt werden, um den Über-

---

41 H. Hild (Hrsg.), Wie stabil ist die Kirche?, a.a.O., 36.
42 Ebd. 161.
43 E. Lange, Bildung als Problem und als Funktion der Kirche, a.a.O., 199.

gangsprozeß zu strukturieren. Geschieht auf diesem Feld nichts, dann ist die Gefahr groß, daß viele Transformationsprozesse abbrechen und scheitern.“[44]
Die Interviewten *Dietmar* und *Friedrich* gebrauchen zwar nicht dieselben Begriffe wie die Studie, gehen aber wie sie davon aus, daß Mitgliedschaft zunächst ein „zugeschriebenes“ und somit noch nicht „erworbenes“ Merkmal ist. *Dietmar* drückt diesen Sachverhalt so aus: „Denn die Leute kommen ja nich bewußt in die Kirche, sondern kommen durch die Taufe in die Kirche und wissen in dem Augenblick auch noch gar nich, worauf se sich einlassen.“ (D12) Wird die Mitgliedschaft in der Folge nicht bewußt internalisiert, bleibt sie formal und damit gefährdet, denn die „Nichtentschiedenheit“ (D6)[45] geht dem Austritt voran. Stärkung der Mitgliedschaft heißt nach *Dietmar* daher, die Kirche und das, was sie tut, wichtig zu machen. Auch *Friedrich* erwartet, daß die Mitglieder der Kirche sich bewußt werden, warum sie dazugehören. Kirchenaustritte tragen indirekt dazu bei, daß diejenigen, die sich dafür entscheiden, in der Kirche zu bleiben, einen höheren Bewußtseinsgrad hinsichtlich der eigenen Mitgliedschaft entwickeln. Beiden geht es jedoch nicht primär um die Stabilität des volkskirchlichen Mitgliederbestandes, sondern um die Förderung eines bewußten und selbstbestimmten und damit für den einzelnen bereichernden Aneignungsvorganges.
In der zweiten Kirchenmitgliedschaftsstudie wurde das Kirchenverhältnis der befragten Kirchenmitglieder mit dem Begriff „Unbestimmtheit“[46] charakterisiert. Daraus zog man den weitreichenden Schluß, daß „ein gewisses Maß an Unbestimmtheit die Voraussetzung dafür [ist], daß die evangelische Kirche als eine Volkskirche auch unter den Bedingungen einer komplexen, in sich differenzierten und ‘pluralistisch’ verfaßten Gesellschaft existieren kann.“[47] Zugleich wurde gefragt, „ob ein unbestimmter Glaube nicht einen Widerspruch in sich selbst enthält.“[48] J. Matthes hat grundsätzliche Zweifel an der Brauchbarkeit dieses Deutungsmusters erhoben.[49] Notwendig zur Erhellung dessen, was der Begriff „Unbestimmtheit“ bezeichnet, ist nach

44 H. Krebber, Die Kirchenmitglieder und die „Stabilität“ der evangelischen Kirche, a.a.O., 21.
45 Diese Bezeichnung erinnert an den in der zweiten Kirchenmitgliedschaftsstudie gebrauchten Begriff ‘Unbestimmtheit’. Vgl. dazu: J. Matthes, Unbestimmtheit: Ein konstitutives Merkmal der Volkskirche? Anmerkungen zu einem Thema der Diskussion um die EKD-Mitgliedschaftsstudien, in: ders. (Hrsg.), Kirchenmitgliedschaft im Wandel, a.a.O., 149-162.
46 J. Hanselmann/H. Hild/E. Lohse (Hrsg.), Was wird aus der Kirche?, a.a.O., 39-43.
47 Ebd. 43.
48 Ebd.
49 J. Matthes, Unbestimmtheit: Ein konstitutives Merkmal der Volkskirche? Anmerkungen zu einem Thema der Diskussion um die EKD-Mitgliedschaftsstudien, in: ders. (Hrsg.), Kirchenmitgliedschaft im Wandel, a.a.O., 152-157.

seiner Auffassung „Einsicht in die die gesamte volkskirchliche Wirklichkeit konstituierende Perspektivität, die Einsicht in diese Reziprozität der volkskirchlichen Optiken“[50]. In der institutionalisierten Amtskirche muß nach Matthes bei den Verantwortlichen zwangsläufig die Wahrnehmungsfähigkeit für die Vielgestaltigkeit der außerkirchlichen, aber gleichwohl christlichen Lebenswelten verkümmern.[51] Matthes erhebt darum „die Forderung, die Instrumente der Kirche zur Erschließung lebensweltlicher Christlichkeit von Grund auf zu erneuern.“[52] Nur so sei zu explorieren, wie sich Mitgliedschaft, christlicher Glaube und Religiosität in der subjektiven Perspektive der Menschen darstellen. Auf diesem Wege kann auch jener Wandel im Mitgliedschaftsverständnis nachvollziehbar werden, den die Autoren des Kommentarbandes zur zweiten Mitgliedschaftsstudie facettenreich beschreiben[53] und den auch die Befragten in ihrer Praxis zum Teil wahrnehmen. Im Zuge des gesellschaftlichen Individualisierungsprozesses nehmen viele Kirchenmitglieder auch eine neue religiöse Selbstverortung vor. Autonomie und freie Wahl treten an die Stelle von Traditionslenkung und Konformitätsdruck. Auch die Zugehörigkeit zur Kirche ist nicht mehr länger ein selbstverständlicher Ausdruck religiöser Orientierung. Gefragt wird nicht nur grundsätzlich nach dem Sinn und Nutzen der eigenen Kirchenmitgliedschaft, sondern auch nach ihrer lebenspraktischen Relevanz. Menschen wünschen sich eine Kirche, die ihren individuellen Bedürfnissen und Erwartungen wenn nicht entspricht, so doch wenigstens entgegenkommt. Als Folge dieser Individualisierung von Religion und Glauben entsteht ein breites Spektrum von religiösen und christlichen Auffassungen und Lebensstilen.

Daß sich das individuelle Verständnis der Mitgliedschaft bei vielen Menschen gewandelt hat und immer noch wandelt, ist allen Befragten bewußt. Die Themen und Fragestellungen der Kommentarbände zu den Kirchenmitgliedschaftsstudien sind ihnen vertraut, auch wenn sie sich nicht der dort gewählten Begrifflichkeit bedienen. Sehr unterschiedlich sind allerdings die Lösungsansätze. Nach *Annegret* wird die Pluralisierung der Einstellungsmuster unter den Mitgliedern zwangsläufig von der Kirche wegführen. Die Kirche muß im Gegenzug immer wieder zu einer bewußten Realisierung der Mitgliedschaft aufrufen. Individualisierung ist für *Annegret* nur vorstellbar als persönliche Entscheidung für den christlichen Glauben und eine entsprechende glaubwürdige Lebenspraxis.[54] Für *Bernd* ist die Individualisierung des

---

50 Ebd. 154.

51 Ebd. 157. Als Folge 'kommunikativer Paralyse' in der Außenoptik ergibt sich aber auch die bereits erwähnte Stabilität des volkskirchlichen Systems.

52 Ebd. 160.

53 Vgl. J. Matthes (Hrsg.), Kirchenmitgliedschaft im Wandel, a.a.O.

54 Insofern hat D. Pollack, Individualisierung statt Säkularisierung? Zur Diskussion eines neueren Paradigmas in der Religionssoziologie, in: K. Gabriel (Hrsg.), Religiöse Individualisierung oder Säkularisierung. Biographie und Gruppe als Be-

Glaubens gleichzusetzen mit Privatisierung und widerspricht damit seiner ekklesiologischen Gesamtkonzeption. Es muß von den Mitgliedern erwartet werden, daß eine Orientierung auf Gemeinde und Kirche hin vorhanden ist, die sich nicht nur in verbalen Bekundungen erschöpft, sondern sich auch in einer erkennbaren Affinität zum Leben der Gemeinde äußert.
Der von J. Matthes geforderte Perspektivenwechsel in den kirchlichen Optiken wird ansatzweise von *Christa* und *Eckhard* vorgenommen. Für *Christa* kann allein die individuelle Selbstdeutung des einzelnen Menschen maßgebliches Kriterium für die Beurteilung religiöser Einstellungen sein. Dies betrifft auch das Verständnis der Kirchenmitgliedschaft. Die Gemeinde sollte daher für die verschiedensten Erwartungen und Interessenlagen der Mitglieder offen sein und es folglich auch akzeptieren, wenn Menschen sich anderweitig orientieren oder überhaupt keinen Bedarf nach gemeinschaftlicher Glaubenspraxis haben. Für *Eckhard* hat Kirche eine integrative Funktion, weil sie die verschiedensten Glaubensformen und christlichen Lebensstile in sich vereinen kann. Sie muß mit ihrem eigenen Angebot auf die individuellen Bedürfnisse der Mitglieder eingehen und dies möglichst so, daß jeder/jede das findet, was er/sie für die persönliche Lebenssituation braucht. Es ist deutlich, daß *Christa* und *Eckhard* wie auch *Dietmar* auf die Gemeinde als primären Lebenskontext des Christlichen bezogen bleiben. Und selbst *Friedrich*, der das Individualisierungsparadigma ausdrücklich benennt, läßt offen, ob die gelebte individuelle Religiosität überhaupt eingeholt werden kann, ohne kirchlicherseits vereinnahmt zu werden. Die Religionsfähigkeit der Kirche ist eine Sache, die Chancen, Menschen auf diesem Wege auch wirklich zu erreichen, eine andere. In jedem Falle aber wird sich die Kirche in Zukunft noch stärker auf die individuellen religiösen Selbstverortungen und Selbstdeutungen ihrer Mitglieder und Nicht-mehr-Mitglieder einstellen müssen. Dabei wird es darauf ankommen, die unterschiedlichen Glaubens- und Lebensformen wahrzunehmen und ihnen in der Kirche ebenso wie in der Gemeinde am Ort Raum zu geben. Zugleich muß sich die Kirche fragen, was sie selbst anzubieten hat und wie dies am sinnvollsten mit den Erwartungen und Bedürfnissen der Menschen vermittelt werden kann. Wenn ihr das gelingt, darf sie nach *Friedrich* gewiß sein, daß sie mit ihrem Angebot auch in Zukunft gefragt sein wird.

2.4 Jenseits der Kirche

Der entscheidende Fortschritt der dritten Kirchenmitgliedschaftsstudie gegenüber den beiden vorherigen besteht darin, daß hier erstmals auch

---

ziehungspunkte moderner Religiosität, Gütersloh 1996, 83, mit seiner Behauptung recht, daß Individualisierung auch bei hochverbundenen und kirchennahen Mitgliedern stattfindet.

eine Repräsentativbefragung unter Konfessionslosen durchgeführt wurde.[55] Dabei wurde zwischen schon immer Konfessionslosen und aus der Kirche Ausgetretenen unterschieden. Sie wurden nach ihrer persönlichen Haltung zur Kirche und gegebenenfalls nach ihren Austrittsgründen gefragt und unter weitgehender Berücksichtigung der von J. Matthes erhobenen Forderung[56] auch nach ihren Einstellungen zu Glauben, Christentum und Religion.[57] Dabei traten deutliche Unterschiede zwischen Ost und West[58], aber auch zwischen ehemaligen Kirchenmitgliedern und schon immer Konfessionslosen hervor.[59] Das Ergebnis bei den Ausgetretenen ist jedoch ziemlich eindeutig: „Der Abwehr der Institution steht eine relativ große Nähe der Ausgetretenen zu Glaubensfragen gegenüber. Man ist christlich geprägt, braucht aber dabei die Kirche nicht."[60] Die Kirche wird jedoch nicht wie von einem Großteil der Konfessionslosen gänzlich abgelehnt, sondern hinsichtlich ihrer religiösen (hohe Taufbereitschaft auch bei konfessionslosen Eltern) und gesellschaftspolitischen (Einsatz für sozial Schwache und andere Randgruppen) Kompetenz und Zuständigkeit deutlich gefordert.[61] „Insgesamt aber wiegt bei ihnen die Ablehnung schwerer als das Ertragen von Inkonsistenzen: eine Rückkehr kommt nicht in Betracht."[62]
Mit der Befragung von Ausgetretenen und Konfessionslosen nimmt die Studie indirekt ein Anliegen auf, für das sich T. Rendtorff bereits in den sechziger Jahren stark gemacht hatte. Er hat der Theologie und auch dem kirchlichen Selbstverständnis das unkirchliche Christentum als eine weithin vergessene Realität nachdrücklich in Erinnerung gerufen.[63] Rendtorff „geht davon aus, daß es ein nichtkirchliches Chri-

---

55 Bei den ersten beiden Studien gaben wohl auch einige Befragte an, keiner Kirche anzugehören, da sie sich jedoch selbst als evangelisch bezeichneten, wurden sie bei der Befragung auch wie Kirchenmitglieder behandelt.
56 Vgl. o., 137.
57 Evangelische Kirche in Deutschland – Studien- und Planungsgruppe, Fremde Heimat Kirche, a.a.O., 56-58. K. Engelhardt/H. von Loewenich/P. Steinacker (Hrsg.), Fremde Heimat Kirche, a.a.O., 323-342.
58 Vgl. auch E. Neubert, „gründlich ausgetrieben", a.a.O., bes. 61-74.
59 Die Verfasser der vorläufigen Auswertung weisen darauf hin, daß in den östlichen Bundesländern die Antworten der Ausgetretenen denen der Konfessionslosen sehr ähnlich sind, und sie schließen daraus, „daß es im Gegensatz zum westlichen Bundesgebiet kaum eine Rolle spielt, ob man früher einmal zur Kirche gehört hat oder nicht." Evangelische Kirche in Deutschland – Studien- und Planungsgruppe, Fremde Heimat Kirche, a.a.O., 62.
60 Ebd. 62.
61 K. Engelhardt/H. von Loewenich/P. Steinacker (Hrsg.), Fremde Heimat Kirche, a.a.O., 339.
62 Ebd. 342.
63 T. Rendtorff, Christentum außerhalb der Kirche. Konkretionen der Aufklärung, Hamburg 1969; ders.: Theorie des Christentums, a.a.O., 140-149; ders., Vom Christentum in unserer Gesellschaft – Historisch-theologische und soziologische

stentum in der Gesellschaft *gibt.*“[64] In der Unkirchlichkeit sieht Rendtorff darum keine Depravation, sondern eine auf der christlichen Aufklärung fußende, eigenständige christliche und theologische Position, die sogar eine wichtige politische Dimension hat.[65] „Der positive Sinn, der dem nichtkirchlichen und deshalb heute verborgenen Christentum in unserer Gesellschaft historisch zugrunde liegt, entstammt der Überzeugung, die christliche Überlieferung, christliches Leben und Erkennen sei umfassender, reicher und freier, als dies vom Standpunkt der Kirche aus heute der Fall zu sein scheint.“[66] Rendtorff bezieht sich in erster Linie auf jene innerkirchlichen Kräfte, die er als ‘distanzierte Kirchlichkeit’[67] bezeichnet. Grundsätzliche Fragen zur Kirchenmitgliedschaft sind bei ihm Mitte der sechziger Jahre noch nicht im Blick. Aber 1972, in einer Phase mit hohen Kirchenaustrittszahlen, heißt es bei Rendtorff bereits: „Der Ausdruck ‘Unkirchlichkeit’ gilt für ein christliches Verhalten, das sich im aktuellen Lebensvollzug nicht durch die Identifikation mit dem kirchlichen Leben bestimmen läßt, gleichwohl aber die Kirche als Institution auch als Bezugspunkt für die Definition der eigenen Lebensorientierung im Blick behält. So ergibt sich eine Situation, in der ‘Unkirchlichkeit’ und ‘Kirchlichkeit’ *nicht* die Sachverhalte der *formellen Zugehörigkeit* zur Kirche decken.“[68] Hier wird deutlich, daß die Rendtorffsche Option auch für den Fall der konsequenten Kirchendistanz gilt.
Die Ergebnisse der dritten Kirchenmitgliedschaftsstudie unterstreichen die Notwendigkeit, das weithin herrschende Bild der Ausgetretenen als einer religiös indifferenten, nachchristlichen oder kirchlich desinteressierten Spezies zu korrigieren. Der Abbruch der Kirchenbeziehung und die kritische Haltung gegenüber der Institution schließen „eine offene Haltung zu religiösen Fragen keineswegs aus.“[69] Zu differenzieren ist aber zwischen schon immer Konfessionslosen und

---

Überlegungen, in: Kirchentreu und kirchenfern. Eine Herausforderung an Verkündigung und Seelsorge, Wuppertal 1967, 7-18.
Vgl. auch H. Waldenfels, Frömmigkeit jenseits der Kirche. Profile und Gestalten außerchristlicher Spiritualität, in: T. Rendtorff (Hrsg.), Charisma und Institution, a.a.O., 145-159. Hier wird eine differenzierte Beschreibung außerkirchlicher Religiosität vorgelegt. Waldenfels unterscheidet dabei die beiden Spannungsfelder kirchlich-religiös (145f.) und christlich-nichtchristlich (147ff.).

64 A. Feige, Kirchenmitgliedschaft in der Bundesrepublik Deutschland, a.a.O., 89.

65 T. Rendtorff, Christentum zwischen Revolution und Restauration, a.a.O., 44ff.

66 T. Rendtorff, Christentum außerhalb der Kirche, a.a.O., 13.

67 Ebd. 14; vgl. auch die Auseinandersetzung mit außerkirchlicher Religiosität und außerkirchlichem Christentum bei F.-X. Kaufmann, Kirche begreifen, a.a.O., 116-123.

68 T. Rendtorff, Theorie des Christentums, a.a.O., 146, Kursivsetzung M.H.

69 K. Engelhardt/H. von Loewenich/P. Steinacker (Hrsg.), Fremde Heimat Kirche, a.a.O., 342.

ehemaligen Mitgliedern. Auch nach Ansicht der Interviewten *Christa*, *Dietmar*, *Eckhard* und *Friedrich* fallen Ausgetretene und Konfessionslose nicht ohne weiteres unter die Kategorien 'glaubenslos', 'unchristlich' oder 'unkirchlich'. *Dietmar* will sie nicht einfach abschreiben, *Eckhard* gibt den Ausgetretenen bei jedem Besuch zu verstehen, daß sie auch weiterhin an den Angeboten der Gemeinde teilnehmen können, und *Friedrich* freut sich sogar, wenn es Menschen gelingt, trotz formalen Abstandes in Tuchfühlung mit der Gemeinde zu bleiben. Nicht für jeden Menschen bietet die evangelische Landeskirche den Orientierungsrahmen für die individuelle Religiosität und Glaubensform. Die klarste Aussage bezüglich außerkirchlicher Religiosität und Gläubigkeit macht *Christa*. Sie liegt damit ganz auf der Linie der Rendtorffschen Option für das Christentum außerhalb der Kirche als einer legitimen und eigenständigen Ausprägung des reformatorischen Erbes.

Die Erfahrungen von *Christa* und *Eckhard* in der Begegnung mit Ausgetretenen zeigen, daß Anknüpfungspunkte für das Gespräch bei vielen ehemaligen Mitgliedern noch vorhanden sind. Erst mit wachsendem zeitlichem Abstand zur Kirche verlieren sich, wie die erwähnte Untersuchung von I. und W. Lukatis[70] zeigt, die Konturen einer christlich-kirchlichen Einstellung allmählich. Angesichts der in den neueren Untersuchungen hervorgetretenen Unterschiede zwischen schon immer Konfessionslosen und Ausgetretenen in den Einstellungen zu Glauben, Christentum und Religion und aufgrund der Analysen der Konfessionslosigkeit in den neuen Bundesländern müßte die Theorie des außerkirchlichen Christentums aber heute aktualisiert und modifiziert werden.

3 Kirchenmitgliedschaft und Amtshandlungen

3.1 Die verschiedenen Aspekte der Amtshandlungen

Nach evangelischem Verständnis und kirchlichem Recht setzten alle Amtshandlungen die Zugehörigkeit der Betroffenen zur Kirche grundsätzlich voraus, geht es hier doch „stets um *Gottesdienste* der ganzen Gemeinde anläßlich eines Wendepunktes im Leben eines ihrer Glieder."[71] Mit dieser Definition sind die verschiedenen Aspekte der Amtshandlungen bereits benannt. *Formale* Voraussetzung für den Vollzug ist die Mitgliedschaft in der Kirche, denn sie sichert „die rechtliche Stellung des Gemeindegliedes innerhalb seiner Kirchenge-

70 I. Lukatis/W. Lukatis, Protestanten, Katholiken, Nicht-Kirchenmitglieder, a.a.O., 68: „Mit zunehmender 'Entfernung' von Kirche nimmt auch die Bedeutung der Lebensbereiche 'Familie/Kinder', 'Verwandte' und 'Religion/Kirche' ab".

71 A. Stein, Evangelisches Kirchenrecht, a.a.O., 62.

meinde."[72] Die Kasualien haben zum Teil selbst einen unmittelbaren Bezug zur Mitgliedschaft, wird diese doch durch die Taufe begründet, durch die Konfirmation bekräftigt und durch den Tod beendet. Vom jeweiligen Kasus betroffen sind in erster Linie selbstverständlich diejenigen, an denen die kirchliche Handlung vollzogen wird. Dieser *biographische* Aspekt findet darin seinen Ausdruck, daß die Menschen sich in bestimmten Situationen ihres Lebens in besonderer Weise Begleitung, Zuspruch und Segen von der Kirche erwünschen. Die *Gemeinde*, zu der diese Menschen gehören, nimmt diesen Wunsch auf, die zuständige Pfarrerin/der Pfarrer vollzieht die Amtshandlung in der Regel im Rahmen eines *öffentlichen Gottesdienstes*. Inwieweit die Betroffenen neben ihren individuellen Bedürfnissen auch zu einer *inneren Beteiligung* und *bewußten Aneignung* dessen kommen, was die kirchliche Handlung nach theologischen Verständnis bedeutet, kommt möglicherweise im vorauslaufenden Gespräch mit dem Pfarrer/der Pfarrerin zum Ausdruck, wird in der Regel aber nach außen hin nicht erkennbar und kann daher auch nicht als äußeres Kriterium für oder gegen den Vollzug der Amtshandlung fungieren.

Besonders hinsichtlich dieses zuletzt genannten Aspektes gibt es unter den Befragten sehr unterschiedliche Auffassungen. Nach *Annegret* darf die Kirchenmitgliedschaft für den Vollzug der Amtshandlung nicht nur eine formale Voraussetzung sein. Da sich erst in der bewußten Glaubensentscheidung und in der christlichen Existenz zeigt, wer wirklich dazugehört, können auch die Kasualien in ihrem tieferen Sinn nur von bewußten Christen und Christinnen nach- bzw. mitvollzogen werden. Die Ausgetretenen haben aber ebenso wie ein nicht geringer Teil der Mitglieder, wie *Annegret* am Beispiel des Patenamtes deutlich macht, die eigene Kirchenmitgliedschaft nicht derart bejaht, daß die innere Anteilnahme am Amtshandlungsgeschehen vorausgesetzt werden kann. Während jedoch in dem einen Fall die formale Mitgliedschaft als notwendige Voraussetzung offenbar doch ausreicht, zieht die Beendigung der Mitgliedschaft, die von *Annegret* als letzte Konsequenz einer schon vorher bestehenden Distanz zu Kirche und Glauben interpretiert wird, die Verweigerung der Amtshandlung nach sich. *Bernd* betont dagegen stärker den Gemeindebezug der Amtshandlungen. Die Gemeindegliedschaft, die sich auch in einer äußeren Hinwendung zur Gemeinde zeigen sollte, ist folglich obligatorisch. Wenn diese Bedingung nicht erfüllt ist, muß zuvor der Kircheneintritt erfolgen. Der Eintritt darf jedoch keine bloße Pflichtübung sein, sondern soll verdeutlichen, daß zur Mitgliedschaft auch die Bereitschaft zur Partizipation und Mitarbeit in der Gemeinde gehört. Darum und nur darum kann *Bernd* unter gewissen Umständen auf den formalen Aspekt verzichten.

---

72 Ebd.

Auch für *Dietmar* und *Eckhard* ist die Kirchenmitgliedschaft für den Amtshandlungsvollzug grundsätzlich unerläßliche Voraussetzung. Darauf zu insistieren, kann jedoch nach *Dietmar* problematisch werden, wenn seelsorgerliche Bedenken gegenüber einer rigorosen Anwendung des Kirchenrechts kommen. Weil dadurch auch langfristig mehr Schaden als Nutzen für das Ziel entstehen könnte, das eine solche harte Linie überhaupt sinnvoll erscheinen läßt, nämlich eine individuelle Einsicht in den Sinn und die Notwendigkeit der Kirchenmitgliedschaft zu erzielen, kann unter gegebenen Umständen auf die formale Mitgliedschaft verzichtet werden. Bei einer flexiblen und für die Beteiligten plausiblen Anwendung der Ausnahmebestimmungen des Kirchenrechts muß nicht der Verdacht aufkommen, daß die Mitgliedschaft in der Kirche letztlich verzichtbar sei. Auch *Eckhard* will den Rahmen des Kirchenrechts so weit wie möglich auszuschöpfen. Weil er die individuellen Bedürfnisse der Menschen ernstnehmen und aufnehmen will, kann es jedoch damit nicht sein Bewenden haben. Jeder Amtshandlung korrespondiert daher bei ihm eine Ersatzhandlung, die zugleich einsichtig machen soll, worin der Unterschied zwischen Mitgliedschaft und Nichtmitgliedschaft besteht. Der pädagogische Prozeß einer Reflexion über die Bedeutung einzelner Amtshandlungen stellt sich dabei in der Gemeinde und bei den Betroffenen gewissermaßen von selbst ein.
Deutlich weniger Gewicht hat das formale Kriterium bei *Christa* und *Friedrich.* Die Mitgliedschaft in der Kirche hat zunächst nebensächlichen Charakter, ist also im Grunde verzichtbar. Weder die Verkündigung des Evangeliums und das liturgische Handeln, noch das, was damit transportiert werden soll, nämlich Gottes Handeln am Menschen, können an diese Voraussetzung exklusiv gebunden werden. Da aber nach *Christa* bei Ausgetretenen und Konfessionslosen zunächst überhaupt nicht klar ist, wie sie innerlich zur Kirche und dem, wofür sie steht, eingestellt sind, gewinnt für sie auch das formale Kriterium wieder an Gewicht. Ob eine innere Bindung vorhanden ist, kann nur im Gespräch mit den Betreffenden geklärt werden. Das aber macht die Sache gerade schwierig, weshalb *Christa* froh ist, daß es zu wirklichen Konfliktfällen in der Praxis nur selten kommt. Für *Friedrich* ist die Grundsatzlosigkeit der entscheidende Grundsatz für die Kasualpraxis an und gegenüber Ausgetretenen und Konfessionslosen. Ausgehend von seiner theologischen Deutung der einzelnen Amtshandlungen weist er die Frage nach der Mitgliedschaft als inadäquat zurück. Da sie rein äußerlich ohnehin nur Zeichencharakter hat, wäre es verfehlt, ihr ausgerechnet an der Stelle übermäßiges Gewicht zu verleihen, wo die Menschen selbst mit bestimmten Erwartungen an die Kirche herantreten. Daß *Friedrich* im Falle der Trauung dann doch die Mitgliedschaft beider Partner für erforderlich hält, liegt darin begründet, daß er ihnen als mündigen Menschen eine Entscheidung darüber zumuten

will, wohin sie sich in actu und in ihrem weiteren Leben orientieren wollen.

Die Befragten gewichten also in ihrem jeweiligen Kasualverständnis die einzelnen Aspekte der Amtshandlungen sehr unterschiedlich. Je nach theologischem Standort erhält auch das formale Kriterium der Mitgliedschaft mehr oder weniger Gewicht. W. Gräb hat die kirchlichen und theologischen Konzepte von Kasualpraxis in geschichtlicher Perspektive dargestellt und ihre jeweiligen Stärken und Schwächen hervorgehoben.[73] In einer Zeit, in der nach Gräb die Öffentlichkeit der kirchlichen Kasualpraxis durch die Individualisierung der Lebensverhältnisse bedroht ist und religiöse Rituale in der modernen Gesellschaft mehr und mehr verschleißen[74], muß die Kirche die subjektiven Zugänge der die Amtshandlung in Anspruch nehmenden Menschen stärker berücksichtigen und darf sich nicht länger selbst als Subjekt der Kasualpraxis begreifen. Das aber kann letztlich nur heißen, den lebensgeschichtlichen, biographischen Aspekt in der Praxis genauso stark zu gewichten wie die formalen, gemeindlichen und dogmatisch-theologischen Gesichtspunkte der Amtshandlungen.

3.2 Integrale Amtshandlungspraxis in lebensgeschichtlicher Perspektive

„An Kasualien scheiden sich die Geister: Nicht nur zwischen Pfarrern und Laien, zwischen Theologen und Sozialwissenschaftlern, auch unter Theologen selbst ist umstritten, welche Bedeutung den kirchlichen Amtshandlungen in Theorie und Praxis zuzumessen sei.“[75] An kaum einer anderen Stelle der kirchlichen Praxis scheinen Anspruch und Wirklichkeit weiter auseinander zu klaffen als hier. Da gibt es auf der einen Seite die aus der christlich-kirchlichen Tradition herrührenden theologischen Sinngehalte der einzelnen Handlungen und auf der anderen Seite damit auf den ersten Blick kaum vermittelbare, volkskirchlich geprägte Erwartungen sowie ein ungebrochenes Bedürfnis nach kirchlicher Begleitung bei besonderen Ereignissen im Lebenslauf. Ergibt sich schon von hier aus die Dringlichkeit einer neuen theologischen und kirchlichen Hermeneutik der Amtshandlungen, so muß es als zusätzliche Verschärfung der Problematik angesehen werden, wenn in der Erwartung vieler Menschen der bislang selbstverständliche Grundsatz, daß zum Vollzug der jeweiligen Amtshandlung die Mitgliedschaft in der Kirche eine unerläßliche Voraussetzung ist, längst nicht mehr gilt, wie besonders die hohe Taufbereitschaft auch unter Ausgetretenen zeigt.[76] Die Kohärenz von Kirchenmitgliedschaft

73 W. Gräb, Lebensgeschichten – Lebensentwürfe – Sinndeutungen, a.a.O., 175-180.

74 Ebd. 181-188.

75 V. Drehsen, Wie religionsfähig ist die Volkskirche?, a.a.O., 175.

76 K. Engelhardt/H. von Loewenich/P. Steinacker (Hrsg.), Fremde Heimat Kirche, a.a.O., 331.

und kirchlicher Kasualpraxis unter den gewandelten kulturanthropologischen und soziologischen Bedingungen der Gegenwart einer gründlichen Analyse zu unterziehen, muß als eine unerledigte und daher um so dringlichere Aufgabe praktisch-theologischer Theoriebildung gelten. Zwar hat J. Matthes bereits im Kommentarband zur ersten Kirchenmitgliedschaftsstudie eine „Integrale Amtshandlungspraxis“[77] gefordert, dies geschah jedoch noch auf dem Hintergrund einer vorwiegend innerkirchlichen Problematik.[78] Angesichts eines seither stetig gewachsenen Anteils von Konfessionslosen an der Bevölkerung der Bundesrepublik Deutschland und der gleichzeitig bei jenen zu konstatierenden Erwartung, auch weiterhin kirchliche Angebote und kirchliche Begleitung in besonderen lebensgeschichtlichen Situationen in Anspruch nehmen zu können, ergibt sich von selbst die Frage nach der Funktion der Kirchenzugehörigkeit für die Kasualpraxis.

Diese Frage wurde auch den Interviewten gestellt. Bei der Auswertung der Interviews wurde deutlich, daß die normativen Vorgaben kirchlicher Ordnungen für die Amtshandlungspraxis der Befragten einen wichtigen Stellenwert haben. Sie legen dabei in der Regel wenn auch meist unausgesprochen die traditionellen theologischen und kirchlichen Deutungsmuster zugrunde und orientieren sich in ihrer Praxis daran, was die entsprechenden Ordnungen vorschreiben. Einzig für *Friedrich* stehen konsequenterweise nicht kirchliche Anforderungen und Maßgaben im Vordergrund, sondern die Erwartungen und Bedürfnisse der Menschen. Die lebensgeschichtliche Situation, in der sich diese befinden, muß nicht nur ausreichend berücksichtigt werden, sie bildet vielmehr den Ort, wo die Amtshandlung zu verankern ist.

Ein Bemühen um eine situationsadäquate Kasualpraxis ist auch *Annegret* und *Bernd* nicht abzusprechen. Sie entscheiden, wie auch die meisten anderen Befragten, jeweils von Fall zu Fall, was jedoch nicht heißt, daß die menschlichen Erwartungen und Bedürfnisse letztlich den Ausschlag geben. Zu prüfen ist vielmehr, ob die Durchführung der Amtshandlung angesichts der Situation noch gerechtfertigt erscheint. *Bernd* will sich dabei ausdrücklich nicht von emotiven Gesichtspunkten leiten lassen. Die Amtshandlungen haben für ihn in erster Linie eine ekklesiologische Funktion. Vor allem kognitiv-interpretierende Deutungsarbeit ist daher gefordert und weniger eine empathisch-expressive Aufmerksamkeit für die individuelle Biographie und Lebenssituation. Nur in Ausnahmefällen können nach *Bernd*

77 J. Matthes, Volkskirchliche Amtshandlungen, Lebenszyklus und Lebensgeschichte. Überlegungen zur Struktur volkskirchlichen Teilnahmeverhaltens, in: ders. (Hrsg.), Erneuerung der Kirche, a.a.O., 83-112, bes. 101f.

78 Ebd. 111: „Zwischen der *gottesdienst-zentrierten* und der *amtshandlungs-zentrierten* Teilnahmeform in der Volkskirche besteht daher eine Asymmetrie der Perspektiven in der wechselseitigen Wahrnehmung.“

auch biographische Gründe den Ausschlag geben[79], eine Amtshandlung auch dann zu vollziehen, wenn der oder die Betroffene nicht Mitglied der Gemeinde war bzw. ist.
Die Kirchenmitgliedschaftsstudien haben mit Nachdruck auf die wichtige Funktion der Kasualien für das Erleben der eigenen Kirchenzugehörigkeit aufmerksam gemacht.[80] D. Rössler hat dafür den Begriff der 'Kasualfrömmigkeit'[81] geprägt. Für viele Menschen geht in diesem typisch volkskirchlichen Teilnahmeverhalten der Sinn ihrer Mitgliedschaft gänzlich auf. Sie sehen dieses Ereignis vorwiegend im Kontext ihrer eigenen Lebensgeschichte und der aktuellen Lebenssituation. Diese erscheint besonders angesichts ihrer Krisen- und Kontingenzerfahrungen religiös interpretationsbedürftig. Am Schnittpunkt von individueller Lebensgeschichte und Lebenszyklus[82] erwarten Menschen von der Kirche, in personaler Repräsentanz durch die im Gemeindepfarramt Tätigen vertreten[83], Begleitung, Sinndeutungsangebote, Trost oder Zuspruch. „Es geht also um die Rechtfertigung von Lebensgeschichte, aber gerade nicht um eine Rechtfertigung aus den Motiven und Leistungen, die diese Lebensgeschichte selber bereitzustellen vermag."[84] Rechtfertigung[85] hat ihren Grund vielmehr in der bedin-

---

79 In dem von ihm geschilderten Fall ist es nicht die Lebensgeschichte dieses Menschen als solche, die den Ausschlag gibt, sondern die speziellen Erfahrungen mit Kirche (B11).

80 H. Hild (Hrsg.), Wie stabil ist die Kirche?, a.a.O., 236-241; J. Hanselmann/H. Hild/E. Lohse (Hrsg.), Was wird aus der Kirche?, a.a.O., bes. 50-55; K. Engelhardt/H. von Loewenich/P. Steinacker (Hrsg.), Fremde Heimat Kirche, a.a.O., 95-102 und 108-110.

81 D. Rössler, Die Institutionalisierung der Religion, a.a.O., 68.

82 Nach der Unterscheidung von J. Matthes, Volkskirchliche Amtshandlungen, Lebenszyklus und Lebensgeschichte, a.a.O., 87-90.

83 W. Gräb, Lebensgeschichtliche Sinnarbeit. Die Kasualpraxis als Indikator für die Öffentlichkeit der kirchlichen Religionskultur, in: Der 'ganze Mensch'. Perspektiven lebensgeschichtlicher Individualität. Sonderdruck. Berlin/New York 1997, 229f., macht unter Verweis auf eine Interviewinterpretation von P. Zimmermann (Vgl. P. Zimmermann, „... und trotzdem ist es irgendwo ne Verbundenheit". Annäherung an die Religiosität einer „treuen Kirchenfernen", in: K. Gabriel (Hrsg.), Religiöse Individualisierung oder Säkularisierung, a.a.O., 103-111) auf diese besondere Bedeutung des Pfarrers bzw. der Pfarrerin für die Wahrnehmung von Kirche und Religion im Erleben der Amtshandlungen aufmerksam. Nach Gräb „muß sich die Plausibilität des religiösen Bezuges allerdings auch in diesem Erfahrungshorizont bewähren." (230).

84 W. Gräb, Rechtfertigung von Lebensgeschichten. Erwägungen zu einer theologischen Theorie der kirchlichen Amtshandlungen, in: PTh 76, 1987, 33; vgl. auch ders., Lebensgeschichtliche Sinnarbeit, a.a.O., 228-231; ders., Lebensgeschichten – Lebensentwürfe – Sinndeutungen, a.a.O., 172-202.

85 V. Drehsen, Wie religionsfähig ist die Volkskirche?, a.a.O., 183, spricht von der „Sakralisierung von Lebensgeschichten". Damit gerät jedoch leicht aus dem Blick, daß zum menschlichen Leben eben auch die Erfahrungen von Schuld und Versagen gehören. Daher scheint mir der Rechtfertigungsbegriff theologisch angemessener zu sein.

gungslosen Annahme des einzelnen Menschen durch Gott, und dies gilt es im symbolisch-rituellen Akt und in der Kasualpredigt individuell zu vermitteln.[86] Bei der von J. Matthes geforderten Revision der Amtshandlungen muß es um eine multiple, mehrdimensionale Neugestaltung der Kasualpraxis gehen.[87] „Sie muß im aktuellen Vollzug von Amtshandlungen vor allem zu klären versuchen, wann und unter welchen Bedingungen in der Lebenswirklichkeit, mit der man es jeweils zu tun hat, das Bedürfnis nach Rekonstruktion des Lebens in der Dimension der Lebenszeit auftaucht“[88]. Die Erwartungen der Betroffenen und die eigene Kompetenz sind dabei stets mitzubedenken. Integration heißt in diesem Zusammenhang auch, die verschiedenen Dimensionen der Amtshandlungen miteinander zu vermitteln. Dazu gehört nach V. Drehsen neben der kognitiv-interpretierenden und der expressiv-emotionalen auch die normativ-orientierende Dimension.[89] Letztere aber darf nicht länger die allein maßgebliche für Theorie und Praxis der Kasualien sein, wie es bei den meisten Befragten eindeutig der Fall ist. Sicher sehen auch *Christa*, *Dietmar* und *Eckhard* sehr deutlich die Notwendigkeit der lebensgeschichtlichen Begleitung von Menschen. Sie beziehen ihre Praxis aber dann doch wieder auf die normativ-orientierende Bedeutung des Geschehens zurück und kommen daher manchmal in innere wie äußere Konflikte. Am deutlichsten treten diese bei *Christa* hervor, die aber immerhin selbstkritisch fragt, warum diese Schwierigkeiten auf kirchlicher Seite bestehen (C2).

Daß die lebensgeschichtliche Dimension der Amtshandlungen von den meisten Befragten nicht eigens thematisiert wird, mag eine Ursache darin haben, daß im Interview vor allem nach dem Zusammenhang von Kasualpraxis und Kirchenzugehörigkeit gefragt wurde. Auch ist davon auszugehen, daß diese Dimension in der jeweiligen Praxis durchaus Berücksichtigung findet. Zugleich machen die von den Befragten nahezu ausnahmslos erwähnten Konfliktfälle auf die grundsätzliche Aporie aufmerksam, wie nämlich die kirchlich-theologischen Deutungen und die berechtigten lebensgeschichtlichen Erwartungen mit den formalrechtlichen Bestimmungen hinsichtlich der Mitgliedschaft zu vermitteln sind. Hier besteht, wie sich im Folgenden zeigen wird, im Blick auf die pastorale und kirchliche Praxis erheblicher theologischer Klärungsbedarf.

---

86 W. Gräb, Rechtfertigung von Lebensgeschichten, a.a.O., 38; vgl. auch ders., Lebensgeschichtliche Sinnarbeit, 230: „Der kasualpraktische Ritus ist die aktive Begehung lebensgeschichtlicher Transzendenzerfahrung durch die rituellen Subjekte.“

87 J. Matthes, Volkskirchliche Amtshandlungen, Lebenszyklus und Lebensgeschichte, a.a.O., 97 bzw. 101f.

88 Ebd. 104.

89 V. Drehsen, Wie religionsfähig ist die Volkskirche?, a.a.O., 198.

3.3 Die Problematik kirchenrechtlicher Vorgaben

Bedeutung und praktischer Vollzug der kirchlichen Amtshandlungen sind wie in anderen Landeskirchen im Grundsatz durch die entsprechenden Artikel der Kirchenordnung der Evangelischen Kirche von Westfalen sowie durch besondere Ordnungen festgelegt. Diese Ordnungen werden von den Befragten als Orientierungsrahmen vorausgesetzt. Auf die Kirchenordnung selbst nehmen jedoch nur *Bernd*, *Dietmar* und *Friedrich* Bezug und das auch eher sporadisch. Die Mitgliedschaft der vom Kasus Betroffenen bzw. ihrer Angehörigen ist hier für alle Amtshandlungen prinzipiell vorausgesetzt. Das bedeutet im einzelnen: Die Taufe eines Kindes ist nur dann möglich, wenn mindestens ein Elternteil und mindestens ein Pate bzw. eine Patin der evangelischen Kirche angehören. Für den Vollzug der Trauung ist es erforderlich, daß beide Partner Mitglied einer Kirche und mindestens einer Mitglied der evangelischen Kirche ist. Verstorbene können nur dann kirchlich bestattet werden, wenn sie zur Kirche gehörten. Der dahinter stehende theologische Grundgedanke besagt, daß Amtshandlungen vorwiegend unter dem Gesichtspunkt ihres Gemeindebezuges zu behandeln sind, und der Gemeindebezug gilt als durch die Kirchenmitgliedschaft hergestellt. Es wurde jedoch bereits in einem früheren Stadium der Reflexion gemeindlicher Praxis deutlich, daß eine konsequente Anwendung dieses Grundsatzes angesichts einer weitaus differenzierter wahrgenommenen Wirklichkeit nicht in allen Fällen zu vertreten war. Insbesondere die aus der pastoralen und kirchlichen Praxis resultierenden Probleme führten dazu, daß im Falle der Taufe[90] und der kirchlichen Bestattung[91] Ausnahmebestimmungen erlassen wurden, die einen flexibleren Umgang mit solchen Situationen ermöglichen sollten, in denen eine kategorische Verweigerung der Amtshandlung problematisch erschien. Nicht eigentlich als Ausnahmeregelung, sondern eher als Entgegenkommen für den evangelischen Partner wurde vor wenigen Jahren in der westfälischen Landeskirche die Möglichkeit eines 'Gottesdienstes anläßlich einer Eheschließung' für die Fälle geschaffen, in denen einer der beiden Partner nicht einer Kirche angehört. Die neueste Änderung von Art. 211 der Kirchenordnung der Evangelischen Kirche von Westfalen ermöglicht nunmehr

---

90 Nach Art. 178, Abs. 1 Kirchenordnung der Evangelischen Kirche von Westfalen (in: Ev. Kirche von Westfalen – Landeskirchenamt – [Hrsg.], Das Recht in der Evangelischen Kirche von Westfalen, Bd. I, Stand Januar 1998, Nr. 1) 61f., kann die Taufe mit Zustimmung des Presbyteriums auch dann vollzogen werden, wenn beide Eltern nicht der evangelischen Kirche angehören, sofern „gewährleistet ist, daß an Stelle der Eltern evangelische Christen für die evangelische Erziehung des Kindes zuverlässig sorgen."

91 Nach Art. 211, Abs. 1 der Kirchenordnung (alte Fassung, in: ebd. 71) war die Bestattung eines aus der Kirche Ausgetretenen möglich, „wenn der Verstorbene vor einem Pfarrer, einem Presbyter oder einem anderen kirchlichen Mitarbeiter erklärt hat, daß er wieder zur Kirche gehören will."

auch bei Bestattungen eine größere, in den seelsorgerlichen Verantwortungsbereich des einzelnen Pfarrers/der Pfarrerin fallende Flexibilität, da nunmehr nicht mehr nur Ausgetretene, die die Bereitschaft zum Kircheneintritt geäußert haben, sondern überhaupt „Verstorbene, die nicht oder nicht mehr Glieder der evangelischen Kirche waren", bestattet werden können, „wenn dies aus seelsorgerlichen Gründen angezeigt erscheint."[92]

Daß es in der pastoralen Praxis trotz dieser Liberalisierungen[93] immer noch zu problematischen Fällen kommt, macht der Blick auf die Interviews deutlich. Die Befragten handhaben dabei die kirchenrechtlichen Bestimmungen in sehr unterschiedlicher Weise. Allen gemeinsam ist dabei das Bemühen um eine flexible Handhabung der normativen Vorgaben unter Ausschöpfung der möglichen Ausnahmebestimmungen. Zum Teil werden diese auch bewußt überschritten, ohne daß dies eigens expliziert wird. Am weitesten geht dabei *Friedrich,* für den die Kirchenordnung das Relikt einer restaurativen Kirchenpolitik ist. Sie hat daher in seiner Amtspraxis zum Teil den Charakter einer Negativfolie, von der abzuweichen um der Menschen willen hin und wieder geradezu geboten ist. Das meint *Friedrich* im Prinzip mit der Bezeichnung „grundsatzlos" (F11). Selbst die zum Teil weitreichenden Ausnahmebestimmungen greifen unter diesem Blickwinkel noch zu kurz. Für *Bernd* haben die kirchenrechtlichen Bestimmungen zu den Amtshandlungen dagegen normativen Charakter. Ihnen ist nach Möglichkeit zu entsprechen. Dabei kann er zum Beispiel auch eine Ausnahmeregelung deutlich strenger handhaben, als der Wortlaut zuläßt. Darüber hinaus vermißt *Bernd* in der Kirchenordnung die für ihn maßgebliche ekklesiologische Funktion der Amtshandlungen. Auch für *Dietmar* bildet die Kirchenordnung den Rahmen für die eigene Kasualpraxis. Da es jedoch nach seiner Erfahrung schwierig ist, diese immer ganz konsequent anzuwenden, ist ihm daran gelegen, diesen Rahmen so flexibel wie möglich auszugestalten. Die Ausnahmebestimmungen bieten dafür die rechtliche Absicherung. In den Fällen, wo selbst dies problematisch wird, muß dann eben die jeweilige Situation so interpretiert werden, daß eine Anwendung der Ausnahmebestimmung gerechtfertigt erscheint. Für *Annegret* haben die kirchenrechtlichen Bestimmungen gewissermaßen eine Schutzfunktion. Sie fühlt sich dadurch in ihrer restriktiven Haltung gegenüber Konfessionslosen bestärkt. Weil sie jedoch ein striktes Vorgehen nach vorge-

92 Art. 211, Abs. 2, Kirchenordnung der Evangelischen Kirche von Westfalen, a.a.O., 71.

93 Nach wie vor liegt es im Ermessen des einzelnen Amtsträgers oder der einzelnen Amtsträgerin, wie er/sie diese Bestimmungen handhabt. Wer eine Amtshandlung meint ablehnen zu müssen, wird dafür immer Gründe anführen können, die für Außenstehende nicht unbedingt nachvollziehbar erscheinen. Die Gefahr der Instrumentalisierung der Amtshandlung als Machtmittel ist damit nach wie vor gegeben.

gebenen Rechtsstrukturen [„Hoheitliches" Auftreten der Kirche" (A8)] nicht für förderlich hält, kann sie in der Praxis dennoch sehr flexibel auf den individuellen Fall eingehen, wobei die z.T. undurchsichtig ausgelegten Ausnahmeregelungen die formale Absicherung gewährleisten. Auch *Christa* hat weniger Probleme mit der Kirchenordnung als vielmehr mit ihren eigenen Ansprüchen. Dies zeigt sich besonders da, wo die Bedürfnisse und Erwartungen der Menschen nicht mehr mit ihren Vorstellungen zu vermitteln sind. Obwohl sie grundsätzlich allen formalen Kriterien wie etwa der Kirchenzugehörigkeit kritisch gegenübersteht, hält sie sich im wesentlichen formal an die kirchenrechtlichen Bestimmungen, ohne dies für sich plausibel begründen zu können. *Eckhard* hingegen nimmt in kritischen Fällen ganz konsequent die Ausnahmeregelungen der Kirchenordnung in Anspruch. Ist der reguläre Vollzug der Amtshandlung aus kirchenrechtlichen Gründen nicht möglich, werden entsprechende Ersatzhandlungen durchgeführt. *Eckhard* will diese jedoch auch äußerlich erkennbar von der jeweiligen Amtshandlung unterschieden wissen.

In der Kasualpraxis der Befragten werden die theologischen Grundprobleme der einzelnen Amtshandlungen sichtbar. Das sakramentale Geschehen Taufe kann im strengen theologischen Sinne nicht von bestimmten Vorleistungen oder Verfaßtheiten des Täuflings oder dritter Personen abhängig gemacht werden. Natürlich zielt das Taufgeschehen auch auf die bewußte Verinnerlichung der vorgängigen Annahme durch Gott *sola gratia*, aber diese kann durch die evangelische Erziehung allenfalls gefördert, nicht aber erwirkt werden.[94] Von daher ist zu fragen, ob die in Art. 178 der Kirchenordnung eingefügte Ausnahmebestimmung theologisch haltbar ist. Ähnliche Fragen ergeben sich im Blick auf die Trauung. Die in der Praxis umstrittene Konzeption des „Gottesdienstes anläßlich einer Eheschließung" anstelle der Kirchlichen Trauung geht davon aus, daß es für einen Ausgetretenen nicht selbstverständlich ist, „daß für ihn die mitfeiernde Teilnahme der Kirche an seiner Eheschließung ein sinnvolles Anliegen und eine Hilfe sein könnte."[95] Der ausgetretene Partner sollte nach A. Stein daher „nicht durch die Trauvorhalte oder -frage für die christliche Kirche 'vereinnahmt'"[96] werden. Danach läßt sich natürlich eine grundsätzliche Auslassung der Traufrage an den konfessionslosen Partner oder die Partnerin vertreten. Vor allem die Verwendung des Gottesnamens scheint an dieser Stelle problematisch zu sein. Die Befragung von

94 Da 'evangelische Christen' von Pfarrern und Pfarrerinnen weithin selbstverständlich mit 'evangelische Paten' gleichgesetzt wird, ergibt sich in der Praxis oft das Problem, daß konfessionslose Eltern nicht in der Lage sind, evangelische Paten zu finden. Die vorgesehene 'Bereitstellung' von Paten aus der Gemeinde (Art. 175, Abs. 3 Kirchenordnung) lehnen sie aber ab, weil auch für sie die Taufe primär im familiär-biographischem Kontext stattfindet.

95 A. Stein, Evangelisches Kirchenrecht, a.a.O., 66.

96 Ebd.

Ausgetretenen hinsichtlich ihres Gottesglaubens hat aber gezeigt, daß zumindest im Westen der Kirchenaustritt nicht gleichzusetzen ist mit einer Negation des Gottesgedankens.[97] Eine pauschale Auslassung der Traufrage läßt sich von daher kaum vertreten. Nur im Gespräch mit den Betroffenen kann eine für alle Seiten akzeptable Lösung gefunden werden. Wird die Traufrage aber bei einem Gottesdienst anläßlich einer Eheschließung an beide Partner gerichtet, so ist zu fragen, warum überhaupt eine Unterscheidung von Trauung und Gottesdienst vorgenommen wird.[98] Darüber hinaus stellt sich die grundsätzliche Frage nach der Bedeutung und Funktion der kirchlichen Trauung, die hier nur angedeutet sein kann. Schließlich ergeben sich auch hinsichtlich der Bestimmungen zur Beerdigungspraxis theologische Bedenken. Auch bei der neuen Fassung des Artikels 211 der Kirchenordnung wird ausdrücklich daran festgehalten, daß nach Art. 208[99] die kirchliche Bestattung eine gottesdienstliche Handlung ist, die sich auf das verstorbene Gemeindeglied und nicht in erster Linie auf die Angehörigen bezieht, ein Verständnis, wovon sich beispielsweise *Friedrich* ganz klar abgrenzt (F12). Angesichts einer weit verbreiteten Verdrängung des Todes aus dem gesellschaftlichen Leben, die sich unter anderem in der Zunahme anonymer Bestattungen zeigt, müssen sich Pfarrer und Pfarrerinnen vor einer allzu eilfertigen Ablehnung kirchlicher Bestattungen aus seelsorgerlichen oder sonstigen Gründen fragen, ob hier nicht eine Chance ausgelassen wird, die christliche Auferstehungshoffnung im Blick auf die Lebensgeschichte der Verstorbenen für deren Angehörige glaubwürdig zu entfalten.[100]

Die Praxis der Befragten macht nicht nur auf die theologischen Grundsatzfragen der Amtshandlungen aufmerksam, sondern bietet auch in einzelnen Fällen eigenständige Lösungsansätze. Im Vordergrund steht für alle Befragten der konkrete Einzelfall. Eine rigorose

---

97 Evangelische Kirche in Deutschland – Studien- und Planungsgruppe, Fremde Heimat Kirche, a.a.O., 56. Danach glauben zwei Drittel der Ausgetretenen und selbst noch ein Drittel der immer schon Konfessionslosen an einen Gott oder eine höhere Kraft. Im Osten sind es allerdings nur 38% der Ausgetretenen bzw. 17% der Konfessionslosen. Vgl. auch I. Lukatis/W. Lukatis, Protestanten, Katholiken, Nicht-Kirchenmitglieder, a.a.O., 43-55.

98 Eine 'gottesdienstliche Feier' mit deutlichen Unterschieden zur Trauung ist allerdings dann eine vertretbare Lösung, wenn der konfessionslose Partner für sich selbst jeglichen Bezug auf den Glauben an Gott ablehnt, dennoch aber dem anderen Partner zuliebe an der Feier teilnehmen kann und möchte.

99 Auch zu Art. 208 der Kirchenordnung wurde auf der Landessynode 1996 ein Änderungsbeschluß gefaßt; vgl. Verhandlungen der 1. (ordentlichen) Tagung der 13. Westfälischen Landessynode, a.a.O., 173. Jetzt im Gesetzestext der Kirchenordnung der Evangelischen Kirche von Westfalen, a.a.O., 71, mit folgendem Wortlaut: „Die kirchliche Bestattung ist eine gottesdienstliche Handlung, bei der die Kirche ihre verstorbenen Glieder zu Grabe geleitet."

100 W. Gräb, Lebensgeschichten – Lebensentwürfe – Sinndeutungen, a.a.O., 191f.

Anwendung der Kirchenordnung unter Ausschluß aller Kannbestimmungen kommt praktisch nicht in Frage. Die Bereitschaft, den Erwartungen der die Amtshandlung wünschenden Menschen nach Möglichkeit gerecht zu werden, kann aber in der Praxis dazu führen, daß die Kirchenordnung für die Agierenden zum Problem wird. Die von einem traditionellen Gemeindeverständnis ausgehenden Bestimmungen gehen an der kirchlichen Realität oft vorbei und sind vor allem solchen Menschen kaum noch zu vermitteln, die, wenn überhaupt, dann nur noch über die Amtshandlungen eine Beziehung zur Kirche herzustellen vermögen. Insbesondere die Plausibilität des Mitgliedschaftskriteriums, das eben auf jenem traditionellen Gemeinde- und Kirchenbild fußt, ist häufig nicht mehr einsichtig zu machen, worauf besonders *Christa* hinweist. Die Bemühungen der Pfarrerinnen und Pfarrer wirken daher manchmal genauso halbherzig wie die nur zögerlich vorgenommenen Revisionen der kirchlichen Ordnungen.

3.4 Amtshandlungen an Ausgetretenen und für Ausgetretene

H. Zahrnt hat vor einiger Zeit vorgeschlagen, die Kirche solle ihre Amtshandlungen grundsätzlich für alle, also auch für Konfessionslose, öffnen.[101] „Die Pfarrer sollten sich dadurch nicht zu Zeremonienmeistern degradiert fühlen, sich vielmehr als Anwälte der Menschlichkeit in einer immer unmenschlicher werdenden Welt, [sic!] verstehen."[102] Es wäre demnach „ein Stück geistlicher Diakonie an den Höhen und Krisenpunkten menschlichen Daseins"[103], sich dem Begehren der Menschen nicht unter Verweis auf rechtliche Bestimmungen zu entziehen. Der Vorschlag Zahrnts, der über die oben genannten Ausnahmebestimmungen der Kirchenordnung weit hinausreicht, ist nicht neu[104], hat aber in einer Zeit mit hohen Kirchenaustrittszahlen und angesichts der durch die Wiedervereinigung beider deutscher Staaten veränderten konfessionellen Situation (erhöhter Anteil von Konfessionslosen in der Gesellschaft der Bundesrepublik) deutlich mehr Gewicht als zu Zeiten, in denen nur eine Minderheit keiner Kirche angehörte. Würden die einzelnen Landeskirchen dieses Ansinnen aufgreifen, müßte es nicht nur zu einer neuerlichen Überarbeitung der entsprechenden kirchenrechtlichen Bestimmungen kommen. Vorausgehen müßte vielmehr eine neue theologische Theoriebildung hinsichtlich der Amtshandlungen unter Fortschreibung der Theorie einer integralen Amtshandlungspraxis.

---

101 H. Zahrnt, Säkularität und Kirche: Eine Spannung gestalten, in: F.E. Anhelm (Hrsg.), Protestantismus als Volkskirche, a.a.O., 55.

102 Ebd.

103 Ebd.

104 Vgl. K. Barner, Die Welt als Kirche. Zum Problem Kirche und Kirchenaustritt, in: DtPfrBl 71, 1971, 448; J. Boeckh, Abschied von der Kirche – und wohin? Unvollständige Gedanken zur Lage, in: Quat 35, 1970/71, 101.

Von den Befragten vertritt niemand ausdrücklich eine grundsätzliche Öffnung der Amtshandlungspraxis gegenüber Ausgetretenen. Es geht aber in diese Richtung, wenn *Friedrich* betont, für ihn gelte diesbezüglich der Grundsatz der Grundsatzlosigkeit (F11). In der Praxis setzt *Friedrich* diesen Grundsatz weitestgehend um, macht aber doch hier und da gewisse Einschränkungen, so daß man bei ihm zwar von einer liberalen, nicht aber von einer uneingeschränkten Offenheit sprechen kann. Andererseits gibt es unter den Befragten auch niemand, der sich grundsätzlich gegen die Durchführung von Amtshandlungen an und für Ausgetretene(n) ausspricht, wie das beispielsweise R. Preul in seiner Kirchentheorie mit der Begründung tut, dies „widerspräche nicht nur den dienstrechtlichen Grundsätzen pfarramtlicher Praxis, sondern würde auch die durch den Rechtsakt des Kirchenaustritts bekundete Entscheidung nicht ernstnehmen."[105] Diese eher konservative Position läßt im Gegensatz zu der der befragten Praktiker und Praktikerinnen wenig Gespür für die gegenwärtige kirchliche Lage erkennen, ein Eindruck, der auch dadurch nicht gemildert wird, daß Preul den Ausgetretenen gegenüber „Gesprächsbereitschaft und Bereitschaft zur Seelsorge"[106] durchaus signalisiert haben will.

Die letzte Zuspitzung erhält die Forderung nach einer Öffnung der Amtshandlungen ohne Zweifel hinsichtlich der Bestattung Ausgetretener. Diese Problematik soll darum hier stellvertretend für andere kurz skizziert werden. Nach F. Merkel gibt es gute Gründe für, aber auch gegen die Bestattung Ausgetretener.[107] Zwingend davon sei aber keiner. Merkel schlägt daher vor, es dem verantwortlichen Ermessen der mit dem Anliegen der Angehörigen konfrontierten Gemeinde, des Presbyteriums und des zuständigen Pfarrers anheimzustellen, wie zu verfahren ist. „Dabei sind die gesamten Lebensumstände zu würdigen. So ist das Verhältnis der Hinterbliebenen zur Kirche sicher von erheblicher Bedeutung bei der Entscheidung, ob eine Bestattung gewährt oder versagt werden soll."[108] Als 'Lösung' des Problems schlägt Merkel die in der Badischen Landeskirche 1971 beschlossene Gesetzesfassung vor, die ebenfalls eine seelsorgerlich verantwortete Entscheidung innerhalb der Gemeinde vorsieht, zugleich aber hinsichtlich der praktischen Durchführung klare Vorgaben macht.[109] Sehr viel weiter geht die Forderung von M. Hammann[110] der nach einer kritischen Auseinandersetzung mit den häufig vorgebrachten Gegenargu-

---

105 R. Preul, Kirchentheorie, a.a.O., 185.

106 Ebd.

107 F. Merkel, Bestattung in der Volkskirche. Zum grundsätzlichen und zum Problem der Bestattung aus der Kirche Ausgetretener, in: WPKG 6, 1975, 245ff.

108 Ebd. 246.

109 Der Pfarrer/die Pfarrerin wird z.B. verpflichtet, die Amtstracht zu verwenden und sich an die Agende zu halten. Ebd. 247.

110 M. Hammann, Kirche für alle und jeden? Zur Bestattung von aus der Kirche Ausgetretenen, in: EK 24, 1991, 674-675.

menten[111] zu dem Schluß kommt: „Vom Evangelium her ergibt sich [...] eine gewisse Grundlinie, die die Folgerung zuläßt, daß eine kirchliche Bestattung Ausgetretener die Regel sein sollte, eine Verweigerung derselben nur in Ausnahmefällen vertretbar erscheint."[112] Dem ist auch vom Standpunkt einer lebensgeschichtlich orientierten Amtshandlungstheorie unbedingt zuzustimmen. Schließlich könnte man auch an die ethische Verantwortung der Kirche appellieren, um der Forderung nach einer Liberalisierung der Beerdigungspraxis an Ausgetretenen Nachdruck zu verleihen. „Es ist ein Postulat sozialer Gerechtigkeit, dass jemand, der jahrelang Steuern bezahlt hat und damit mithalf, daß Kranke besucht, Hilfsbedürftige unterstützt und Tote beerdigt wurden, selber nach seinem Austritt von solchen Dingen nicht einfach ausgeschlossen wird."[113] Es wäre demnach ein erster wichtiger Schritt, angesichts höherer Austrittszahlen und der häufiger gestellten Bitte, Nichtmitglieder kirchlich zu beerdigen, bereits im Vorfeld „Ausgetretene zu besuchen und Nichtmitglieder anzusprechen, zumal wenn sie getauft worden sind."[114] Bei solchen Begegnungen darf es jedoch nicht nur um die kirchenrechtlichen Probleme bei etwaigen Amtshandlungen gehen, für welche Ausgetretene und Konfessionslose in der Regel wenig Verständnis aufbringen können. Auch die individuellen Fragen und Bedürfnisse dieser Menschen sollten zur Sprache kommen können, so daß für beide Seiten die Erwartungshaltungen geklärt sind.

Zum Zeitpunkt der Befragung der Pfarrer und Pfarrerinnen galt im Bereich der westfälischen Landeskirche noch die alte Regelung, wonach eine Bestattung nur dann zulässig ist, wenn ein verstorbener Mensch selbst seinen Wunsch danach gegenüber „einem Pfarrer, einem Presbyter oder einem anderen kirchlichen Mitarbeiter erklärt hat, daß er wieder zur Kirche gehören will"[115], wobei es in das Ermessen des Pfarrers bzw. der Pfarrerin gestellt wird, ob er/sie die Beerdigung tat-

---

111 Auch auf den häufig von engagierten Laien vorgebrachten Einwand, wenn ohnehin jeder beerdigt werde, werde das dazu führen, daß die „Moral der kirchlichen Gemeinschaft" untergraben werde, weil es keine plausiblen Gründe mehr für die Beibehaltung der Mitgliedschaft gebe, geht Hammann ein, meint aber, daß diese Möglichkeit in Kauf genommen werden müsse, weil andererseits die missionarische Chance vertan werde, neue Felder der Verkündigung zu erschließen. Ebd. 675.

112 Ebd.

113 G. Schüepp, Kirchenaustritte – Anfrage an Selbstverständnis und pastorales Handeln der Kirche, a.a.O., 286. Nach Schüepp besteht aufgrund der früheren Leistungen sogar ein Anspruch auf eine wenn auch „bescheidene Gegenleistung" in Gestalt der kirchlichen Beerdigung (303). Entscheidender aber sei die Tatsache, „dass der Verstorbene getauft war und dass Kirchenzugehörigkeit mindestens zu einem Teil sein Leben mitgeprägt hat."

114 Ev. Kirche von Westfalen (Hrsg.), Berufsbild des Pfarrers, a.a.O., 51.

115 Art. 211,1 alte Fassung der Kirchenordnung der Evangelischen Kirche von Westfalen, a.a.O,. 71.

sächlich durchführt. Das Wissen um diese individuelle Freiheit ermöglicht den Befragten eine unterschiedlich ausgeprägte Flexibilität im Umgang mit dieser sensiblen Problematik. Am weitesten geht dabei gemäß seinem Grundsatz wiederum *Friedrich*, für den es selbstverständlich ist, daß auch Konfessionslose beerdigt werden, wenn die Angehörigen dies wünschen. Da für ihn die Beerdigung theologisch gesehen ein Geschehen ist, das vorwiegend unter seelsorgerlichen und kerygmatischen Aspekten zu sehen ist, erweist sich die Frage nach der Kirchenmitgliedschaft der Verstorbenen als bedeutungslos. Darin geht *Friedrich* selbst über die neuerlich beschlossene Diktion der Kirchenordnung hinaus. Konsequenterweise hält er grundsätzlich die Bezeichnung 'Gottesdienst anläßlich eines Todesfalls' für zutreffender, als von 'Beerdigung' oder 'Bestattung' zu reden, weil danach die Verstorbenen die Objekte der kirchlichen Handlung sind und nicht die Angehörigen. Auch *Christa* sieht in der Bestattung Konfessionsloser generell kein Problem, weil für sie entweder der Wunsch der Verstorbenen oder wahrscheinlicher der Wunsch der Angehörigen ausschlaggebend ist. Darauf läuft letztlich auch die Haltung von *Dietmar* hinaus, wenngleich er dies so offen nicht ausspricht. Erfahrungsgemäß kann die generelle Verweigerung einer kirchlichen Bestattung für Ausgetretene oder Konfessionslose dazu führen, daß die Hinterbliebenen sich von Kirche und Gemeinde enttäuscht abwenden. Darum sollten gemeinsam mit den Angehörigen alle Möglichkeiten ausgelotet werden, die unter grundsätzlicher Beachtung der Kirchenordnung eine solche Bestattung vertretbar erscheinen lassen. Für *Bernd* kommt dies nur in solchen Fällen in Betracht, in denen der/die Verstorbene ihm selbst gegenüber diesen Wunsch geäußert hat. Ob er damit implizit auch die anderen, in Art. 211,1 aufgeführten Personengruppen als mögliche Ansprechpartner einschließt oder vielmehr bewußt eine Verschärfung der Ausnahmebestimmung vornimmt, muß letztlich offenbleiben. *Annegret* und *Eckhard* halten eine seelsorgerliche Begleitung der Angehörigen in jedem Falle für geboten. Eine kirchliche Bestattung im herkömmlichen Sinne durchzuführen, lehnen sie jedoch ab. Das Ritual wird von ihnen zwar ausgeführt, unterscheidet sich aber auch äußerlich erkennbar von der kirchlichen Amtshandlung dadurch, daß beide nicht ihren Talar anziehen. Für *Annegret* heißt das, daß sie dabei nicht als Amtsperson, sondern als Privatperson auftritt. *Eckhard* läßt außerdem verschiedene Elemente der Bestattungsliturgie weg, um deutlich zu machen, daß hier nicht ein verstorbenes Mitglied der Kirche beerdigt wird, sondern jemand, der bewußt auf die Kirchenmitgliedschaft verzichtet hat. Kirchenrechtlich ist ein solches Vorgehen zwar nicht unstatthaft[116], enthält aber doch auch problematische

116 Es unterscheidet sich allerdings deutlich von der in Art. 213, Abs. 2 der Kirchenordnung vorgeschlagenen Andacht im Kreis der Familie, die ja auch bewußt

Aspekte, denn die Trennung zwischen Privatperson und Amtsperson allein unter Verzicht auf die Dienstkleidung zum Ausdruck bringen zu wollen[117], ist für die anderen Beteiligten nicht in jedem Falle nachvollziehbar.
Im Blick auf die Bestattung von Ausgetretenen zeigt sich also sehr deutlich die bereits erwähnte Halbherzigkeit in der Amtshandlungspraxis der Interviewten. Nur *Christa* und *Friedrich* folgen hier dem Grundsatz, daß dem Wunsch der Angehörigen aus seelsorgerlichen Gründen in jedem Falle uneingeschränkt zu entsprechen ist. Solange jedoch keine grundlegende Korrektur der kirchlichen Vorgaben aufgrund neuerer Standards erfolgt, setzen sie sich damit immer wieder dem Vorwurf des Relativismus aus. In der kirchlichen und theologischen Literatur halten sich Befürworter und Gegner einer Liberalisierung der Amtshandlungspraxis in etwa die Waage. Daneben gibt es aber auch Stimmen, die den Kasualien stärker den Charakter einer kirchlichen Dienstleistung geben wollen, für die dann auch ein entsprechendes Entgelt zu entrichten ist. Damit wäre das Problem jedoch nur vordergründig gelöst. Der Vorschlag von M. Josuttis, dem Ausgetretenen, der „selbstverständlich für sich und seine Familie den kirchlichen Service"[118] erwartet, einen bestimmten finanziellen Betrag dafür abzuverlangen, muß außerdem theologisch bedenklich erscheinen. Josuttis will diese Forderung bewußt als „finanzielle Gegenmaßnahme" gegen die Aufkündigung der Mitgliedschaft „aus finanziellen Erwägungen" verstanden wissen und schlägt daher „die Wiedereinführung von Stolgebühren"[119] vor. Auch wenn das Anliegen, die Gemeindefinanzen sichern zu wollen, gegenwärtig noch so verständlich erscheint[120]: Diese Maßnahme widerspricht der theologischen Prämisse,

---

nicht als Gottesdienst bezeichnet wird und nicht in zeitlichem Zusammenhang mit der Bestattung stehen soll.

117 Vgl. § 35 des sog. 'Pfarrerdienstgesetzes' (Kirchengesetz über die dienstrechtlichen Verhältnisse der Pfarrer in der Evangelischen Kirche der Union in der Fassung vom 31.05.1991, in: Ev. Kirche von Westfalen – Landeskirchenamt – (Hrsg.), Das Recht in der Evangelischen Kirche von Westfalen, Bd. 1, a.a.O., Nr. 500, 19.

118 M. Josuttis, Die Einführung in das Leben, a.a.O., 82.

119 Ebd. Auch dieser Vorschlag ist nicht neu. Vgl. H. Wulf, In einem religiösen Niemandsland. Welche Gründe führen heute zum Kirchenaustritt?, in: LM 23, 1984, 443.

120 Dazu schlägt u.a. *Bernd* vor, auch andere Modelle der Gemeindefinanzierung (Kirchgeld, Spenden) begleitend zur Kirchensteuer zu prüfen. Die Notwendigkeit einer „Ausdifferenzierung des kirchlichen Finanzierungssystems" wird gegenwärtig auf verschiedenen kirchlichen Ebenen diskutiert. Vgl. L. Mohaupt, Die Kirchen und ihre Finanzierung – das Geld in der Kirche. Wie kann und soll die evangelische Kirche in Zukunft ihre Arbeit finanzieren?, in: Evangelische Akademie Iserlohn (Hrsg.), Hat die Kirche noch Zukunft? Perspektiven für die Evangelische Kirche im 21. Jahrhundert, Tagungsprotokoll 53/1995, 48-51. Vgl. auch D. Werner, Kirche für das Leben, Missionarische Prioritäten im Zeichen wachsender

nach der die Amtshandlungen immer zugleich Zeichen der vorauslaufenden Güte Gottes sein sollen. Und ob sich die im Pfarramt Tätigen und die Gemeinden damit wirklich auf Dauer gesehen einen Dienst erweisen, muß selbst unter organisationssoziologischen Gesichtspunkten bezweifelt werden.[121]

4 Kirchenmitgliedschaft und Gemeindegliedschaft

4.1 Gestufte oder begrenzte Mitgliedschaft

Menschen, die aus der Kirche austreten, stehen in der Regel der Institution kritisch bis ablehnend gegenüber. Dies bedeutet jedoch weder, daß sie an diese Kirche keine Erwartungen mehr haben, noch muß dies zwangsläufig auch zu einer gänzlichen Abkehr von der Gemeinde, zu der sie gehört haben, führen, wie allein der Wunsch nach kirchlichen Amtshandlungen zeigt. Es gibt darüber hinaus den – wenn auch eher seltenen – Fall, daß Ausgetretene kontinuierlich an bestimmten Gemeindeveranstaltungen teilnehmen und sich sogar im Rahmen ihrer Möglichkeiten in der Gemeindearbeit engagieren. Von solchen Erfahrungen wissen auch einige der Interviewten zu berichten. Nach dem Eindruck von *Christa* ist für manche der Ausgetretenen nicht nur die passive Teilnahme an Gemeindeveranstaltungen, sondern auch das aktive Engagement von Nichtmitgliedern etwas völlig Normales. Sie selbst findet dies auch grundsätzlich begrüßenswert, wünscht sich aber, daß diese Menschen irgendwann doch in die Kirche eintreten, weil für sie der Aspekt der Solidargemeinschaft wichtig ist. *Dietmar* kennt in seiner Gemeinde einige Menschen, die der Institution Kirche kritisch gegenüberstehen und vor allem die Kirchensteuer grundsätzlich ablehnen, sich aber dennoch der Gemeinde am Ort verbunden wissen und ihre Aktivitäten unterstützen. Auch in *Eckhards* Gemeinde ist die Teilnahme von Nichtmitgliedern nichts Besonderes. Da er eine offene Gemeindekonzeption vertritt, die darauf fußt, daß das Angebot des Glaubens und der christlichen Gemeinschaft allen Menschen, gleich ob Mitglied oder Nichtmitglied, gilt, kann *Eckhard* darin nur eine Bestätigung dafür sehen, daß die Gemeinde auf dem richtigen Kurs ist. Auch der Hamburger Gemeindepfarrer A. Denecke beobachtet in seiner Gemeinde „eine hohe Bereitschaft von 'Nicht-Mitgliedern', wie selbstverständlich die religiösen/kulturellen/musikalischen Angebote der Kirche wahrzunehmen, sich damit gar innerlich in

---

religiös-sozialer Nachfrage und abnehmender finanzieller Möglichkeiten, in: PTh 85, 1996, 62ff.

121 Kritisch dazu auch D. Werner, ebd. 64. Unbedenklich ist dagegen der Beschluß der westfälischen Landessynode 1998, auch die Einkommen der Ausgetretenen zu besteuern, deren Familienangehörige Mitglieder der Kirche sind. Ob dies zu der gewünschten Steigerung der Kirchensteuereinnahmen führen oder möglicherweise weitere Austritte nach sich ziehen wird, muß sich erst noch zeigen.

hohem Maße zu identifizieren, das Gemeindeleben nicht nur durch passive Teilnahme, sondern auch durch aktive Anteilnahme mitzugestalten."[122] Denecke will diese Menschen in ihrer Entscheidung, nicht zur 'Groß-Kirche' gehören zu wollen, ernst nehmen, sieht aber auch ihre Bereitschaft, sich der Gemeinde als Mitglied zuzuordnen und schlägt deshalb in Anlehnung an die Unterscheidung von äußerer und geistlicher Kirche eine „*begrenzte* 'Gemeindemitgliedschaft'"[123] vor, die auch einen ausschließlich der Gemeinde zukommenden, freiwilligen Kirchenbeitrag „etwa in der Höhe des offiziellen Kirchensteuerbeitrags"[124] vorsieht. Ziel dieser zeitlich befristeten Mitgliedschaft, die zu einem größeren 'Vertrautwerden' mit der Kirche führen soll, ist der Wiedereintritt in die Institution. Die Befragten *Eckhard* und *Christa* hingegen können die von ihnen beobachtete Situation zunächst ohne Vorbehalte akzeptieren. Beide sagen ausdrücklich, daß sie Ausgetretene nicht zum Wiedereintritt animieren wollen. Vom Grundsatz her halten es beide aber für wünschenswert, daß die Partizipation von Nichtmitgliedern ein Übergangsstadium bis zur (Wieder-) Aufnahme der Mitgliedschaft bleibt.

Alle Bemühungen um eine flexiblere Gestaltung von Mitgliedschaftsformen sind grundsätzlich zu befürworten.[125] Fragwürdig ist aber die bei Denecke ausgesprochene Erwartung des Kircheneintritts. Werden die Nichtmitglieder hier tatsächlich noch in ihrer Entscheidung ernst genommen, müssen sie nicht besonders gegen Ende der befristeten 'Gemeindemitgliedschaft' unter enormen Entscheidungsdruck geraten? Warum können sie nicht in der in der von ihnen bevorzugten 'Halbdistanz' bleiben? Auch hinsichtlich des an der Kirchensteuer ausgerichteten Kirchenbeitrages drängt sich der Eindruck auf, daß es bei diesem Ansinnen primär um kirchliche Interessen geht und nicht um „Mitgliederpflege", wie der Untertitel suggerieren möchte.

Einen ähnlichen Vorschlag wie Denecke macht auch C. Coenen-Marx, die Konfessionslosen und Nichtgetauften „eine Probe- oder Gastmitgliedschaft"[126] anbieten will. „Dies wäre dann eine Art Stufenmitgliedschaft mit Öffnung zur Gesellschaft."[127] Auch sie hält den späteren Kircheneintritt bzw. die Taufe für wünschenswert. Die Beobachtung, daß es Menschen gibt, die nur noch formal Mitglieder, ansonsten aber völlig desinteressiert sind, während andere sich gerade als bekennende Christen von der Kirche meinen trennen zu müssen, veranlaßt

---

122 A. Denecke, Begrenzte Gemeindegliedschaft. Weiteres zum Thema Mitgliederpflege, in: PTh 84, 1995, 650.

123 Ebd. 652.

124 Ebd.

125 W. Huber, Auf dem Weg zu einer Kirche der offenen Grenzen, in: C. Lienemann-Perrin (Hrsg.), Taufe und Kirchenzugehörigkeit, a.a.O., 509-514.

126 C. Coenen-Marx, Kirchenmitgliedschaft zwischen Zugehörigkeit und Beteiligung, in: PTh 85, 1996, 99.

127 Ebd.

Coenen-Marx aber zu der Feststellung, daß Gliedschaft in der Gemeinde „umfassender, universaler und zugleich schmaler, verbindlicher als Mitgliedschaft“[128] ist. Ihre Position kommt damit derjenigen von *Friedrich* und *Dietmar* nahe. *Dietmar* mutmaßt, daß die Ausgetretenen, die sich der Gemeinde vor Ort verbunden wissen, möglicherweise sogar bereit wären, ihre Gemeinde auch finanziell zu unterstützen. Hier wäre am ehesten ein Modell ‘Gemeindegliedschaft ohne Kirchenmitgliedschaft’ denkbar. *Friedrich* kann nicht nur gut akzeptieren, wenn sich auch Ausgetretene weiterhin zur Gemeinde halten, er will auch ganz gezielt die Gaben und Fähigkeiten von Nichtmitgliedern für die Gemeinde nutzbar machen. Gelegentlich bittet er sie sogar um finanzielle Spenden für besondere Aufgaben in der Gemeinde. In der Perspektive der Ausgetretenen sieht er darin die Chance, sich in der Kirchengemeinde, zu der sie bis zum Austritt gehörten und der sie auch nach diesem Schritt verbunden bleiben, weiterhin zu engagieren. Es bleibt also *ihre* Kirchengemeinde. Diese Konstellation wird sich natürlich nur im Einzelfall ergeben, wenn die Betreffenden ausdrücklich ihr Interesse an einer Mitarbeit signalisieren. Ein gezieltes und methodisches Zugehen auf die Ausgetretenen kommt für *Friedrich* jedoch aus anderen Gründen nicht in Frage.

Offenheit, Aufmerksamkeit und Interesse an Konfessionslosen, die partiell an Angeboten der Gemeinde teilnehmen, sind also bei den meisten Interviewten vorhanden. Vorschläge zu einer Institutionalisierung dieser Verbundenheit mit der Ortsgemeinde machen sie dagegen nicht. Auch eine finanzielle Beteiligung der Konfessionslosen kann nur auf freiwilliger Basis erfolgen. Da es nach *Dietmar* für die Erhebung eines finanziellen Beitrages keine dringende Notwendigkeit gibt und überhaupt geklärt sein müßte, unter welchen Umständen ein solcher Gemeindebeitrag in Frage käme, verfolgt *Dietmar* den Gedanken nicht weiter. Die Bereitschaft von einzelnen Ausgetretenen, sich an den Kosten der Gemeindearbeit oder bestimmter Projekte zu beteiligen, in die Zahlung eines regelmäßigen Beitrags zu überführen, dürfte allerdings auch den Interviewten kaum gelingen, da sich die Menschen durch ihren Austritt ja der regelmäßigen Kirchensteuerzahlung gezielt entzogen haben.

Mit distanzierten Gemeindegliedern und Ausgetretenen ins Gespräch zu kommen, ist der Gemeinde schließlich um ihrer eigenen Reform willen aufgegeben. Nach V. Drehsen käme es dabei grundlegend darauf an, diese Menschen zu sehen als „Anwälte einer solchen Einlösung religiöser Ansprüche, die kirchlich unabgegolten bleiben, ohne daß es dafür theologisch oder sozialethisch stichhaltige Gründe gäbe.“[129]

---

128 Ebd. 100.

129 V. Drehsen, Wie religionsfähig ist die Volkskirche?, a.a.O., 31.

4.2 Zugehörigkeit als Ausnahme?

Nicht erst seitdem die konfessionelle und kirchliche Lage in den östlichen Bundesländern mittels statistischer Untersuchungen[130] ins allgemeine kirchliche Bewußtsein trat, stellt sich die Frage, ob auch für den Bereich der alten Bundesländer eine Situation denkbar ist, in der nur noch eine Minderheit der Bevölkerung einer christlichen Kirche angehört. Eine solche Situation ist für *Annegret* nicht nur vorstellbar, sondern in gewisser Weise sogar erstrebenswert, denn eine auf ein überschaubares Maß „geschrumpfte" Kirche wird der wahren Kirche, der Gemeinschaft der entschiedenen Christen und Christinnen viel eher entsprechen als die Volkskirche gegenwärtiger Gestalt. Der Minorisierungstrend der Kirche muß daher nicht aufgehalten werden. Der Blick auf die Situation der Kirche in der ehemaligen DDR zeigt, wo die Chancen einer Minderheitssituation liegen. Auch nach *Christa* wird die Entwicklung zur kleineren Kirche weiter fortschreiten, wenn sich die gegenwärtigen Trends fortsetzen. Sie sieht dies im Gegensatz zu *Annegret* mit sehr gemischten Gefühlen. Nach *Bernd* kann man im Blick auf die gegenwärtige Situation schon nicht mehr von einer Volkskirche sprechen. Über die tatsächlich zu erwartenden Größenverhältnisse machen aber weder *Annegret*, noch *Bernd* oder *Christa* konkrete Aussagen. *Eckhard* und *Friedrich* können sich dagegen eine Minderheitensituation der Kirchenmitglieder gegenwärtig nicht vorstellen. Für *Friedrich* ist das volkskirchliche System im Gegenteil durchaus stabil.

Die Mitte der 80er Jahre veröffentlichte EKD-Studie „Strukturbedingungen der Kirche auf längere Sicht"[131] kommt zu der Prognose, daß unter Berücksichtigung der Komponenten Bevölkerungsentwicklung, Kirchenaustritte und daraus resultierenden Taufunterlassungen die Kirchenmitgliedschaft bis zum Jahr 2030 unter günstigen Bedingungen bei etwa 51% des Standes von 1980 liegen, möglicherweise aber auch auf 44% zurückgehen wird.[132] Damit wäre eine annähernd mit dem heutigen Status quo in den östlichen Bundesländern vergleichbare Situation erreicht. Auch wenn die in der Studie zugrundegelegten Zahlen inzwischen aufgrund der neuen konfessionellen Si-

---

130 D. Pollack, Zur religiös-kirchlichen Lage in Deutschland nach der Wiedervereinigung, a.a.O., 586, bezieht sich bei seiner Analyse auf die Zahlen der ALLBUS 1994. Danach zählen sich im Osten nur 25% zur evangelischen, 3% zur katholischen Kirche.

131 Evangelische Kirche in Deutschland – Studien- und Planungsgruppe, Strukturbedingungen der Kirche auf längere Sicht, a.a.O.

132 Ebd. 7. Die Verfasser der Studie machen dabei auf einen bedenklichen circulus vitiosus aufmerksam, für den sie den Begriff „Frustrationsschleife" (13) gebrauchen: Kann die Kirche ihre gesellschaftlichen Funktionen und Aufgaben aufgrund fehlender Kapazitäten nicht mehr in vollem Umfang wahrnehmen, wirkt sich das verstärkend auf den Akzeptanzverlust und damit auch auf den Mitgliederrückgang durch Kirchenaustritte aus.

tuation in der Bundesrepublik überholt ist, die in ihr aufgezeigten Folgewirkungen bleiben für die kirchliche Planung von Bedeutung. Unter den Befragten hat vor allem *Dietmar* sehr konkrete Vorstellungen darüber, wie sich die zukünftige Mitgliedschaftsentwicklung gestalten wird. Auch wenn er die Ergebnisse der erwähnten EKD-Studie „Strukturbedingungen der Kirche auf längere Sicht" nicht exakt wiedergibt, so zeigen seine Überlegungen immerhin, daß nach seiner Ansicht mit einem enormen Mitgliederrückgang gerechnet werden muß. Im Gegensatz zu *Annegret,* die ebenfalls von einem steten Rückgang der Mitgliederzahlen ausgeht, ist *Dietmar* jedoch der Ansicht, daß die Kirche nichts unversucht lassen sollte, dieser Entwicklung entgegenzuwirken. Die Erfolgsaussichten gezielter Strategien zur Austrittsprävention dürften jedoch in der gegenwärtigen gesellschaftlichen Situation äußerst gering sein. So werden sich die Kirchen nolens volens darauf einstellen müssen, daß der Anteil der Konfessionslosen in der Bevölkerung weiter kontinuierlich anwachsen wird. Gleichwohl gibt es gute Gründe, dieser Entwicklung nicht einfach nur tatenlos zuzusehen. Zum einen muß die Kirche sich immer wieder selbstkritisch fragen, was sie selbst dazu beiträgt oder unterläßt, daß Menschen sich gleichgültig, enttäuscht oder verärgert von ihr abwenden. Zum anderen muß sie, wie schon mehrfach betont wurde, gerade das Gespräch mit denen suchen, die ihr kritisch gegenüberstehen, um ihre Kritik, ihre Erwartungen und Bedürfnisse bei ihrer anstehenden Reform aufzunehmen. Die Situation in den neuen Bundesländern zeigt, wie schwierig es ist, mit Menschen, die nie Kontakt mit der Kirche und dem christlichem Glauben hatten, Berührungspunkte oder Anknüpfungspunkte zu finden.[133] E. Neubert stellt in einer neueren Studie zur Situation in den neuen Bundesländern fest, „daß Konfessionslosigkeit im Osten in einem anderen gesellschaftlichen Zusammenhang zu sehen ist"[134] als im Bereich der alten Bundesrepublik. „Im Osten ist sie keinesfalls Ausdruck von Mündigkeit, von gesellschaftlicher Emanzipation."[135] Vielmehr macht sich die Entstrukturierung der Gesellschaft in einer „Unterindividualisierung" bemerkbar. Allerdings besteht dort bei vielen Konfessionslosen eine erstaunliche, oft vorbehaltlose Aufgeschlossenheit. Auch wenn man der Institution Kirche mit Vorbehalten gegenübersteht, so besteht doch Interesse an der persönlichen Begegnung mit Menschen, die sie vertreten. Mitarbeitende, engagierte Christenmenschen und natürlich auch Pfarrer und Pfarrerinnen ohne Berührungsängste sind hier vor die schwierige Aufgabe gestellt, die Interessen und Wünsche der Menschen in Erfahrung zu bringen und

---

133 H. Zeddies, Kirchenzugehörigkeit als Ausnahme?, in: H. von Loewenich/H. Reller (Hrsg.), Unterwegserfahrungen. Gemeinde entwickeln in Ost und West, Gütersloh 1991, 108.

134 E. Neubert, „gründlich ausgetrieben", a.a.O., 92.

135 Ebd.

aufzugreifen, ohne das subjektive Interesse am Gewinn dieser Menschen für die eigene Sache zum Handlungsmaßstab zu machen. Geduld und die Bereitschaft, auch wieder loszulassen, sind hier besonders gefragt. Auch E. Neubert kommt in seiner Studie zu der überraschenden Schlußfolgerung, „daß Ostdeutsche, würde die Unterindividualisierung abgemildert und Mündigkeit als sozialer Vorteil entdeckt, überhaupt erst zur Entscheidung für kirchliche Angebote – wenn sie dann auch verfügbar wären – befähigt würden."[136]

In den alten Bundesländern scheint die Situation vergleichsweise einfacher zu sein. „Nähe zu den Kirchenfernen"[137] und zu Ausgetretenen herzustellen, erfordert jedoch auch hier nicht nur Courage, sondern auch die Fähigkeit zur kritischen Selbstreflexion. Diese muß beginnen bei der Frage, wo die eigenen Anteile dafür zu suchen sind, daß Menschen überhaupt in die Kirchenferne geraten. Liegt es nicht auch an der Kirche und den Strukturen der Gemeinden vor Ort, wenn eine hochverbundene und engagierte Minderheit den Eindruck einer selbstgenügsamen und abgeschlossenen Gemeinschaft vermittelt? Zugegeben: „In einem solchen Getto läßt es sich leben, besonders, wenn die Finanzen stimmen."[138] Freiheit aber, das Herausgehen aus dem Getto, ist anstrengend. Eigene Blockaden und Hemmungen müssen erst abgebaut werden. Aber in der vorbehaltlosen Begegnung von Mensch zu Mensch liegt die Chance zu eigenen Veränderungen und vielleicht auch zur Korrektur von bestehenden Ressentiments des Gegenübers. Zu solchen Begegnungen gibt es auch in den alten Bundesländern noch gute Gelegenheiten, die es von seiten der Pfarrer, Pfarrerinnen sowie der anderen engagierten Mitarbeitenden zu nutzen gilt. Das zeigen nicht zuletzt auch die Beispiele gelungener Kommunikation bei *Christa*, *Eckhard* und *Friedrich*.

---

136 Ebd.

137 S. Sunnus, Nähe zu den Kirchenfernen. Gemeindeleitung, pastoraler Auftrag und Konfirmandenarbeit zwischen Getto und Volkskirche, Gütersloh 1994, 15: „Die Kirchenfernen einschließlich der Ausgetretenen sind keine ›outsider‹, keine ›Abtrünnigen‹, keine ›Masse der Verlorenen‹, sondern von ihrer Taufe her auch von der sichtbaren Kirche zu schätzende Christenmenschen!"

138 Ebd. 22.

7. Kapitel: Pfarrerinnen und Pfarrer – zum Wandel einer kirchlichen Funktionselite[1]

Das evangelische Pfarramt wurde seit der Reformation wie kaum ein anderes Berufsbild der Neuzeit von den sich in seinem Umkreis vollziehenden gesellschaftlichen, politischen und kulturellen Veränderungen berührt, geprägt und zu neuerlichen Profilierungen veranlaßt.[2] Natürlich verlief dieser Anpassungs- bzw. Abgrenzungsprozeß nicht immer gradlinig und brachte bis in die Gegenwart immer wieder sehr unterschiedliche Amts- und Berufsverständnisse hervor. Dennoch lassen sich besonders für jene Zeiten, in denen sich die Kirche als solche vor besondere Herausforderungen gestellt sah, bestimmte Tendenzen der Personalisierung des Pfarramtes aufweisen, die das Selbstverständnis und die Außenwahrnehmung der Pfarrer und später auch der Pfarrerinnen maßgeblich geprägt haben und prägen. Der Zeitraum von der Mitte des 19. Jahrhunderts bis zur Gegenwart ist im Blick auf die Kirchenaustrittsproblematik von besonderem Interesse. Zwar zählten die Austritte selbst zu keiner Zeit zu den vordringlichsten Herausforderungen für die Pfarrer und Pfarrerinnen, sie wurden aber immer als ein wichtiges Symptom für die gesellschaftlichen und politischen Veränderungen gedeutet, innerhalb derer sie sich vollzogen.[3] Wie die Kirche und wie insbesondere die im Pfarramt Tätigen auf diese Veränderungen reagierten, wirft daher ein bezeichnendes Licht auf ihr pastorales Berufsverständnis. Gerade die Einstellungen und Verhaltenssyndrome hinsichtlich der Kirchenaustritte sind wichtige Indikatoren

---

1 Der Begriff 'Elite' wird in der Soziologie in einem allgemeinen Sinne gebraucht für „ein *soziales Subjekt*, dessen Mitglieder nach einem Selektionsprozeß Positionen innehaben, die ein im Vergleich zu nicht-elitären Positionen deutlich höheres *Macht*potential aufweisen und deren Inhaber daher in der Lage sind, *Struktur* und *Wandel* der *Gesellschaft* in entsprechendem Maße zu beeinflussen." G. Berger, Art. Elite, in: G. Endruweit/G. Trommsdorff (Hrsg.), Wörterbuch der Soziologie Bd. 1, Stuttgart 1989, 140. Neuere Elitetheorien betonen aber stärker die Notwendigkeit des Funktionswandels der gesellschaftlichen und politischen Eliten. Eliten sind dann nicht länger unter dem Gesichtspunkt der damit verbundenen Machtposition zu sehen, sondern als „Ermöglicher", die sich durch funktionale Kompetenz auszeichnen und demokratisch kontrolliert werden können.

2 Vgl. dazu E. Winkler, Art. Pfarrer II. Evangelisch, in: TRE 26, Berlin/New York 1996, 360-374.

3 W. Pittkowski/R. Volz, Konfession und politische Orientierung: Das Beispiel der Konfessionslosen, in: K.-F. Daiber (Hrsg.), Religion und Konfession, a.a.O., 95-99.

dafür, inwieweit sie in der Lage waren, die gesellschaftsgeschichtlichen Wandlungsprozesse überhaupt in konstruktiv-kritischer Weise zu verarbeiten. Das Augenmerk richtet sich zunächst auf die Phase der zweiten Hälfte des 19. und des beginnenden 20. Jahrhunderts, in der sich ein bis in die Gegenwart bedeutungsvoller Wandel des Amtsverständnisses vollzog. Eine ähnliche Intensität erreichte die theologische und kirchliche Auseinandersetzung über die Funktion des Pfarramtes erst wieder in den siebziger und achtziger Jahren des 20. Jahrhunderts[4] im Zusammenhang mit der Frage nach dem Stellenwert der Pastoraltheologie im Rahmen einer Theorie kirchlichen Handelns. Wichtige Anstöße gingen dabei von den EKD-Mitgliedschaftsstudien aus, die auf eine ungebrochene Wertschätzung für den Pfarrberuf und die Person des Pfarrers/der Pfarrerin seitens der Mitglieder aufmerksam machten.

In der gegenwärtigen kirchlichen Lage sind die konzeptionellen Überlegungen hinsichtlich des Pfarramtes deutlich überlagert worden von den durch die finanzielle Krise der Kirche aufgeworfenen strukturellen Fragen und Problemen. Der Zwang zur Einsparung von Pfarrstellen hat auch eine neue Diskussion über die Bedeutung der Funktionspfarrstellen entfacht. Die Interviews mit den Pfarrern und Pfarrerinnen fanden allerdings zu einem Zeitpunkt statt, als diese Diskussion erst allmählich in Gang kam. Von daher nehmen die Befragten auch nicht Stellung zu den aktuellen Problemen der Personalsituation in der Kirche. Auch wurden sie nicht explizit nach ihrem Amts- und Berufsverständnis oder ihrem Selbstbild als Pfarrer/Pfarrerinnen gefragt, weil dies möglicherweise zu einer gewissen Aporie geführt hätte. Die pastorale Identität der Befragten und ihr Funktionsverständnis des Pfarrberufes konnten folglich nur indirekt über andere Zusammenhänge und die in ihren Aussagen zu Tage tretende pastorale Praxis erschlossen werden. Die geschichtliche Perspektive entfällt dabei naheliegender Weise vollständig. Es ist jedoch davon auszugehen, daß

---

4 Die Zeit des sog. Kirchenkampfes soll damit nicht als unbedeutend eingestuft werden. Gerade die Auseinandersetzung mit dem totalitaristischen Staat, der ja ganz gezielt ein Programm der Entkirchlichung verfolgte und später auch den Kirchenaustritt als Zeichen einer staatstreuen Einstellung einforderte, stellte nicht wenige Pfarrer vor die Frage nach der Bereitschaft zu persönlichen Opfern. Andererseits bildete sich in dieser Zeit bei vielen Pfarrern eine auch nach Beendigung der Nazidiktatur fortbestehende Kirchenkampfs-Identität heraus, die zu einer weiteren Verkirchlichung des Protestantismus führte. Dazu die Auseinandersetzung J. Mehlhausens mit der Kritik H. Marcuses an den protestantischen Pfarrern. Vgl. J. Mehlhausen, Kirchenkampf als Identitätssurrogat? Die Verkirchlichung des deutschen Protestantismus nach 1933, in: F.W. Graf/K. Tanner (Hrsg.), Protestantische Identität heute, a.a.O., 192-203, bes. 195ff. Diese Zeit brachte jedoch keinen grundlegenden Wandel im Pfarramtsverständnis hervor, sondern verstärkte vielmehr Tendenzen, die schon vorher vorhanden waren, wie etwa das Bild des Pfarrers als Zeugen, der gegenüber Gemeinde und gesellschaftlichem Umfeld um seines Auftrages willen Distanz zu wahren hat.

auch die Befragten in einer bestimmten pastoraltheologischen Tradition stehen und folglich die beschriebenen geschichtlichen Entwicklungen auch für die gegenwärtige Sicht ihres Amtes und ihre berufliche Identität von Bedeutung sind.

1 Der Umschwung im Amtsverständnis in der zweiten Hälfte des 19. Jahrhunderts

In der zweiten Hälfte des 19. Jahrhunderts setzte sich die seit Anfang des Jahrhunderts zu beobachtende Entkirchlichung breiter Bevölkerungsschichten in Deutschland, insbesondere diejenige des gebildeten Bürgertums und der Arbeiterschaft, unvermindert fort.[5] Mehr und mehr bildete sich der Typus eines 'Gewohnheitschristentums' heraus, das sich auf formale Zugehörigkeit zur Kirche und auf die gelegentliche Inanspruchnahme kirchlicher Handlungen oder die Teilnahme an jahreszyklischen Gottesdiensten, etwa an den hohen Feiertagen, beschränkte. Obwohl die Möglichkeit des Kirchenaustritts faktisch seit 1873 bestand, bewegten sich die Austrittszahlen bis zur Wende zum 20. Jahrhundert noch auf relativ niedrigem Niveau. Sie wurden auch in der Pfarrerschaft erst nach 1908 als ernsthaftes Problem erkannt.[6] Durch den Urbanisierungsprozeß wandelte sich in den Städten die Gemeindestruktur von Grund auf, was zu einer dramatischen Verschlechterung der Versorgungssituation führte, da die Zahl der Pfarrstellen sich nur unbedeutend erhöhte. Dadurch bedingt veränderten sich Stellung und Tätigkeitsprofil der Pfarrer grundlegend. Die enorme Arbeitsbelastung führte nach O. Janz zu einer Anonymisierung des Verhältnisses der Geistlichen zu ihren Gemeindegliedern. „Für den größten Teil der Gemeinde wurde der Pfarrer zu einem in der Ferne agierenden 'Zeremonienmeister'. Nur noch für einen kleinen Kern der Gemeinde, der aktiv am Kultus und am kirchlichen Leben teilnahm, übte er wichtige soziale Funktionen aus."[7] Aber nicht nur in der Sicht der Kirchenmitglieder veränderte sich das Bild des Pfarrers. Die Pfarrer selbst sahen sich zunehmend in die Defensive gedrängt, beklagten die zurückgehende Nachfrage nach ihrem Tun und die allgemeine Kirchenentfremdung.[8] Sie reagierten darauf „zu großen Teilen mit dem Rückzug in ein kirchlich-pastorales und kirchennahes Milieu, wodurch ihre soziale Isolierung und der Bedeutungsverlust der Kirche in

---

5 O. Janz, Bürger besonderer Art: evangelische Pfarrer in Preussen 1850-1914, Berlin/New York 1994, 61-84.

6 J.-G. Sternberg, Kirchenaustritte in Preußen 1847-1933 im Lichte der kirchlichen Publizistik als Anfrage an die evangelische Kirche, Bochum 1992, 56ff.

7 O. Janz, Bürger besonderer Art, a.a.O., 72f.

8 Vgl. schon F. Schleiermacher, Über die Mittel, dem Verfall der Religion vorzubeugen, a.a.O., 94ff.

der bürgerlichen Gesellschaft erst recht verstärkt wurde [sic!].“[9] War die evangelische Pfarrerschaft zu Beginn des 19. Jahrhunderts noch „eine Kerngruppe des gebildeten und staatsnahen Bürgertums“[10], so zog sie nun aus der beobachteten Distanz des gehobenen Bürgertums zur Kirche die Konsequenz, sich selbst nicht mehr primär als gebildete Bürger anzusehen, „sondern als Angehörige eines geistlichen Standes jenseits der bürgerlichen Berufswelt.“[11] Dies wirkte sich unter anderem auf ihre privaten Sozialkontakte[12] und ihr gesellschaftliches Engagement[13] aus, denn für viele Pfarrer wurde die Kirchentreue zum ausschlaggebenden Kriterium bei der Aufnahme von auf Kontinuität angelegten Kontakten. Die Folgen dieser Entwicklung waren Lebensferne und Unnahbarkeit.[14] Außerdem zeichneten sie sich durch eine im Gegensatz zu anderen Berufsgruppen außerordentliche Nähe zum Staat aus. Die Klerikalisierung des Pfarrerstandes, der Rückzug in eine kirchlich-pastorale Subkultur wirkte sich nicht zuletzt auch darin immunisierend aus, daß viele Pfarrer die Ansicht vertraten, die Austritte hätten für die Kirche eine katalysierende Funktion.[15]
Der gesellschaftliche Funktionswandel des Pfarramtes im 19. Jahrhundert macht sich bis in die Gegenwart hinein bemerkbar.[16] Er führte nach J. Matthes zu einer Reduktion der gesellschaftlichen Mehrfunktionalität ebenso wie zu einer „theologische[n] Reduktion seiner Funktionen“[17], was sich bis heute in einem ständigen Rekurs auf die theologische Begründbarkeit pfarramtlicher Praxis und der Herausbildung einer Sonderstellung als Gegenüber der Gemeinde zeigt. Diese Haltung erschwert nicht nur den Umgang mit den Menschen im näheren Umfeld der Kirchengemeinde, sondern verhindert auch Begegnungs- und Kommunikationsmöglichkeiten mit denen, die dem kirch-

9 O. Janz, Zwischen Bürgerlichkeit und kirchlichem Milieu. Zum Selbstverständnis und sozialen Verhalten der evangelischen Pfarrer in Preußen in der zweiten Hälfte des 19. Jahrhunderts, in: O. Blaschke, F.-M. Kuhlemann (Hrsg.), Religion im Kaiserreich: Milieus – Mentalitäten – Krisen, Gütersloh 1996, 383.

10 Ebd. 382.

11 O. Janz, Bürger besonderer Art, a.a.O., 491. Nach P. Drews, Art. Pfarrer I. Geschichtlich, in: RGG 4, Tübingen [1]1913, Sp. 1431, wirkte sich dies bei einzelnen sogar im Bewußtsein für eine besondere göttliche Amtsgnade aus.

12 O. Janz, Zwischen Bürgerlichkeit und kirchlichem Milieu, a.a.O., 404.

13 Ebd. 396ff. Durch ihr außerordentliches Interesse an der Heimatgeschichte und die Mitgliedschaft in Heimat- und Geschichtsvereinen hatten viele Pfarrer zwar noch Kontakte zu den bürgerlichen Honoratioren, aber die soziale Bedeutung der Geschichtsvereine darf nach Janz (403) nicht überschätzt werden.

14 P. Drews, Art. Pfarrer I., a.a.O., Sp. 1431.

15 C. Scholl, Der Massen-Austritt aus der Kirche. Vom Standpunkt der freien Gemeinden betrachtet, Heidelberg 1878, 10.

16 Vgl. J. Matthes, Gesellschaftsentwicklung, Pfarramt und Pfarrerrolle, in: PTh 61, 1972, 23-27.

17 Ebd. 25.

lichen Leben eher fernstehen[18] oder bereits ihren Austritt erklärt haben. Auch bei einzelnen Befragten kommt, wie bereits mehrfach deutlich wurde, diese Einstellung darin zum Ausdruck, daß die Gruppe der Hochverbundenen und regelmäßig am Gemeindeleben Teilnehmenden als der eigentliche Zuständigkeitsbereich angesehen wird.

2 Neubestimmung der Pastoraltheologie

Ende der 60er Jahre dieses Jahrhunderts, in einer Zeit gesellschaftlicher Umbrüche und Aufbrüche, von denen auch Kirche und Theologie in nicht geringem Maße betroffen waren, sahen viele Theologen das Ende der klassischen Pastoraltheologie gekommen.[19] Sie sei als eine auf das pastorale Handeln beschränkte Theorie nicht mehr in der Lage, auf die komplexe gesellschaftliche Situation und auf die daraus resultierenden Herausforderungen für die Kirche und die Praktische Theologie in wissenschaftlich angemessener Form zu reagieren. Folgerichtig kam G. Rau am Ende seines geschichtlichen Abrisses dieser, seit Beginn des 19. Jahrhunderts immer wieder um ihre Eigenständigkeit gegenüber der Praktischen Theologie ringenden, theologischen Disziplin[20] zu dem Ergebnis: „Eine Pastoraltheologie ist als Funktion des Pastoralamtes nur so lange lebensfähig, solange es ein Pfarramt gibt. Daher zeigt das Ende der pastoraltheologischen Tradition das Ende des traditionellen Pfarramts an."[21] Dennoch wies Rau der Pastoraltheologie als der personspezifischen Gestalt des kirchlichen Handelns innerhalb der Praktischen Theologie eine Vermittlungsfunktion zwischen dem institutionellen Handeln der Kirche und dem Handeln der einzelnen Christen und Christinnen zu.[22] Diese Option aufzunehmen, war in der gegebenen Situation jedoch nicht mehr ohne weitreichende Einbeziehung gesellschaftstheoretischer und religionssoziologischer Erkenntnisse sowie humanwissenschaftlicher Methoden möglich. Tatsächlich fand die Pastoraltheologie in der Folge innerhalb der Praktischen Theologie, aber auch in der theologischen Praxis eine neue Aufmerksamkeit, so daß W. Steck aus Anlaß der Namensänderung zu Beginn der achtziger Jahre in einem doppelten Sinne von einer „Wie-

18 Ebd. 26.
19 Davon zeugt u.a. die Umbenennung der gleichnamigen Zeitschrift in „Wissenschaft und Praxis in Kirche und Gesellschaft" ab Jahrgang 1970. Vgl. dazu P. Stolt, Die Pastoraltheologie seit 1948, in: PTh 84, 1995, 221-233.
20 G. Krause, Hat die Praktische Theologie wirklich die Konkurrenz der Pastoraltheologie überwunden?, in: ThLZ 95, 1970, 721-732.
21 G. Rau, Pastoraltheologie. Untersuchungen zur Geschichte und Struktur einer Gattung praktischer Theologie, München 1970, 317.
22 Ebd. 327f. und 334.

derkehr der Pastoraltheologie"[23] sprechen konnte. Als „Ergebnis jener Tendenzwende"[24] versteht M. Josuttis sein 1982 erschienenes Buch „Der Pfarrer ist anders"[25], mit dem er an seine zeitdiagnostische Beurteilung des Pfarramtes Anfang der 70er Jahre[26] anknüpft und die bereits dort sichtbar werdende Tendenz, ihm eine mit der gemeindlichen und gesellschaftlichen Wirklichkeit kaum noch vermittelbare Sonderrolle zuzuweisen, verstärkt. Pastoraltheologie wird hier verstanden als wissenschaftliche Reflexion der Konfliktzonen pastoraler Existenz.[27] Ihr geht es um die Beschreibung der empirischen Realität des Pfarrberufes, die ohne Rekurs auf „historische, soziogenetische und psychogenetische wie komparatistische Betrachtungsweisen"[28] nicht auskommt. Die 'zeitgenössische Pastoraltheologie' Josuttis' leistet ohne Zweifel einen wichtigen Beitrag zum Verständnis der pastoralen Existenz, ihrer Rollendiffusionen und Identitätsproblematik. Bedenklich ist jedoch die immer wieder durchklingende Affirmation der Andersartigkeit des Pfarrers als eines Gegenübers zur Gemeinde und zur Gesellschaft. Diese tritt in der neuesten pastoraltheologischen Veröffentlichung von Josuttis noch deutlicher hervor. Pfarrer und Pfarrerinnen werden danach in Zukunft Führer und Führerinnen in die verborgene und verbotene Zone des Heiligen sein.[29] Nicht nur terminologische[30] und theologische Anfragen[31] ergeben sich im Blick auf ein solches Amtsverständnis, sondern auch Zweifel an der Realitätsbezogenheit der von Josuttis aufgezeigten Antagonismen[32] sowie der mystischen

23 W. Steck, Die Wiederkehr der Pastoraltheologie. Wissenschaftsgeschichtliche Betrachtungen zum Wechsel des Titels, in: PTh 70, 1981, 10-27.
24 M. Josuttis, Der Pfarrer ist anders, a.a.O., 17.
25 1988 veröffentlichte Josuttis als „Fortsetzung des Unternehmens" (9): Der Traum des Theologen, a.a.O. Josuttis geht hier (6 Jahre nach Band 1!) von einer „neue[n] Situation des Pfarrerdaseins" (9) angesichts globaler Prozesse von Lebens- und Umweltzerstörung aus.
26 M. Josuttis, Praxis des Evangeliums zwischen Politik und Religion. Grundprobleme der Praktischen Theologie, München [2]1983, 13-40. Die Rollen des opinion-leaders und des Grenzgängers (37f.) sind für die „Praxis des Evangeliums in Politik und Religion" gestaltungsfähig.
27 M. Josuttis, Der Pfarrer ist anders, a.a.O., 20, vgl. o., 22f.
28 Ebd. 24.
29 M. Josuttis, Die Einführung in das Leben, a.a.O., 18ff.
30 Josuttis weiß um die verschiedenen problematischen Aspekte des Führerbegriffes (ebd. 21-33), hält ihn aber dennoch für eine angemessene Funktionsbeschreibung.
31 Dazu. W. Neidhart, Theologie des kirchlichen Amtes: der Pfarrer ein Priester?, in: H.-D. Bastian (Hrsg.), Kirchliches Amt im Umbruch, München 1971, 32f.
32 C. Möller, Zwischen 'Amt' und 'Kompetenz'. Ortsbestimmung pastoraler Existenz heute, in: PTh 82, 1993, 465: „Wer dem Titel 'Der Pfarrer ist anders' wirklich mit seiner Existenz zu folgen versucht, wird entweder kokett, weil er mit dem Reiz des Alternativen so zu spielen beginnt, wie Josuttis das vormacht; oder er wird depressiv, weil er bis in seine Träume hinein sich selbst beschattet."

und psychagogischen Führungsrolle des Pfarrers bzw. der Pfarrerin.[33] Vor allem aber ist zu fragen, ob eine solche Person in der Lage ist, die gesellschaftliche Wirklichkeit und insbesondere die religiöse Praxis der Menschen zu erfassen und auf die eigene Arbeit zu beziehen.

Die Rollenerwartungen auch der eher distanzierten Mehrheit der Kirchenmitglieder ernstzunehmen, ihrem Bedürfnis nach individueller, lebensgeschichtlich verankerter Begleitung so weit wie möglich zu entsprechen, „macht nicht aus dem Pfarrer eine Wetterfahne."[34] Vielmehr zeigt sich darin die Bereitschaft zu situationsadäquatem Verhalten sowie die kommunikative Kompetenz, die sich freilich nicht von selbst einstellt. Aufgabe der Pastoraltheologie muß es daher sein, die im Pfarramt Tätigen zu einer theologisch versierten Berufspraxis anzuleiten und gleichzeitig zu vermitteln, „wie Menschenkenntnis gewonnen, Kontakt- und Gesprächsfähigkeit gefördert, Konfliktlösungsstrategien entwickelt, Situationen und Verhältnisse erkannt und wie ihnen sinnvoll begegnet werden kann."[35]

3 Theorien des Pfarramtes in der Gegenwart

Im Zuge der theologiegeschichtlichen Differenzierungen bildeten sich spätestens seit Mitte des 19. Jahrhunderts verschiedene Theorien des evangelischen Pfarramtes heraus, die von den gegenwärtig anzutreffenden Konzeptionen unter Aufnahme zeitgenössischer Impulse fortgesetzt werden. D. Rössler hat eine Typisierung solcher Konzepte vorgenommen.[36] Er will diese jedoch nicht idealtypisch verstanden wissen, da es in der Praxis meistens zu Mischformen und fließenden Übergängen kommt. Auch in den Äußerungen der Befragten lassen sich typische Züge solcher Theoriekonzeptionen des Pfarramtes nachweisen. Die einzelnen Interviewten jedoch jeweils einer bestimmten Konzeption zuzuordnen, verbietet sich schon deshalb, weil die pastoralen Selbstkonzepte nur indirekt erschlossen werden konnten und sich auch in ihrer Praxis die verschiedenen Aspekte zum Teil vermischen. Rössler unterscheidet vier Konzepte des Pfarramtes[37], die jeweils ein bestimmtes Selbstverständnis des Pfarrers oder der Pfarre-

---

33 Muß es nicht als Anmaßung gelten, wenn jemand mit einem solchen Anspruch auftritt? Wird hier das neuzeitliche Autonomiebedürfnis auch der Kirchenchristen ernst genommen? Wer bildet die Gefolgschaft eines solchen Führers? Die Kerngemeinde, kirchliche Randseiter, politisch Engagierte oder die Gemeinde als ganze?

34 W. Neidhart, Theologie des kirchlichen Amtes, a.a.O., 40.

35 F. Merkel, Art. Pastoraltheologie II. Evangelisch, a.a.O., 82.

36 D. Rössler, Amt und Beruf des Pfarrers, in: F. Wintzer (Hrsg.), Praktische Theologie, a.a.O., 16-19.

37 Sie finden sich in abgewandelter Form auch in: Ev. Kirche von Westfalen (Hrsg.), Berufsbild des Pfarrers, a.a.O., 9.

rin voraussetzen und hier in einem allgemeineren Sinne als Funktionen beschrieben werden:

1. Das Amt im Dienst der Verkündigung,
2. Eine zentrale Funktion bei der Vermittlung von Werten und die Begleitung in Krisensituationen,
3. Die Aufgabe, Menschen zum Leben zu verhelfen,
4. Die Wahrnehmung des politischen Auftrages.

Die *erste* Konzeption knüpft an das Pfarrerbild der Reformation an. Als theologische Fachkraft hat der Pfarrer/die Pfarrerin primär den Auftrag, das Wort Gottes zu verkündigen. Dabei soll die Situation der Adressaten durchaus berücksichtigt werden, der Auftrag gründet aber im Amtsstatus und gilt daher situationsunabhängig. Vorausgesetzt ist hier eine aktive Gemeinde, die den Dienst der Verkündigung regelmäßig in Anspruch nimmt und kooperationsbereit ist. Distanzierte Kirchlichkeit kann und darf es danach eigentlich nicht geben, und wenn doch, dann muß sie das Objekt missionarischen Handelns sein. Wer sich wissentlich und willentlich durch Kirchenaustritt von der Gemeinde lossagt, entzieht sich damit auch dem Wirkungsbereich des Evangeliums. Dies kann Anlaß des Bedauerns sein, aber auch dazu führen, daß den Austretenden Treuebruch unterstellt wird. Dieser 'klassischen Konzeption' entspricht im wesentlichen das Selbstverständnis von *Annegret*. Wortverkündigung und glaubwürdiges Zeugnis stehen im Mittelpunkt ihres Tuns, die Gemeinde als Gemeinschaft der Glaubenden bildet den Zuständigkeitsbereich für ihre Arbeit. Sie selbst sieht sich in der Rolle als 'Streiterin' für das Evangelium. Ihrer pastoralen Selbstimmunität gegenüber Kirchenaustritten entspricht das Beharren auf dem Auftrag zur Wortverkündigung. Elemente eines traditionell geprägten Pfarramtsverständnisses finden sich auch bei *Bernd*, der seine Arbeit immer wieder als 'Dienst' bezeichnet. Durch Bezug auf die paulinische Ekklesiologie und auf die Barmer Theologische Erklärung macht *Bernd* aber auch deutlich, daß er das Amt des Pfarrers/der Pfarrerin nicht als ein den anderen Ämtern in der Gemeinde übergeordnetes[38] versteht, sondern sich als *Mit*arbeiter in besonderer Funktion begreift. Darin ist auch ein Anklang an das reformierte Amtsverständnis zu sehen. Seinen Dienstauftrag sieht er vor allem darin, die christliche Botschaft zu predigen.

Die *zweite* Konzeption geht auf die vor allem von K.-W. Dahm entworfene „funktionale Theorie“[39] zurück und verweist die im Pfarramt Tätigen auf ihren gesellschaftlichen Auftrag. Kirchliche und pastorale Praxis sind heute vor neue Herausforderungen gestellt, in denen sich

---

38 Vgl. These 4, in: A. Burgsmüller/R. Weth (Hrsg.), Die Barmer Theologische Erklärung. Einführung und Dokumentation, Neukirchen-Vluyn ^{4}1984, 37: „Die verschiedenen Ämter in der Kirche begründen keine Herrschaft der einen über die anderen, sondern die Ausübung des der ganzen Gemeinde anvertrauten und befohlenen Dienstes.“

39 K.-W. Dahm, Beruf Pfarrer, a.a.O.

die lebenspraktische Relevanz des Evangeliums bewähren muß. Dies geschieht vor allem durch die Weitergabe von christlichen Werten und die helfende Begleitung in besonderen Lebenssituationen. Hier wird der enge Kontext traditioneller Kirchlichkeit und Gemeindebindung deutlich überschritten. Pfarrer und Pfarrerinnen sind nicht nur für einen bestimmten Kreis von Menschen, wie er sich in der sog. Kerngemeinde abbildet, zuständig, sondern für alle diejenigen, die sie benötigen. Das Kriterium Kirchenmitgliedschaft wird damit letztlich deutlich relativiert. Auch Ausgetretenen sollte das Angebot der Kontingenzbewältigung und der Krisenhilfe grundsätzlich offenstehen. Von einem solchen funktionalen Amtsverständnis grenzt sich *Annegret* klar ab. Sie sieht die funktionalen Aufgaben, die sie als Pfarrerin natürlich auch zu erfüllen hat, eher als notwendiges Übel. An den Stellen jedoch, wo sie den Eindruck hat, daß funktionale Erwartungen sie in der Wahrnehmung ihres eigentlichen Auftrags behindern, fühlt sie sich veranlaßt, eine klare Abgrenzung vorzunehmen. Vor allem will sie nicht Repräsentantin von Kirche sein, übersieht dabei jedoch, daß sie gerade dies immer schon ist und daher das Kirchenbild der Menschen mitprägt. Vor allem die Interviewten *Dietmar* und *Eckhard*, tendenziell auch *Friedrich*, weisen in ihren Äußerungen und der daraus ableitbaren Praxis typische Züge des funktionalen Pfarramtsverständnisses auf. *Dietmar* bejaht seine Rolle als Funktionär des 'Dienstleistungsbetriebes' Kirche, der auch für die Gesellschaft wichtige Leistungen erbringt. Was das konkret bedeutet, bleibt bei ihm jedoch weitgehend unklar. Zwar sieht er auch für sich den Auftrag, in besonderen Krisensituationen qualifizierte Hilfe anzubieten. Als eigenständigen Ansatz von Gemeindearbeit hält er dies jedoch für nicht praktikabel. Daß er als Pfarrer auch gesellschaftliche Funktionen ausübt, sieht er wohl und möchte dies auch respektiert wissen. Auf der anderen Seite will er aber auch nicht Anwalt kirchlicher Interessen sein, wehrt sich also, ähnlich wie *Annegret*, gegen diese von außen an ihn herangetragene Rollenfixierung. Bei *Eckhard* werden die zwei wesentlichen Funktionen kirchlichen Handelns zum Teil sogar in wörtlicher Entsprechung aufgenommen. Die Kirche hat, darin ist er sich mit den vom ihm besuchten Ausgetretenen einig, „die Aufgabe, Werte zu vermitteln" (E1). Im Gegensatz zu jenen ist er jedoch der Ansicht, daß sie dies auch tatsächlich tut, es nur nicht immer mit der gebührenden Deutlichkeit publik macht. *Eckhard* denkt dabei vorwiegend an soziale Werte, welche die Kirche nicht nur öffentlich vertreten soll, sondern für die sie auch durch entsprechendes Engagement einzustehen hat. Soziales Engagement geschieht demnach in individueller Hilfeleistung sowie in organisierter Form. Da *Eckhard* sich als Repräsentant der Kirche versteht, ist es naheliegend, die beiden beschriebenen Funktionen als maßgebliche Aspekte seines eigenen Rollenverständnisses zu sehen. Bei allen drei Interviewten wird auch deutlich, daß die Anwendung der funktionalen Kirchentheorie nicht auf den durch die Mitglieder umgrenzten

Raum der Kirche beschränkt werden darf, sondern grundsätzlich allen Menschen im Einzugsbereich der Gemeinde gilt.

Die *dritte* Konzeption hat ihre Wurzeln unter anderem in der Seelsorgebewegung der 70er Jahre. „Dieses Pfarrerbild geht nicht nur auf die psychologische Deutung der zeitgenössischen Lebensverhältnisse zurück, sondern zugleich auf ein psychologisches Verständnis von Religion und Christentum."[40] Der Pfarrer/die Pfarrerin als Repräsentationsfigur Christi nimmt stellvertretend für die Gemeinschaft die Verantwortung für die Menschen am Rande wahr und verhilft ihnen zu einem besseren Verständnis des Lebens. Indem er/sie den Exodus aus Unfreiheit und Unmündigkeit fördert, verändert sich auch die eigene Identität. Aus denjenigen, die zuvor in erster Linie die Institution vertreten haben, werden nunmehr Berater und Beraterinnen. Auch in dieser Konzeption ist die Frage der Mitgliedschaft im Grunde nebensächlich. Die im Pfarramt Tätigen haben für alle da zu sein, die ihrer bedürfen. Da sie selbst institutionelle Bindungen hinter sich lassen, können sie auch den Kirchenaustritt als Akt des Mündigwerdens interpretieren. Diesem Verständnis des Pfarramtes entspricht am ehesten die Interviewte *Christa.* Auch sie sieht zunächst wie *Annegret* einen wichtigen Auftrag ihres Amtes darin, das Evangelium zu verkünden. Bei ihr überwiegt jedoch deutlich das Bild der Pfarrerin als Seelsorgerin und Begleiterin. Es liegt auf der Linie des psychologisch geprägten Pfarrerbildes, daß sie sich vornehmlich als Gesprächspartnerin und Helferin der Menschen sieht. Daß der christliche Glaube zur Lebensbewältigung auch in schwierigen Situationen verhelfen kann, will sie durch ihre Arbeit transparent machen. Dazu gehört neben der Seelsorge auch das Angebot praktischer Hilfe. Zur Lebensbewältigung trägt die Kirche auch dadurch bei, daß sie die Suche der Menschen nach verbindlichen Werten als Auftrag begreift und bestimmte Werte garantiert. Auch darin sieht sich *Christa* als Pfarrerin gefordert. Hier berührt sich ihr Rollenverständnis mit der sog. funktionalen Theorie. Beide Konzepte pastoraler Praxis verbieten eine Zuständigkeitsverweigerung gegenüber Ausgetretenen und Konfessionslosen.

Die *vierte* Konzeption verweist die im Pfarramt Tätigen auf ihren gesellschaftlichen und politischen Auftrag. Politische Einsicht und eigene Grenz- und Frustrationserfahrungen sollen sie veranlassen, gegen Ungerechtigkeiten und sozial determiniertes Leid politisch aktiv zu werden. Eine weitgehende Reduzierung der traditionellen Tätigkeiten in Kirche und Gemeinde ist dabei bewußt intendiert. Politisches Engagement wird als konsequente Umsetzung biblischer Verheißungen interpretiert. Der Tätigkeitsbereich des Pfarrers bzw. der Pfarrerin wird auf den gesamten Orts- bzw. Stadtteil ausgedehnt. Das politische Mandat ist für alle Bewohner und Bewohnerinnen gleich welcher Konfession wahrzunehmen, also auch für Ausgetretene. Repressive

---

40 D. Rössler, Amt und Beruf des Pfarrers, a.a.O., 17.

Maßnahmen wie die Verweigerung von Amtshandlungen sind daher entschieden abzulehnen. Die Gestaltung des politischen Auftrags kann und muß nach *Bernd* unter gegebenen Umständen auch bedeuten, daß man als Vertreter oder Vertreterin der Kirche das prophetische Amt wahrzunehmen hat und sich auf der Grundlage der christlichen Botschaft zu gesellschaftspolitischen Themen äußern muß. Die darin zum Tragen kommende politische Funktion erschöpft sich nach D. Rössler jedoch nicht in politischen Verlautbarungen innerhalb des Raumes der Kirche, sondern zielt auf öffentliche Wirksamkeit und zieht das politische Engagement des Amtsträgers nach sich. Beides ist für *Bernd* jedoch nur auf dem Hintergrund eines klar umrissenen Kirchen- und Gemeindebildes möglich. Das heißt, daß die Gemeinde und mit ihr der Pfarrer oder die Pfarrerin nur dann politisch tätig werden können, wenn sie sich zugleich nach außen abgrenzen.
Das Selbst- bzw. Rollenverständnis der interviewten Pfarrer und Pfarrerinnen korrespondiert selbstverständlich auch entsprechenden Erwartungen von außen. Diese werden jedoch nicht von allen Befragten thematisiert. Zum Teil werden sie jedoch auch wie bei *Annegret* entschieden abgewehrt. Von maßgeblicher Bedeutung für diesen Entsprechungs- bzw. Abgrenzungsvorgang ist das jeweilige Bewußtsein für die Unterscheidung zwischen Amt und Person des Pfarrers/der Pfarrerin, wie sie von Mitgliedern und Ausgetretenen vorgenommen wird.

4 Aspekte der gegenwärtigen pastoraltheologischen Diskussion

4.1 Funktionsverlust des Pfarramtes und neue Herausforderungen

Die gegenwärtige Situation des Pfarrberufes kann als höchst ambivalent bezeichnet werden. Während seine gesellschaftliche Bedeutung[41] und neuerdings offenbar auch seine Akzeptanz[42] deutlich zurückgegangen sind, haben sich im Zuge des gesellschaftlichen Umbruchs ganz neue Herausforderungen und Erwartungen hinsichtlich seiner Funktionalität ergeben. Beobachtungen wie nachlassende Traditionsbindung, offenkundiges Desinteresse am kirchlichen Angebot oder gar kritische Distanz zur und demonstrative Abkehr von der Kirche führen dazu, daß viele im Pfarramt Tätigen sich heute fragen, ob ihrem Berufsbild überhaupt noch „ein eigener gesellschaftlicher Bedarf ent-

---

41 Ev. Kirche von Westfalen (Hrsg.), Berufsbild des Pfarrers, a.a.O., 8: „Er ist nicht mehr der 'Pfarrherr', unbestrittene Autorität und geistliche Instanz für christlich-abendländische Moral.“ Vgl. auch W. Steck, Die Privatisierung der Religion und die Professionalisierung des Pfarrerberufes, in: PTh 80, 1991, 316ff.

42 Nach der EMNID-Umfrage, Das Image von Berufen. Vergleichende Repräsentativbefragung in West- und Ostdeutschland, Bielefeld 1991, ist der Pfarrberuf auf der Prestige-Skala von der 5. auf die 12. Stufe zurückgefallen (Ostdeutschland: 19. Stufe). Vgl. M. Josuttis, Die Einführung in das Leben, a.a.O., 12.

spricht“[43]. Auch die Interviewten bekommen in ihrer Gemeindepraxis den Funktionsverlust des Pfarramtes deutlich zu spüren, wo sie sich der Begegnung mit kirchenkritischen Menschen wirklich aussetzen. Dies ist jedoch längst nicht bei allen der Fall. Wer sich wie *Annegret* und *Bernd* vor allem auf ein theologisches Amtsverständnis beruft, wird für sich selbst gute Gründe finden, sich einer kommunikativen Theologie zu verschließen.
Das Anforderungsprofil des Berufes ist jedoch in der pfarramtlichen Praxis gegenwärtig so komplex wie nie zuvor. Zwar haben sich die grundlegenden Tätigkeiten des Pfarrberufs seit der Reformationszeit kaum verändert[44], zu den traditionellen Aufgaben sind aber zahlreiche neue hinzugekommen. Beides hat bei vielen in diesem Beruf Tätigen zum sog. „Überlastungssyndrom“[45] geführt, was sich auch darin äußern kann, daß nach dem bleibenden Ertrag der eigenen Arbeit gefragt wird. Diese Erfahrungen aus der Praxis, die veränderten gesellschaftlichen Rahmenbedingungen der Kirche im allgemeinen und der pastoralen Existenz im besonderen sowie in jüngerer Vergangenheit vor allem Probleme der Personalplanung[46] und der Ausbildungsreform haben in der pastoraltheologischen Literatur[47], in der EKD[48] und verschiedenen Landeskirchen[49] zu einer intensiven Auseinandersetzung mit dem Berufsbild des Pfarrers/der Pfarrerin geführt. Zu den Anforderungen an den Pfarrberuf gehört heute mehr denn je die Auseinandersetzung mit Menschen, die sich im Zuge des gesellschaftlichen Differenzierungsprozesses von der Kirche und ihrer christlichen Glaubenstradition entfernt oder entfremdet haben. „Pfarrer und Pfarrerinnen haben es zunehmend mit Menschen zu tun, die der christlichen

43 Ev. Kirche in Deutschland – Kirchenamt – Studien- und Planungsgruppe (Hrsg.), Der Beruf des Pfarrers/der Pfarrerin heute. Ein Diskussionspapier zur V. Würzburger Konsultation über Personalplanung in der EKD, o.O. 1989, 1.

44 M. Josuttis, Die Einführung in das Leben, a.a.O., 11.

45 Ev. Kirche in Deutschland – Kirchenamt – Studien- und Planungsgruppe (Hrsg.), Der Beruf des Pfarrers/der Pfarrerin heute, a.a.O., 11. Der Hinweis auf die psychologische Deutung des Überlastungsgefühl als einer Art Schutzvorstellung mag zwar zum besseren Verstehen und Bearbeiten dieses Syndroms verhelfen. Er darf jedoch nicht darüber hinwegtäuschen, daß es in der pfarramtlichen Praxis tatsächlich zumindest phasenweise zu Überlastungserscheinungen kommt.

46 Diese Problematik hat sich jedoch in den letzten drei Jahrzehnten vom einen Extrem zum anderen gewandelt. Konnte E. Lange, Der Pfarrer in der Gemeinde heute, in: ders., Predigen als Beruf, a.a.O., 97, 1965 noch von einem „chronischen *Nachwuchs- und Personalmangel*“ als Krisensymptom des Pfarrberufes sprechen, so besteht heute in allen Landeskirchen der EKD unter dem Gesichtspunkt der Pfarrbesoldung ein deutlicher Überhang an Theologen und Theologinnen.

47 W. Steck, Die Privatisierung der Religion und die Professionalisierung des Pfarrerberufes, a.a.O.

48 Ev. Kirche in Deutschland – Kirchenamt – Studien- und Planungsgruppe (Hrsg.), Der Beruf des Pfarrers/der Pfarrerin heute, a.a.O.

49 Für Westfalen: Ev. Kirche von Westfalen (Hrsg.), Berufsbild des Pfarrers, a.a.O.

Überlieferung skeptisch, fragend oder verständnislos gegenüberstehen. Zur Verständigung mit ihnen gehört ebenso die Bereitschaft, aufmerksam zuzuhören, ihre Fragen und Vorbehalte zu verstehen, auch Ressentiments und Verletztheiten ernstzunehmen, wie das Vermögen, die eigenen Standpunkte verständlich und klar zu vertreten, situations- und partnergerecht zu reden und auch 'unverbindliche', 'offene', 'unbestimmte' Annäherungen und Restbindungen als Brükken zu nutzen."[50] Von dem im Pfarramt Tätigen werden hier also vor allem Dialogfähigkeit und Konzilianz angesichts weltanschaulicher und theologischer Pluralität erwartet. Einen Amtsbonus gibt es offenbar nur noch im kirchlichen Binnenraum. Dies ist auch die Erfahrung von *Dietmar*, der die unfreiwilligen Begegnungen mit Konfessionslosen als sehr unbefriedigend erlebt und sich als Pfarrer nicht in der Lage sieht, auf ihre kritischen Fragen und Einwände überzeugend zu antworten. *Friedrich* hingegen sucht zwar nicht gezielt den Kontakt mit den Ausgetretenen, sieht sich aber bei Bedarf veranlaßt, moderierend und vermittelnd mit ihnen in Kommunikation zu treten.

Die Begegnung mit Menschen, die sich von der Kirche gelöst haben, gehört zu den schwierigen, aber zumutbaren Aufgaben pfarramtlichen Tuns.[51] Im Vordergrund steht dabei nach dem westfälischen Positionspapier zum Berufsbild des Pfarrers der missionarische Auftrag der Kirche.[52] Treten die im Pfarramt Tätigen jedoch mit der Intention an, die Ausgetretenen mit persuasivem Geschick zu einer Korrektur ihrer Entscheidung oder Haltung zu bewegen, werden viele Türen von Anfang an verschlossen bleiben. Statt dessen sind heute vielmehr Offenheit, Dialog- und Kritikfähigkeit vonnöten, „eine kommunikative Theologie, eine Theologie, die ihre Antworten nicht schon fertig mitbringt, sondern im Eingehen auf den Hörer und seine kritischen Erfahrungen, Zweifel, Ängste und Fragen nach situationsgemäßen und nachvollziehbaren Antworten sucht."[53] Neben der eigenen Befähigung zu solchem Vorgehen sollte den im Pfarrberuf Tätigen allerdings auch daran gelegen sein, geeignete Laien für diese Aufgabe zu finden. Dies könnte in der gegenwärtigen Situation ein wichtiges Bewährungsfeld für die Rede vom „allgemeinen Priestertum aller Gläubigen" werden. Direkten Kontakt zu Ausgetretenen suchen von den Befragten nur *Christa* und *Eckhard*, aber ihre Erfahrungen zeigen, daß diese Begegnungen nicht unproblematisch sind und ein hohes Maß an persönlichem Einsatz und Kritikfähigkeit erfordern. Vor allem *Eckhard* weiß

---

50 Evangelische Kirche in Deutschland – Kirchenamt – Studien- und Planungsgruppe (Hrsg.), Der Beruf des Pfarrers/der Pfarrerin heute", a.a.O., 22f.

51 Ev. Kirche von Westfalen (Hrsg.), Berufsbild des Pfarrers, a.a.O., 8: „Sie [die Kirche, M.H.] sucht die auf, die ihr durch Austritt den Rücken gekehrt haben und spricht sie auf die Frage nach Sinn und Ziel ihres Lebens an."

52 Ebd.

53 Ev. Kirche in Deutschland – Kirchenamt – Studien- und Planungsgruppe (Hrsg.), Der Beruf des Pfarrers/der Pfarrerin heute", a.a.O., 31, dort fett.

zu berichten, daß auch seine berufliche Stellung immer wieder kritisch hinterfragt wird. Auf Dauer muß eine solche gezielte Besuchsstrategie zur Überlastung führen, wenn keine Unterstützung aus der Gemeinde und dem Leitungsgremium kommt. Beide sind jedoch auch zum Zeitpunkt des Interviews noch davon überzeugt, daß die Kontaktaufnahme zu den Ausgetretenen grundsätzlich notwendig und sinnvoll ist.

4.2 Vorbildlichkeit und religiöse Professionalität

Pfarrerinnen und Pfarrer haben als exponierte Vertreter der christlichen Religion immer schon eine Vorbildfunktion für viele Menschen gehabt. Von ihnen wird erwartet, daß sie den christlichen Glauben authentisch bezeugen und glaubwürdig leben. Mit ihrer ganzen Existenz sollen sie dafür einstehen, daß der Glaube nicht nur Anschauung ist, sondern auch anschaulich gelebt werden kann. Damit sind für die solches Erwartenden, aber auch für die im Pfarramt Tätigen, vor allem ethische Implikationen verbunden. Die Andersartigkeit des Pfarrers/der Pfarrerin[54] gegenüber der Gemeinde zeigt sich nach M. Josuttis auch darin, daß er/sie selbst sich hinsichtlich der eigenen Frömmigkeit von der Gemeinde unterschieden weiß.[55] Josuttis zeigt drei Wege auf, wie man mit dieser Einsicht umgehen kann:

1. Man ergreift die zugedachte Führungs- und Leitungsaufgabe und setzt sie zum Wohle der Menschen ein.
2. Man möchte lieber auf seine Privilegien verzichten und in die Unauffälligkeit der Allgemeinheit abtauchen.
3. Man nimmt sich vor, die Gemeinde nach dem eigenen Bild zu prägen, um auf diese Weise in der Gemeinde bei sich selbst zu sein.

Nach Josuttis verfolgt der Pfarrer (die Pfarrerin) diese drei Ziele mit ständig wechselnden Prioritäten, was dazu führt, „daß seine Interaktionen eine undurchschaubare Mischung zwischen Überlegenheitsbedürfnis, Anpassungs- und Angleichungswünschen enthalten und daß er, auf der Suche nach der Realisierung seiner Idealvorstellungen, die evangelische Botschaft in Richtung auf Gesetzlichkeit deformiert.“[56] Nur im Geltenlassen der eigenen Andersartigkeit und der Andersartigkeit der Gemeinde kann es nach Josuttis zu einer für beide Seiten fruchtbaren Begegnung von unterschiedlichen Formen des gelebten Glaubens in der Perspektive der biblischen Tradition kommen. Dies trifft um so mehr zu, je weiter diese Lebensformen des Glaubens – oder allgemeiner der gelebten Religion – sich gegenüber der eigenen divergent verhalten.

Lassen sich die von Josuttis beschriebenen Tendenzen auch bei den Befragten ausmachen? Natürlich könnte man bestimmte Aussagen oder Verhaltensweisen in die eine oder andere Richtung interpretieren.

---

54 M. Josuttis, Der Pfarrer ist anders, a.a.O., passim.
55 Ebd. 65ff.
56 Ebd. 67.

Bei *Annegret* etwa sind Bestrebungen vorhanden, sich bestimmten, von außen an sie herangetragenen Erwartungen zu entziehen. Sie wehrt sich gegen den Anspruch, es möglichst allen recht machen zu sollen, damit die Menschen sich nicht enttäuscht von der Gemeinde abwenden. *Annegret* sieht sich jedoch selbst nicht als Vorbild für die Gemeinde und will auch nicht grundsätzlich anders sein, als man es von ihr erwartet. Eher schon könnte man *Bernd* unterstellen, daß er gelegentlich die dritte von Josuttis beschriebene Tendenz verfolgt, die Gemeinde nach dem eigenen Idealbild gestalten zu wollen. Seine Erwartungen an das Presbyterium, an die Mitarbeitenden der Gemeinde und auch an die Gemeindeglieder sind ohne Zweifel hochgesteckt. Hinter solchen Bestrebungen steht jedoch nicht der Nimbus der eigenen Andersartigkeit, sondern ein bestimmtes theologisches Programm, das es in der Gemeinde umzusetzen gilt. Als Versuche, sich den Erwartungen der Gemeinde unter Verzicht auf eigene Privilegien anzupassen, könnte man auch die Bemühungen *Christas* und *Eckhards* um Kontakt und Nähe zu den Menschen in der Gemeinde deuten, aber auch hier würden Einzelbeobachtungen entschieden überbewertet. Gleiches träfe auch zu, würde man umgekehrt *Dietmars* Schwierigkeiten im Umgang mit Kirchenfernen und Ausgetretenen als Leiden an der eigenen Andersartigkeit interpretieren. Es dürfte vielmehr auf unterschiedliche Rollenerwartungen zurückzuführen sein, daß er den Wunsch äußert, manchmal lieber als Laie mit den Menschen reden zu können, denn als Pfarrer und Vertreter der Organisation, was ihm aber offenbar in der Praxis nicht gelingen will.

Die empirischen Beobachtungen veranlassen zu einer kritischen Auseinandersetzung mit der pastoraltheologischen Konzeption von Josuttis. Es soll dabei nicht in Abrede gestellt werden, daß es die beschriebenen Tendenzen unter Pfarrern und Pfarrerinnen tatsächlich in Einzelfällen und in bestimmten Praxissituationen gibt. Fragwürdig ist aber der programmatische Charakter dieser Konzeption, mit dem Josuttis unterstellt, daß Pfarrerinnen und Pfarrer „– unter Berufung auf ihren göttlichen Auftrag – fortwährend etwas anderes wollen, als sie – dann doch auf die (immer falschen) Erwartungen der Menschen eingehend – faktisch tun.“[57] Darüber hinaus ergibt sich die grundsätzliche Frage, ob das von Josuttis vertretene Pathos der Andersartigkeit möglicherweise eine autopoietische Dynamik entwickelt, die schon im Ansatz dadurch vermieden werden kann, daß die im Pfarramt Tätigen sich immer wieder neu auf ihre eigene Persönlichkeit besinnen und diese zum Gestaltungsprinzip ihres beruflichen Tuns machen. Die angesonnene Vorbildlichkeit des Pfarrers/der Pfarrerin beschränkt sich auch nicht nur auf die Gemeinde, sondern hat auch eine gesellschaftliche Dimension. Zu fragen ist daher angesichts der fortgeschrittenen gesellschaftlichen Differenzierung und Individualisierung von religiö-

---

57 W. Gräb, Lebensgeschichten – Lebensentwürfe – Sinndeutungen, a.a.O., 324.

sen Deutungs- und Lebensmustern, ob der Pfarrer/die Pfarrerin außerhalb des kirchlichen Binnenraumes noch eine Vorbildfunktion hat bzw. haben kann.[58] Hier sind es vor allem die zum Teil überraschenden Ergebnisse der Kirchenmitgliedschaftsstudien, die zur Korrektur allzu pessimistischer Diagnosen geführt haben. Für die Mitglieder der Kirche ist der Pfarrer/die Pfarrerin nicht mehr aufgrund eines Amtsbonus' oder eines bestimmtes Habitus', sondern als Person in der Vorbildrolle.[59] Die „Konzentration des Vorbildansinnens auf die Person des Pfarrers lebt aus der Erwartung, hier einer realen Erfahrbarkeit, einer erlebbaren Konkretionsgestalt des ansonsten abstrakten Sachverhalts Religion"[60] begegnen zu können. Diese Gestalt verkörpert in den Augen der Menschen angesichts der Möglichkeiten, die der Beruf dazu in idealer Weise bietet, die Ganzheit der christlichen Existenz in vorbildlicher und orientierungsfähiger Weise. „Der Pfarrer wird für andere zum Sinnbild der religiös empfindenden, religiös gebildeten und Religion ausstrahlenden Individualität."[61] Die Personalisierung des Pfarrberufes mag auf der einen Seite als Demontage des pastoralen Berufes und der beruflichen Arbeitsorganisation im Bereich der institutionalisierten Religion erscheinen[62], sie bietet jedoch für die diesen Beruf Ausübenden die Chance, durch Professionalisierung der Arbeit[63], durch den Gewinn von Deutungs- und Handlungskompetenz die Einbringung und Entfaltung persönlicher Begabungen zu optimieren. Das wird auch, wie sich im nächsten Abschnitt zeigen wird, im Blick auf die Praxis der Befragten deutlich.

4.3 Kirche in personaler Repräsentanz

Die beiden ersten Kirchenmitgliedschaftsuntersuchungen haben die erstaunliche Präsenz des Pfarrer/der Pfarrerin im Bewußtsein vieler Menschen aufzuzeigen vermocht[64]. Sie kamen außerdem zu einer prägnanten Beschreibung seiner/ihrer Funktion innerhalb des Kirchensystems und in der öffentlichen Wahrnehmung. Die im Pfarrberuf Tätigen werden danach weithin mit der Kirche und die Kirche mit den sie vertretenden Pfarrern und Pfarrerinnen identifiziert. Das individuelle Verhältnis zur Kirche wird vorwiegend personal vermittelt, wobei die

58 Ev. Kirche in Deutschland – Kirchenamt – Studien- und Planungsgruppe (Hrsg.), Der Beruf des Pfarrers/der Pfarrerin heute", a.a.O., 6f.

59 V. Drehsen, Die angesonnene Vorbildlichkeit des Pfarrers. Geschichtliche Reminiszenzen und pastoralethische Überlegungen, in: PTh 78, 1989, 104ff.

60 Ebd. 107.

61 W. Steck, Die Privatisierung der Religion und die Professionalisierung des Pfarrerberufes, a.a.O., 313.

62 Ebd. 316.

63 Vgl. G. Wegner, Kirchliche Wahrnehmung und Wahrnehmung von Kirche, a.a.O., 260f. und 268f.

64 H. Hild (Hrsg.), Wie stabil ist die Kirche?, a.a.O., 59-65 und 275-283; J. Hanselmann/H. Hild/E. Lohse (Hrsg.), Was wird aus der Kirche?, a.a.O., 197-205.

Erfahrungen im Konfirmandenunterricht von maßgeblicher Bedeutung sind.[65] Die institutionelle Bindung tritt im Verhältnis der Mitglieder zur Kirche deutlich zurück gegenüber der personalen[66] bzw. geht in dieser auf. Der Pfarrer/die Pfarrerin erfährt seitens der Mitglieder eine hohe Wertschätzung.[67] „Es ist ganz ohne Zweifel die *Kirche*, die hier so hohe Zustimmung, so hohe Erwartung auf sich zieht, aber eben *die Kirche in personaler Repräsentanz*."[68] Die Bedeutung des Pfarrers/der Pfarrerin für das Erleben von Kirche beschreibt die erste Kirchenmitgliedschaftsstudie mit dem Bild des „Bürgen": „Für die Mitglieder bürgen die Pfarrer heute eher in ihrer personalen Präsenz als in ihrer amtlichen Funktion."[69] Nach P. Krusche ist „[d]er Pfarrer in der Schlüsselrolle"[70]. Gefragt ist vor allem seine seelsorgerliche Kompetenz und die Bereitschaft zur kommunikativen Proexistenz. Problematisch daran findet Krusche, daß offenbar die im Pfarramt Tätigen allein die in diesem Befund zutage tretende „Dissonanz zwischen Gesellschaft und kirchlichem System"[71] zu kompensieren imstande sind. H.-O. Wölber karikiert dieses Pfarrerbild in seiner kritischen Auseinandersetzung mit der ersten Kirchenmitgliedschaftsstudie wie folgt: „Man hat in ihm [dem Pfarrer, M.H.] sozusagen den letzten Idealisten vor Augen, eine etwas exotische Figur in unserer Zeit. Ein solcher Mann ist interessant; er erweckt sogar als 'Einzelpersönlichkeit' Sympathie."[72] Kritische Anfragen an das Bild von der „Bürgschaft" stellt auch die erste Kirchenmitgliedschaftsstudie selbst: „Ist nicht der Pfarrer als Person mit der Bürgschaft für das System Kirche, darin doch auch für die Wahrheit und die Kraft der Überlieferung, der dieses System dient, und also für den Sinn von Kirchenmitgliedschaft auf die Dauer überlastet? Was geschieht, wenn die personale *Haftung* [Her-

---

65 H. Hild (Hrsg.), Wie stabil ist die Kirche?, a.a.O., 155.

66 E. Lange hatte bereits 1965 darauf aufmerksam gemacht, daß die Präsenz der Kirche in der gesellschaftlichen Umwelt kaum noch institutionell, sondern nur noch personell zu gewährleisten sei. Für den Amtsstatus des Pfarrers bedeute dies, daß er nur noch in personaler Sachkompetenz und Kommunikationsfähigkeit seine Geltung erhalte. E. Lange, Der Pfarrer in der Gemeinde heute, a.a.O., 132 und 137.

67 Nach A. Feige, Erfahrungen mit Kirche. a.a.O., 130, gibt es keinen unmittelbaren Zusammenhang zwischen Austrittsneigung und Wertschätzung des Pfarrers/der Pfarrerin. „Über die Person des Pfarrers symbolisiert sich […] eine Wertschätzung für ein Wesenselement von Kirche, das man durch seinen Austritt nicht zur (ideologischen) Disposition gestellt sehen will."

68 H. Hild (Hrsg.), Wie stabil ist die Kirche?, a.a.O., 278.

69 Ebd. 279, dort kursiv.

70 P. Krusche, Der Pfarrer in der Schlüsselrolle. Berufskonflikte im Schnittpunkt religiöser Erwartungen und theologischer Normen, in: J. Matthes (Hrsg.), Erneuerung der Kirche, a.a.O., 161-188, bes. 161-171; vgl. auch H. Lorenz, Der Pfarrer als Symbolfigur für Kirche: Chance oder prinzipielle Überforderung? Ein Überdenken des Auftrags und der Rolle, in: A. Feige, Erfahrungen mit Kirche, a.a.O., 274-298.

71 P. Krusche, Der Pfarrer in der Schlüsselrolle, a.a.O., 173, dort kursiv.

72 H.-O. Wölber, Das allmähliche Ende der Volkskirche, a.a.O., 398.

vorhebung M.H.] der Pfarrer für das System Kirche in seiner Bedeutung für die Mitglieder quantitativ und qualitativ nicht mehr ausreicht?"[73] P. Krusche macht unter Bezug auf diese Anfrage den Vorschlag, den Pfarrer im Sinne des „Priestertums aller Gläubigen" einerseits stärker in die Gemeinschaft der gemeindlichen Basisgruppe einzubinden.[74] Anderseits muß gerade hinsichtlich der Konfliktzonen der pastoralen Tätigkeit, zu denen zweifelsohne auch die Kirchenaustrittserfahrungen gehören, die „Kooperation von Pfarrern mit Fachleuten verschiedener sozialpädagogischer Kompetenz und mit kontaktfreudigen Gemeindegliedern" gefördert werden, um so „den Pfarrer in eine menschlichere Dimension seiner 'Bürgschaft' zurückholen"[75] zu können. Hier wird das Bild des Pfarrers als eines „Bürgen" und „Repräsentanten" von Kirche deutlich an seine Grenzen verwiesen. Eine einzelne Person kann nicht die Kirche als Ganze repräsentieren, sondern lediglich den Typus eines besonders qualifizierten Kirchenverhältnisses in anschaulicher Weise leben. Auf dieser Grundlage haben V. Drehsen[76] und W. Gräb die Theorie des personalisierten Pfarramtes weiterentwickelt. Nach Drehsen zeigt sich die Vorbildlichkeit des Pfarrers „in den konstruktiven, kritischen und produktiven Momenten der Ganzheit, Kontinuität und 'selbstübersteigenden Weite' der christlichen Existenzweise, die ihm im Beruf und durch ihn, jedenfalls eher und mehr als in anderen Berufen, ermöglicht sind"[77]. Nach W. Gräb ist es angesichts der vollzogenen Umgewichtung im Verhältnis von Person und Amt in der Einschätzung des Pfarrers/der Pfarrerin heute von maßgeblicher Bedeutung, „wie der Pfarrer sich deutend dazu verhält und in der praktischen Wahrnehmung seines Amts programmatisch damit umgeht"[78]. Pfarrer und Pfarrer von heute müssen „Musterprotestanten" sein, denn in ihnen „begegnet die gesellschaftliche Organisation Kirche personal, individuell vielfältig."[79] Indem der im Pfarrberuf Tätige dem Amt seine persönliche Färbung verleiht, versieht er es „als musterbildende Gestaltungsaufgabe seiner eigenen Subjektivität"[80]. In der Begegnung mit der authentisch erlebten Person des Pfarrers/der Pfarrerin verdichtet sich beim einzelnen das individu-

---

73 H. Hild (Hrsg.), Wie stabil ist die Kirche?, a.a.O., 278.
74 P. Krusche, Der Pfarrer in der Schlüsselrolle, a.a.O., 187f.
75 Ebd. 188.
76 V. Drehsen, Die angesonnene Vorbildlichkeit des Pfarrers, a.a.O., bes. 108f.
77 Ebd. 109.
78 W. Gräb, Der Pfarrer als Musterprotestant, a.a.O., 250.
79 Ebd. 253. Vgl. auch ders., Lebensgeschichten – Lebensentwürfe – Sinndeutungen, a.a.O., 319-333. Hier verwendet Gräb bereits in der Überschrift anstelle des Begriffes „Musterprotestant" die Bezeichnung „exponierte religiöse Subjektivität".
80 W. Gräb, Der Pfarrer als Musterprotestant, a.a.O., 253; vgl. auch G. Lämmermann, Flexible Identität versus Starrheit der Institution? Teilweise ironische Annäherungen an die schwierige Frage, ob die Kirche sich erneuern kann, in: F.W. Graf/K. Tanner (Hrsg.), Protestantische Identität heute, a.a.O., 241f.

elle Verhältnis zur Kirche. Dabei kann auch das christlich-kirchliche Lebensdeutungsangebot in der jeweiligen Lebenssituation zur Sprache und zum Tragen kommen. Und die im Pfarramt Tätigen werden nach Gräb auf diese Weise selbst zum Umgang mit divergierenden Erwartungshaltungen, wie sie auch bei Ausgetretenen noch anzutreffen sind, befähigt.

Angesonnene Vorbildlichkeit, erwartete Professionalität und die unterschiedliche Einschätzung von Person und Amt des Pfarrers/der Pfarrerin in der Außenwahrnehmung sind also von zentraler Bedeutung für die gegenwärtige Situation des Pfarramtes. Wie reflektieren und habitualisieren die Befragten in ihrer Selbstwahrnehmung und -darstellung diese Außenerwartungen? Eine deutliche Ambiguität von Amtsverständnis und Personalität im Blick auf den eigenen Beruf findet sich bei *Annegret*. So kann sie auf der einen Seite davon sprechen, daß sie sich als Pfarrerin durch die Kirchenaustritte nur mittelbar betroffen sieht. Sie kann sich aber im anderen Zusammenhang auch ausdrücklich als „Privatperson" bezeichnen, um sich damit von der pastoralen Rolle deutlich zu distanzieren. Da sie aber auch als „Privatperson" nichts anderes tut, als ihrem eigentlichen Auftrag zu entsprechen, wird die erwähnte Ambiguität komplex. Das Abstreifen der Rolle als Funktionsträgerin und die vermeintliche Wahrnehmung einer Privatrolle in besonderen Situationen muß daher, ungeachtet ihrer Transparenz nach außen, als problematisch angesehen werden. Ähnlich verhält es sich mit der Abgrenzung gegenüber den nach ihrer Ansicht falschen Erwartungen hinsichtlich ihrer persönlichen Amtspraxis. *Annegret* will nicht Repräsentantin der Kirche sein, aber dabei übersieht sie, daß sie dies als Pfarrerin immer schon ist. In ihrer persönlichen Ausübung des Amtes transportiert sie immer auch die von ihr negativ bewerteten Aspekte und Funktionen mit. *Annegret* gelingt es also nur scheinbar, in ihrer Berufspraxis Amt und Person voneinander zu unterscheiden.[81] Die Chancen einer persönlichen Färbung der beruflichen Praxis bleiben so weitgehend ungenutzt. Die anderen Interviewten reden im Blick auf ihr berufliches Selbstverständnis nicht ausdrücklich von ihrem Amt und ihrer Person. Die jeweilige Verhältnisbestimmung ist also bei ihnen nur indirekt zu erschließen. *Bernd* spricht wiederholt von seinem pfarr*amt*lichen Dienst bzw. seiner pfarr*amt*lichen Praxis. In dieser Begrifflichkeit liegt bereits ein distanzierendes Moment, das die funktionale Bedeutung des Berufsverständnisses hervorhebt. Indem er das eigene Tun als Dienst bezeichnet, versteht er sich selbst als jemand, der in erster Linie einen Auftrag versieht. Es ist ihm durchaus bewußt, daß er mit seinem persönlichen Impetus diesen Dienst maßgeblich prägt, aber sein Handeln bleibt

81 Vollends verkennt sie die Chancen, die in einer gelungenen Kohärenz beider Aspekte sowohl für ihre eigene Identität als auch für die Sache, die sie vertreten will, liegen könnten.

dennoch ein ihm aufgetragenes.[82] Dieses Wissen bewahrt ihn offenbar auch davor, sich persönlich mit den vom ihm angezeigten Fehlentwicklungen im Raum von Gemeinde und Kirche zu identifizieren. So konzediert er zwar durchaus in einzelnen Kirchenaustrittsfällen eine persönliche Mitverantwortung, zieht daraus aber nicht die Konsequenz, an seiner pastoralen Integrität zu zweifeln. Und im Blick auf den Mitgliederrückgang in der Kirche hält er es für wichtig, daß man als Pfarrer nicht „persönlich drunter zusammenbricht unter solchen Entwicklungen“ (B5). Für *Bernd* hat die Amtsrolle also eine gewisse Schutzfunktion für die eigene Person. Daß gerade er diese Rolle jedoch durch seine eigene Persönlichkeit maßgeblich prägt, ist ihm offenbar so nicht bewußt. Dagegen will *Christa* sich gerade mit ihrer ganzen Person in ihre Arbeit einbringen. Dies geschieht zwar nicht unter Verdrängung, aber doch unter eindeutigem Verzicht auf die Betonung ihrer Amtsfunktion, von der auch implizit kaum die Rede ist. *Christa* will den Menschen in ihrer Gemeinde vor allem menschlich und nicht amtlich begegnen. Sie scheut sich dabei nicht, auch menschliche Schwächen (persönliche Hemmungen) einzugestehen. Auf diese Weise gelingt es ihr aber, auch im Erleben der mit ihr in Berührung kommenden Menschen das Gefühl zu erzeugen, daß diese Pfarrerin ihre berufliche Stellung nicht ausspielt, sondern durch ihre persönliche Art so ausfüllt, daß dies auch für die Wertschätzung gegenüber der Amtsperson positive Folgen haben dürfte. Erhebliche Probleme mit seiner Berufsrolle hat hingegen *Dietmar*. Er weiß wohl, daß er als Pfarrer vor allem Funktionär der Organisation Kirche ist und bejaht dies auch grundsätzlich. Aber er erlebt auch, daß diese Funktionärsrolle ihre problematischen Aspekte hat, wenn er ausschließlich darauf festgelegt wird. Mit dem Begriff „Pfarrherrlichkeit“ zeigt *Dietmar* an, was er auf keinen Fall sein möchte, nämlich ein selbstherrlicher Autokrat. *Mit*-Arbeiter im wörtlichen Sinne aber kann er nur werden, wenn er sein ausschließlich funktional bestimmtes Amtsverständnis selbst korrigiert. Bei *Eckhard* dagegen werden Person und Amt so eng aneinander gebunden, daß es kaum möglich ist, beide je für sich zu beschreiben. Der Interviewte identifiziert sich persönlich in hohem Maße mit seiner Berufsrolle. Als Repräsentant der Kirche meint er, auch mit seiner Person für dieselbe einstehen zu müssen. Dies hat sowohl positive wie negative Aspekte. Im direkten Kontakt zu den Menschen, aber auch bei offiziellen Anlässen ist ihm daran gelegen, sich selbst als Privatperson einzubringen; nicht jedoch in erster Linie aus persönlichem Interesse, sondern weil er der Meinung ist, daß nur über solche „personale[n] Dinge“ (E6) Kirche selbst präsent sei und erfahrbar werde. Als Pfarrer sieht er sich darin besonders gefordert, jedoch ist diese Aufgabe nicht eine pastorale im enge-

82 Dieses Verständnis zeigt sich auch darin, daß er vom Tun der anderen Mitarbeitenden der Gemeinde ebenfalls als von einem Dienst spricht.

ren Sinne. Die Amtsrolle kann dabei auch ganz zurücktreten. Das ist allerdings nicht der Fall, wenn der Pfarrer mit Kritik an der Kirche konfrontiert wird. Dieser muß er sich auch persönlich aussetzen, denn als ein Vertreter dieses Berufes, der wiederum auch in negativer Hinsicht das Bild von Kirche prägt, kann er sich nicht auf seine persönliche Integrität zurückziehen. Richtig erkannt ist hier ohne Zweifel, daß Pfarrer und Pfarrerinnen durch ihre personale Repräsentanz auch Anlaß zu Kritik an der Kirche geben können und faktisch auch geben. Daß *Eckhard* dies jedoch auf seine eigene Person bezieht und sich selbst dafür mitverantwortlich macht, zeigt den problematischen Aspekt dieser Rolleninternalisierung. Ähnlich wie *Dietmar* sieht auch *Friedrich* seine Arbeit als Pfarrer vorwiegend unter funktionalem Aspekt. Seine Rolle als Moderator verlangt ihm jedoch eine gewisse persönliche Flexibilität ab, was ihn auch wieder vor zu intensivem persönlichem Engagement schützt. Personalität und Amtswahrnehmung sind, wie das Engagement für die ausgetretene Frau zeigt, im konkreten Fall immer wieder miteinander zu verknüpfen. Dort allerdings, wo die eigene persönliche Integrität oder die anderer Kollegen und Kolleginnen auf dem Spiel steht, muß das Amt gewissermaßen schützend vor die Person treten, weil es andernfalls selbst in Mißkredit kommen würde.
Es dürfte im Blick auf das empirische Material deutlich geworden sein, daß in einem gelungenen Synergismus von Amtsrolle und persönlichem Impetus erhebliche Chancen für eine authentische und gleichzeitig auf die Bedürfnisse und Erwartungen der Menschen zugeschnittene pfarramtliche Praxis liegen. Wo dagegen einseitig das Amt in den Vordergrund gestellt wird, mag es wohl gelingen, sich vor überzogenen Ansprüchen an die eigene Person zu schützen, jedoch geht dies zu Lasten der Authentizität und macht die betreffende Person ein Stück weit unnahbar. Wo hingegen alles auf die Person des Pfarrers/der Pfarrerin zugeschnitten wird, besteht die Gefahr einer chronischen Überforderung ebenso wie die einer Verkennung der Tatsache, daß der Pfarrer/die Pfarrerin keineswegs allein die Kirche ausmacht. Das ist auch den Interviewten *Christa* und *Eckhard* durchaus bewußt. Trotz der positiven Erfahrungen von *Eckhard* bleibt aber die Frage letztlich unbeantwortet, warum es sowohl innerhalb der Gemeinde als auch nach außen hin nur mühsam gelingt, ein Bewußtsein dafür zu schaffen, daß die Laien und ehrenamtlich Mitarbeitenden heute wichtige Funktionen, die früher ausschließlich an das Pfarramt gebunden waren, nicht nur zur Entlastung der Geistlichen, sondern auch zur erforderlichen personalen Begegnung mit Kirche übernehmen können. Die notwendige Koinzidenz von Amtsrolle und personaler Identität darf jedoch, wie besonders *Friedrich* deutlich macht, auch nicht dazu führen, daß das Amt seine spezifischen Konturen verliert, weil mit der Amtsautorität immer auch die Erwartung fachlicher Kompetenz und religiöser Professionalität verbunden ist und gerade

diese heute von den Menschen ebenso erwartet werden wie die persönliche Authentizität des Pfarrers/der Pfarrerin.

4.4 Ethisch-religiöse Deutungs- und Handlungskompetenz

W. Lukatis hat anhand von empirischen Untersuchungen eine detaillierte Skizze der Kommunikationsmöglichkeiten von Pfarrern und Pfarrerinnen im Netzwerk der Kirchengemeinde entworfen.[83] Da das System Gemeinde in der Regel über nur wenige Außenkontakte verfügt, während die im Pfarramt Tätigen gleichzeitig dazu neigen, ihre Beziehungen in der Gemeinde vor allem zu solchen Personen zu knüpfen, die ihrem Bildungsstand und Status entsprechen und ihrerseits eine affine Beziehung zur Gemeinde haben, muß die dem Pfarrer/der Pfarrerin zugewiesene zentrale Position im Zentrum der Gemeinde deutlich relativiert werden. Über die zentrale Stellung hinausgehend müßte er/sie auch „Artikulationspunkt, Brücke“ und „Gatekeeper“[84] sein, denn auch Mitglieder aus den weitmaschigeren Bereichen des Netzwerkes möchten bei Gelegenheit an die ihnen vertrauten Traditionen anknüpfen. „Selbst ehemalige Mitglieder [...] legen Wert auf ihre Zugehörigkeit – wenn nicht unbedingt zur Kirchengemeinde, so doch zur Glaubensgemeinschaft.“[85] Die im Pfarramt Tätigen sollten daher bemüht sein, die fehlende Transparenz zu diesen Kreisen, zu ihren Lebenswelten und Alltagsproblemen darin zu überwinden, daß sie sich an die Orte begeben, wo sie die Sinnwelten und Einstellungen der Menschen kommunikativ in Erfahrung bringen können. Das erfordert nicht nur die Bereitschaft, sich aus dem binnengemeindlichen Schonraum heraus auf ungewohntes und z.T. schwieriges Terrain zu begeben, sondern auch eine ethisch-religiöse Deutungs- und Handlungskompetenz, die sich zwar ihrer Subjektivität bewußt ist, aber gerade darin den entscheidenden Beitrag zur Vermittlung von christlich-kirchlicher Sinn- und Weltdeutung und zur Ermöglichung von Kontinuität der Religion in der Gesellschaft sieht.[86]

Gerade diese Bereitschaft, sich intensiver als bisher zu den Rändern des Systems der Gemeinde und möglicherweise darüber hinaus zu bewegen, um als christliche Zeitgenossen und -genossinnen auch religiöse Ansprechpartner und Ansprechpartnerinnen zu sein, ist bei einigen Befragten anhand ihrer Aussagen nicht ohne weiteres zu erkennen. *Christa* und *Eckhard* bringen dagegen schon durch ihre persönliche Offenheit zum Ausdruck, daß ihnen daran sehr gelegen ist. Die Besuche bei Ausgetretenen stellen dazu die notwendige Außenbewe-

---

83 W. Lukatis, Der Pfarrer im Kommunikationssystem Gemeinde, a.a.O., 127-152.

84 Ebd. 147; es handelt sich dabei um Begriffe aus der Netzwerkanalyse; vgl. auch M. Josuttis, Praxis des Evangeliums zwischen Politik und Religion, a.a.O., 36ff.

85 W. Lukatis, Der Pfarrer im Kommunikationssystem Gemeinde, a.a.O., 147f.

86 W. Gräb, Der Pfarrer als Musterprotestant, a.a.O., 253ff.

gung dar. Ihre Akzeptanz und Offenheit zeigt sich aber auch nach innen, wo sie innerhalb der Gemeinde unterschiedlichen Glaubensweisen und Partizipationsformen Raum geben. Konziliarität als Prinzip pastoraler Praxis schließt also Offenheit und Flexibilität in beide Richtungen ein. Auch *Friedrich* weiß von guten Gesprächen mit Ausgetretenen zu berichten, während *Dietmar* hier offenbar auch für ihn selbst nicht ganz erklärbare Probleme hat. Beide sehen aber die Notwendigkeit, daß Kirche und Gemeinde sich auch denjenigen zuwenden müssen, die ihnen distanziert und kritisch gegenüberstehen. Sie entwickeln jedoch nicht wie *Christa* und *Eckhard* daraus ein gezieltes Programm.

Für die diese Kirche repräsentierenden Pfarrer und Pfarrerinnen kann das nur heißen, daß sie aus ihrer sich zum Teil pathetisch gerierenden gesellschaftlichen Randständigkeit heraustreten und von ihrer überwiegend auf das binnenkirchliche Milieu fixierten beruflichen Identitätsvorstellung Abschied nehmen müssen. Auch in den Konfliktzonen der pastoralen Existenz wird sich ihre ethisch-religiöse Deutungs- und Handlungskompetenz gerade nicht darin erweisen, daß sie sich unter Verweis auf ihre Andersartigkeit dem Vorbildansinnen der Menschen entziehen, sondern daß sie „sich in problemoffener Flexibilität auf die modern-gesellschaftliche Situation einzustellen"[87] bereit sind. Dabei müssen sie sich weitgehend sowohl von institutionellen Normanforderungen wie auch von bestimmten gesellschaftlichen Erwartungsklischees lösen. „Aber Anerkennung und Resonanz, selbst bei den zunächst austrittsbereiten Zeitgenossen, verschaffen sich der Pfarrer und die Pfarrerin immer erst durch den konfliktfähigen Einsatz im Umgang mit widerstreitenden Erwartungen und durch die praktische Entschlossenheit, mit der sie das Lebensdeutungsangebot, für das die Kirche steht, Menschen in individuellen und gesellschaftlichen Krisen- und Konfliktsituationen darstellungsfähig zu machen verstehen."[88]

5 Pastorales Selbstkonzept und Deutung des Kirchenaustritts

„In der Pfarrerrolle und ihrer Wahrnehmung spitzen sich gesamtgesellschaftliche Problemlagen von Religion und Kirche in besonderer Weise zu."[89] Dies betrifft die Außenwahrnehmung der im Pfarrberuf Tätigen als Vertreter und Vertreterinnen der kirchlich geprägten Religion seitens der gesellschaftlichen Öffentlichkeit und wirkt sich darin mittelbar auch auf ihre Selbstwahrnehmung aus. Die Art und Weise, wie sie sich den gegenwärtigen Problemlagen stellen, wie sie in ihrer Praxis damit umgehen, wirft ein bezeichnendes Licht auch auf ihr pa-

87 Ebd. 254.
88 Ebd.
89 K.-F. Daiber, Religion in Kirche und Gesellschaft, a.a.O., 293.

storales Selbstkonzept. Wahrnehmung und Deutung des Kirchenaustritts als eines Phänomens an der Nahtstelle zwischen Kirche und Gesellschaft sind folglich aussagekräftig im Blick auf das Selbstverständnis von Pfarrern und Pfarrerinnen. Wie sich das Selbstbild und das Amtsverständnis der Befragten auf die Beurteilung des Kirchenaustritts und den daraus resultierenden Umgang mit Ausgetretenen auswirkt, konnte freilich nur induktiv erschlossen werden, hat aber für die pastoraltheologische Fragestellung dieser Untersuchung maßgebliche Bedeutung.

Für *Annegret* steht der Kirchenaustritt in keinem unmittelbaren Zusammenhang mit dem eigenen Amtsverständnis. Daß Menschen die Kirche verlassen, in der sie als Pfarrerin den Auftrag der Evangeliumsverkündigung wahrnimmt, ist für sie nicht bedenklich, weil sie sich selbst in dieser Kirche nicht sehr heimisch fühlt. Viel eher berührt es sie dagegen, daß innerhalb wie außerhalb der Kirche Menschen sich dem Evangelium verschließen. Aus dieser Sicht ist der Kirchenaustritt nur ein gradueller Schritt. Eine Mitverantwortung dafür – etwa durch eine defizitäre Amtsführung ihrerseits – lehnt sie ab. Auch für *Bernd* sind Kirchenaustritte kein Geschehen, das ihn als Pfarrer in besonderer Weise anginge. Er sieht sich als Pfarrer eingebunden in die Dienstgemeinschaft aller Mitarbeitenden und ist daher nicht mehr, aber auch nicht weniger als diese für die Außenwahrnehmung von Kirche und Gemeinde verantwortlich. Da sich *Bernd* jedoch auch als theologischer Fachmann versteht, der die Gemeinde zur Auseinandersetzung mit vor allem sie selbst betreffenden theologischen Themen anleiten will, sieht er sich als Pfarrer durch die Kirchenaustritte herausgefordert. Weil die Austritte die Gemeinde angehen und weil ihr nicht gleichgültig sein kann, wenn jemand geht, ist auch er als Pfarrer der Gemeinde davon betroffen.

Für *Christa*, die auch als Pfarrerin vornehmlich Mensch unter Menschen sein will, steht der Beziehungsaspekt an vorderster Stelle in der Wahrnehmung des Kirchenaustritts. Welche individuellen Anlässe und Überzeugungen der Entscheidung zum Austritt zugrunde liegen, entzieht sich einer systematischen Beurteilung. Dennoch kann es die Kirche nicht einfach nur zur Kenntnis nehmen, daß die Ausgetretenen sich – wenn auch nur formal – von ihr ablösen. Und sie als die für ihren Wirkungsbereich zuständige Vertreterin von Kirche sieht sich veranlaßt, dem nachzugehen. Gleiches gilt für *Eckhard*. Als Repräsentant der Kirche fühlt sich auch er für die Kirchenaustritte mitverantwortlich und hält es für seine Pflicht, den Ausgetretenen gegenüber zu versichern, daß Kirche und Gemeinde auch weiterhin für sie offen sind. Sogar ihrer Kritik an seiner beruflichen Stellung, die er als persönliche Kritik versteht, setzt er sich aus. Indirekt macht er sich also das Pfarrerbild der Ausgetretenen zu eigen, will aber durch die persönliche Gestaltung seines Amtes auch eine Korrektur desselben erreichen. Dabei geht es ihm nicht vordergründig um seinen guten Leumund, sondern um das Bild der Kirche, für das er selbst mit seinem Reden und Tun einzustehen hat. Bei *Dietmar* zeigt sich die nicht spannungsfreie Wahrnehmung der eigenen Berufsrolle auch in der Bewertung der Kirchenaustrittsproblematik. Als Vertreter der Organisation Kirche muß er die Kirchenaustritte ernst nehmen, weil sie Ausdruck für den Verlust kirchlicher Identität sind und damit zumindest langfristig den Fortbestand der Organisation gefährden. Da auch die im Pfarramt Tätigen das kirchliche Bild in der Öffentlichkeit prägen, müssen sie sich angesichts der hohen Austrittszahlen auch kritisch mit ihrer eigenen Amtsauffassung und Amtspraxis auseinandersetzen. Sie sind jedoch nicht direkt für die Kirchenaustritte verantwortlich zu machen. Darum kann sich *Dietmar* auch gegenüber Ausgetretenen zum Anwalt kirchlicher Interessen machen, wobei er allerdings die immer mitschwingende Funktionärsrolle zum Teil als Bürde empfindet.

Indem *Friedrich* die Kirchenaustritte vorwiegend unter gesellschaftstheoretischen Gesichtspunkten betrachtet, neutralisiert er sie gegenüber einer theologischen Beurteilung im engeren Sinne. Auf der anderen Seite sind sie jedoch Folge und Ausdruck protestantischer Freiheitskultur und verdienen somit sogar eine positive Würdigung. Beide Momente spiegeln sich auch im Selbstverständnis von *Friedrich.* Er sieht sich als Pfarrer nicht nur für die Mitglieder der Gemeinde zuständig, sondern auch für jene, die sich äußerlich distanziert haben. Als Moderator möchte er zwischen beiden Seiten vermitteln. Das heißt für ihn zum Beispiel, den Austritt eines ihm bekannten Menschen zu respektieren, auch wenn er die Mitgliedschaft in der Kirche als äußeres Zeichen von Zugehörigkeit für wichtig hält.

Insgesamt ist festzustellen, daß dort, wo das eigene pastorale Selbstbild vor allem theologisch deduziert wird wie etwa bei *Annegret* und *Bernd*, auch stärker eine theologische Beurteilung des Kirchenaustritts im engeren Sinne stattfindet. In der Praxis resultiert daraus eine eher reservierte Haltung gegenüber den Ausgetretenen. Ein funktionales Amtsverständnis wie es *Dietmar* und *Friedrich* vertreten, führt auch zu einer eher funktionalen Deutung der Kirchenaustritte (besonders *Friedrich*), bewirkt jedoch keine gezielte Aufmerksamkeit für die Ausgetretenen. Eine solche ergibt sich jedoch zwangsläufig, wenn Amt und Person in sehr engem Konnex stehen wie bei *Christa* und *Eckhard.* Dann ist eine pauschale Beurteilung der Austritte gar nicht mehr möglich, weil jeder individuelle Fall von Kirchenaustritt auch eine individuelle Bewertung verlangt.

Dritter Teil:

Der Kirchenaustritt in der theologischen und soziologischen Diskussion

8. Kapitel: Historische Entwicklung der Austritte und der Beitrag der kirchensoziologischen Forschung

1 Die historische Verschiebung der Kirchenaustrittsproblematik

1.1 Kirchenaustritte bis 1968[1]

Das Problem des Kirchenaustritts ist kirchengeschichtlich gesehen ein relativ junges. Zwar gab es schon Ende des 18. Jahrhunderts die Möglichkeit des Konfessionswechsels (Wöllnersches Religionsedikt), doch faktisch erlaubte erstmalig das am 30. März 1847 vom preußischen König Friedrich Wilhelm unterzeichnete *Gesetz 'die Bildung neuer Religionsgesellschaften betreffend'* auch solchen Gemeindegliedern den Austritt aus ihrer Kirche, die „in ihrem Gewissen mit dem Glauben und Bekenntnisse ihrer Kirche nicht in Übereinstimmung zu bleiben vermögen"[2]. Hiernach war ein Übertritt zu einer der in der zweiten Hälfte des 19. Jahrhunderts an Bedeutung gewinnenden neuen Religionsgemeinschaften erlaubt. Die Rechtsstellung der Dissidenten blieb freilich unsicher. Der Austritt in die Konfessionslosigkeit wurde erst durch das auch für andere Bundesstaaten vorbildliche *Gesetz vom 14.5.1873 betr. den Austritt aus der Kirche* statthaft.[3] Damit war der Status der Dissidenten endgültig gesichert, wenn auch staatliche Bestimmungen und kirchenrechtliche Handhabungen den Austritt nach wie vor erheblich erschwerten. Mit der Verabschiedung des preußischen Kirchenaustrittsgesetzes im November 1918 wurden diese rechtlichen Auflagen und Repressionen zunächst beseitigt, nach dem sprunghaften Anstieg der Austritte im Jahre 1919 zum Teil 1920 jedoch wieder eingeführt.[4]

---

1 Zur Geschichte der Kirchenaustritte vgl. A. Feige, Kirchenmitgliedschaft in der Bundesrepublik Deutschland, a.a.O., 126-136; J.-G. Sternberg, Kirchenaustritte in Preußen, a.a.O. Zu einzelnen Phasen A. Feige, Art. Kirchenentfremdung/Kirchenaustritt, a.a.O., 531ff. Hervorzuheben sind außerdem die Arbeiten von H.D. Ermel, Kirchenaustrittsbewegung, a.a.O. und B. Violet, Die Kirchenaustrittsbewegung, Berlin 1914, zu der Phase 1906-1914. Vgl. auch B. Violet, Art. Kirchenaustritt II. Kirchenaustrittsbewegung, in: RGG 3, Tübingen ^{2}1929, Sp. 827-832.

2 Zitiert nach J.-G. Sternberg, Kirchenaustritte in Preußen, a.a.O., 23.

3 Ebd. 48.

4 Erst 1977 wies das Bundesverfassungsgericht die in einigen Bundesländern geltende vierwöchige Bedenkzeit und die bis zum Ende des Kalenderjahres verlängerte Kirchensteuerpflicht als mit Art. 4 des Grundgesetzes unvereinbar zurück.

Eine neue Dimension erhielt die Kirchenaustrittsproblematik ab der Jahrhundertwende. Seit 1878 hatte es wiederholt Bestrebungen sozialdemokratischer Agitatoren gegeben, eine Massenaustrittsbewegung zu initiieren.[5] Sie hatten jedoch nur mäßigen Erfolg. Die Zahlen der Austritte bewegten sich nach wie vor auf recht niedrigem Niveau (Zwischen ca. 0,001% und 0,07%). Zu ersten sog. Austrittswellen kam es in den Jahren 1908-1910 und 1913-1914.[6] Hier ging der Anteil derer, die sich einer anderen Religionsgemeinschaft anschlossen, deutlich zurück, so daß diese Wellen eindeutig als Folgewirkungen monistisch-freigeistiger und politischer Agitation (Freidenker, 'Komitee Konfessionslos', Teile der SPD) anzusehen sind.[7] Es waren vor allem Arbeiter, die aus der Kirche austraten. Jedoch waren die Austritte insgesamt nicht nur politisch motiviert; vielmehr führten „die hohen untergründigen Spannungen sozioökonomisch-kultureller Veränderungsprozesse vor dem I. Weltkrieg“[8] dazu, daß das Verhältnis von Christentum und Gesellschaft insgesamt einem folgenreichen Wandlungsprozeß unterlag.

Das Ansteigen der Austrittszahlen 1919 und 1920 (313.995)[9] ist einerseits auf einen Glaubwürdigkeitsverlust der Kirche durch ihre nationalistische Haltung im Ersten Weltkrieg zurückzuführen, andererseits wie auch ihr anhaltend hohes Niveau bis 1933 auf eine Neubelebung der kirchenfeindlichen Agitationen, die jetzt deutlich klassenkämpferische Züge annahmen. A. Feige sieht jedoch in den konstant hohen Jahresraten der 20er Jahre ein Indiz „dafür, daß der Austritt doch stärker in einer auch je individuellen Beziehungsperspektive zur Kirche entschieden und vollzogen wurde.“[10] Abgesehen davon, daß ein solcher Schluß ohne nähere Präzisierung äußerst vage bleibt und gerade in solcher Vagheit im Prinzip auf jede Kirchenaustrittsphase zutrifft, ist zu fragen, ob hier tatsächlich, wie Feige anklingen läßt, eine Parallele zu gegenwärtigen Problemlagen bereits sichtbar wird.[11] Ein Vergleich mit der Gegenwart ließe sich freilich nur durch Heranziehung von motivanalytischem Material aus jener Zeit vollziehen und vergleichbares Material liegt eben nicht vor. Es mag zutreffen, daß schon damals bei vielen die innere Entfremdung von der Kirche durch den endgültigen Bruch mit der Institution besiegelt wurde, aber möglicherweise sind hier auch bereits erste „Zeichen dafür vorhanden, daß

---

5 J.-G. Sternberg, Kirchenaustritte in Preußen, a.a.O., 55f.

6 H.D. Ermel, Kirchenaustrittsbewegung, a.a.O., 109-145.

7 J.-G. Sternberg, Kirchenaustritte in Preußen, a.a.O., 58ff.

8 A. Feige, Kirchenmitgliedschaft in der Bundesrepublik Deutschland, a.a.O., 132.

9 Ebd., unter Verweis auf J.-C. Kaiser, Arbeiterbewegung und organisierte Religionskritik im Kaiserreich und Weimarer Republik, Stuttgart 1981.

10 A. Feige, Kirchenmitgliedschaft in der Bundesrepublik Deutschland, a.a.O., 133, mit J.-C. Kaiser.

11 Vgl. u., 239-244.

in den 30er Jahren nicht mehr die Stärke des Willens beim Austritt sichtbar werden würde, sondern die 'Schwäche des Willens'."[12] Damit ist die Kirchenein- und -austrittsentwicklung im sog. 'Dritten Reich' mit ihren beiden völlig konträren Schüben (1933: 324.000 Eintritte; 1939: 378.000 Austritte) bereits – wenn auch sehr grob[13] – beschrieben. Zu der bis dahin einmaligen und seitdem nicht mehr erreichten Eintrittswelle führt die Kampagne der Nationalsozialisten unter dem Motto des „positiven Christentums". Nachdem sich das Verhältnis von Kirche und nationalsozialistischem Regime durch die konsequente Haltung der Bekennenden Kirche dramatisch verschlechtert hatte, kam es zu einer staatlich verordneten Austrittskampagne, die ebenfalls ein vorher und bis heute nicht erreichtes Ausmaß von Austritten bewirkte. Bereits in den letzten Kriegsjahren gingen die Zahlen wie auch gegen Ende des I. Weltkrieges auf Minimalwerte zurück. In den ersten Nachkriegsjahren traten viele dann wieder ein, indem sie sich bei den Meldeämtern einfach wieder mit „evangelisch" anmeldeten.[14]

Im Bereich der Bundesrepublik Deutschland blieben die Austrittszahlen im wesentlichen bis Anfang 1968 auf niedrigem Niveau. In der DDR dagegen kam es aufgrund staatlicher Kampagnen in zwei Wellen zu massenhaften Austritten und zwar in der zweiten Hälfte der 50er Jahre und zwischen 1967 und 1975. Von da an flachte die Kurve bis zur Wende im Jahre 1989 nahezu gegen Null hin ab.[15]

1.2 Kirchenaustritte von 1968 bis 1989

Das Jahr 1968 markiert einen bis in die Gegenwart hinein folgenreichen Umschwung.[16] Neu an der in diesem Jahr einsetzenden (60.807 Austritte) und 1974 ihren Höhepunkt (216.217 Austritte) erreichenden Phase ist nicht nur das eruptionsartige Ansteigen der Zahlen, sondern auch die Tatsache, daß es weder „eine vorauslaufende öffentliche Kontroversdiskussion" noch eine „zentral verordnete Kampagne"[17] gab. Historisch-kulturell läßt sich diese Entwicklung auf den gesellschaftlichen und politischen Klimawechsel dieser Jahre[18] (Studentenbewegung, Sozial-liberale Regierungsübernahme) als auch auf öko-

12 J.-G. Sternberg, Kirchenaustritte in Preußen, a.a.O., 102.

13 Eine eingehende Erforschung der Kirchenaustrittsentwicklung für diesen Zeitraum steht nach wie vor aus. Vgl. H. Reich, Die Aus- und Übertrittsbewegung 1881-1949, in: KJB 78, 1951, 363-385.

14 K.-W. Bühler (Warum melden die Leute sich ab? Motive und Deutungen der sogenannten Austrittswelle, in: LM 9, 1971, 161) spricht in diesem Zusammenhang von einer „Schwarzen Eintrittswelle".

15 D. Pollack, Kirche in der Organisationsgesellschaft, a.a.O., 381-384.

16 W. Pittkowski/R. Volz, Konfession und politische Orientierung, a.a.O., 98f.

17 A. Feige, Kirchenmitgliedschaft in der Bundesrepublik Deutschland, a.a.O., 134.

18 Dazu A. Kuphal, Abschied von der Kirche. Traditionsabbruch in der Volkskirche. Zugleich ein Beitrag zur Soziologie des kollektiven Verhaltens, Gelnhausen/Berlin/Stein 1979, 248-254.

nomisch-fiskalische Maßnahmen (Konjunkturzuschlag 1974) zurückführen. Die Ursachen für diese Entwicklung liegen den äußeren Umständen jedoch voraus und das Moment der Überraschung, das sie innerhalb der Kirchen auslöste, erklärt sich z.T. dadurch, daß zuvor nur ein geringes Interesse an der Erfassung der gesellschaftlichen Rahmenbedingungen neuzeitlicher Christentumspraxis vorhanden war.[19] Dennoch haben diese Kirchenaustritte im Gegensatz zu denen früherer Phasen eine neue Qualität, da sie überwiegend Ausdruck eines individuellen Autonomiebedürfnisses sind und nur noch äußerst selten auf eine dezidiert kirchenfeindliche Haltung zurückgehen. Dem Austritt voraus geht nicht ein bestimmter Konformitätsdruck von außen, sondern eine persönliche Kosten-Nutzen-Überlegung des/der einzelnen. Die gesellschaftliche Enttabuisierung des Kirchenaustritts und die Liberalisierung des Austrittsrechtes führten dazu, daß die Entscheidung tatsächlich frei von äußeren Zwängen getroffen und in die Tat umgesetzt werden kann. W. Pittkowski und R. Volz sprechen in diesem Zusammenhang von einer „'Verbürgerlichung' des Austritts und der Konfessionslosigkeit"[20] im Vergleich zu früheren Austrittsphasen. Der Austritt ist „Ausdruck eines sozialen Handelns, das ein Reflex auf strukturell und funktional veränderte Handlungs*bedingungen* in der Gesellschaft ist, und nicht vorgängig als 'längst erwartbare' Manifestation der 'Entchristlichung' der Gesellschaft."[21] Von daher ist es auch erklärbar, daß die Kirchenaustrittszahlen nach 1974 zwar insgesamt wieder rückläufig waren, aber seit dem nie wieder das Niveau von vor 1968 erreichten.

1.3 Die jüngste Kirchenaustrittswelle seit 1990

Der neuerliche Anstieg der Kirchenaustrittszahlen nach 1990 (s. Tabelle S. 198) „hat erkennbar eine andere Qualität als frühere Wellen."[22] Zwar lassen sich wiederum gesellschaftspolitische (Wiedervereinigung) und steuerpolitische Ursachen (Solidaritätszuschlag) als Erklärung anführen. Diese haben jedoch die Individualisierung der Kirchenaustrittsentscheidung eher noch verstärkt, da sich das individuelle Bedürfnis nach Autonomie und Selbstbestimmung lebensphasenspezi-

---

19 A. Feige, Kirchenmitgliedschaft in der Bundesrepublik Deutschland, a.a.O., 134f.

20 W. Pittkowski/R. Volz, Konfession und politische Orientierung, a.a.O., 104 u.ö.

21 A. Feige, Kirchenmitgliedschaft in der Bundesrepublik Deutschland, a.a.O., 225.

22 Institut für Demoskopie Allensbach, Kirchenaustritte. Eine Untersuchung zur Entwicklung und zu den Motiven der Kirchenaustritte, Allensbach 1992, 1. Im Gegensatz zu früheren Wellen ist eine Trendwende oder Stabilisierung der Zahlen bislang ausgeblieben.

fisch mit besonderer Intensität äußert[23] und dies besonders dann, wenn äußere Umstände wie etwa gesellschaftliche Umbruchsituationen zu einer Auseinandersetzung mit der eigenen Identität besonderen Anlaß geben. Auch nach Ansicht des Interviewten *Bernd* werden die Austritte in nicht geringem Maße durch staatliche Entscheidungen wie etwa der Steuergesetzgebung mit ausgelöst. Die Kirche bezahlt dafür die „Zeche" (B16). In gesellschaftstheoretischer Hinsicht sind die Kirchenaustritte für ihn eine logische Konsequenz des von Wirtschaft und Politik geforderten und tatsächlich erfolgten Privatisierungsschubes, der auch den Bereich der Religion erfaßt hat. *Bernd* sieht in der Privatisierung also einen mehr oder weniger gelenkten Prozeß. Aber die Kirchenaustritte der Gegenwart unterscheiden sich von denen früherer Zeiten gerade dadurch, daß sie nicht auf politische Veranlassung hin oder auf gesteuerte gesellschaftliche Entwicklungen zurückzuführen sind. Vielmehr trifft der/die einzelne letztendlich die Entscheidung über die eigene Kirchenmitgliedschaft nach einem individuellen Abwägungsprozeß. Gegenüber dem Begriff 'Privatisierung' ist daher der in der Soziologie gebräuchliche Terminus technicus 'Individualisierung' vorzuziehen. Kirchenaustritte sind eine Folge der gesellschaftlichen Individualisierung, die nahezu alle Lebensbereiche des modernen Individuums erfaßt hat und sich auch auf die subjektive Haltung zu Religion und Kirche auswirkt. Darauf ist an späterer Stelle noch ausführlicher einzugehen.[24]

---

23 V. Drehsen, Wie religionsfähig ist die Volkskirche?, a.a.O., 33; vgl. auch A. Feige, Kirchenaustritte. Eine soziologische Untersuchung von Ursachen und Bedingungen, Gelnhausen/Berlin 1976, 217: „Es gibt bestimmte Lebensumstände, in denen aus dem Gedanken an den Kirchenaustritt b e s o n d e r s häufig ein tatsächlicher Austritt wird. Generell [...] sind es Lebenslaufphasen bzw. -zeitpunkte, die dadurch gekennzeichnet sind, daß sich insbesondere auch ökonomische Daten für den Einzelnen ändern oder verändert haben".

24 Vgl. u., 239ff.

Kirchenaustritte in Westfalen seit 1990 (im EKD-Vergleich)[25]				
Jahr	Westfalen	Westdeutschland	Ostdeutschland	BRD gesamt
1990	11.622	144.143		144.143
1991	23.427	237.874	82.761	320.635
1992	25.177	254.406	106.850	361.256
1993	19.048	199.523	85.176	284.699
1994	20.022	232.154	58.148	290.302
1995	23.126	241.728	55.054[26]	296.782
1996	18.742	187.308	38.294	225.602
1997	16.919	Zahlen für BRD bei Drucklegung noch unvollständig		

Für die Befragten bildet die aktuelle Entwicklung der Austritte den Hintergrund für die Beschäftigung mit der Kirchenaustrittsthematik, wovon ja auch die Bereitschaft zeugt, sich in der gegenwärtigen Situation auf ein problemzentriertes Interview einzulassen. Daß die Austrittszahlen in den letzten Jahren ein neues Niveau in der Nachkriegsgeschichte erreicht haben, ist ihnen durchaus bewußt, auch wenn sie weder geschichtliche Vergleiche anstellen noch auf ihnen zugängliches Zahlenmaterial eingehen. Dies spricht dafür, daß das Problem Kirchenaustritt für sie eher eine grundsätzliche Aktualität hat, die natürlich durch das gegenwärtige Ausmaß noch verschärft wird. Die Konfrontation mit dem einzelnen Kirchenaustritt und mit dem Phänomen an sich steht für sie im Vordergrund. Darauf konzentriert sich auch das primäre Interesse der Befragung und der Auswertung. Forschungsinteresse und Kooperationsbereitschaft sind freilich durch den aktuellen Kontext maßgeblich mitbestimmt.

2 Ergebnisse motivanalytischer und sozialstatistischer Forschungsarbeiten zur Austrittsproblematik seit 1970

Der drastische Anstieg der Kirchenaustritte in den Jahren 1968–1974 war Anlaß für eine intensive kirchensoziologische Forschungstätig-

25 Quellen: 1.) Bericht über die Tätigkeit der Kirchenleitung, der Ämter und Einrichtungen der Evangelischen Kirche von Westfalen, erstattet für die Tagung der westfälischen Landessynode vom 11. bis 15. November 1995, Bielefeld, o.J., 319. 2.) Ev. Kirche in Deutschland – Statistik (Hrsg.), Statistik über Äußerungen des kirchlichen Lebens in den Gliedkirchen der EKD in den Jahren 1993 und 1994, Statistische Beilage Nr. 91 zum Amtsblatt der EKD, Heft 2 vom 15. Februar 1997, 79 und 81. 3.) EKD-Faltblatt „Statistik kurz und bündig“ für 1995 und 1996. 4.) Telefonische Auskunft der Sachbearbeiterin im Landeskirchenamt.
26 Einschließlich Berlin-West.

keit, die sich auf die Bereiche Mitgliedschaftsbefragung[27] und Austrittsmotivation[28] bezog. Die Untersuchungen von A. Feige[29] und G. Kehrer/D. Schäfer[30] bieten dazu eigens erhobenes empirisches Material auf. Außerdem erschienen in den 70er Jahren mehrere sekundäranalytische Arbeiten wie die von A. Kuphal[31], T. Strohm/U. Winter[32] und D. Schäfer/J. Schildmann[33] sowie zahlreiche Aufsätze, die sich mit der Frage nach Austrittsgründen und -motiven beschäftigen.[34] Daneben wurden ohne Anspruch auf Repräsentativität vereinzelte Umfragen unter ausgetretenen Kirchenmitgliedern durchgeführt.[35]
Mitte der 70er Jahre, etwa zeitgleich mit dem deutlichen Absinken der Kirchenaustrittszahlen, ließ auch das kirchen- und religionssoziologische Interesse an der Motivforschung nach. Vereinzelte Veröffentlichungen gab es erst wieder ab Anfang der 80er Jahre[36]. Seitdem sind

---

27 Dafür stehen im evangelischen Bereich die Kirchenmitgliedschaftsuntersuchungen von H. Hild (Hrsg.), Wie stabil ist die Kirche?, a.a.O. und G. Schmidtchen, Gottesdienst in einer rationalen Welt. Religionssoziologische Untersuchungen im Bereich der VELKD, Stuttgart 1973. Für die römisch-katholische Kirche: G. Schmidtchen, Zwischen Kirche und Gesellschaft. Forschungsbericht über die Umfragen zur Gemeinsamen Synode der Bistümer in der Bundesrepublik Deutschland, Freiburg u.a. 1972. In diesen Studien wurden die Mitglieder auch nach ihrer Meinung zum Kirchenaustritt (H. Hild, Wie stabil ist die Kirche?, a.a.O., 114-135) bzw. nach Motiven für den in Erwägung gezogenen Austritt (G. Schmidtchen, Zwischen Kirche und Gesellschaft, a.a.O., 123ff.; ders., Gottesdienst in einer rationalen Welt, a.a.O., 80-83) befragt. Eine Befragung von Ausgetretenen fand dagegen nicht statt.

28 Ansätze zu qualitativer Motivforschung gab es bereits zu Beginn des 20. Jahrhunderts. Die wichtigsten Arbeiten zählt A. Feige, Kirchenmitgliedschaft in der Bundesrepublik Deutschland, a.a.O., 130, Anm. 42, auf.

29 A. Feige, Kirchenaustritte, a.a.O.

30 G. Kehrer/D. Schäfer, Kirchenaustritte in Württemberg. Ergebnisse einer empirischen Untersuchung, in: WPKG 1977, 394-421.

31 A. Kuphal, Abschied von der Kirche, a.a.O.

32 T. Strohm/U. Winter (Hrsg.), Die jüngste Kirchenaustrittswelle in der kirchlichen und sozialwissenschaftlichen Diskussion. Vervielfältigtes Manuskript, Kirchl. Hochschule Berlin 1972.

33 D. Schäfer/J. Schildmann, Wer tritt aus der Kirche aus?, in: EK 10, 1977, 32-38.

34 Ohne Anspruch auf Vollständigkeit seien genannt: K. Barner, Die Welt als Kirche, a.a.O., 446-448; K.-W. Bühler, Warum melden die Leute sich ab?, a.a.O., 161-163; J. Boeckh, Abschied von der Kirche – und wohin?, a.a.O., 99-101; T. Strohm, Forschungshypothesen zur Kirchenaustrittstendenz, in: ThPr 9, 1974, 44-55.

35 Z.B. U. Scheller, Kirchenaustritte und ihre Begründung. Ergebnisse von Interviews in einer niedersächsischen Mittelstadt. Hrsg. von der Pastoralsoziologischen Arbeitsstelle der Ev.-luth. Landeskirche Hannovers, Manuskript Hannover 1975.

36 Als Kommentar zur zweiten Kirchenmitgliedschaftsstudie: A. Feige, Motive für Kirchenaustritte, in: LM 21, 1982, 107-108; H.N. Janowski, Exodus aus der Kirche, in: EK 15, 1982, 114-115; H. Wulf, In einem religiösen Niemandsland, a.a.O., 440-443; J. Boeckh, Exodus – wohin?, in: Quat 50, 1986, 78-89. Von ka-

auch mehrere neue empirische Studien wie die der Nordelbischen Kirche[37], des Protestantischen Dekanats Ludwigshafen[38] sowie die Ergebnisse der in der dritten Kirchenmitgliedschaftsstudie[39] durchgeführten Befragung von Ausgetretenen und Konfessionslosen erschienen. Aus dem Bereich der römisch-katholischen Kirche ist eine im Auftrag des Sekretariats der Deutschen Bischofskonferenz 1992 vom Institut für Demoskopie Allensbach vorgelegte Studie[40] zu nennen. In Ergänzung und theoretischer Vertiefung dieser Erhebung unter Ausgetretenen wurde 1993 eine Befragung von Menschen durchgeführt, die an einen Austritt aus der katholischen Kirche in Erwägung gezogen hatten.[41] Diese katholischen Studien zur Austrittsproblematik bestätigen im wesentlichen die Tendenzen von aktuellen Untersuchungen aus dem protestantischen Bereich. Andere Erhebungen wie die von M. Blumenau[42] genügen den wissenschaftlichen Standards quantitativer Forschung nicht, sind aber dennoch aufschlußreich hinsichtlich der Austrittsbegründungen. Die folgenden konzentrierten Ausführungen zu Motiven, Anlässen und Austrittsprofilen stützen sich auf die Ergebnisse der erwähnten neueren empirischen Arbeiten und beziehen jeweils den Befund der Befragung mit ein. Obwohl sich die einzelnen Befragten nicht ausdrücklich auf die motivanalytische Studien beziehen, finden in ihren Antworten auf die Frage nach Ursachen, Motiven und Anlässen zum Kirchenaustritt die wesentlichen Einsichten der kirchensoziologischen Untersuchungen speziell zur Austrittsthematik Berücksichtigung. Daß Menschen ihre Mitgliedschaft in der Kirche beenden, hat nach übereinstimmender Ansicht aller sowohl gesellschaftliche als auch individuelle Ursachen und Motive. Das individuelle Motiv ist allerdings auch auf dem Hintergrund allgemeiner gesellschaftlicher Umstände und Entwicklungen zu sehen. Der einzelne Kirchenaustritt beruht jedoch auf einer individuellen, autonom getroffenen Entscheidung, bei der das Individuum die per-

---

tholischer Seite: N. Mette, Kommunikationsabbrüche? (Hypo-)Thesen zu den steigenden Kirchenaustrittszahlen, RHS 35, 1992, 73-77; G. Gruber, Warum entfernen sich immer mehr Menschen von unserer Kirche?, in: KatBl 115, 1990, 747ff.; W. Seibel, Kirchenaustritte, in: StZ 211, 1993, 721-722.

37 Psyconomy Consulting, Motivanalyse für den Austritt aus der evangelischen Kirche. Durchgeführt in 1986 im Auftrag der Nordelbischen Kirche, Unveröffentlichtes Manuskript, o.J.

38 U. Müller-Weißner/R. Volz, Kirchenaustritte aus der evangelischen Kirche, a.a.O.

39 Evangelische Kirche in Deutschland – Studien- und Planungsgruppe, Fremde Heimat Kirche, a.a.O., 51-63. K. Engelhardt/H. von Loewenich/P. Steinacker (Hrsg.), Fremde Heimat Kirche, a.a.O., 306-342.

40 Institut für Demoskopie Allensbach, Kirchenaustritte, a.a.O.

41 Institut für Demoskopie Allensbach, Begründungen und tatsächliche Gründe für einen Austritt aus der katholischen Kirche, Allensbach 1993.

42 M. Blumenau, Pastoren und Kirchenaustritte. Gespräche mit ehemaligen Kirchenmitgliedern in Hannover-Linden, in: Werkstatt Gemeinde 6, 1988, 63-76.

sönliche Lebenssituation unter einer bestimmten Fragestellung reflektiert und verändert.[43] Die subjektiven religiösen Deutungsmuster der Ausgetretenen sind natürlich auch motivanalytisch bedeutsam. Sie bestätigen zum Beispiel die von kirchensoziologischen Untersuchungen aufgestellte These, daß nur eine Minderheit den eigenen Austritt damit begründet, daß die Kirche ihrem persönlichen Frömmigkeitsanspruch nicht genüge oder aus Glaubensgründen grundsätzlich abzulehnen sei.

2.1 Austrittsgründe und -motive

Jeder Austritt beruht auf einer individuellen Entscheidung, bei der die/der einzelne in einer bestimmten Lebenssituation die Mitgliedschaft in der Kirche einer kritischen Überprüfung unter dem Gesichtspunkt des persönlichen Nutzens unterzieht. Die Gründe und Motive für den Austritt sind folglich immer zuerst ganz individueller Art und nur durch Befragung der Ausgetretenen selbst zu erhellen. Insofern beschreiten *Christa* und *Eckhard* mit ihren Besuchen einen richtigen Weg. Ihnen ist daran gelegen, im direkten Kontakt etwas über die persönlichen Umstände zu erfahren, die zum Austritt geführt haben. Wenn *Eckhard* dann doch den Versuch einer Typisierung der von ihm in Erfahrung gebrachten Austrittsgründe unternimmt, geschieht dies nicht mit dem Anspruch, ein repräsentatives Stimmungsbild zu entwerfen. Die von ihm beschriebenen vier Gruppen von Ausgetretenen sind darin miteinander verbunden, daß sie Kritik an der Kirche äußern. Das ist für *Eckhard* die entscheidende Erkenntnis aus diesen Besuchen. Seine Schematisierung ist jedoch gemessen an der Anzahl der von ihm erwähnten Beispiele sehr grob und steht somit in der Gefahr, die individuelle Ebene zu vernachlässigen. Diese Tendenz macht sich auch in seiner Überzeugung bemerkbar, daß Kirche sich lediglich anders präsentieren müßte, um die jeweiligen Argumente der Ausgetreten zu widerlegen. Auch *Friedrich* weiß, daß es häufig persönliche Lebensumstände sind, in denen der Kirchenaustritt unausweichlich erscheint. Er ordnet die Austritte aber zugleich „ein in dem gesamtgesellschaftlichen, äh, Prozeß, daß Menschen überall ihre Mitgliedschaften überprüfen“ (F1) und berücksichtigt auf diese Weise, daß es nicht nur ganz individuelle Gründe, sondern auch gesellschaftliche Ursachen sind, die zum Austritt führen.

Nach P. Stoll ist der Kirchenaustritt als Prozeß[44] zu sehen, in dessen Verlauf es zu „einem (schleichenden) Bruch mit (kirchlichen) Glau-

---

43 Vgl. u., 242.

44 P. Stoll, Sozialwissenschaftliche Überlegungen zur Kirchenmitgliedschaft, in: H. von Loewenich/H. Reller (Hrsg.), Unterwegserfahrungen. Gemeinde entwickeln in Ost und West, Gütersloh 1991, 102f. Vgl. Institut für Demoskopie Allensbach, Begründungen und tatsächliche Gründe für einen Austritt aus der katholischen Kirche, a.a.O., 7: „Die Entscheidung, aus der Kirche auszutreten, zieht sich bei den meisten über Jahre hin.“ Vgl. auch U. Müller-Weißner/R. Volz, Kirchenaustritte aus der evangelischen Kirche, a.a.O., 36: „Die Austrittsentscheidung ist Endpunkt

bensinhalten" kommt und an dessen Ende „ein Anlaß oder eine Kombination von Anlässen schwerwiegend genug sind, um die davor befindliche Hemmschwelle zu überwinden."[45] Von einer „Schwelle" spricht auch *Dietmar* im Blick auf den Austrittsvollzug (D3). Nach seiner Überzeugung ist dieser Schritt der Endpunkt einer längeren Entwicklung. Dem Vollzug dieser Entscheidung geht ein individueller Verlust an kirchlicher Identität voran. Es folgt zwar in der Regel kein völliger Bruch mit der christlichen Glaubenstradition, aber die selbstverständliche Bindung der Menschen an Kirche und Glauben gibt es kaum noch, so daß es im einzelnen Fall auch zum äußeren Vollzug der Kirchenentfremdung kommen kann. Auch *Friedrich* hält die allgemeine Entfremdung der Menschen von der Kirche für eine wesentliche Ursache der Kirchenaustritte. An dieser Entwicklung sieht er die Kirche jedoch nicht unbeteiligt, denn sie bietet nach seiner Ansicht nicht genügend Identifikationsmöglichkeiten. Der Austritt ist für ihn aber immer auch das Ergebnis eines Individualisierungsvorgangs und dies muß die Kirche bei aller Bereitschaft zur Selbstkritik ebenfalls respektieren.

Die Befragten bestätigen im wesentlichen die Ergebnisse der empirischen Austrittsforschung, wonach die Gründe bzw. Motive für den Austritt häufig tiefer liegen, als das oft an erster Stelle von Ausgetretenen genannte Kirchensteuerargument erwarten läßt. Ein entscheidender Nachteil der in der dritten Kirchenmitgliedschaftsuntersuchung gestellten Frage nach Austrittsgründen liegt darin, daß hier nicht zwischen Motiven und Anlässen differenziert wird.[46] Bei dieser Befragung fanden neben der Kirchensteuerersparnis jene Aussagen am meisten Zustimmung, die sich auf die persönliche Beziehung oder Haltung zur Kirche beziehen. Die häufige Nennung von Gleichgültigkeit (West: 53%; Ost: 56%) und Christsein ohne Kirche (West: 52%; Ost: 31%) deutet an, daß eine Kirchenbindung kaum noch vorhanden war. Wenn 36% (Ost: 26%) die Kirche unglaubwürdig finden, so setzt dies immerhin noch eine – wenn auch kritische – Beziehung zur Institution voraus. Daneben lassen die erhobenen Daten deutlich erkennen, daß die Trennung von der Kirche nicht unbedingt mit Unchristlichkeit

---

eines längeren Endscheidungsfindungsprozesses [sic!], der beeinflußt wird durch Mündigkeitserlebnisse, Kosten-Nutzen-Analysen und Bemühungen um die eigene Identität."

45 P. Stoll, Sozialwissenschaftliche Überlegungen zur Kirchenmitgliedschaft, a.a.O., 103.

46 Vgl. Evangelische Kirche in Deutschland – Studien- und Planungsgruppe, Fremde Heimat Kirche, a.a.O., 54. Genauso verfährt auch die Nordelbische Studie. Vgl. Psyconomy Consulting, Motivanalyse für den Austritt aus der evangelischen Kirche, a.a.O., 82. Die Studie des Instituts für Demoskopie Allensbach, Kirchenaustritte, a.a.O., 17, weist auf diesen Umstand zumindest hin.

oder gar Areligiosität gleichzusetzen ist.[47] Nur knapp über ein Drittel der Befragten im Westen (aber 57% im Osten) verbinden ihren Austritt mit der Überzeugung, überhaupt keine Religion mehr zu brauchen. Und ebenso hoch ist der Anteil derer, die mit dem Glauben nichts mehr anfangen können[48] (Ost: 54%, bei Mehrfachnennungen). Diese Trends werden von den Ergebnissen der beiden anderen, den Glauben an Gott und die Einstellung zu Glauben, Christentum und Religion betreffenden Fragen bestätigt[49], wobei hier die Differenzierung zwischen Ausgetretenen und schon immer Konfessionslosen weitere Aufschlüsse gibt. Nach dem zusammenfassenden Urteil der Studie „scheint sich für die Ausgetretenen in West und Ost die gängige These einer Trennung zwischen Institution und Religion, zwischen Kirche und Glauben zu bestätigen. Ist dafür jedoch im Westen eine fehlende Beziehung zur Kirche der ausschlaggebende Punkt, liegt im Osten das Gewicht eher auf der fehlenden Beziehung zu Glauben und Religion, die aber mit einer freundlicheren Einstellung zur Kirche einhergehen kann."[50] Daraus wird ersichtlich, daß in vielen Fällen das kritische Bild von der Institution Kirche als einer Einrichtung, der es sich durch formale Trennung zu entziehen gilt, das entscheidende Motiv für den Austritt ist. Dies deckt sich mit dem Eindruck von *Annegret* und *Bernd*. *Annegret* vermutet bei den Ausgetretenen massive Vorbehalte gegenüber der Institution, die unter Berufung auf die Freiheit des persönlichen Glaubens zur endgültigen Ablösung von der Kirche führen. Nach *Bernd* gibt es viele gute Gründe, aus einer fehlerhaften Kirche auszutreten. Diese sind nach Ansicht beider Befragten in jedem Falle zu respektieren. Auch *Christa* sieht wohl, daß einzelne Austretende ihre Entscheidung mit einer Kritik am kirchlichen Erscheinungsbild verbinden. Dies sind jedoch nach ihrer Erfahrung Ausnahmefälle. Daß Menschen sich hingegen trotz Austritts weiterhin in der Kirche engagieren, zeigt, daß Kirchenaustritt nicht unbedingt mit Kirchenkritik gleichzusetzen ist. Die Ablösung von der verfaßten Kirche signalisiert vielmehr, daß eben jene institutionelle Gestalt der Kirche für das eigene Leben bedeutungslos geworden ist. Viele Men-

---

47 Es kommt hin und wieder sogar vor, daß Ausgetretene auch gegenüber den staatlichen Austrittsstellen versichern, sie sähen sich weiterhin der Kirche als Glaubensgemeinschaft zugehörig an. Das muß ernst genommen werden, auch wenn sich hier vom juristischen Standpunkt aus erhebliche Probleme auftun. Vgl. G. Wendt, Kirchenmitgliedschaft, a.a.O., 622; H. Engelhardt, Der Austritt aus der Kirche, Aktuelles Recht Bd. 17, Frankfurt am Main 1972, 42-50.

48 Deutlich höher fällt das Ergebnis der Nordelbischen Studie aus. Danach besteht bei 47,5% der befragten Ausgetretenen kein Glaube im religiösen Sinne. Vgl. Psyconomy Consulting, Motivanalyse für den Austritt aus der evangelischen Kirche, a.a.O., 55. Aufgrund der weitaus kleineren Stichprobe können die Daten jedoch nicht mit denen der EKD-Studie verglichen werden.

49 Evangelische Kirche in Deutschland – Studien- und Planungsgruppe, Fremde Heimat Kirche, a.a.O., 56ff.

50 Ebd. 55.

schen, die über einen Austritt nachdenken, erleben das Erscheinungsbild der Kirche als in sich uneindeutig und widersprüchlich. Davon ist auch das eigene Verhältnis zu dieser Institution geprägt. Der Kirchenaustritt schafft Klarheit und Eindeutigkeit. Und wenn die Beobachtung von U. Müller-Weißner und R. Volz tatsächlich zutrifft, daß die persönliche Beziehung zur Kirche in enger Kohärenz zu dem Verhältnis zur eigenen Herkunft, Familie und Tradition zu sehen ist[51], so bringt dieser Schritt auch Eindeutigkeit gegenüber Elternhaus und der eigenen Sozialisation. „Und da man/frau [sic!] aus der Herkunftsfamilie ebensowenig austreten kann wie aus der Herkunftsnation, bietet sich als eine Art 'Nebenkriegsschauplatz', an dem man/frau [sic!] auch diese Verhältnisse vereindeutigen kann, die Kirche an – zumal der eigentliche (Verwaltungs)Akt rasch und problemlos vollzogen werden kann und danach, im Sinne der Kosten-Nutzen-Analyse, die Geldersparnis der Kirchensteuer winkt.“[52]
Die Befragten stimmen mit den empirischen Untersuchungen darin überein, daß der Austritt äußeres Signal für eine veränderte innere Haltung zur Kirche ist. Während *Annegret*, *Bernd* und *Friedrich* bei ihrer Einschätzung eher allgemeine Eindrücke und Einzelbeobachtungen zugrundelegen, gibt *Dietmar* immerhin zu erkennen, daß er sich mit Untersuchungen zur Austrittsmotivation befaßt hat (D6). Seine Erfahrungen decken sich nach eigenen Angaben mit deren Ergebnissen. Die direkten Bezüge auf diese Studien sind jedoch auch bei ihm sehr allgemein gehalten, so daß sich hier erneut die Frage ergibt, welche Funktion solche empirische Untersuchungen für die pastorale Praxis haben können. Werden sie, wie bei den meisten Befragten, überhaupt nicht erwähnt, muß das nicht unbedingt als Desinteresse gedeutet werden, sondern kann durchaus auch auf Defizite im Informations- und Bildungssystem der Kirche zurückzuführen sein. Dient der Bezug auf die Studien wie bei *Dietmar* der Klärung dessen, was an eigenen Eindrücken und Beobachtungen vorhanden ist, so besteht auch die Gefahr der Selbstberuhigung. Eine sinnvolle Funktion haben die Studien hingegen dort, wo sie nicht nur informieren, sondern auch zu einer kritischen Reflexion der eigenen Praxis motivieren.

---

51 U. Müller-Weißner/R. Volz, Kirchenaustritte aus der evangelischen Kirche, a.a.O., 35 mit Verweis auf W. Pittkowski/R. Volz, Konfession und politische Orientierung, a.a.O.; vgl. auch J. Hanselmann/H. Hild/E. Lohse (Hrsg.), Was wird aus der Kirche?, a.a.O., 15f.

52 U. Müller-Weißner/R. Volz, Kirchenaustritte aus der evangelischen Kirche, a.a.O., 35. G. Schmidtchen, Gottesdienst in einer rationalen Welt, a.a.O., 80-83, hatte den Kirchenaustritt 1973 als eine Störung der kognitiv-affektiven Konsistenz im Verhältnis des einzelnen zur Kirche beschrieben. Danach kann „das kognitiv-affektive Gleichgewicht nur durch Entfernung von der Kirche wiederhergestellt werden“ (82). Vgl. auch ders., Zwischen Kirche und Gesellschaft, a.a.O., 124f.

2.2 Austrittsanlässe

Anlässe oder Anstöße zum Kirchenaustritt sind im Gegensatz zu den sich eher längerfristig verdichtenden Motiven meist punktueller oder situativer Art. Bei Befragungen finden vor allem eher solche Items Zustimmung, „die im sozialen Umfeld anerkannt sind, als die eigentlichen Motive.“[53] Den Ausschlag können bestimmte Lebensereignisse oder -krisen, negative Erfahrungen mit Kirche oder mit Personen geben, die mit ihr identifiziert werden oder Empfehlungen aus dem Freundes-, Bekannten- oder Kollegenkreis[54]. Dies wird auch durch *Dietmars* Erfahrung bestätigt. Durch soziale Kontakte zu Ausgetretenen wird bei den Betroffenen ein negativer Konformitätsdruck erzeugt, so daß sie schließlich das tun, was man in ihren Kreisen bereits getan hat und auch von ihnen in gewisser Weise erwartet. Auch eine besondere ökonomische Situation[55] kann die Entscheidung zum Austritt auslösen. Unter Umständen führen aber auch eine neue Einsicht, die sich spontan oder nach einem individuellen Reflexionsprozeß einstellt oder ein bestimmter Denkanstoß zu diesem Schritt. Denn allein bieten diese Umstände in den seltensten Fällen eine hinreichende Erklärung dafür, daß es tatsächlich zum Austritt kommt, da andere Menschen ja trotzdem in solchen Situationen ihre Mitgliedschaft beibehalten. Von den im Zuge der dritten Kirchenmitgliedschaftsstudie befragten Ausgetretenen in Westdeutschland wurde unter den Austrittsgründen an erster Stelle die Ersparnis der Kirchensteuer (58%; Ost: 46%) genannt.[56] Dahinter steht, wie bereits mehrfach deutlich wurde, eine vorauslaufende negative Kosten-Nutzen-Bilanz. Auch die meisten Befragten gehen auf diesen Sachverhalt ein, beurteilen das Kirchensteuerargument jedoch sehr unterschiedlich. Aus der Sicht von *Annegret* stehen finanzieller Aufwand (Kirchensteuer) und kirchlicher Service für viele Mitglieder tatsächlich in keinem angemessenen Verhältnis, weil die Kirche und die für sie Tätigen auf die Bedürfnisse und Erwartungen der Menschen aufgrund ihrer strukturellen Gegebenheiten und ihrer normativen Vorgaben nur sehr unzureichend eingehen können. *Annegret* erkennt die Berechtigung des Kosten-Nutzen-Argumentes also grundsätzlich an. Der Entzug der Kirchensteuer ist

---

53 Institut für Demoskopie Allensbach, Kirchenaustritte, a.a.O., 12.

54 Vgl. A. Feige, Erfahrungen mit Kirche, a.a.O., 129.

55 Aufschlußreich sind hier die Ergebnisse der Nordelbischen Studie, die zwischen realen Anlässen und sozialen Einflüssen bei der Kirchenaustrittsentscheidung unterscheidet. Vgl. Psyconomy Consulting, Motivanalyse für den Austritt aus der evangelischen Kirche, a.a.O., 84-90.

56 Evangelische Kirche in Deutschland – Studien- und Planungsgruppe, Fremde Heimat Kirche, a.a.O., 54. In Ostdeutschland fanden dagegen vier andere Argumente mehr Zustimmung: 1. Weil ich in meinem Leben keine Religion brauche (57%). 2. Weil mir die Kirche gleichgültig ist (56%). 3. Weil ich mit dem Glauben nichts mehr anfangen kann (54%). 4. Weil ich mich mehr an allgemein humanistisch-ethischen Werten orientiere als an christlichen (48%).

für sie daher das einzig wirksame Instrument, um auf das problematische Erscheinungsbild der Kirche mit Nachdruck aufmerksam zu machen. Dagegen ist es für *Christa* der aus der wirtschaftlichen Lage resultierende Zwang zu Einsparungen auch in der privaten Lebensführung, der entscheidend zum Ansteigen der Kirchenaustritte beiträgt. Genau wie *Bernd* zeigt sie durchaus Verständnis dafür, daß es aufgrund besonderer Umstände in einzelnen Familien dahin kommen kann, daß nur noch über die Einsparung der Kirchensteuer die soziale Bedürftigkeit verhindert werden kann. Daß Menschen, die die Kirche nicht mehr brauchen und auch faktisch nicht mehr in Anspruch nehmen, weiterhin Kirchensteuern zahlen sollen, ist für *Christa* nicht einzusehen. Auf der anderen Seite ist sie es, die auf den Aspekt der Solidargemeinschaft aufmerksam macht. Wer an den Angeboten der Gemeinde teilnimmt, sollte sich auch an ihren Kosten beteiligen. Das Kosten-Nutzen-Kalkül wird also umgekehrt und erhält eine andere Stoßrichtung. Nach *Dietmar* fällt die Bilanz der persönlichen Kirchenbeziehung vieler Menschen deshalb negativ aus, weil die Kirche ihnen nicht einsichtig zu machen vermochte, wo der Nutzen der eigenen Mitgliedschaft liegt. Darauf kann, so *Dietmar*, die Kirche nur derart reagieren, daß sie durch Offenlegung ihrer Haushalte und durch Dokumentation ihrer gesellschaftlichen Relevanz die Kosten-Nutzen-Bilanz ihrerseits positiv aufwertet. Da es jedoch nach seiner Ansicht zunehmend schwieriger wird, die Zweckdienlichkeit der Kirchensteuer einsichtig zu machen, müssen auch andere Möglichkeiten einer finanziellen Beteiligung an den Kosten der Gemeindearbeit erwogen werden, was von *Bernd* ebenfalls angeregt wird. Auch für *Eckhard* und *Friedrich* steht fest, daß viele Mitglieder nicht nur deshalb austreten, weil sie Geld sparen wollen. Das finanzielle Argument gibt lediglich den Ausschlag, wenn das eigene Verhältnis zur Kirche einer kritischen Reflexion unterzogen wird. Wer sich dagegen in der Kirche wohl und zu Hause fühlt, der ist auch bereit, die entsprechenden Zahlungen zu leisten. Nach *Friedrich* muß aber auch zur Kenntnis genommen werden, daß überwiegend nur solche Menschen austreten, die auch tatsächlich Kirchensteuern bezahlen. Die Kirche müßte daher im Bewußtsein der Mitglieder eine größere Plausibilität erhalten, damit den Austretenden zumindest deutlich ist, wem sie ihre finanzielle Unterstützung entziehen.

Die Befragten bestätigen also die Ergebnisse der empirischen Austrittsforschung. Hinter der eher oberflächlich anmutenden Begründung mit der Ersparnis der Kirchensteuer steht in der Regel eine inhaltliche Position, die möglicherweise den Betroffenen selbst zum Teil gar nicht bewußt oder nur sehr schwierig in Worte zu fassen ist. Dazu bemerken U. Müller-Weißner und R. Volz: „'Kirchensteuer' als Austrittsbegründung bezeichnet das (vorläufige?) Ende einer Beziehung zwischen Kirchenmitglied und Kirche, den Kommunikationsabbruch mit Religion in ihrer institutionalisierten Gestalt Kirche. Mit dem

Deutungsmuster 'Geldersparnis der Kirchensteuer' faßt das Individuum seinen Entscheidungsprozeß plausibel zusammen und wehrt sich gleichzeitig gegen einen weitergehenden Begründungszwang."[57] Eine ähnliche Funktion können auch andere von den Ausgetretenen bejahte Austrittsanlässe oder -anstöße haben. Dazu gehören in der Liste der dritten Kirchenmitgliedschaftsstudie Argumente wie Ärger „über Pastor/-innen und/oder andere kirchliche Mitarbeiter/innen" (West: 16%; Ost: 9%), Ärger über kirchliche Stellungnahmen (West: 42%; Ost: 17%) oder eine neue religiöse Orientierung (West: 9%; Ost: 3%).[58] Die drei in der Liste zuletzt aufgeführten Argumente wurden nur Ausgetretenen in Ostdeutschland vorgelegt. Auch dabei handelt es sich im Prinzip um Austrittsanlässe.[59]

Für die Befragten fallen andere Anlässe und Anstöße zum Kirchenaustritt gemessen an der dominanten Kosten-Nutzen-Kalkulation kaum ins Gewicht. Verärgerung über bestimmte Pfarrer oder Pfarrerinnen oder Mitarbeitende werden von fast allen in Erwägung gezogen. *Annegret* weist die Berechtigung eines solchen Austrittsanstoßes generell ab. *Dietmar* und *Friedrich* ist ein solcher Fall aus ihrer Gemeinde nicht bekannt. *Dietmar* beklagt allerdings, daß sich manche Kollegen nicht immer mitgliederfreundlich verhalten und gebraucht dafür das Stichwort „Pfarrherrlichkeit" (D12). *Bernd* will nicht ausschließen, daß sein Verhalten in dem einen oder anderen Fall Anstoß zu einem Kirchenaustritt gewesen sein könnte. Und auch *Christa* weiß aus Gesprächen mit Menschen, die vor längerer Zeit ausgetreten waren, daß Enttäuschungen über Kollegen den Ausschlag gegeben haben. Für *Eckhard* gibt es im Blick auf die eigene Person zwar keine konkreten Anhaltspunkte dafür. Da er jedoch auch persönlich für die Kirche einzustehen hat, heißt es für ihn auch, sensibel für persönliche Kritik zu sein. *Bernd* erwähnt einzelne Fälle, in denen Ausgetretene eine nicht entsprochene Erwartung an die Gemeinde als Anlaß zum Austritt anführten. *Christa* hat bei ihren Begegnungen mit Ausgetretenen manchmal Ärger über besondere kirchliche Gebühren (z.B. für das Glockenläuten bei der Beerdigung) zu hören bekommen. Sie findet allerdings auch, daß sich mit der Begründung für den Austritt manchmal überstiegene Ansprüche an bestimmte Menschen in der Kirche verbinden. Auch für *Bernd* steht die Entscheidung zum Austritt häufig nicht im Verhältnis zu der Sache, um die es ging.

Die Befragungsergebnisse unterstreichen die Notwendigkeit einer klaren Differenzierung zwischen Austrittsursachen und äußeren Anlässen. In der kirchlichen und pastoralen Praxis deuten allzu eilfertige

57 U. Müller-Weißner/R. Volz, Kirchenaustritte aus der evangelischen Kirche, a.a.O., 22.

58 Evangelische Kirche in Deutschland – Studien- und Planungsgruppe, Fremde Heimat Kirche, a.a.O., 54.

59 Auch die behauptete Unvereinbarkeit von DDR-Existenz und Kirchenzugehörigkeit ist eher das Ergebnis einer bewußten Einsicht.

Erklärungen wie die, daß die meisten ja nur wegen des Geldes austreten, in der Regel einen Mangel an selbstkritischer Reflexion an. Aber auch in der kirchensoziologischen Austrittsforschung müßte das Befragungsinstrumentarium in Zukunft entsprechend differenziert und verfeinert werden, wenn Motive, Gründe, Ursachen und Austrittsanlässe in Erfahrung gebracht, analysiert und zum Ausgangspunkt kirchlichen Handelns gemacht werden sollen.

2.3 Austrittsprofile

Die sozialstatistischen Arbeiten der 70er Jahre, insbesondere die Studien von A. Feige und G. Kehrer/D. Schäfer, hatten bereits darauf aufmerksam gemacht, daß die Entscheidung zum Kirchenaustritt sich besonders bei einer Häufung von bestimmten Merkmalen aufdrängt. Es sind vor allem „jene Personen, die im 'Besitz' der Merkmale 'männlich', 'ledig', 'erwerbstätig' und 'zwischen 26-32-jährig' sind"[60]. Austritte von verheirateten Frauen sind meistens Folgeaustritte[61] im Anschluß an den Austritt des Ehemannes. Die beschriebene Merkmalskombination reicht natürlich allein noch nicht aus, den Gedanken an den Austritt auch zu einem festen Entschluß reifen zu lassen.[62] Vielmehr sind es jeweils die individuellen Lebensumstände, die letztlich den Ausschlag geben.[63] Vor allem dann, wenn besondere ökonomische Faktoren Anlaß zu einer rationellen Kosten-Nutzen-Analyse geben, erhöht sich die Wahrscheinlichkeit des Austritts. Allerdings weist Feige zu Recht darauf hin, daß neben solchen mehr oder weniger empirisch faßbaren Daten und Lebensumständen oft noch andere Prädispositionen dazu beitragen, daß der/die Einzelne sich tatsächlich zum Austritt entschließt. Von maßgeblicher Bedeutung sind dabei die Beziehung zur Gemeinde oder zur Kirche, die Einstellung zur Kirche, zu den von ihr tradierten Glaubensvorstellungen und zur Religion im allgemeinen.

Die neueren Erhebungen haben die Trends der 70er Jahre überwiegend bestätigt und zu einer weiteren Profilierung der Ausgetretenen und Konfessionslosen[64] beigetragen. So kommen U. Müller-Weißner und R. Volz zu dem Ergebnis: „Der typische Konfessionslose ist ledig, beruflich qualifiziert und arbeitet im qualifizierten Angestellten- und

60 A. Feige, Kirchenaustritte, a.a.O., 87.

61 Ebd. 59ff.; G. Kehrer/D. Schäfer, Kirchenaustritte in Württemberg, a.a.O., 410.

62 Dies ist nach A. Feige, Kirchenmitgliedschaft in der Bundesrepublik Deutschland, a.a.O., 231, ein Indiz „dafür, daß auch die Ausgetretenen keine (christlich-)religiös völlig anderen Menschen sind."

63 A. Feige, Kirchenaustritte, a.a.O., 93.

64 Vgl. die Auswertungen des Zahlenmaterials in: Statistische Beilage Nr. 80 zum Amtsblatt der EKD, Heft 10 vom 15. Oktober 1987, 20-27. Dazu auch die Beiträge in K.-F. Daiber (Hrsg.), Religion und Konfession, a.a.O.

Beamtenverhältnis.“[65] Der hohe Anteil der Akademiker unter den Ausgetretenen deutet darauf hin, daß der Faktor Bildung[66] eine wichtige Rolle bei der Entscheidung zum Austritt spielt. Etwa zwei Drittel der Ausgetretenen kündigen ihre Mitgliedschaft zwischen dem zwanzigsten und vierzigsten Lebensjahr[67], wobei die Altersstufe der 18- bis 24jährigen eine besondere Affinität zum Kirchenaustritt hat.[68] Das Bedürfnis nach Distanz zu den gesellschaftlichen Institutionen und nach individueller Autonomie ist hier besonders stark ausgeprägt.

Die Interviewten beziehen sich kaum auf sozialstatistische Ergebnisse von Austrittsanalysen. *Bernd*, *Christa* und *Eckhard* beobachten zwar, daß es unter den Austretenden viele jüngere Menschen gibt. Präzise Angaben etwa zu bestimmten Prozentsätzen oder konkrete Altersangaben machen sie aber nicht. Auch geschlechts-, alters-, und bildungsspezifische Differenzierungen werden weder von den Befragten selbst noch unter Verweis auf Ergebnisse empirischer Untersuchungen vorgenommen. Man wird aber davon ausgehen können, daß sich viele einzelne Beobachtungen in der pastoralen Praxis zu einem allgemeinen Bild der Austretenden verdichtet haben. Offensichtlich ist es aber auch so, daß die erwähnten Merkmale für die pastorale Wahrnehmung und Beurteilung des Kirchenaustritts letztlich nicht von Bedeutung sind. Eine genauere Differenzierung könnte allerdings wichtige Einsichten darüber vermitteln, welche Personengruppen in der eigenen Gemeinde am ehesten austrittsgeneigt sind. Dann könnte noch am ehesten mit gezielten Angeboten darauf reagiert werden.

Die Statistik zeigt weiter, daß die Austrittszahlen seit jeher in den Städten deutlich höher waren als in eher ländlichen Gebieten. Dies deutet darauf hin, daß eine geringere soziale Einbindung und Traditionsverbundenheit eher dazu führt, daß die Mitgliedschaft in der Kirche zur Disposition gestellt wird. Dagegen sagt die Tatsache des Kir-

---

65 U. Müller-Weißner/R. Volz, Kirchenaustritte aus der evangelischen Kirche, a.a.O., 15.

66 In den Kommentarbänden zu den Mitgliedschaftsstudien wird darum wiederholt auf das Bildungsdilemma der Kirche hingewiesen, das sich nach R. Schloz, Das Bildungsdilemma der Kirche, 215, darin zeigt, „daß die notwendige Bildungsanstrengung der Kirche, die auf eine bewußte und geklärte Einstellung zum christlichen Glauben gerichtet sein muß, den Sockel fragloser Selbstverständlichkeit bei vielen Kirchenmitgliedern vollends abbaut und damit den Trend zu kritischer Distanz verstärkt.“

67 U. Müller-Weißner/R. Volz, Kirchenaustritte aus der evangelischen Kirche, a.a.O., 18.

68 A. Feige, Erfahrungen mit Kirche, a.a.O., 128-136; ders., Veränderung der christlichen Lebensform: Kirchlich tradierte Partizipationsformen und Kirchenaustritte, in: H. May/K. Lorenz, Moderne und Religion, a.a.O., 88-92; vgl. auch H. Barz, Religion ohne Institution? Eine Bilanz der sozialwissenschaftlichen Jugendforschung, Teil 1 des Forschungsberichtes „Jugend und Religion“ im Auftrag der Arbeitsgemeinschaft der Evangelischen Jugend in der Bundesrepublik Deutschland (aej), Opladen 1992, 52-56.

chenaustritt nach Erkenntnissen der empirischen Studien allein noch nichts über eine einseitige (partei-)politische Orientierung der Ausgetretenen aus.[69] Dies spricht nach Ansicht von G. Kehrer und D. Schäfer dafür, „daß der Kirchenaustritt weder weltanschauliche Prämissen noch weltanschauliche Konsequenzen hat."[70] Von daher ist auch die nach wie vor verbreitete Meinung, daß Menschen aus der Kirche austreten, weil ihnen diese zu politisch, zu weit links oder zu konservativ sei, korrekturbedürftig. Vielmehr ist es das negative Gesamtbild der Institution Kirche, welches von vielen Ausgetretenen kritisiert wird.

2.4 Kirchenbild der Ausgetretenen

Kirchenmitglieder und Ausgetretene sind sich weitgehend einig in ihren positiven Meinungen zur Kirche, unterscheiden sich aber signifikant in den negativen Urteilen.[71] Viele Ausgetretene empfinden die Kirche einerseits als defizitär, andererseits als reglementierend. Beklagt werden auf Nachfrage hin vor allem die Lebensferne und die Starrheit der Institution Kirche.[72] Zu einem ähnlichen Ergebnis kommt auch die Studie der Nordelbischen Kirche. „Die größte Kritik der Ausgetretenen und der inaktiven Mitglieder, die mit dem Gedanken an Austritt gespielt haben, besteht dahingehend, daß die Kirche als langweilig, intolerant, unmodern und steif bezeichnet wird."[73] Das in der dritten Mitgliedschaftsstudie aufgeführte Argument, die Kirche sei eigentlich unnötig, wird allerdings nur von den schon immer Konfessionslosen deutlich bejaht (am zweithäufigsten genannt), während Ausgetretene dies erst an achter Stelle nennen. Daß die übrigen kritischen Aussagen (Kirche zu lebensfern, zu starr, nimmt ihre politische Verantwortung nicht wahr) bei den Ausgetretenen deutlich mehr Zustimmung finden, legt für die Autoren der Studie den Schluß nah, daß sich der Abschied von der Kirche nicht lautlos vollzieht, sondern mit indi-

---

69 G. Kehrer/D. Schäfer, Kirchenaustritte in Württemberg, a.a.O., 400ff.; vgl. aber W. Pittkowski/R. Volz, Konfession und politische Orientierung, a.a.O., 108ff.

70 G. Kehrer/D. Schäfer, Kirchenaustritte in Württemberg, a.a.O., 402.

71 Ebd. 404.

72 Evangelische Kirche in Deutschland – Studien- und Planungsgruppe, Fremde Heimat Kirche, a.a.O., 59. Danach meinen 51% der Ausgetretenen im Westen und 37% im Osten, daß die Kirche am wirklichen Leben des einzelnen vorbeigeht und 50 bzw. 41%, daß sie nicht mehr zeitgemäß sei. Und 48 bzw. 38% finden, daß sie zu starr und bürokratisch ist. Bedenklich ist, daß diese Urteile schon unter Jugendlichen sehr verbreitet sind. Vgl. H. Barz, Postmoderne Religion am Beispiel der jungen Generation in den Alten Bundesländern, Teil 2 des Forschungsberichtes „Jugend und Religion" im Auftrag der Arbeitsgemeinschaft der Evangelischen Jugend in der Bundesrepublik Deutschland (aej), Opladen 1992, 165-181. Die Kirche hat aber nach Ansicht der Jugendlichen durchaus auch entwicklungsfähige Potentiale. Ebd. 181.

73 Psyconomy Consulting, Motivanalyse für den Austritt aus der evangelischen Kirche, a.a.O., 44.

vidueller Betroffenheit und Verärgerung einhergeht.[74] „Zu wenig Beachtung und Entgegenkommen, unerfüllt gebliebene Bedürfnisse scheinen zumindest mitverantwortlich zu sein“[75]. Die Austritte haben demnach weder einen Aufforderungscharakter zur Nachahmung, noch sind sie „Ausdruck prinzipiell-weltanschaulicher Opposition zum Gesellschaftsfaktor Kirche.“[76] Auch verstehen sich die Ausgetretenen nicht als Vertreter einer religiösen Subkultur jenseits der Kirche. Bestimmte religiöse und gesellschaftliche Grundfunktionen der Kirche werden durchaus bejaht und sogar eingefordert, auch wenn sie für das eigene Leben nicht von Bedeutung sind. Die Erwartungen von Konfessionslosen im Westen bleiben dabei deutlich hinter denen der Ausgetretenen zurück, während in den östlichen Bundesländern kaum signifikante Unterschiede zwischen beiden Gruppen festzustellen sind. Für viele Konfessionslose ist die Kirche allenfalls eine Einrichtung für andere, das heißt vor allem für Hilfsbedürftige, Alte, Kinder und für Menschen in Grenzsituationen zuständig.[77] Viele Ausgetretene sind dagegen offenbar von der Kirche enttäuscht. Sie hätten sich mehr Aufmerksamkeit für ihre individuellen Bedürfnislagen gewünscht.[78] Da sie keinen erkennbaren Nutzen von ihr (mehr) haben, auf der anderen Seite aber erleben, wie diese Kirche ihnen für nicht erbrachte Dienste Geld in Form der häufig als anonymen Zwangsbeitrag erlebten Kirchensteuer abverlangt, liegt die Konsequenz des Austritts nahe. Dieser ist jedoch kaum als Appell an die Kirche zu verstehen, denn ein (Wieder)Eintritt kommt für die überwältigende Mehrheit (West: 90%; Ost: 86%) nicht in Frage.[79]

Auch für die Befragten trägt das negative Kirchenbild maßgeblich zur Austrittsentscheidung bei. Sie zeigen in unterschiedlichem Ausmaß Verständnis dafür, daß Menschen sich von der Kirche enttäuscht, verärgert oder gleichgültig abwenden. Die wesentlichen Kritikpunkte der Ausgetretenen finden dabei Erwähnung und werden überwiegend als berechtigt angesehen. Vor allem bei *Annegret* und *Bernd* vermischt sich die eigene Kritik an der Institution sogar mit jener bei den Aus-

74 Evangelische Kirche in Deutschland – Studien- und Planungsgruppe, Fremde Heimat Kirche, a.a.O., 60.

75 Ebd.

76 A. Feige, Kirchenmitgliedschaft in der Bundesrepublik Deutschland, a.a.O., 227.

77 U. Müller-Weißner/R. Volz, Kirchenaustritte aus der evangelischen Kirche, a.a.O., 32; G. Kehrer/D. Schäfer, Kirchenaustritte in Württemberg, a.a.O., 403.

78 Die Autoren der dritten Kirchenmitgliedschaftsstudie schließen dies aus der häufigen Nennung (63%) der Erwartung „Die evangelische Kirche soll sich um die Sorgen der einzelnen Menschen kümmern.“ Evangelische Kirche in Deutschland – Studien- und Planungsgruppe, Fremde Heimat Kirche, a.a.O., 61f.

79 Ebd. 52. Auch hier kommt die Nordelbische Studie zu aus der Sicht der Kirche günstigeren Ergebnissen. Es wurden allerdings konkrete Bedingungen genannt, unter den man unter Umständen bereit wäre, wieder einzutreten. Vgl. Psyconomy Consulting, Motivanalyse für den Austritt aus der evangelischen Kirche, a.a.O., 95.

getretenen wahrgenommenen oder vermuteten. Letztere dient damit der Bestätigung eigener Vorbehalte und Widerstände. Wenn *Annegret* beispielsweise die Kirche als Machtapparat bezeichnet, trifft dies genau mit der bereits in den Austrittsuntersuchungen der 70er Jahre festgestellten Tendenz zusammen, daß ein Großteil der Ausgetretenen Kirche als eine mit dem Anspruch auf Reglementierung des eigenen Mitgliedschaftsverhältnisses auftretende Institution erleben.[80] Auch für *Christa*, *Dietmar* und *Friedrich* gibt die Kirche durch ihr Erscheinungsbild Anlaß zur Kritik und trägt somit indirekt zu Kirchenaustritten bei. K.-W. Dahm spricht in diesem Zusammenhang von einer „funktionalen Frustration“[81]. „Allerdings wird die Kirche nicht als eine Größe gesehen, gegen deren Einflußnahme man sich [...] möglichst aktiv und kollektiv zur Wehr setzen müßte.“[82] Nicht Kirche, Christentum und Religion als solche werden abgelehnt. Abgelehnt wird vielmehr das von der Kirche beanspruchte Glaubensmonopol. Abgelehnt werden vor allem jene christlich-kirchlichen (dogmatischen) Glaubenssätze, die aufgrund ihres mythologischen Charakters mit dem heutigen naturwissenschaftlich-technisch erfaßbaren Weltbild unvereinbar erscheinen.[83] Die Erwartung, solche Glaubensinhalte wider die eigene rationale Überzeugung[84] bejahen zu sollen, muß daher zwangsläufig das Bestreben provozieren, sich dieser Kirche durch einen Akt mündiger und freier Selbstbestimmung zu entziehen. Unter dieser Prämisse trägt die Kirche selbst erheblich mit zu der gegenwärtigen Austrittsproblematik bei.[85] Gelingt es ihr nicht, die von ihr tradierten Glaubensinhalte in einer für heutige Menschen verständlichen und akzeptierbaren Form zu präsentieren und gleichzeitig ihre gesellschaftliche Funktionalität überzeugend unter Beweis zu stellen[86], wird

80 A. Feige, Kirchenmitgliedschaft in der Bundesrepublik Deutschland, a.a.O., 229.

81 K.-W. Dahm, Beruf: Pfarrer, a.a.O., 129.

82 Ebd. 228.

83 Ebd. 229.

84 Psyconomy Consulting, Motivanalyse für den Austritt aus der evangelischen Kirche, a.a.O., 61f.: „Ausgetretene Personen bezeichnen sich selbst als rationaler als die übrigen Befragten. Die größte Diskrepanz zwischen der eigenen Rationalität und der der Kirche sehen inaktive Kirchenmitglieder. Diese halten im Vergleich mit den übrigen Gruppen die Kirche auch für am wenigsten rational.“ (62).

85 So auch U. Müller-Weißner/R. Volz, Kirchenaustritte aus der evangelischen Kirche, a.a.O., 37: „Von ihrer gesellschaftlichen Selbstdefinition und Selbstdarstellung her erscheinen so die Kirchen als Mitverursacher der gegenwärtigen Austrittswelle.“

86 Erweiterung und öffentliche Darstellung des kirchlichen Dienstleistungsangebotes muß jedoch nicht, wie G. Kehrer/D. Schäfer, Kirchenaustritte in Württemberg, a.a.O., 415, meinen, mit dem Verzicht auf problematische Transzendenzvorstellungen einhergehen. Vielmehr wäre es eine wichtige theologische Aufgabe, die elementare Kohärenz zwischen den transzendenten Bestandteilen des christlichen Glaubens und dem kirchlichen Engagement aufzuzeigen.

der in den Kirchenaustritten besonders hervortretende Prozeß der Entkirchlichung unvermindert weitergehen, auch wenn zur Zeit die Stabilität der Mitgliedschaftsverhältnisse noch weitgehend intakt ist.[87] Nach Ansicht der meisten Befragten darf die Kirche auf die zum Teil berechtigte Kritik von außen jedenfalls nicht so reagieren, daß sie sich in ihre geschlossenen Räume zurückzieht. Sie sollte sich vielmehr noch offener, den Menschen gegenüber aufgeschlossener, Anteil nehmender präsentieren und nach *Friedrich* ihre eigene Sache dabei in einer zeitgerechten und attraktiven Form vertreten (F18). *Eckhard* ist dagegen der Ansicht, daß die Kirche bei vielen Menschen zu Unrecht ein negatives Image hat. Sie müsse nur stärker in die Offensive gehen und deutlich machen, worin ihre Stärken und Vorzüge liegen. Ob sie dadurch allerdings den schleichenden Prozeß der Entkirchlichung und der Austritte wird aufhalten können, muß – darin stimmen die vier zuletzt genannten Befragten weitgehend mit den Ergebnissen der Austrittsforschung überein – zum gegenwärtigen Zeitpunkt bezweifelt werden.

87 Vgl. auch A. Feige, Kirchenmitgliedschaft in der Bundesrepublik Deutschland, a.a.O., 231f.: „Andererseits ist nachdrücklich festzuhalten, daß eine überhaupt *gesellschaftliche* Formgestalt des Christentums in der Gegenwart und zumindest absehbaren Zukunft nicht bestritten wird. Um welche als 'christlich' ausweisbaren Glaubens*inhalte* und *-chiffren* verpflichtender Art es sich dabei handeln könnte, ist nicht soziologisch-theoretisch ableitbar."

9. Kapitel: Kirchliche und theologische Deutungen der Austrittsproblematik

1 Trennung vom Heil/Verlust des Glaubens

Die offizielle Position der römisch-katholischen Kirche zur Bedeutung des Kirchenaustritts läßt sich auf die Formel bringen: Wer aus der Kirche austritt, trennt sich zugleich vom Heil.[1] Die Kirche als Heilsgemeinschaft hat nach katholischem Verständnis eine zentrale und exklusive Funktion bei der Heilsvermittlung (*nulla salus extra ecclesiam*). Der metaphorisch vielschichtige und historisch wechselhaft gefüllte Begriff 'Heil' ist in diesem Zusammenhang im Sinne von Erlösung, Rettung zu verstehen.[2] Der Austritt erhält somit eine soteriologische Qualität. Die Ausgetretenen exkommunizieren sich selbst und verlieren das im christlichen Glauben begründete Heil bzw. die Aussicht auf Erlösung. Eine ähnliche Deutung des Austritts wird, wenn auch in modifizierter Form und mit größerer Zurückhaltung, vereinzelt auch von evangelischer Seite vertreten und zwar dort, wo der Austritt als bewußte und gezielte Absage an den christlichen Glauben und die christliche Gemeinschaft verstanden wird.[3] Der unterstellte subjektive Verlust des Glaubens führt zu der objektiven Feststellung: Außerhalb der Kirche gibt es keinen christlichen Glauben. Eine soteriologische Bedeutung des Austritts klingt auch bei *Annegret* an. „Wer sich von der Kirche trennt, der trennt sich vom Heil". (A11) *Annegret* beruft sich hier auf ein bekanntes Bonhoeffer-Zitat, löst es jedoch aus dem

---

1 Zum katholischen Kirchenverständnis vgl. W. Joest, Dogmatik Bd. 2. Der Weg Gottes mit dem Menschen, Göttingen 1986, 522f. und 531.

2 Ebd. 634.

3 Vgl. M. Ludwig, Drei Thesenreihen, in: PastBl 106, 1966, 207: „Der sogenannte Austritt aus der Kirche ist in Wirklichkeit eine Treulosigkeit gegenüber der kämpfenden, duldenden, leidenden und hoffenden Gemeinde, eine Verleugnung des Herrn, der gerade 'vor den Menschen' bekannt sein will, ein Abfall von der Liebe, von der Bruderschaft, von der Dienstwilligkeit, vom Glauben und schließlich eine Stärkung der Reihen der Feinde der Kirche Jesu Christi. Mit anderen Worten: Der 'Austritt' hat objektiv sein geistliches Gewicht und seine innere Tragweite, auch wenn es die Austretenden subjektiv nicht spüren." Vgl. auch V. Drehsen, Wie religionsfähig ist die Volkskirche?, a.a.O., 30, der M. Seitz („Kräfte, die sich dem Einfluß des Evangeliums entziehen wollen") und E. Biehler („In der Gemeinde das klare Bekenntnis und das Ringen um jede Position") zitiert.

historischen Kontext und gibt es unkorrekt wieder.[4] Der exklusive Charakter dieser Aussage wird zwar von ihr insofern relativiert, als *Annegret* einräumt, daß die Ausgetretenen im Grunde gar nicht (mehr) zur Gemeinschaft der Gläubigen gehörten, weil sie nach außen hin keinerlei Glaubenspraxis erkennen ließen. Der grundsätzliche Anspruch der 'wahren' Kirche, exklusive Heilsgemeinschaft zu sein, bleibt jedoch bestehen. Dann aber ist der Austritt Ausweis für das objektiv schon vorher bestehende Ausgeschlossensein vom christlichen Heil.

Kritische Anfragen an diese Position ergeben sich sowohl aus theologischer Sicht als auch auf der Basis der empirischen Arbeiten zur Motivationsforschung. Die Lehre von der exklusiven Bindung des Heils an die äußere, verfaßte Kirche ist in der römisch-katholischen Theologie der Gegenwart deutlich relativiert worden.[5] Und nach reformatorischem Verständnis wird das Heil *sola gratia*, *sola fide* und *solus Christus* zugeeignet, nicht aber *sola ecclesia*. Christlichen Glauben gibt es, wie auch *Christa* feststellt, innerhalb wie außerhalb der Kirche. Auch *Bernd* ist nicht der Meinung, daß, wer aus der Kirche austritt, sich dadurch vom Heil trennt.[6] Die übrigen Interviewten ziehen eine heilstheologische Qualität des Kirchenaustritts nicht in Betracht. Klar grenzt sich *Friedrich* dagegen ab. Die Taufe eignet dem einzelnen Menschen das in der Teilhabe am Leib Christi begründete Heil zu. Der Austritt aus der Kirche als Körperschaft öffentlichen Rechts ändert nichts am *character indelebilis* dieser Gliedschaft. Im Gegensatz zur römisch-katholischen Auffassung, wonach es auf dieser Grundlage einen Austritt eigentlich gar nicht gibt, hat jedoch nach *Friedrich* der formale Akt der Mitgliedschaftskündigung keine Auswirkungen auf den Heilsstatus.

Die Austrittsentscheidung ist unter empirischen Gesichtspunkten nur selten zugleich auch eine Glaubensentscheidung. So sagen lediglich 35% der im Rahmen der dritten Mitgliedschaftsstudie der EKD befragten Ausgetretenen im Westen (Ost: 54%) ausdrücklich, daß sie mit dem Glauben, und damit ist ja zunächst lediglich der sich auf die bi-

---

4 D. Bonhoeffer, Zur Frage nach der Kirchengemeinschaft, GS II, München 1959, 238. Wörtlich heißt es dort: „Wer sich wissentlich von der Bekennenden Kirche in Deutschland trennt, trennt sich vom Heil."

5 H. Wagner, Art.. Heil 4. Römisch-katholische Tradition, in: EKL 2, Göttingen [3]1989, 420-422.

6 Nach der reformierten Tradition, der sich *Bernd* ja zugehörig weiß, besitzt die Zugehörigkeit zur Kirche durchaus soteriologische Qualität, wie J.-J. von Allmen, Die Zugehörigkeit zur Kirche in reformierter Sicht, a.a.O., 412f., mit Hinweis auf die Confessio Helvetica Posterior deutlich macht. Demgegenüber ist aber nach von Allmen ein zweifacher Vorbehalt geltend zu machen. 1. In dem erwähnten Kapitel der Confessio geht es zunächst lediglich um die Zugehörigkeit zur wahren Kirche (413). 2. Mit der formalen Zugehörigkeit zur Kirche ist jedoch die Zugehörigkeit zum Heil nicht identisch (415). Die geschichtlich gewordene Kirche ist vielmehr eine „societas permixta" (415).

blisch-christliche Tradition beziehende Glaube gemeint, nichts mehr anfangen können, während die Aussage „Ich bin aus der Kirche ausgetreten, weil ich auch ohne die Kirche christlich sein kann“ mit 52% im Westen (Ost: 31%) die dritthäufigste Zustimmung findet.[7] Die Verfasser sprechen in diesem Zusammenhang von einem „Christsein ohne Kirche“ oder einem „Christsein 'trotz' der Kirche“[8]. Auch für *Annegret* und *Bernd* ist der Austritt unmittelbare Folgewirkung eines privaten Glaubens. Dieser braucht weder die Kirche als Institution noch die christliche Gemeinde als Ort der Vergemeinschaftung. Religion und Glaube werden auf dem Hintergrund der gesetzlich verankerten Glaubensfreiheit als Privatsache verstanden. Während die Kirche nach *Annegret* an dieser Entwicklung ursächlich beteiligt ist, da sie keinen Bezug zum persönlichen Glauben des/der einzelnen herzustellen vermag, liegen die Gründe für *Bernd* eher in der politisch und gesellschaftlich promulgierten Privatisierung aller Lebensbereiche. Grundsätzlich beurteilen beide diese Entwicklung kritisch. *Bernd* hält sie sogar ausdrücklich für falsch, weil auf diesem Wege der fundamental wichtige Gemeindebezug des Glaubens verlorengeht. *Annegret* hält sich mit einer Bewertung dagegen eher zurück. Dies mag darin eine Ursache haben, daß sie aufgrund ihrer eigenen Vorbehalte gegenüber der Institution Kirche dem/der einzelnen das Recht auf die Selbstbehauptung des Glaubens gegenüber unberechtigten kirchlichen Ansprüchen schwerlich bestreiten kann.

Der Austritt kann also sowohl eine bewußte Entscheidung für eine andere Glaubensform sein[9] als auch eine Absage an Religion, Glauben und Kirche. Für *Christa* gibt es Kirchenaustritte sowohl aus Glauben als auch aus Unglauben. Während die einen sagen: „In dieser Kirche fühle ich mich mit meinem persönlichen Glauben nicht mehr zu Hause“ und sich dann auch konsequent einer Freikirche zuwenden, gibt es nach ihrer Auffassung auch eine Minderheit unter den Ausgetretenen, die den Austritt, wenn auch nicht als demonstrativen Ausweis ihres Unglaubens, so doch als Konsequenz einer schon lange subjektiv empfundenen und offen eingestandenen Glaubenslosigkeit versteht. Beides muß nach *Christa* respektiert werden, denn der christliche Glaube ist zunächst eine persönliche Haltung und entwickelt erst aus sich heraus in sehr individueller Weise und mit unterschiedlicher Intensität das Bedürfnis nach Gemeinschaft. Auch nach *Dietmar* kann dem Austritt im Einzelfall sowohl eine bewußte Abkehr vom christlichen Glauben zugrunde liegen als auch eine Neuorientierung hin zu

---

7 K. Engelhardt/H. von Loewenich/P. Steinacker (Hrsg.), Fremde Heimat Kirche, a.a.O., 327.

8 Ebd. 328.

9 Ebd. 327. Nur 9% der Befragten im Westen (Ost: 3%) gaben allerdings an, eine andere religiöse Überzeugung gefunden zu haben.

einer anderen christlichen Kirche oder Gemeinschaft erfolgen. Solche Entscheidungen sind für ihn jedoch eher Ausnahmefälle.
Intensiv setzt sich *Eckhard* mit den zum Teil auch theologisch gehaltvollen Argumenten der von ihm besuchten Ausgetretenen auseinander. Diejenigen Fälle, in denen die Betreffenden sich ausdrücklich auf bestimmte theologische Themen (Rechtfertigungslehre, Anthropologie) beziehen, dürften jedoch eher eine Minderheit bilden. Ganz anders sieht *Friedrich* den Kirchenaustritt in der Perspektive der Ausgetretenen. Er qualifiziert ihn positiv als Ergebnis eines religiösen Selbstbestimmungsvorgangs, den er als „genuin protestantisch" (F17) bezeichnen kann. Auch wenn die Entscheidung aus kirchlicher Sicht bedauerlich ist, so muß sie doch theologisch gewürdigt werden.

2 Gesundschrumpfung der Kirche

Die von *Annegret* vertretene Gesundschrumpfungstheorie hat in der kirchlichen Auseinandersetzung mit der Austrittsproblematik eine lange Tradition. Bereits 1878 schrieb der Freireligiöse Carl Scholl in seiner Beurteilung massenhafter Austritte aus der Kirche, daß es für die Pfarrer einen Unterschied mache, ob nur wenige austreten oder eben größere Massen. „Im ersten Fall sind die Herrn Geistlichen [...] schnell mit der Erklärung bei der Hand gewesen, die Sichabmeldenden sollten nur gehen, je schneller, je besser, da sondre sich doch die Spreu vom Waizen."[10] Das Bild von der verwehenden Spreu gebraucht auch Alexander von Ottingen in seiner Moralstatistik aus dem Jahre 1882.[11] 30 Jahre später, genau im Jahre 1913, als die Kirchenaustritte in Preußen einen neuen Höchststand erreichten, deutete der Pastor und Evangelist Samuel Keller diese Austrittswelle als „passive Reformation", denn durch das Austreten antichristlicher Kreise würde die Kirche „mit einem Schlage befreit sein von Tausenden von Mitläufern."[12] Für die Austrittswelle Ende der 30er Jahre gibt es keine vergleichbaren Äußerungen aus kirchlichen Kreisen. In einer Analyse der Austrittsentwicklung in diesem Zeitraum kommt H. Reich aber im Jahre 1951 zu einem ähnlichen Bild wie dem von der Spreu. Für ihn war der Nationalsozialismus „in vielen Fällen nur der Windhauch [...], der

10 C. Scholl, Der Massen-Austritt aus der Kirche, a.a.O., 10.

11 Zitat nach K.-W. Bühler, Warum melden die Leute sich ab?, a.a.O., 162. „Fällt in solchen Prüfungszeiten der äußere Druck, so werden die Massen gleichsam gesiebt und viel Spreu wird durch den Zug des Zeitgeistes durchs Gelände verweht. Es mag schmerzlich sein, aber heilsam ist es jedenfalls."

12 Kirchliches Jahrbuch 1913, zitiert nach J.-G. Sternberg, Kirchenaustritte in Preußen, a.a.O., 251. Sternberg selbst meint zwar, daß die Austritte „noch keine automatische Gesundschrumpfung der Restgemeinde" bringen, sieht sie jedoch „als **Ansätze** zu einer 'passiven' Reformation". Diese Begrifflichkeit unterscheidet sich jedoch nicht wesentlich von jener der Gesundschrumpfungsbefürworter.

welke Blätter vom Baum schüttelte"[13]. Von daher liegt die Vermutung nahe, daß es damals auch solche Stimmen gab, die die massiven Kirchenaustritte als Prozeß der Selbstreinigung verstanden. Bei den Austretenden der frühen 70er Jahre handelte es sich nach Ansicht des damaligen Berliner Bischofs Kurt Scharf vor allem um Besserverdienende und „patriotische konservative Kreise", wie er in einer medienwirksamen Neujahrspredigt zum Jahre 1970 betonte. Auch Scharf konnte in diesem Vorgang eine „Sichtung der Kirche, die ihr nicht schlecht bekommt"[14], sehen.
Der geschichtliche Rückblick macht deutlich, daß die Vorstellung einer Sonderung, Befreiung, Sichtung, Reinigung oder Gesundschrumpfung der Kirche sich von Anfang an mit der Austrittsproblematik verbinden konnte. In all diesen Stimmen äußert sich nach K.-W. Bühler ein besonderes kirchlich-apologetisches Interesse. „So dienen die Kirchenaustritte in ihrer kirchlichen Interpretation häufig zur Verteidigung und Rechtfertigung bestimmter konservativer Positionen."[15] Bis in die Gegenwart hinein findet die Gesundschrumpfungstheorie ihre Befürworter[16], auch wenn der historische Rückblick am ehesten geeignet scheint, sie zu falsifizieren.[17] Das Wortkonstrukt „Gesundschrumpfen" dient im Sinne dieser Theorie dazu, einem scheinbar unaufhaltsamen Prozeß eine positive Wendung zu geben. Das „Schrumpfen" wird nicht mehr als Depravation verstanden, sondern als Erneuerung der Kirche. Ekklesiologisch bedeutet „gesundschrumpfen", daß die Kirche vor allem geistlich rekonvalesziert, indem sich diejenigen von ihr trennen, die ohnehin keine erkennbare Affinität zu ihr hatten. Diese Einstellung verbindet auch *Annegret* mit diesem Wort. Für sie ist Gesundschrumpfung ein Vorgang, auf den die Kirche selbst keinen Einfluß hat. Er vollzieht sich von außen an ihr, ohne daß sie darauf aktiv reagieren müßte. Jedoch wird die Kirche auf Dauer dadurch deutlichere Konturen gewinnen und sich auf dem religiösen Markt als Alternative behaupten können. An der Frage, was aus den Ausgetretenen wird, die ja als Mitverursacher des pathologischen Zustands der Kirche gesehen werden, ist dieser Deutungsvorgang nicht interessiert. Daß mit der Gesundschrumpfungstheorie eine Geringschätzung der Austretenden einhergeht, da ihre vorherige unbestimmte Mitgliedschaft indirekt als Krankheitssymptom der Kirche zu sehen ist, ist auch *Annegret* offenbar nicht bewußt.

---

13 H. Reich, Die Aus- und Übertrittsbewegung 1881-1949, in: KJB 78, 1951, 382.

14 Nach A. Kuphal, Abschied von der Kirche, a.a.O., 317.

15 K.-W. Bühler, Warum melden die Leute sich ab?, a.a.O., 162.

16 Vgl. J. Boeckh, Abschied von der Kirche – und wohin?, a.a.O., 100f.; G. Klages, So geht es nicht weiter. Abschied von der Volkskirche?, in: LM 31, 1992, 453-456, bes. 454 („Schlankheitskur"!).

17 Wenn sich die Kirche durch Austritte tatsächlich gesundschrumpfen würde, dann müßte sie längst gesund sein.

Obwohl sich die kirchentheoretischen Positionen von *Annegret* und *Friedrich* grundsätzlich deutlich unterscheiden, gibt es hier eine Parallelität der Anschauungen. Auch *Friedrich* hält es für erforderlich, daß die Mitglieder der Kirche sich des Sinns ihrer Kirchenzugehörigkeit bewußt werden. Dadurch werde sich der Bewußtseinsgrad insgesamt erhöhen und die Substanz der Entscheidung behaupten. Aus zwei Gründen wäre es jedoch völlig verfehlt, *Friedrich* als Vertreter einer Gesundschrumpfungstheorie zu bezeichnen. Er ist weder der Meinung, daß sich die Kirche gegenwärtig in einem bedenklichen Zustand mit pathologischen Zügen befindet, noch bedeutet für ihn Kirchenaustritt gleichzeitig Unkirchlichkeit geschweige denn Areligiosität. Im Gegenteil: Als Ausdruck des religiösen Selbstbestimmungsrechtes ist der Austritt auf der Linie eines liberal-protestantischen Freiheitsverständnisses sogar positiv zu würdigen. Darüber hinaus gilt es zu beachten, daß für *Friedrich* die Kirchenaustritte nur auf dem Hintergrund gesamtgesellschaftlicher Vorgänge angemessen beurteilt und kirchentheoretisch analysiert werden können. *Dietmar* und *Eckhard* grenzen sich explizit von jeglicher Gesundschrumpfungstheorie oder -vorstellung ab. *Dietmar* deshalb, weil er diese Theorie von der Sache her für falsch hält, da auch in den Freikirchen, die oft als mustergültiges Vorbild einer auf Vereindeutigung und Intensivierung von Zugehörigkeit zielenden Strategie gesehen werden, quasi-volkskirchliche Verhältnisse bestehen.[18] Und auch *Eckhard* ist nicht davon überzeugt, daß die Kirche sich gesundschrumpfen wird. Allein seine persönliche Wertschätzung für die Ausgetretenen verbietet es, ihr Weggehen als ein für die Kirche positives Geschehen zu interpretieren. Die Gesundschrumpfungstheorie eignet sich seiner Ansicht nach bestenfalls dafür, sich aus der eigenen Verantwortung herauszulavieren, und gerade das will *Eckhard* unbedingt vermeiden. Die Kirchenaustritte sind vielmehr als eine dringliche Anfrage an die Kirche zu verstehen und keinesfalls mit Erleichterung zur Kenntnis zu nehmen.

Abgesehen von der Leichtfertigkeit[19], mit der diese Deutung sich über bestehende kirchliche und gesellschaftliche Strukturen hinwegsetzt, ergeben sich schwerwiegende theologische Bedenken gegen die mit der Gesundschrumpfungstheorie einhergehende Diskreditierung der Ausgetretenen. Die Tatsache, daß diese Menschen über Jahre hin immer noch eine gewisse Verbundenheit mit Kirche zeigten, daß sie durch ihre Kirchensteuern zur Finanzierung der kirchlichen Arbeit beitrugen, wird dabei völlig außer Acht gelassen. Und die Entscheidung zum Kirchenaustritt ist keineswegs ein Schritt, den die Menschen sich leicht machen, denn so einfach steigt man „aus der Kirche

---

18 H.-M. Niethammer, Kirchenmitgliedschaft in der Freikirche. Kirchensoziologische Studie aufgrund einer empirischen Befragung unter Methodisten, Göttingen 1995, 166-175.

19 E. Lange, Bildung als Problem und als Funktion der Kirche, a.a.O., 198f.

nicht aus, weil man aus der eigenen Biographie nicht aussteigt."[20] Bedenken ergeben sich aber auch im Blick auf die implizite Geringschätzung der kirchlich-distanzierten Mitglieder. Denn diese erscheinen in der Perspektive der Gesundschrumpfungstheorie als mitursächlicher Bestandteil des diagnostizierten krankhaften Zustands der Kirche. Danach handelt es sich bei einem distanzierten oder halbdistanzierten[21] Verhältnis zur Kirche um eine minderwertige Form von Mitgliedschaft, die letztlich verzichtbar ist. Dies ist jedoch eine sehr binnenkirchliche Sichtweise, die nicht beachtet, daß dieses Verhältnis eine institutionelle Anbindung nicht ausschließt. „Das Problem sind nicht nur die anderen (die Distanzierten ...), das Problem ist auch der 'Kern' selbst bzw. seine Vorstellungen von der Gestalt der Beziehungen."[22] H. Lindner plädiert deshalb dafür, nicht von „Fernstehenden", sondern von „Ferngehaltenen" zu reden.[23] Diese Menschen sehen sich durchaus im Bezug zur Kirche, auch wenn sie selbst ihr Verhältnis oft als defizitär erleben, wofür auch Kirche und Theologie mitverantwortlich sind. „Die Institution Kirche wird nach einer ureigenen, in sich plausiblen Logik in eigentümlicher symbiotisch-distanzierter Beziehung genutzt und in die eigene Biographie eingebaut."[24] Insofern ist es bedauerlich, wenn solche Menschen, oft nach einem längeren Reflexions- und Abwägungsprozeß, zu dem Entschluß kommen, ihre Mitgliedschaft zu beenden. Zwar muß das nicht den Abbruch aller Beziehungen bedeuten – was ja auch nur selten der Fall ist – aber der Austritt ist als Signal dafür zu werten, daß die Beziehungssetzung zur Kirche und zu christlich-kirchlich tradierten Glaubensinhalten nur noch gebrochen erfolgen kann. Damit wandert nicht nur ein Teil der gesellschaftlichen Pluralität aus der Kirche aus, sondern auch ein kritisches Potential, welches bei differenzierter Betrachtung wichtige Impulse für einen Wandel der Kirche geben könnte.[25] Ist der Austritt erst erfolgt, wird der notwendige Dialog erheblich schwieriger aufzunehmen sein.

3 Emanzipation – Emigration – Treuebruch

Von Anfang an konnten die Kirchenaustritte auch als Symptome „der Abfallsgeschichte protestantischer Kirchenentfremdung"[26] gedeutet und je nach Blickwinkel und mit unterschiedlicher Stoßrichtung als

---

20 Evangelische Kirche in Deutschland – Studien- und Planungsgruppe, Fremde Heimat Kirche, a.a.O., 21.
21 Ebd. 15-22.
22 H. Lindner, Kirche am Ort, a.a.O., 335, dort kursiv.
23 Ebd. 336.
24 Ebd. 325 (dort teilweise kursiv).
25 V. Drehsen, Wie religionsfähig ist die Volkskirche?, a.a.O., 31.
26 Ebd. 29.

Emanzipation von der Kirche[27], als „Auswanderung durch Aufkündigung demonstrativer Kirchenloyalität“[28] oder schlicht als Treuebruch gegenüber der Kirchengemeinschaft verstanden werden. In diesem Set sind also durchaus variable Grundeinstellungen miteinander vereint. Deutliche Tendenzen einer solchen Sichtweise der Kirchenaustritte sind auch bei *Bernd* erkennbar. Hier wird der Austrittsakt als bewußte Abkehr von der Gemeinde verstanden. Wenn sich jemand durch Kirchenaustritt von der als überschaubare Gemeinschaft gedachten Gemeinde trennt, wirkt dies auch auf letztere zurück und zwingt sie förmlich, darauf zu reagieren. Mitgliedschaftsbewegungen sind gemeinschaftsbezogene Vorgänge und sollten auch als solche reflektiert und behandelt werden. Was dies jedoch über die namentliche Abkündigung im Gottesdienst hinausgehend bedeutet, bleibt unklar. Ansatzweise findet sich diese Deutung auch bei *Christa*, für die die Kirchenaustritte Ausdruck der Ablösung von der Kirche sind. Zwei mal verwendet sie das aussagekräftige Bild vom Rückenzukehren[29] und ein mal spricht sie in diesem Zusammenhang von einer „Erosion“ (C1). Für *Christa* steht dabei jedoch der Aspekt des individuell verlorengegangenen Gemeinschaftsbezuges im Vordergrund und nicht die mit dem oben ausgeführten Deutungsmuster geradezu beschworene Dynamik des Treuebruchs. Maßgeblich ist für sie nicht eine normative Vorstellung davon, wo die Grenzen der Kirche liegen, sondern wie sich der/die einzelne dazu verhält und wie er/sie sein/ihr Verhältnis zur Kirche definiert. Auch *Eckhard* versteht den einzelnen Austritt als Absage an die Gemeinschaft. Eine programmatische Bedeutung hat dieser Ablösungsprozeß jedoch für ihn nicht, denn immer sind es ganz individuelle Gründe, die den Ausschlag geben.

Ohne Zweifel haben die großen Austrittsbewegungen unseres Jahrhunderts solche Tendenzen mit sich gebracht. Und auch nach der gesellschaftspolitisch markanten Wende Ende der 60er Jahre wird es immer wieder Austritte gegeben haben, die von den sie vollziehenden Individuen bewußt als Emanzipationsvorgang verstanden wurden. Problematisch ist jedoch die generalisierende Deutung der Austritte als Emigrations- oder als Abfallsbewegung.[30] Zwar geht damit nicht

27 Ebd. 26, mit Hinweis auf T. Brieger, Die fortschreitende Entfremdung von der Kirche im Lichte der Geschichte. Akademische Rede, Leipzig 1894, 7.

28 Ebd.

29 Ähnliche Aussagen findet man auch in der dritten Kirchenmitgliedschaftsstudie. Dort heißt es für den Bereich der alten Bundesländer: „Im Westen steht man dem christlichen Glauben näher, auch wenn man der Institution den Rücken gekehrt hat; ‘Christsein’ als Hintergrund ist doch noch eher normal.“ Evangelische Kirche in Deutschland – Studien- und Planungsgruppe, Fremde Heimat Kirche, a.a.O., 55.

30 Typische Züge einer solchen Deutung finden sich bei J. Seim, Das Altern der Volkskirche und die Kultur der Gleichgültigkeit, in: PTh 82, 1993, 266-277. Nach Seim haben „die Austretenden die Beziehung zur biblischen Botschaft oder zum Gemeindezusammenhalt verloren“ (267).

wie bei der Gesundschrumpfungstheorie eine selbstgerechte und verächtliche Haltung gegenüber den Austretenden einher. Die Austritte werden durchaus mit Bedauern wahrgenommen und als Herausforderung begriffen.[31] Sie können aber auch gesellschaftspolitisch instrumentalisiert werden, etwa um jegliche Reformansprüche von anderer Seite zurückzuweisen oder indem im hartnäckigen Festhalten an den traditionellen Strukturen und Ausdrucksformen des christlichen Glaubens die alleinige Rettung vor dem endgültigen Verfall kirchlicher Christentumsgeschichte gesucht wird. Solche Bestrebungen lassen sich bis heute in der kirchlichen Auseinandersetzung mit der Kirchenaustrittsproblematik nachweisen.[32] Sie führen jedoch nach V. Drehsen zu einer kirchlichen „Selbstparalysierung", weil sie sich einer eingehenden Analyse der tatsächlichen Austrittsgründe entziehen und sich gleichzeitig einer konstruktiven Auseinandersetzung mit der für die heutige Zeit typischen differenzierten Religiosität verweigern.[33] Am Ende bleibt nichts als die Klage, daß sich trotz der subjektiv als lauter empfundenen Absichten und der Unbedingtheit des eigenen Anliegens der Evangeliumsverkündigung auch weiterhin Menschen abwenden und ihre eigenen Wege gehen.

4 Kirchenaustritte als Bedrohung der Stabilität der Kirche

Ausdrücklich gegen eine Beurteilung der Kirchenaustritte als Gesundschrumpfung wendet sich die EKD-Vorlage „Kirchenaustritte als Herausforderung an kirchenleitendes Handeln"[34]. Der Bewahrung und Stabilisierung der Kirchenmitgliedschaft vor allem der distanzierten Mitglieder sei demgegenüber unbedingt der Vorzug zu geben. Deshalb tritt die Studie für das Konzept einer „missionarischen Versorgungskirche"[35] ein. Diese müsse auch gegen innerkirchliche Widerstände

31 Man beachte dabei vor allem die bildhafte Sprache, derer sich die Kommentatoren bedienen. So spricht H. Löwe, Abschied von der Kirche?, a.a.O., 133, vom „konstruktiven Umgang mit der Misere, in die wir – da bin ich sicher – ohne Gottes heilsamen und strengen Willen nicht gekommen sind." Weiter spricht Löwe von der in beiden Großkirchen ähnlichen „Fieberkurve". „Die Wellen aber gehen über beide Schiffe, nur schützen sich die Insassen in dem einen besser und gehen deshalb nicht so leicht über Bord." (134). Immerhin nennt Löwe auch den „protestantischen Individualismus" und den auf Luther zurückzuführenden antiinstitutionellen Affekt als maßgebliche Auslöser der Kirchenaustritte.

32 V. Drehsen, Wie religionsfähig ist die Volkskirche?, a.a.O., 30.

33 Ebd. 33-37.

34 Ev. Kirche in Deutschland – Kirchenkanzlei, Kirchenaustritte als Herausforderung an kirchenleitendes Handeln, a.a.O., 10.

35 Ebd. 9. Zu Recht wird in der VELKD-Studie, Zur Entwicklung von Kirchenmitgliedschaft" dieser Begriff hinterfragt. Vgl. Vereinigte Evangelisch-Lutherische Kirche Deutschlands – Lutherisches Kirchenamt (Hrsg.), Zur Entwicklung von Kirchenmitgliedschaft, a.a.O., 18: „Er weckt die Vorstellung einer flächendecken-

und einseitige Verursachungsunterstellungen durchgehalten werden. „Stabilisierung der Mitgliedschaft und Immunisierung gegen die unvermeidlichen Anstöße an der Erfahrungswirklichkeit der Kirche können nur erfolgen, indem für die Breite der Mitglieder die 'Kosten-Nutzen-Bilanz' ihrer Kirchenmitgliedschaft positiv ausfällt."[36] Theologisch begründet die Studie dieses Vorgehen recht dürftig mit dem „Wesen der Inkarnation"[37] und führt weiter aus: „Die Verleiblichung des Gotteswortes bedarf der Teilhabe der Kirche an der gesellschaftlichen Wirklichkeit." Hier hätte man sich durchaus naheliegendere theologische Argumente denken können, wie etwa den Hinweis auf den umfassenden Anspruch des Evangeliums. Und auch bei dem später erfolgenden Hinweis, „[d]as eigentliche Ziel" sei „die Gewinnung von Menschen für den Glauben an die Botschaft von Gottes Liebe"[38] wird man den Eindruck nicht los, daß dem verständlichen Bemühen um Bestandserhaltung nachträglich ein theologischer Überbau geschaffen wurde. Auch will es nicht so recht einleuchten, daß die Verfasser unter Umkehrung der These J. Matthes' von der Emigration der Kirche aus der Gesellschaft[39] den „Wirklichkeitsbezug der Botschaft der Kirche in Frage gestellt" sehen, wenn Teile der Gesellschaft aus der Kirche auswandern. Erst das eindeutige Ja zur historisch gewordenen Gestalt der Volkskirche vermag zu überzeugen. Innerhalb dieses vorhandenen Kontextes gilt es nach den Verfassern der Studie „für eine angemessene Präsenz des Evangeliums"[40] zu sorgen. Wenn auch hinsichtlich der theologischen Argumentation der Studie Bedenken bestehen[41], so wird darin doch richtig gesehen, daß Mitgliederpflege einerseits und kirchenreformerische Bemühungen andererseits notwendig sind, damit Kirche auch für diejenigen innerlich und äußerlich Heimat bleiben kann, die ihr nur schwach verbunden sind. Ob aller-

---

den Versorgung, die die Kirche heute auf allen Gebieten so nicht mehr leisten kann." Dem ist heute um so mehr zuzustimmen. Zur Kritik am Programm der missionarischen Versorgungskirche auch W. Lück, Die Volkskirche, a.a.O., 124ff.

36 Ev. Kirche in Deutschland – Kirchenkanzlei, Kirchenaustritte als Herausforderung an kirchenleitendes Handeln, a.a.O., 13.

37 Ebd. 10.

38 Ebd. 11. Ähnlich äußert sich auch die Ausarbeitung des Theologischen Ausschusses der Evangelischen Kirche von Westfalen zum „Berufsbild des Pfarrer". Vgl. Ev. Kirche von Westfalen (Hrsg.), Berufsbild des Pfarrers, a.a.O., 52.

39 J. Matthes, Die Emigration der Kirche aus der Gesellschaft, Hamburg 1964.

40 Ev. Kirche in Deutschland – Kirchenkanzlei, Kirchenaustritte als Herausforderung an kirchenleitendes Handeln, a.a.O., 11.

41 Die Inkarnationstheologie auf den Mitgliederbestand der Institution Kirche zu beziehen, erscheint mir mehr als gewagt. Warum sollte die Kirche das Evangelium nicht auch in einer Gesellschaft präsent halten können, in der sie selbst nur eine Minderheit ist? Möglicherweise werden ihre gesellschaftlichen Einflußmöglichkeiten zurückgehen. Deshalb kann sie aber trotzdem weiterhin den Anspruch vertreten, daß die christliche Botschaft allen gilt und jeden „unbedingt angeht" (P. Tillich).

dings die in Abschnitt IV aufgezeigten konkreten Maßnahmen[42] allein ausreichen, um den Trend der Kirchenaustritte aufzuhalten, muß nicht zuletzt angesichts der tatsächlichen Entwicklung der Austrittszahlen in den vergangenen 20 Jahren bezweifelt werden.
Bei *Dietmar* finden sich hin und wieder deutliche Anklänge an die EKD-Vorlage. Dennoch wäre es verfehlt, ihm ein vordringliches Interesse an Bestandserhaltung zu unterstellen. Wie kaum ein anderer macht er aber auf die gesamtkirchliche Herausforderung durch den Mitgliederschwund aufmerksam. Auch *Eckhard* sieht die Austritte als Herausforderung für die Kirche und die in ihr Verantwortung Tragenden. Die eigentliche Herausforderung liegt für ihn jedoch nicht darin, daß Menschen überhaupt aus der Kirche austreten, sondern wie die Kirche darauf reagiert. Nicht Bestandswahrung sollte daher nach seiner Ansicht die Maxime sein, sondern die Rückbesinnung darauf, was Kirche und Gemeinde in ihrem Wesen ausmacht und worin ihr Auftrag in der Gesellschaft besteht. Ausdrücklich gegen jegliches Eigeninteresse der Kirche an Bestandserhaltung spricht sich auch *Bernd* aus.

5 Kirchenaustritte als Signal zur Erneuerung der Kirche

Seitdem es überhaupt Kirchenaustritte in größerem Ausmaß gibt, kam und kommt es innerkirchlich auch immer wieder zu Bestrebungen, diese als Signal zur notwendigen Erneuerung der Kirche in Gestalt eines bestimmten Programmes zu deuten. Die Zielsetzungen und Stoßrichtungen dieser Programme gehen weit auseinander und widersprechen sich z.T. sogar ausdrücklich. Während die einen z.B. eine geistliche oder theologische Erneuerung der Kirche und des Pfarrerstandes fordern[43], halten die anderen ein deutlicheres politisches und soziales Engagement der Kirche für notwendig.[44] Die Austritte, aber auch die Distanz vieler Kirchenmitglieder zum kirchlichen und gemeindlichen Leben werden jeweils als Indikatoren für kirchliches Versagen, mangelnde Eindeutigkeit und fehlende Orientierung gesehen. Damit wird unterstellt, daß sich Menschen bewußt von der Kirche abwenden, weil sie ihnen entweder zu ungeistlich[45], zu uneindeutig in ihrer Verkündigung[46] und zu lasch in ihrer moralischen Haltung[47] erscheint, oder weil sie als politisch opportun gilt bzw. wegen „ihrer bürgerlich-

42 Ebd. 18-35.
43 Z.B. in Gestalt des „missionarischen Gemeindeaufbaus“; vgl. M. Herbst, Missionarischer Gemeindeaufbau in der Volkskirche, a.a.O., vgl. o., 118f.
44 Z.B. H. Gollwitzer, Vortrupp des Lebens, a.a.O., 111-120.
45 So die Bekenntnisbewegung „Kein anderes Evangelium“, seit wenigen Jahren mit neuem Namen.
46 M. Herbst, Missionarischer Gemeindeaufbau in der Volkskirche, a.a.O., 117.
47 Z.B. in der Frage der Schwangerschaftsunterbrechung.

kapitalistischen Verfilzung."[48] Beide Richtungsgruppen können sich argumentativ sowohl ergänzen als auch gegenseitig kritisieren und für die beklagten Mißstände verantwortlich machen. So kann ein Gemeindeaufbauprogramm durchaus gesellschaftspolitische Züge erhalten[49] und das Eintreten für eine politische Kirche sich entschieden auf biblisch-christliche Traditionen berufen.[50] Evangelikale attestieren der Kirche jedoch oft auch Linkslastigkeit und wollen damit erklären, warum Menschen austreten[51], während progressive Gruppierungen meinen, daß die Kirche eher einen bestimmten Frömmigkeitstypus vertrete, mit dem nicht nur sie selbst, sondern auch viele Kirchenmitglieder nichts anzufangen wüßten. Besonderen Nachdruck können solche Positionen erhalten, wenn einzelne ihrer Vertreter selbst öffentlich mit dem Kirchenaustritt sympathisieren oder ihn sogar vollziehen.[52]

Ein Signal zur Erneuerung der Kirche sieht auch *Annegret* in den Austritten. Ihre Äußerungen zur Situation der Institution Kirche weisen eine gewisse Nähe zu dem von den erwähnten Gemeindeaufbautheologen entworfenen Krisenszenario auf. Im Gegensatz zu jenen verfolgt *Annegret* jedoch keine gezielte Gemeindeaufbaustrategie. Ihr Konzept hat vielmehr deutlich defensiven Charakter. Auch *Eckhard*, der ausdrücklich von seinem Gemeindeaufbaukonzept spricht, sieht die Austritte nicht als Signal zur Erneuerung von Kirche und Gemeinde; er ist allerdings der Ansicht, daß das kirchliche Erscheinungsbild dringend verbessert werden müßte.

Die Notwendigkeit kirchenreformerischer Maßnahmen ist in der gegenwärtigen kirchlichen Situation auf allen Ebenen des Kirchensystems nahezu unbestritten. Ein Gemeindeaufbau, der nicht einengend, sondern einladend, nicht vereindeutigend, sondern konziliar gestaltet wird, kann eine Möglichkeit sein, die Kirche von der Basis her zu re-

48 H. Gollwitzer, Vortrupp des Lebens, a.a.O., 118.

49 F. Schwarz/C. Schwarz, Theologie des Gemeindeaufbaus. Ein Versuch, Neukirchen-Vluyn ^{3}1987, 138: „Für eine Kircheninstitution, die in erster Linie um ihre Stabilität besorgt ist, kann Unruhe nicht erstrebenswert sein. Selten wird diese dazu führen, daß neue Menschen in die Kirche eintreten. Dagegen hat solche Unruhe schon häufig Menschen zum Kirchenaustritt veranlaßt. Die Frage, wie die Mehrheit der Kirchensteuerzahler auf eine Resolution reagieren wird, ist wesentliches Kriterium der Meinungsbildung."

50 R. Gronemeyer, Wozu noch Kirche?, a.a.O., 213: „ Die Kirche braucht nur ihre Schätze auszupacken, um zu wissen, daß sie so nötig ist wie noch nie. Nicht als Systemkleber, sondern als Sand im Getriebe. Sie brauchte ihre alten Grund-Sätze nur auszusprechen, und ein Sturm der Empörung würde an ihren Mauern und Dächern rütteln."

51 H. Hild (Hrsg.), Wie stabil ist die Kirche?, a.a.O., 8.

52 So z.B. die Austrittsankündigung von Ernst Käsemann, vgl. Erklärung von Prof. E. Käsemann zu seinem angekündigten Kirchenaustritt, in: JK 38, 1977, 636-638. Zum Austritt von Wolfram Kopfermann, vgl. H.N. Janowski, Totengräber der Kirche?, in: EK 21, 1988, 560-561.

formieren. Kritisch ist jedoch zu den erwähnten Gemeindeaufbauprogrammen, die die vermeintlich negative volkskirchliche Situation als Ausgangspunkt nehmen, anzumerken, daß hier die Kirchenaustritte in problematischer Weise zur Abstützung der eigenen Position instrumentalisiert werden. Ein echtes Interesse an den Ausgetretenen selbst, an ihren Beweggründen und ihrer Haltung zur Kirche ist in den seltensten Fällen vorhanden. Motivanalysen und Statistiken werden, wenn überhaupt, nur sehr selektiv aufgenommen. Daß Menschen aus der Kirche austreten, weil sie ihnen politisch einseitig oder in ihrer Verkündigung zu fromm erscheint, mag zwar vorkommen[53], wie ja auch die Interviewten *Christa* [Austritt wegen Zugehörigkeit zur Neuapostolischen Kirche oder zur Brüdergemeinde (C11)] und *Eckhard* [„Und das sind in der Regel Menschen, die, ähm, ja sehr evangelikal ein-, äh, sind in ihren Denken und die dann eine neue Heimat gefunden haben vor allen Dingen bei den Freikirchen. Freikirchen und auch, äh, pfingstlerischen Gruppen" (E1)] zu berichten wissen. Aber dabei handelt es sich um eine statistisch nicht zu erfassende Minderheit.[54] Gerade die kirchensoziologischen Untersuchungen zur Kirchenmitgliedschaft und zum Kirchenaustritt zeigen an, daß die Austrittsproblematik insgesamt äußerst komplex ist, weil kirchliche, gesellschaftliche und individuelle Faktoren zugleich wirksam sind. Darum hat jede einseitige Deutung und Instrumentalisierung nur darin Aussagekraft, daß sie den Standort derer anzeigt, die sie vertreten.

---

53 Ein Beispiel aus der jüngsten Vergangenheit im südlichen Westfalen: Der Austritt von Willi Quast, Präses des Siegerländer Gemeinschaftsverbandes, der in den Organen der Evangelikalen zu einem Politikum aufgebauscht wurde.

54 H. Hild (Hrsg.), Wie stabil ist die Kirche?, a.a.O., 123: „Es wird solche Erscheinungen im Einzelfall, in vielen Einzelfällen durchaus geben. Bei einer repräsentativen Stichprobe tauchen sie jedenfalls nicht auf. Es könnte albern wirken, darauf überhaupt hinzuweisen, wenn das Argument nicht innerkirchlich ein solches Gewicht gewonnen hätte".

10. Kapitel: Gesellschaftstheoretische und soziologische Erklärungsmodelle

Neben den kirchlichen und theologischen Deutungsmustern im engeren Sinne gibt es sowohl unter Theologen und Theologinnen wie auch in den Sozialwissenschaften Theorien, die in den Austritten eine Entwicklung sehen, welche weniger kirchliche, sondern eher gesellschaftliche Ursachen hat. Die Kirche wird danach wie alle anderen gesellschaftlichen Institutionen vom allgemeinen Bewußtseinswandel erfaßt. In ihr finden daher ähnliche Prozesse statt wie beispielsweise in Parteien, Gewerkschaften und anderen Interessenverbänden. Je nachdem, wie der gesellschaftliche Wandel gesehen wird, ergeben sich auch verschiedene Erklärungsmodelle, die zum Teil mit paradigmatischem Anspruch auftreten. Kirchenaustritte können dann als Traditionsabbruch, als Folge der Säkularisierung oder als Ergebnis des gesellschaftlichen Differenzierungs- und Individualisierungsprozesses gedeutet werden. Gemeinsam ist diesen Theorien die Überzeugung, daß weder die Kirche selbst noch andere gesellschaftliche Kräfte oder Interessengruppen dafür unmittelbar verantwortlich zu machen sind. Es gibt aber auch andere Stimmen, die davon ausgehen, daß die Kirche in nicht geringem Maße den gesellschaftlichen Wandel mit verursacht hat und in diese Vorgänge stärker involviert ist, als gemeinhin angenommen wird. Nach T. Rendtorff hat gerade die protestantische Kirche als eine Institution der Freiheit[1] das neuzeitliche Autonomiebedürfnis entscheidend mitgeprägt. In dieser Perspektive verlieren die Kirchenaustritte ihren bedrohlichen Charakter. Als Ausdruck praktizierter individueller Autonomie sind sie sogar tendenziell zu bejahen. Ohnehin hat die Kirche nur wenig Einwirkungsmöglichkeiten auf die Entscheidungen einzelner und auf die gesellschaftlichen Wandlungsprozesse insgesamt. Der durch die allgemeine Bevölkerungsentwicklung und die Kirchenaustritte verursachte Mitgliederrückgang wird vorläufig nicht aufzuhalten sein. „Er basiert zu einem Gutteil auf gesellschaftlichen Trends, die nicht umkehrbar sind."[2] Eine solche Einstellung muß nicht dazu führen, daß die Kirchenaustritte gleichgültig

---

1 T. Rendtorff, Theologische Probleme der Volkskirche, a.a.O., 129ff.

2 J. Herrmann, Patient Kirche, Anmerkungen zur Krise kirchlicher Strukturen, in: PTh 83, 1994, 476. Es muß jedoch bedenklich erscheinen, wenn Herrmann fortfährt: „Versuchen wir also nicht, verzweifelt zu retten, was verloren ist. Lassen wir ruhig sterben, was sich überlebt hat." Hier ist der Gedanke einer Gesundschrumpfung nicht mehr fern.

hingenommen werden. Die Kirche ist herausgefordert, die von ihr vertretene Glaubenstradition in einer auch heutigen Menschen verständlichen Form anzubieten und auch für jene offen zu halten, die sich von ihr gelöst haben. Sie muß ihre Strukturen und Beziehungsmuster einer kritischen Revision unterziehen, damit sie aus ihrer Gettoexistenz herauskommt. Nicht nur aus reiner Selbsterhaltung muß ihr daran gelegen sein, daß es christliche Religion in dieser Gesellschaft auch weiterhin in einer für alle zugänglichen, institutionellen Gestalt gibt.

Auch die Befragten nehmen zum Teil bei ihrer Beurteilung der Kirchenaustritte auf gegenwärtige gesellschaftliche Veränderungen Bezug. Diese haben für die meisten von ihnen jedoch nicht jenen grundsätzlichen Charakter für die eigene Deutung. Die verschiedenen Theorien werden meistens nur gestreift, die Terminologie bleibt in der Regel unbestimmt. Von daher legt sich bereits der Schluß nahe, daß die gesellschaftstheoretischen und soziologischen Erklärungsmodelle für die Beurteilung der Kirchenaustritte bei den meisten Befragten keine besondere Rolle spielen, was ebenso interessant wie auch bedenklich ist.

1 Traditionsabbruch in der Volkskirche

Der Soziologe A. Kuphal hat eine gesellschaftstheoretische Analyse der Kirchenaustrittsproblematik der 70er Jahren vorgelegt.[3] Nach Kuphal gibt es soziale Bindung als eine „auf allgemeine individuelle Verhaltensgesetzmäßigkeiten (Bindungskomponenten) <u>und</u> entsprechende Strukturbedingungen rückführbare, relativ stabile Zugehörigkeit eines Menschen zu einem sozialen Gebilde“[4] (z.B. zu einer Organisation) heute immer weniger als Zwangsbindung oder als Nutzenbindung, sondern vor allem als Traditionsbindung. Die Zugehörigkeit zur Kirche hat aber in der bundesrepublikanischen Gesellschaft vor allem diesen traditionalen Charakter.[5] Ende der 60er Jahre kommt es zu einem gesellschaftlichen Umbruch (Studentenbewegung, antiautoritäre Bewegung), der eine nachlassende Traditionsbindung in allen Lebensbereichen des Individuums bewirkt. Auch die bis dahin selbstverständliche Zugehörigkeit zur Kirche wird nun von vielen in Frage gestellt. Die Zahl der Kirchenaustritte steigt sprunghaft an, die gesellschaftliche Aufmerksamkeit für dieses enttabuisierte Thema nimmt zu und wird durch die massenmediale Kommunikation verstärkt. „Die Eigendynamik des Traditionsabbruches“[6] ist damit in Gang gesetzt. Im

3 A. Kuphal, Abschied von der Kirche, a.a.O.
4 Ebd. 153.
5 Ebd. 194.
6 Ebd. 243-247.

Bereich der Primärsozialisation setzt sie sich fort durch Taufunterlassung, wegfallende christliche Erziehung und den negativen Vorbildcharakter des elterlichen Austritts. Der öffentliche Diskurs über Kirchenaustritte wird durch soziale Kontakte und durch die Medien progrediert. Der Anteil derer mit Austrittsgedanken erhöht sich[7], es kommt zu weiteren Austritten. „Ist der Prozeß des Traditionsabbruches einmal in Gang gekommen, dann wird er sich weiter fortsetzen."[8] Dieses Motiv des Traditionsabbruchs kommt, wenn auch nicht explizit, bei *Dietmar* vor.[9] Der Verlust kirchlicher Identität macht sich für ihn bereits in den traditionellen Bindungen bemerkbar, in denen die Menschen leben. „Es bricht also selbst in Bereiche ein, ähm, von denen man es eigentlich nicht erwartet. Sind also nicht nur immer die Leute, die mit Kirche gar keinen Kontakt haben." (D2) Dieser Trend wird sich nach *Dietmar* zwangsläufig auch in den nachfolgenden Generationen fortsetzen.

Kuphals These vom Traditionsabbruch hat sich in der Kirchensoziologie nicht durchgesetzt und wird heute eher kritisch gesehen. A. Feige hält sie für zu undifferenziert und meint, Kuphal habe sie dem verwendeten Datenmaterial „aufgezwungen".[10] Von theologischer und kirchlicher Seite aus hat sie sowohl Zustimmung[11] als auch Widerspruch[12] gefunden. Kritisiert wird vor allem die Einseitigkeit der Theorie und die der Kirche darin zugedachte Rolle, „als wäre sie lediglich des [sic!] Opfer schicksalhafter Vorgänge und könnte selbst keinen Einfluß auf sie ausüben."[13] Auch einige der Interviewten sehen die Kirche in einer solchen Opferrolle. Nach *Bernd*, *Christa* und *Dietmar* ist sie betroffen von den gesellschaftlichen Entwicklungen, auf die sie selbst kaum Einfluß hat. Folglich kann sie den Kirchenaus-

---

7 Diese Tendenz hat die dritte Kirchenmitgliedschaftsuntersuchung bestätigt. Vgl. Evangelische Kirche in Deutschland – Studien- und Planungsgruppe, Fremde Heimat Kirche, a.a.O., 9.

8 A. Kuphal, Abschied von der Kirche, a.a.O., 244.

9 Vgl. o., 40f.

10 A. Feige, Kirchenmitgliedschaft in der Bundesrepublik Deutschland, a.a.O., 220.

11 M. Herbst, Missionarischer Gemeindeaufbau in der Volkskirche, a.a.O., 112-120, bezieht sich nicht nur auf Kuphals Datenmaterial, sondern macht von der Theorie vom Traditionsabbruch bei seiner Beschreibung der volkskirchlichen Situation ausgiebigen Gebrauch. Ebenso die VELKD-Studie „Zur Entwicklung von Kirchenmitgliedschaft". Vgl. Vereinigte Evangelisch-Lutherische Kirche Deutschlands – Lutherisches Kirchenamt (Hrsg.), Zur Entwicklung von Kirchenmitgliedschaft, a.a.O., 1. Vgl. auch Kirchenamt der EKD (Hrsg.), Christsein gestalten, a.a.O., 14-22. Die Verfasser gehen davon aus, daß die gegenwärtigen Kirchenaustritte „in den *nächsten Generationen* ihre Breitenwirkung zeigen" (21) werden.

12 Ev. Kirche in Deutschland – Kirchenkanzlei, Kirchenaustritte als Herausforderung an kirchenleitendes Handeln, a.a.O., 5f. Die Kritik richtet sich weniger gegen die These vom Traditionsabbruch selbst als viel mehr gegen die von Kuphal prognostizierte Dynamik.

13 Ebd. 6.

tritten auch nicht viel entgegensetzen. Die Position von *Annegret* ist an dieser Stelle höchst ambivalent. Die gesellschaftlichen Veränderungen werden von ihr als Bestätigung dafür gesehen, daß in der Kirche selbst einiges im Argen liegt. Würde die Kirche darauf jedoch mit der Absicht reagieren, die Kirchenaustritte aufzuhalten, setzte sie sich dem Verdikt der Bestandssicherung und damit auch der Konservierung der bestehenden Mißstände aus. Sie kann demzufolge nach *Annegret* die Kirchenaustritte nur erleiden, um sich auf diese Weise ihrer selbst wieder gewiß zu werden.

Die soziologische und theologische Kritik an der Theorie vom Traditionsabbruch macht zurecht darauf aufmerksam, daß die Kirche sich der Herausforderung durch die Kirchenaustritte stellen und sich dabei auch ihrer eigenen Rolle bewußt werden muß. Dies erfordert jedoch auch die Bereitschaft zu kritischer kirchlicher Selbstreflexion, die sich in den kirchlichen Stellungnahmen zu dieser Theorie häufig gerade nicht findet. Die Kirche muß sich nicht nur fragen, was sie in Zukunft besser machen kann, sondern auch, was sie in der Vergangenheit versäumt hat. Auch faktisch hat sich die Prognose von Kuphal in ihrer Dramatik nicht bestätigt. Die Kirchenaustrittszahlen sind nach 1974 wieder deutlich zurückgegangen und auch im Moment zeichnet sich eine Abschwächung der hohen Werte der frühen 90er Jahre ab. Die Kirchenmitgliedschaft ist nach den neuesten Untersuchungen stabiler als erwartet.[14] Die durch die Wiedervereinigung geschaffene konfessionelle Situation und die neuerliche Kirchenaustrittswelle zeigen jedoch an, daß sich hier gegenwärtig ein neuer Umbruch vollzieht, dessen Ausmaß und Dynamik bislang nur unzureichend einer theoretischen Reflexion und Deutung unterzogen worden ist.

2 Austritte als Folge der Säkularisierung

Unter dem Begriff Säkularisierung werden verschiedene Prozesse zusammengefaßt, die den Geschichtsverlauf der Neuzeit maßgeblich geprägt haben.[15] Die sog. Säkularisierungsthese im engeren Sinne wird

---

14 Das hat auch die ALLBUS Untersuchung von 1991 ergeben. So stellt D. Pollack, Individualisierung statt Säkularisierung?, a.a.O., 72, unter Verweis auf die Datenberechnung von W. Lukatis zur religiösen Sozialisation nach Konfessionszugehörigkeit fest, „daß die Tradierungskraft der beiden Konfessionen noch immer weit über der Reproduktionsfähigkeit der Konfessionslosen liegt."

15 Dazu B. Schäfers, Die Moderne und der Säkularisierungsprozeß, in: Gegenwartskunde SH 5/1988, 134-140. Nach Schäfers bedeutet Säkularisierung a. geistesgeschichtlich die Ablösung der Theologie als führender Wissenschaftsdisziplin, b. normativ die Lösung der menschlichen Lebensverhältnisse aus sakral-religiösen Zusammenhängen und c. ökonomisch-materiell die Verweltlichung von Kirchenbesitzungen.

auf M. Weber zurückgeführt.[16] Jedoch werden sowohl der Begriff[17] Säkularisierung als auch die damit beschriebenen Prozesse in der philosophischen[18], soziologischen[19] und theologischen wie religionssoziologischen[20] Diskussion und den sich darauf beziehenden theologischen Gegenwartsdiagnosen kontrovers verhandelt[21], so daß sich die Frage ergibt, ob Säkularisierung sich heute überhaupt noch als Interpretationskategorie eignet.[22] Nach M. Petzoldt muß diese Frage bejaht werden, weil andere Begriffe zur Deutung dieses komplexen kulturgeschichtlichen Prozesses nicht zur Verfügung stehen.[23]
Säkularisierung soll hier mit N. Luhmann verstanden werden „als die *gesellschaftsstrukturelle* Relevanz der *Privatisierung* religiösen Entscheidens.“[24] Der gesellschaftliche Bedeutungsverlust der organisierten Religion ist eine Folge dieser Privatisierung, die sich als Entkirchlichung der Gesellschaft bemerkbar macht. Auf der anderen Seite korrespondiert der Säkularisierung die „Verkirchlichung des Christen-

---

16 Vgl. H. Lübbe, Säkularisierung. Geschichte eines ideenpolitischen Begriffs, Freiburg 1965, 68-72. In diesem Zusammenhang spricht Max Weber von der „Entzauberung“ der menschlichen Lebenswelt. Dazu kritisch C. Seyfarth, Zur westdeutschen Diskussion der Religionssoziologie Max Webers seit den sechziger Jahren, in: K.-F. Daiber/T. Luckmann (Hrsg.), Religion in den Gegenwartsströmungen der deutschen Soziologie, a.a.O., 21-34. Unter „Säkularisation“ hatte Max Weber dagegen ursprünglich die Verselbständigung der kapitalistischen Ordnung gegenüber ihren im Geist des Protestantismus liegenden Wurzeln verstanden.

17 Zur Begriffsgeschichte vgl. H. Lübbe, Säkularisierung, a.a.O. Hans Blumenberg stellt die deskriptiv-neutrale Verwendung des Begriffes grundsätzlich in Frage, weil mit der damit verbundenen Deutung einer „Umsetzung“ christlich tradierter Gehalte in weltliche Formen eine Abwertung einhergeht, für die es keinen Anlaß gibt, da es sich vielmehr um eine Ablösung der christlichen Deutungs- und Erklärungsmuster handelt. H. Blumenberg, Die Legitimität der Neuzeit. Erneuerte Ausgabe, Frankfurt am Main 1996, 11-134, bes. 73.

18 H. Lübbe, Säkularisierung, a.a.O., 109-117.

19 Zur soziologischen Kritik an der Säkularisierungsthese vgl. A. Feige, Kirchenmitgliedschaft in der Bundesrepublik Deutschland, a.a.O., 17 und 232-238.

20 Dazu die Beiträge von F. Gogarten, J. Matthes und T. Rendtorff (Erstveröffentlichung unter dem Titel „Von der Kirchensoziologie zur Soziologie des Christentums“, in: T. Rendtorff, Theorie des Christentums, a.a.O.) in H.-H. Schrey (Hrsg.), Säkularisierung, WdF 424, Darmstadt 1981. Nach Matthes und Rendtorff markiert die von beiden postulierte und selbst vollzogene Differenzierung der Säkularisierungsthese den fälligen Übergang von der Kirchen- zur Religionssoziologie.

21 Die gegensätzlichen Positionen auch der kirchlichen und theologischen Rezeption der Säkularisierungsthese werden bei H. Hild (Hrsg.), Wie stabil ist die Kirche?, a.a.O., 23-27 anschaulich dargestellt.

22 M. Petzoldt, Säkularisierung – eine noch brauchbare Interpretationskategorie?, in: BThZ 11, 1994, 65-82.

23 Ebd. 68ff.

24 N. Luhmann, Funktion der Religion, a.a.O., 232; ähnlich T. Luckmann, Privatisierung und Individualisierung, in: K. Gabriel (Hrsg.), Religiöse Individualisierung oder Säkularisierung, a.a.O., 28.

tums."[25] Die Existenz und Legitimität des außerkirchlichen Christentums wird dabei ignoriert bzw. bestritten. Säkularisierung bedeutet aber nicht Entchristlichung oder das Ende der Religion überhaupt. Und nur sehr bedingt ist dieser Begriff fundamentaltheologisch und hermeneutisch operationalisierbar. So läßt sich nach Petzoldt die Auslegungsvariante der Säkularisierungstheorie als Entkirchlichungsprozeß der Gesellschaft bis hin zur Religionslosigkeit ebensowenig halten wie die grundsätzliche, apologetisch fixierte Kritik an dieser Theorie.[26] Vielmehr müssen „diese Grundpositionen aus ihrer Polarität heraus zu einer Komplementarität finden"[27], so daß die kulturhermeneutische Bedeutung der Säkularisierungstheorie entfaltet werden kann.

P.L. Berger und T. Luckmann stellen dagegen den grundsätzlichen Deutungsanspruch der Säkularisierungstheorie in Frage. Sobald man den Bereich Westeuropas verläßt und sich beispielsweise die Situation in den Vereinigten Staaten von Amerika vor Augen führt, verliert die Säkularisierungsthese nach Berger/Luckmann vollständig ihre Überzeugungskraft.[28] Zwar nicht explizit, aber in der Sache weist auch *Friedrich* mit der Anspielung auf die kirchliche Situation in den USA die mit dem Säkularisierungstheorem verbundene Vorstellung einer religionslosen Gesellschaft zurück. Aber auch die entgegengesetzte Position von T. Rendtorff[29], der in der Säkularisierung geradezu die

---

25 F.-X. Kaufmann, Religion und Modernität, a.a.O., 23-29 und 213-216; vgl. ders., Kirche begreifen, a.a.O., 100-104.

26 J. Matthes, Bemerkungen zur Säkularisierungsthese in der neueren Religionssoziologie, in: H.-H. Schrey, Säkularisierung, a.a.O., 349-365, behandelt als Vertreter dieser apologetischen Position F. Fürstenberg, D. von Oppen und F.H. Tenbruck. Nach Matthes muß bezweifelt werden, ob es die bei dieser Theorie vorausgesetzte Konvergenz von Kirche und Gesellschaft je gegeben hat. F.-X. Kaufmann, Kirche und Religion unter den Bedingungen von Modernität, in: H. May/K. Lorenz (Hrsg.), Moderne und Religion, a.a.O., 9, spricht in diesem Zusammenhang vom „Mythos der Säkularisierung".

27 M. Petzoldt, Säkularisierung – eine noch brauchbare Interpretationskategorie?, a.a.O., 73.

28 P.L. Berger/T. Luckmann, Modernität, Pluralismus und Sinnkrise, a.a.O., 40f. Vgl. auch P.L. Berger, Sehnsucht nach Sinn: Glauben in einer Zeit der Leichtgläubigkeit; aus dem Engl. von Hanne Herkommer, Frankfurt am Main/New York 1994, 31-52. Kritisch auch F.-X. Kaufmann, Kirche begreifen, a.a.O., 58f.: „Problematisch ist nicht die Feststellung der Phänomene [die mit dem Begriff Säkularisierung beschrieben werden, M.H.], sondern ihre Deutung als ein globaler, sozusagen einliniger Prozeß der Säkularisierung, der mit einer gewissen Schicksalshaftigkeit abrollt und all das enthält, was für die Kirche an der Neuzeit relevant ist." Wie Kaufmann weiter feststellt, „wird der ursprünglich kirchenkritische Begriff in neuerer Zeit von den Kirchen und ihren Anhängern selbst mehr oder weniger explizit zur Kennzeichnung ihrer eigenen Situation in der modernen Gesellschaft übernommen." (59) Man versteht sich dann selbst als ein Gebilde außerhalb und gegenüber der Gesellschaft.

29 T. Rendtorff, Theorie des Christentums, a.a.O., 116-139, bes. 128ff.

Herausbildung der neuzeitlichen Christentumsgestalt sieht[30], ist nach Petzoldt problematisch, weil hier der Versuch unternommen wird, „die Identität des Christentums an seinen Wirkungen zu erweisen statt an seinem Grunde.“[31] Mit dem von Rendtorff vorgenommenen Wechsel der Begrifflichkeit hat das Theorem an sich nicht unbedingt mehr Plausibilität gewonnen.

Mit der soziologischen Kritik am Säkularisierungstheorem hat sich D. Pollack eingehend auseinandergesetzt. Für ihn resultieren Entkirchlichung und Säkularisierung aus dem Spannungsverhältnis von Religion und Moderne.[32] Die soziologische Säkularisierungskritik mit ihrer Behauptung einer autopoietischen Religion der Gesellschaft übersieht nach Pollack, daß mit wachsender Distanz zur institutionalisierten Religion die gesellschaftliche Bedeutung von Religion insgesamt schwindet.[33] Wenn Pollack jedoch zur Beschreibung von Religion die klassischen Kirchlichkeitskriterien mit der religiösen Selbsteinschätzung der Befragten kombiniert[34], um daran die enge Korrelation von Kirchlichkeit und Religiosität aufzuweisen, übersieht er, daß es für die Erfassung der von den Bestreitern der Säkularisierungstheorie angenommenen gesellschaftlichen Funktion der Religion ein vergleichbares Meßinstrumentarium aus guten Gründen nicht gibt. Auch berücksichtigt er nicht, daß die Frage nach der religiösen Selbsteinschätzung der Befragten[35] im Kontext einer explizit kirchensoziologischen Untersuchung unweigerlich mit der eigenen Beziehung zur kirchlichen Religion in Verbindung gebracht wird. Religiosität ist so gesehen nahezu zwangsläufig kirchliche Religiosität. Darüber hinaus muß es verwundern, daß Pollack angesichts des von ihm zusammengetragenen Materials dennoch von einem dramatischen Verfall der Bedeutung der (religiösen) Großorganisationen sprechen kann. Angesichts der relativen Stabilität des gesellschaftlichen Religionssystems ist vielmehr zu fragen, ob der kirchlichen Religiosität nicht immer noch eine – wenn auch eher mittelbare, hintergründige, vielleicht sogar negativ prägende – Funktion zuerkannt werden muß.[36] Darüber hinaus hat Religion in einem allgemeineren Sinne auch in nichtkirchlichen Zusammenhängen zentrale Bedeutung für das Individuum ebenso wie für das Gemeinwesen. „Säkularisierte Gesellschaften sind nicht religionsfreie Gesellschaften, sondern Gesellschaften, in denen, was wir im übrigen

30 M. Petzoldt, Säkularisierung – eine noch brauchbare Interpretationskategorie?, a.a.O., 80ff.
31 Ebd. 82.
32 D. Pollack, Individualisierung statt Säkularisierung?, a.a.O., 61.
33 Ebd. 79.
34 Ebd. 80.
35 Ebd. 79. Pollack nennt hier außerdem „Glaube an Gott“, „Gebetshäufigkeit“ und „Bejahung der Wichtigkeit von Religion für das eigene Leben“.
36 R. Köcher, Wandel des religiösen Bewußtseins in der Bundesrepublik Deutschland, in: Gegenwartskunde SH 5/1988, a.a.O., 152f.

noch brauchen, haben und sind, von unseren religiösen Zugehörigkeitsverhältnissen weithin unabhängig geworden ist."[37] Religion kann danach auch ohne institutionell verfestigt zu sein zur „Kontingenzbewältigung"[38] beitragen oder als Kulturreligion zur selbstverständlichen Einsicht führen, daß wir „bis in die sozialstaatliche Organisation unseres Lebens hinein die Erfüllung von Diensten für nötig [...] halten, die sich, statt auf politisierbare Interessen, auf schlechterdings kontingente, nämlich auf organisationsunfähige und genau in diesem Sinne nicht in Handlungssinn transformierbare Hilfsbedürftigkeiten beziehen."[39]

Eine Deutung der Kirchenaustritte als Folge der in diesem Sinne verstandenen Säkularisierung[40] ist allerdings in mehrfacher Hinsicht problematisch. Zunächst ist noch einmal auf den unerledigten Dissens hinsichtlich der Säkularisierungstheorie hinzuweisen. Aber selbst mit einem einheitlichen Verständnis dessen, was Säkularisierung bedeutet, können damit verschiedene Phänomene nicht hinreichend erklärt werden, etwa warum die Kirchenmitgliedschaft zumindest in den westlichen Bundesländern für viele Menschen immer noch eine nahezu fraglose Selbstverständlichkeit besitzt.[41] Desweiteren kommt es zur Privatisierung von Religion sowohl innerhalb als auch außerhalb der Kirche; und die Frage der Kirchenzugehörigkeit hat dabei offenbar sekundären Charakter. Ein methodischer Vergleich, der allein die Kohäsion von Säkularisierung und Kirchenaustritten verifizieren könnte, ist nicht möglich, weil vergleichbares empirisches Material für die Zeit vor dem unterschiedlich datierten Beginn der Säkularisierung[42] nicht vorhanden ist. Schließlich sei auf die Gefahr hingewiesen, sich mittels einer undifferenzierten Anwendung dieses Theorems der eigentlichen Herausforderung zu entziehen, die Folgen des Funktionsverlustes der

---

37 H. Lübbe, Religion nach der Aufklärung, Graz u.a., ^{2}1990, 96.

38 Ebd. 160-178.

39 Ebd. 291.

40 Nach K. Gabriel, Einleitung in: ders. (Hrsg.), Religiöse Individualisierung oder Säkularisierung, a.a.O., 10, wurden bereits die hohen Kirchenaustritte Ende der 60er Jahre als Teil eines neuerlichen Säkularisierungsschubes gedeutet.

41 Man könnte allerdings behaupten, daß die Säkularisierung in diesem Bereich noch nicht ganz durchgeschlagen ist. Danach wäre es nur eine Frage der Zeit, bis auch im Westen eine vergleichbare Situation wie sie in den östlichen Bundesländern bereits da ist, verwirklicht ist. Aber handelt es sich im Osten wirklich um eine säkularisierte Gesellschaft, wie der Titel von W.-J. Grabner, Religiosität in einer säkularisierten Gesellschaft, a.a.O., behauptet? Ist nicht bereits dieser Titel ein Paradoxon? Hinzu kommt, daß Grabner wohl seinen Religionsbegriff expliziert, nicht aber sein Verständnis von Säkularität bzw. Säkularisierung.

42 Auch darüber, von welchem historischen Zeitpunkt an man überhaupt von Säkularisierung sprechen kann, gibt es unterschiedliche Auffassungen. Manche Deutungen gehen sogar auf die vorreformatorische Situation zurück. Vgl. F.-X. Kaufmann, Religion und Modernität, a.a.O., 214.

organisierten Religion in der Gesellschaft nicht nur für die Kirche, sondern auch für die Gesellschaft selbst zu reflektieren.
Von den Befragten erwähnt nur *Bernd* den Begriff 'Säkularisierung', ohne jedoch weiter darauf einzugehen. Für seine Beurteilung der Kirchenaustritte trägt der Begriff nichts aus, da *Bernd* davon ausgeht, daß die Säkularisierung ein abgeschlossener Vorgang ist. „Die Säkularisierung dieser Gesellschaft hat sich auch unter den Kirchenmitgliedern längst vollzogen, äh, als daß die Austritte das jetzt bewirken könnten." (B15) Einen unmittelbaren Zusammenhang zwischen Säkularisierung und Kirchenaustritten stellt *Bernd* also nicht her. Auch die Tatsache, daß die anderen Befragten weder begrifflich noch inhaltlich auf das Thema Säkularisierung eingehen, mag ein weiterer Hinweis darauf sein, daß sich das Säkularisierungstheorem mangels Differenzierung nicht als Deutungskategorie für die Kirchenaustritte eignet.[43]

3 Austritte als Folge gesellschaftlicher und religiöser Individualisierung und Differenzierung

Die gesellschaftliche Lage der Gegenwart ist durch die Parallelität von funktionaler Differenzierung und Individualisierung maßgeblich bestimmt. „Die Modernisierungsprozesse wirtschaftlicher, politischer und wissenschaftlicher Art betreffen nicht nur die allgemeinen gesellschaftlichen Veränderungen, die sich unter dem Gesichtspunkt der funktionalen Differenzierung der modernen Gesellschaft zusammenfassen lassen. Durch diese Modernisierung wird zugleich die Stellung der Individuen in der Gesellschaft grundlegend verändert."[44] Auch *Dietmar* spricht an einer Stelle von der Ausdifferenzierung der Gesellschaft und stellt einen unmittelbaren Bezug zu den Kirchenaustritten her. „Und daß da 'n bestimmter Prozentsatz sein wird, in dieser differenzierten, sich ausdifferenzierenden Gesellschaft, die sagen: 'Das ist nicht mein Lebensweg', ich denke, das is, is einfach so." (D12) Kirchenaustritte sind danach im Einzelfall Folge der Differenzierung. Da *Dietmar* diesen Gedanken jedoch nicht weiterverfolgt, ist nicht erkennbar, daß die Austritte für ihn in der Gesamttendenz im Zusammenhang mit der Differenzierung der Gesellschaft zu sehen sind.

---

43 Auch in den übrigen, nicht ausgewerteten Interviews taucht das Stichwort Säkularisierung nur ein einziges Mal auf. Bei einer Erhebung unter Berliner Pfarrern im Jahre 1963, bei der es nicht um die Beurteilung von Gründen für den Kirchenaustritt, sondern für den geringen Kirchenbesuch ging, wurde „Säkularisierung als historischer Prozeß" noch von 30% aller Befragten als wichtigster Grund genannt. Vgl. Y. Spiegel, Der Pfarrer im Amt, Gemeinde · Kirche · Öffentlichkeit, Pfarrer in der Großstadt Bd. II/III, München 1970, 97-101. Ob sich diesbezüglich ein Wandel der Auffassungen vollzogen hat, ließe sich freilich nur mittels einer vergleichbaren Repräsentativerhebung ermitteln.

44 F. Wagner, Zur gegenwärtigen Lage des Protestantismus, a.a.O., 22.

Mit der funktionalen Ausdifferenzierung geht in der Gegenwart ein enormer Individualisierungsschub einher.[45] Individualisierung ist jedoch, wie U. Beck bemerkt, nicht erst eine „Erfindung der zweiten Hälfte des 20. Jahrhunderts“[46]. Auch geht es dabei nicht primär um Individuation und Emanzipation, sondern um eine historisch-soziologische Kategorie. Von Interesse sind dabei die Veränderungen individueller Lebenslagen und Biographiemuster. Darin liegt zugleich die neuartige Dimension des gegenwärtigen Individualisierungsschubes und seine Beschleunigung durch die sich unabhängig von ihnen vollziehenden Modernisierungsprozesse, welche aus sich heraus soziale Prozesse freisetzen.[47] „Die umfassende Privatisierung des Lebens außerhalb institutionell eng definierter Handlungsbereiche ist eine für die Sinnhaftigkeit des Einzeldaseins besonders bedeutsame Folge des hohen Grades der funktionalen Differenzierung der Sozialstruktur in den modernen Gesellschaften.“[48] Nach U. Beck bedeutet Individualisierung die Herauslösung der Menschen aus traditionalen Klassenbindungen und familialen Sozialbezügen.[49] *„Der oder die einzelne selbst wird zur lebensweltlichen Reproduktionseinheit des Sozialen.“*[50] Dieser Prozeß enthält nach Beck auch widersprüchliche Elemente, denn er führt gleichzeitig zur Institutionalisierung und Standardisierung von Individuallagen.[51] Nach J. Habermas ist der Individualismus inzwischen selbst zu einer Institution geworden.[52] Es entstehen somit zwar zunächst neue Freiheiten, aber auch neue Abhängigkeiten: auf der Ebene des Individuums der *„Selbstzwang zur Standardisierung der eigenen Existenz“*[53], auf der Systemebene die Abhängigkeit „von Be-

45 Nach F. Wagner, ebd. 23, ist auch die religiöse Lage der Gegenwart durch die Parallelität von funktionaler Differenzierung und Individualisierung maßgeblich bestimmt.

46 U. Beck, Risikogesellschaft. Auf dem Weg in eine andere Moderne, Frankfurt am Main [11]1995, 206. Individualisierte Lebensstile hat es danach schon im Mittelalter gegeben.

47 U. Beck/E. Beck-Gernsheim, Das ganz normale Chaos der Liebe, Frankfurt am Main [7]1996, 16f.

48 T. Luckmann, Privatisierung und Individualisierung, a.a.O., 25.

49 U. Beck, Risikogesellschaft, a.a.O., 115-120 und 205-219.

50 Ebd. 209.

51 Vgl. auch A. Grözinger, Die Kirche – ist sie noch zu retten? Anstiftungen für das Christentum in postmoderner Gesellschaft, Gütersloh 1998, 19-23.

52 J. Habermas, Individualisierung durch Vergesellschaftung, in: U. Beck/E. Beck-Gernsheim (Hrsg.), Riskante Freiheiten. Individualisierung in modernen Gesellschaften, Frankfurt am Main 1994, 438.

53 U. Beck/E. Beck-Gernsheim, Das ganz normale Chaos der Liebe, a.a.O., 15; vgl. auch dies., Individualisierung in modernen Gesellschaften – Perspektiven und Kontroversen einer subjektorientierten Soziologie, in: dies. (Hrsg.), Riskante Freiheiten, a.a.O., 14: „Individualisierung, so gesehen, ist eine gesellschaftliche Dynamik, die nicht auf einer freien Entscheidung der Individuen beruht. Um es mit Jean-Paul Satre zu sagen: Die Menschen sind zur Individualisierung verdammt.“

treuungs-, Verwaltungs- und Politik-Institutionen"[54]. Diese Institutionen aber vertreten noch weithin „Normalbiographien". Individualisierung bedeutet, die eigene Biographie aus diesen Fixierungen herauszulösen und *„selbstreflexiv"* zu werden. Aus der „Normalbiographie" wird die „Wahlbiographie"[55] oder „Bastelbiographie"[56], welche gelingen, jedoch auch zur „Bruchbiographie" werden kann. Aber gerade in der Hervorbringung von neuen soziokulturellen Gemeinsamkeiten ist der Individualisierungsprozeß auch gemeinschaftsgenerativ.[57]

Im Zuge des Individualisierungsprozesses ändert sich das Verhältnis des Individuums zu den Institutionen und zur Gesellschaft insgesamt. Die traditionellen Lebens- und Weltdeutungsmuster werden abgelöst oder bestenfalls in Auswahl adaptiert durch die subjektiven Sinn- und Weltdeutungsmuster der einzelnen. Normansprüche werden abgewehrt mit dem Hinweis auf das individuelle Autonomiebedürfnis. „Der einzelne will nicht mehr betreut, verwaltet, gegängelt werden, sondern Subjekt seines eigenen Handelns sein."[58] Individualisierung der Weltanschauungen und Autonomiestreben haben zur Folge, daß sich das Individuum zunehmend in einem grundsätzlichen Spannungsverhältnis zu den die Gegenwelt repräsentierenden Institutionen sieht. Davon ist auch das Verhältnis des/der einzelnen zur Kirche und zur Religion insgesamt betroffen. Für die Kirche als institutionalisierte Religionskultur ergeben sich aus dieser Situation Folgewirkungen, deren Tragweite gegenwärtig noch kaum abzuschätzen ist.[59] Nach T. Luckmann ist die Privatisierung der Religion das Kernstück der Individualisierung.[60] „Im Zuge der säkularisierten Gesellschaft verändert sich die Art und Weise, wie Individuen an der Religion teilnehmen oder nicht teilnehmen."[61] Diese Teilnahme geschieht entweder durch freie Wahl oder gar nicht.

Religiöse Individualisierung, die nach E. Hauschildt mit den Stichworten Emanzipation, Pluralisierung, Biographisierung und religiöse

54 U. Beck, Risikogesellschaft, a.a.O., 215.
55 Ebd. 216f.
56 U. Beck/E. Beck-Gernsheim, Individualisierung in modernen Gesellschaften, a.a.O., 19.
57 U. Beck, Risikogesellschaft, a.a.O., 119.
58 Evangelische Kirche in Hessen und Nassau (Hrsg.), Person und Institution, a.a.O., 19.
59 Unter anderem ist davon auch die Mitgliedschaftspraxis betroffen. „Was Mitgliedschaft in der Kirche unter den Bedingungen der Individualität bedeutet und wie sie praktiziert werden kann, das ist zu einem Existenzproblem der Volkskirche geworden." Evangelische Kirche in Hessen und Nassau (Hrsg.), Person und Institution, a.a.O., 21, dort fett. Vgl. auch F.-X. Kaufmann, Kirche und Religion unter den Bedingungen von Modernität, a.a.O., 5-26.
60 T. Luckmann, Privatisierung und Individualisierung, a.a.O., 25.
61 F. Wagner, Zur gegenwärtigen Lage des Protestantismus, a.a.O., 23.

Erlebnisorientierung[62] beschrieben werden kann, zeigt sich in zwei unterschiedlichen Perspektiven. Nach H. Luther führt die „Individualisierung *der* Religion" zur Pluralisierung von Frömmigkeits- und Glaubensformen[63], die „Individualisierung *durch* Religion" zur religiösen Produktivität des Subjektes.[64] Beide Vorgänge müssen nicht zwangsläufig von der Kirche wegführen. Und keineswegs schließen sich Individualisierung und christlicher Glaube grundsätzlich aus.[65] Aber es besteht in dieser Gesellschaft unübersehbar eine Tendenz der inneren wie äußeren Distanzierung von der religiösen Institution Kirche. Dieses Geschehen hat, wie bereits mehrfach deutlich gemacht wurde, selbst eine religiöse Dimension.[66] Unter diesem Blickwinkel können auch die Kirchenaustritte als Folge bzw. als Ausdruck religiöser Individualisierung begriffen werden. Dies ist zunächst nichts weiter als ein auf Neutralität bedachter Deutungsversuch, bei dem es nicht etwa um eine positive Würdigung dieses Geschehens geht.[67] Individualisierung und Kirchenaustritt stehen keineswegs in einem unmittelbaren Kausalverhältnis. Auch handelt es sich sicher nicht in jedem Fall um einen mustergültigen Akt von Individualisierung. Vielmehr kann es auch zu einer Institutionalisierung und Standardisierung[68] von Individuallagen kommen, indem etwa die Zugehörigkeit zu einem bestimmten Milieu[69], die massenmediale Behandlung des Themas oder eine bestimmte gesellschaftliche und politische Situation einen Kir-

62 E. Hauschildt, Individualisierung und Standardisierung der Religion, a.a.O., 15f.

63 H. Luther, Religion und Alltag, a.a.O., 13-17.

64 Ebd. 17-20.

65 Darauf laufen auch die Bemerkungen von U. Beck in dessen jüngster Veröffentlichung zur Individualisierungsthematik hinaus. Vgl. U. Beck (Hrsg.), Kinder der Freiheit, Frankfurt am Main 1997, 11.

66 Vgl. o., 23f.

67 Eine unkritische, ausschließlich positive Würdigung dieses Geschehens verbietet sich schon deshalb, weil sich aus soziologischer Sicht die Vorstellung eines autonomen, ganz auf sich selbst gestellten Individuums als illusionär erweist. Vgl. o., 238f.

68 Vgl. E. Hauschildt, Individualisierung und Standardisierung der Religion, a.a.O., 17f. Darum muß die Individualisierungsthese nach Hauschildt erweitert bzw. differenziert werden. Zu beachten ist dabei, daß es parallel zu Individualisierung und Standardisierung auch zu Globalisierungs- und Regionalisierungsprozessen von Religion kommt (ebd. 21-24). Hierin liegt nach Hauschildt auch die Chance der Kirchen, denn als „Institutionen mittlerer Reichweite" (25) können sie ihre Symbole in das Spannungsfeld der beschriebenen Prozesse einbringen. Vgl. auch D. Seiler, Formen der Mitgliedschaft der Kirche, in: WzM 48, 1996, 7f.

69 Interessant die Übertragung der von G. Schulze, Erlebnisgesellschaft, a.a.O., entworfenen sozialen Milieus auf die religiöse Orientierung durch E. Hauschildt, Individualisierung und Standardisierung der Religion, a.a.O., 19f.

chenaustritt unausweichlich erscheinen lassen.[70] Nicht jedem Kirchenaustritt entspricht folglich eine bewußte religiöse Entscheidung.[71] Auch soll nicht behauptet werden, daß es in den Fällen, wo keine explizit areligiöse Haltung vorliegt, tatsächlich im Anschluß immer zu einer individuell ausgeprägten Frömmigkeit und Religionspraxis kommt. Gesamtgesellschaftlich sollte die Bedeutung des religiösen Individualismus also nicht überschätzt werden. Zwar sind die in ihm zu Tage tretenden Vorbehalte gegenüber den religiösen Institutionen als Ausdruck neuzeitlichen Autonomiestrebens verständlich und überwiegend berechtigt. Von daher führt auch innerkirchlich kein Weg an der Bejahung religiöser Individualisierung und Subjektivierung vorbei.[72] „Aber der religiöse Individualismus bringt es seinerseits nicht zu einer öffentlichen Kirche, nicht zu einer für das öffentliche Bewußtsein relevanten religiösen Deutungskultur, nicht zu einer stabileren Gemeinschaftsbildung, insgesamt nicht zu einer Pflege des tradierten Sinngehaltes des Christentums."[73] Faktisch führt er nicht zu einer feststellbaren Individualisierung von Frömmigkeitsformen[74], erzeugt vielmehr „religiös ein Vakuum und ein Niemandsland."[75] Wie der/die einzelne seine eigene Religiosität jenseits der Kirche lebt und erlebt, läßt sich daher nur schwer ausmachen.[76] Auch die Bedeutung alternativer Religiosität und die Rolle anderer religiöser und weltanschaulicher Organisationen und Gruppierungen sollte demnach nicht überschätzt werden.[77] „Die aus der Kirche Austretenden wenden sich vergleichsweise selten anderen Gruppen oder Gestaltungsformen zu."[78]

---

70 M. Kroeger, Die Notwendigkeit der unakzeptablen Kirche, a.a.O., 13, 15, 23, 31 u.ö.; vgl. auch W. Pittkowski/R. Volz, Konfession und politische Orientierung, a.a.O., 95.

71 Damit hat M. Kroeger, Die Notwendigkeit der unakzeptablen Kirche, a.a.O., 16, recht. Ob die meisten Ausgetretenen aber wirklich „ins Leere hinaus austreten", ist damit noch lange nicht gesichert.

72 E. Herms, Kirche in der Zeit, in: ders., Kirche in der Welt, a.a.O., 302, geht davon aus, daß die gegenwärtige Austrittsbewegung „nur der natürliche (normale) Ausdruck derjenigen – wiederum natürlichen (normalen) – Befindlichkeit und Kurzsichtigkeit größerer Bevölkerungsteile, die heute durch die skizzierte gesellschaftliche Gesamtkonstellation systematisch erzeugt wird", ist. Vgl. auch M. Kroeger, Protestantisches Prinzip und institutionelle Bindung. Das Gewissen der Einzelnen und die Gewißheit der Kirche, in: F.E. Anhelm (Hrsg.), Protestantismus als Volkskirche, a.a.O., 28.

73 W. Gräb, Die Volkskirche, a.a.O., 18f.

74 M. Kroeger, Protestantisches Prinzip und institutionelle Bindung, a.a.O., 32.

75 M. Kroeger, Die Notwendigkeit der unakzeptablen Kirche, a.a.O., 100.

76 Hier liegt die Stärke der unter der Regie von K.-P. Jörns in Berlin durchgeführten Erhebung. Vgl. K.-P. Jörns, Die neuen Gesichter Gottes, a.a.O., 1-28.

77 Die Kirche befindet sich also zumindest in religiöser Hinsicht nur bedingt in einer Konkurrenzsituation. Vgl. M. Nüchtern, Kirche in Konkurrenz. Herausforderungen und Chancen in der religiösen Landschaft, Stuttgart 1997, 64-76.

78 M. Kroeger, Die Notwendigkeit der unakzeptablen Kirche, a.a.O., 100.

Kirchenaustritte werden hier betont als *Folge* religiöser Individualisierung verstanden. Sie bewirken diesen Vorgang also nicht und leiten ihn auch nicht ein. Der Individualisierungsprozeß muß damit nicht abschließen, ist aber auch nicht auf Fortsetzung angelegt.[79] Die Notwendigkeit einer Bilanzierung der individuellen Mitgliedschaftsverhältnisse unter Kosten-Nutzen-Gesichtspunkten ergibt sich in bestimmten Lebenssituationen oder unter besonderen gesellschaftspolitischen Umständen von selbst. Kommt der/die einzelne zu dem Ergebnis, daß die Aufwendungen in Gestalt der Kirchensteuer, die schon in ihrer Form von vielen Mitgliedern abgelehnt wird[80], in keinem adäquaten Verhältnis zum individuellen Nutzen der Mitgliedschaft stehen, ist der Kirchenaustritt die naheliegende Konsequenz.[81]
Ausdrücklich geht *Friedrich* auf den Zusammenhang von Individualisierungs- und Differenzierungsprozessen der Gegenwart und der aktuellen Kirchenaustrittsproblematik ein. Für ihn bilden Individualisierung und Differenzierung als gesellschaftliche aber auch als religiöse Prozesse die entscheidenden Erklärungsmuster für die gegenwärtige Austrittsentwicklung.[82] Beide Vorgänge sind jedoch nach *Friedrich* nicht nur gesellschaftssoziologisch von Bedeutung, sondern folgen auch einem spezifisch theologischen Code. Er hält es „für genuin protestantisch, äh, daß die, äh, Individuen ihre religiöse Selbstbestimmung oder ihre religiöse Wahl auch ernst nehmen und bewußt betreiben." (F17) Die Beendigung der Mitgliedschaft ist unter diesem Blickwinkel legitimer Ausdruck der freien und selbstbestimmten Wahl des Individuums. Kirchenaustritte sind demnach nicht ein Symptom des gesellschaftlichen Wandlungsprozesses, sondern sie sind integraler Bestandteil der Veränderungen, die der neuzeitliche Protestantismus gefördert und an denen er selbst Anteil hat. Auch für *Christa* hat es, ähnlich wie für *Friedrich*, etwas Positives, eine Entscheidung über das individuelle Verhältnis zu Religion und Kirche zu treffen. Eine gesamtgesellschaftliche Tendenz sieht sie darin jedoch offenbar nicht.
Die Schwächen des Individualisierungstheorems als Erklärungsmuster für die Kirchenaustritte der Gegenwart sollen hier nicht übersehen werden. So kann es nicht hinreichend erklären, warum es in dem einen

---

79 A. Feige, Vom Schicksal zur Wahl. Postmoderne Individualisierungsprozesse als Problem für eine institutionalisierte Religionspraxis, in: PTh 83, 1994, 102f.

80 U. Müller-Weißner und R. Volz, Kirchenaustritte aus der evangelischen Kirche, a.a.O., 30, sprechen in diesem Zusammenhang von einem „Zwangsbeitrag". Zu differenzierteren Ergebnissen kommt die dritte Kirchenmitgliedschaftsuntersuchung. Vgl. Evangelische Kirche in Deutschland – Studien- und Planungsgruppe, Fremde Heimat Kirche, a.a.O., 64.

81 Selbstverständlich kann eine solche Kosten-Nutzen-Bilanz auch bei hochverbundenen Mitgliedern zustandekommen und dann umgekehrt zur Beibehaltung der Mitgliedschaft führen. Gegen D. Schäfer/J. Schildmann, Wer tritt aus der Kirche aus?, a.a.O., 37.

82 Vgl. o., 42f.

Fall zu einer bewußten Bejahung und Intensivierung der Mitgliedschaft, im anderen zu einer unbestimmten Haltung und im dritten zum Kirchenaustritt kommt, wobei ja die individuellen Gründe in jedem einzelnen Fall sehr unterschiedlich sein können. D. Pollack hat angesichts der offenen Fragen und Schwächen die Tauglichkeit des religionssoziologischen Paradigmas Individualisierung grundsätzlich in Frage gestellt.[83] Daß es Prozesse religiöser Individualisierung innerhalb der Kirche und auch in der außerkirchlichen Religiosität gibt, streitet Pollack nicht ab.[84] Gegenüber den traditionalen religiösen Prägungen durch Herkunft und Sozialisation sind sie jedoch vergleichsweise unbedeutend. Zur Beschreibung der nachlassenden Prägekraft solcher Sozialisationsinstanzen und der institutionalisierten Religion in Gestalt der Kirchen eignet sich daher nach Pollack nicht die Individualisierungsthese, sondern vielmehr eine modifizierte Säkularisierungstheorie.

Die kritische Auseinandersetzung mit Pollack kann hier nicht in der gebotenen Weise geführt werden. Ihm ist darin zuzustimmen, daß Religion im Bewußtsein vieler Menschen heute immer noch sehr stark christlich-kirchlich geprägt ist.[85] Unter Anwendung eines weiter gefaßten Religionsbegriffes, wie ihn namhafte Soziologen[86], Philosophen[87] und Theologen[88] heute vertreten, würden allerdings in den individuellen Sinndeutungsleistungen der Menschen noch ganz andere Dimensionen von Religiosität sichtbar werden.[89] Daß viele Kirchen-

83 D. Pollack, Individualisierung statt Säkularisierung?, a.a.O., bes. 75-82. „Die Individualisierungsthese könnte man dann – polemisch formuliert – als eine Art enttäuschungssichere Selbsttäuschung der Moderne über ihre eigenen Modernisierungsschranken interpretieren." (85).

84 Ebd. 83: „Individualisierungsprozesse sind vor allem bei den kirchennahen und hochengagierten Kirchenmitgliedern und bei den Kirchenfernen bzw. Konfessionslosen anzutreffen." Dagegen sind synkretistische Formen von individueller Religiosität eher „bei der großen Masse der unentschiedenen Halbdistanzierten" anzutreffen.

85 Dazu auch M. Nüchtern, Kirche in Konkurrenz, a.a.O., 20f.

86 Vor allem T. Luckmann, Die unsichtbare Religion, Frankfurt am Main ^{2}1993, 77-86 und 108-116; ders., Religion in der modernen Gesellschaft, in: J. Wössner (Hrsg.), Religion im Umbruch, a.a.O., 3-15: „In erster Annäherung, besser in der weitesten Bestimmung, meine ich mit Religion das, was den Menschen zum Menschen werden läßt. [...] Ferner heißt das, [...] daß es keine Gesellschaft ohne Religion, d.h., ohne irgendwelche Prozesse, in denen Menschen Menschen werden, geben kann." (5) Zum Religionsverständnis Luckmanns vgl. W. Gräb, Institution und Individuum, a.a.O., 257-260.

87 Z.B. H. Lübbe, Religion nach der Aufklärung, a.a.O.

88 Vgl. z.B. F. Wagner, Was ist Religion?, a.a.O., 523-554; ders., Art. Religion II. Theologiegeschichtlich und systematisch-theologisch, a.a.O., 537-542. W. Gräb, Lebensgeschichten – Lebensentwürfe – Sinndeutungen, a.a.O., 39-47.

89 W. Gräb, Institution und Individuum, a.a.O., 260: „In ihrer [der Religion, M.H.] Individualisierungsfunktion, die sie schließlich gerade nicht mehr normierend und ideologisierend fürs gesellschaftliche Ganze zuständig sein läßt, dürfte

mitglieder ein unbestimmtes und unentschiedenes Verhältnis zu Religion und Kirche haben, soll ebenfalls nicht bestritten werden. Aber hat nicht gerade solche Unbestimmtheit und Unentschiedenheit auch sehr individuelle Momente? Der Individualisierungsprozeß ist jedoch ohne äußere Veranlassung nicht sehr produktiv und erfordert schließlich auch ein gewisses Maß an Selbstreflexion. Vielleicht ist diese vorausgesetzte Selbstreflexion ein Grund dafür, daß nach Pollack nur jeweils eine Minderheit zu einer bewußten und definiten Entscheidung über die eigene religiöse Orientierung gelangt.
Widersprochen werden muß allerdings der Überzeugung Pollacks, daß der Kirchenaustritt die Aufgabe der religiösen Einstellung und das Ende der religiösen Praxis nach sich zieht. Ein Satz wie „Diejenigen, die zur Kirche auf Distanz gehen und/oder aus ihr austreten, legen damit in der überwiegenden Zahl der Fälle *zugleich* [Hervorhebung M.H.] auch ihre Religiosität ab."[90] läßt sich angesichts neuerer Befragungsergebnisse[91] nicht halten. Gerade die von Pollack herangezogenen Untersuchungen[92] haben zumindest für den Bereich der westlichen Bundesländer anhand der aufgezeigten Unterschiede in den religiösen und weltanschaulichen Überzeugungen zwischen Ausgetretenen und schon immer Konfessionslosen nachgewiesen, daß Austritt nicht in jedem Falle der abrupte Abschied von der Religion (und nicht einmal unbedingt von der Kirche) bedeutet, sondern sich explizit religiöse Einstellungen allenfalls mit zunehmendem Abstand zur Kirche verflüchtigen und möglicherweise erst in der Nachfolgegeneration ganz verschwinden. Vor diesem Hintergrund wird man im Blick auf die Ausgetretenen in religiöser Hinsicht „nur mit Vorsicht von Indifferentismus sprechen können."[93] Die negativen Folgen des religiösen Individualisierungsprozesses für Kirche und Gesellschaft sollen allerdings nicht übersehen werden.[94] Jedenfalls wird man Kirchenaustritte weder unkritisch noch unbedingt als Folge religiöser Individualisierung begreifen können.

---

sie vielmehr dann und nur dann erfüllt sein, wenn sie nicht allein in den Medien religiöser Ausdruckskultur gegeben, sondern in unvertretbar eigenaktiven Selbstauslegungsprozessen auch vollzogen wird."

90 D. Pollack, Individualisierung statt Säkularisierung?, a.a.O., 83.

91 K.-P. Jörns, Die neuen Gesichter Gottes, a.a.O., 215-220.

92 Z.B. W. Pittkowski/R. Volz, Konfession und politische Orientierung, a.a.O.; Evangelische Kirche in Deutschland – Studien- und Planungsgruppe, Fremde Heimat Kirche, a.a.O.

93 K.-F. Daiber, Religion unter den Bedingungen der Moderne, a.a.O., 152; ders., Religiöse Orientierungen, a.a.O., 71f. Es soll dabei jedoch mit Daiber auch nicht übersehen werden, daß sich viele Ausgetretene tatsächlich als nichtreligiös bezeichnen. Bestritten wird hier lediglich, daß sich dieses Gefühl oder Bewußtsein erst mit dem Austritt einstellt. Eine eingehende Analyse des religiösen Indifferentismus nimmt F.-X. Kaufmann, Religion und Modernität, a.a.O., 146-171 vor.

94 Vgl. u., 298.

11. Kapitel: Kritische Analyse der Interviewpositionen

1 Interview *Annegret*

1.1 Gesundschrumpfungstheorie und Minoritätsmodell als monolaterale Sichtweise

Die von *Annegret* favorisierte Vorstellung einer Gesundschrumpfung der Kirche durch Kirchenaustritte ist, wie bereits deutlich wurde[1], nicht neu. In verschiedenen Schattierungen und mit unterschiedlichen Stoßrichtungen tritt sie besonders dann deutlich hervor, wenn die Austritte zahlenmäßig ansteigen. Die problematischen Aspekte einer solchen Sichtweise wurden bereits benannt.[2] *Annegret* beruft sich bei ihrer Theorie auf die Entwicklung in den ostdeutschen Landeskirchen bis zur Wende im Jahre 1989. Jedoch ist dieser historische Bezug in der Sache nicht geeignet, die Gesundschrumpfungsthese zu stützen. So kommen die Verfasser der Studie „Fremde Heimat Kirche" im Blick auf die Situation dort zu dem Ergebnis: „Die Hoffnung, daß die Kirche sich mit der Verringerung der Mitgliederzahlen sozusagen automatisch gesundschrumpfen würde, hat sich nicht erfüllt."[3] Es kam nicht zu einer Intensivierung des Teilnahmeverhaltens bei den verbleibenden Kirchenmitgliedern.[4] Auch in Ostdeutschland wurden „die volkskirchlichen Strukturen trotz des dramatischen Mitgliederschwundes nahezu unverändert beibehalten"[5]. Dazu gehören – wie auch in

---

1 Vgl. o., 215f.

2 Ebd.

3 Evangelische Kirche in Deutschland – Studien- und Planungsgruppe, Fremde Heimat Kirche, a.a.O., 39. Daß vor allem in den Gemeinden der (ehemaligen) DDR der Minorisierungsprozeß als höchst problematisch empfunden und gerade nicht als Gesundschrumpfung gedeutet wurde, macht F.-H. Beyer, Traditionsabbruch und Verbindlichkeit. Aspekte von Gemeindewirklichkeit in der DDR, in: PTh 78, 1989, 51-64, bes. 54, in einem Vortrag aus dem Jahre 1987 deutlich.

4 K.-F. Daiber, Kirche und religiöse Gemeinschaften in der DDR, a.a.O., 82.

5 D. Pollack, Kirche in der Organisationsgesellschaft, a.a.O., 436. Vgl. auch W.-J. Grabner, Religiosität in einer säkularisierten Gesellschaft, a.a.O., 88-99. Grabner schließt aber aus der im Vergleich mit der EKD-Studie „Fremde Heimat Kirche" deutlich höheren Verbundenheit der Mitglieder mit ihrer Kirche in der Stadt Leipzig, „daß in den DDR-Kirchen die 'Chance der kleinen Schar' doch nicht ganz vertan wurde, daß es trotz volkskirchlicher Strukturen auch Tendenzen zur Freiwilligkeitskirche gibt." (96). Hier werden aber auch die persönlichen Präferenzen des Autors erkennbar.

den meisten Freikirchen[6] – unterschiedliche Grade von Verbundenheit mit der Kirche und ein gestuftes Partizipationsverhalten der Mitglieder. „Deshalb besteht kein Grund zur klammheimlichen Freude oder zur Hoffnung auf ein Gesundschrumpfen als Ergebnis einer statistischen Entwicklung“[7]. Die Gesundschrumpfungsthese läßt sich also weder an einem konkreten historischen Beispiel verifizieren, noch gibt es gegenwärtig konkrete Anhaltspunkte dafür, daß Austritte zu einer Belebung und Intensivierung des Mitgliedschaftsverhaltens der Verbleibenden führen. Hinter dieser These steht bei *Annegret* vielmehr ein bestimmtes Kirchenbild, nach dem die Kirche ihrem Wesen nach eine personal überschaubare Gemeinschaft mit hoher Verbundenheit und intensiver Teilnahme am gemeindlichen Leben sein sollte. Dahinter kann der subjektive, vielleicht unbewußte Wunsch stehen, daß bei einer überschaubaren Gemeindegröße Zeit- und Kraftreserven für die Betreuung der aktiv am Leben der Gemeinde teilnehmenden und den Dienst des Pfarrers/der Pfarrerin besonders oft in Anspruch nehmenden Menschen frei werden. Das Minoritätsmodell wird für *Annegret* auch die Kirche der Zukunft sein. Hier wird Kirche wieder das, „was sie eigentlich durch die Jahrhunderte immer war“ (A13), die Gemeinschaft der entschiedenen Christen und Christinnen.
Die Volkskirche in ihrer gegenwärtigen Gestalt ist unter diesem Blickwinkel kritisch zu betrachten, weil es in ihr die Möglichkeit der Unbestimmtheit und Distanzwahrung unter Aufrechterhaltung der Mitgliedschaft gibt. *Annegret* unterstellt, daß die formale Mitgliedschaft in der Kirche diese Möglichkeit nicht nur eröffnet, sondern auch zur Kaschierung dessen beiträgt, worauf es ihrer Überzeugung nach eigentlich ankommt. Die Kirchenaustritte können von ihr deshalb als „Gesundschrumpfung“ gedeutet werden, weil damit eine Vereindeutigung von Zugehörigkeit einhergeht. Diese Menschen haben nach *Annegret* im Grunde gar nicht zur Kirche gehört, was jetzt aber um so offenkundiger wird. Diese Sichtweise berücksichtigt jedoch weder, daß viele Menschen mit niedrigem oder gar nicht vorhandenem Verbundenheitsgrad Mitglieder der Kirche bleiben, weil für sie kein Anlaß zum Kirchenaustritt etwa durch die Kirchensteuerersparnis besteht. Zum anderen ist, wie bereits angedeutet, für die wenigsten Ausgetretenen mit ihrer Entscheidung auch eine konsequente Lösung vom

6 Vgl. dazu. H.-M. Niethammer, Kirchenmitgliedschaft in der Freikirche, a.a.O., 158-175, bes. 161-166, wo Niethammer hinsichtlich der Verbundenheit und Austrittsbereitschaft der Mitglieder den direkten Vergleich zwischen der EKD-Studie Fremde Heimat Kirche und den eigenen Erhebungsbefunden in der Methodistischen Kirche anstellt. Allerdings weist er auch darauf hin, daß der Vergleich „[a]ufgrund divergierender Erwartungen und Normsysteme in den beiden Organisationen“ (162f.) schwierig ist. „Offenbar ist Mitgliedschaft in der EmK [Evangelisch-methodistische Kirche; M.H.] mit einem sehr hohen Commitment gekoppelt.“ (163).

7 J. Cornelius-Bundschuh, Zukunft mit der Kirche, in: PTh 83, 1994, 112.

christlichen Glauben und der Religion überhaupt verbunden. Es gibt sogar den wenn auch seltenen Fall, daß ein zumindest sporadischer Kontakt mit partieller Bereitschaft zur Mitarbeit zur Gemeinde bestehen bleibt, wie auch die Erfahrungen anderer Befragter belegen. Für diese empirischen Fakten und Beobachtungen ist in der Gesundschrumpfungstheorie kein Platz. Sie kann also nicht beanspruchen, die gegenwärtige kirchliche Wirklichkeit vollständig erfaßt zu haben.

1.2 Religiöser Pluralismus und der Anspruch der Kirche

Den gegenwärtig hervortretenden Trend zur Individualisierung von Glaubensvorstellungen, von *Annegret* auch als „privater Glaube" (A8) bezeichnet, sowie die religiöse Ausdifferenzierung der Gesellschaft beschreibt *Annegret* nahezu wertfrei. Sofern diese Entwicklungen ihrer eigenen Theorie der Vereindeutigung von Mitgliedschaftsverhältnissen entgegenkommen, können sie sogar ausdrücklich positiv gesehen werden. Sie sind dann Ausdruck der Liberalisierung weltanschaulicher Konformitätsmuster und einer notwendigen Emanzipation von institutioneller Bevormundung, für die *Annegret* selbst eintritt. Am religiösen Pluralismus selbst hat *Annegret* dagegen wenig Interesse, sie verspricht sich davon lediglich indirekt eine positive Durchdringung der kirchlichen Substanz. Die durchaus sehr offensinnige Wahrnehmung der gesellschaftlichen Situation wird also nicht für die eigene Kirchentheorie fruchtbar gemacht, indem auch für den Bereich der Kirche selbst plurale Strukturen und Verbundenheitsprofile nicht nur für zulässig erklärt, sondern ausdrücklich befürwortet werden. Die Kirche kann nur insofern von dem Zwang zur Wahl profitieren, als Menschen sich nunmehr entscheiden müssen, ob sie dem klar abgegrenzten kirchlich-christlichen System der Lebensdeutung in ihrer Selbst- und Weltdeutung weiterhin Priorität einräumen oder sich mit ihren religiösen Bedürfnisse anderweitig orientieren wollen. Mittels ihrer Evangeliumsverkündigung und der daraus abgeleiteten glaubwürdigen christlichen Existenz muß die Kirche für ihren Bereich eine echte Glaubensentscheidung und eine verbindliche Zugehörigkeit einfordern. In ihr sollte es „wahres Leben" (A22) und engagierte Mitarbeit geben, nicht aber eine akzeptable distanzierte Mitgliedschaft. Die Kirche hat folglich auch nicht den Auftrag, den religiösen Bedürfnissen der Menschen nachzugehen und ihnen adäquate Angebote zu machen. Sie soll vielmehr bei ihrem Eigentlichen bleiben und sich von der religiösen Vielfalt nicht beirren lassen. Daß es diese religiöse Vielfalt bereits lange innerhalb der Kirche gibt und daß sie auch von außen in die Kirche hineingetragen wird, kommt bei *Annegret* nicht in den Blick.

1.3 Institutionskritik als Selbstwiderspruch

In ihren kritischen Äußerungen zur Institution Kirche sieht sich *Annegret* verbunden mit jenen, die für sich daraus die Konsequenz des

Austritts ziehen. Die von ihr beobachtete negative Einstellung vieler Menschen zur Institution wird wie gezeigt von kirchen- und religionssoziologischen Untersuchungen bestätigt. Viele erleben die Kirche vordergründig als Großorganisation, als Machtapparat mit Privilegien und einer immanenten Tendenz zur Bevormundung und Reglementierung. Der Austritt erscheint dann nur konsequent. „Man *realisiert* – zwar nicht *gegen*, aber doch *an die Adresse* einer solchermaßen wahrgenommenen Kirche gerichtet – seine wichtigste Lebensführungsmaxime, nämlich sich frei und unabhängig fühlen zu wollen (sich also von unverständlich-inakzeptablen Glaubensformeln und Verhaltensmaximen nicht bevormunden zu lassen), dadurch, daß man diese Maxime durch Austritt/Steuerentzug *exekutiert*. So ist man wenigstens *darin* genauso 'mächtig' wie die steuereintreibende Institution."[8] Die Institutionskritik resultiert bei *Annegret* jedoch nicht nur aus der als analog wahrgenommenen Außensicht durch die sich distanzierenden Mitglieder. Sie selbst erlebt diese Institution in ihrem Erfahrungs- und Arbeitsbereich überwiegend als negative Größe, derer es sich selbst als Gemeindepfarrerin zu erwehren gilt, vor allem dann, wenn unberechtigte Forderungen an sie gestellt werden. Dazu gehören nach ihrem Eindruck die Erwartung der Pflege des kirchlichen Images als Antwort auf die Herausforderung durch Kirchenaustritte oder die vom eigenen Presbyterium geforderte Konfliktminimierungsstrategie. Einen nicht unwesentlichen Anteil daran hat auch der monetäre Aspekt des kirchlichen Erscheinungsbildes. Besitzstandswahrung, Dienstmercedesse und Arbeitgeberallüren passen nicht in das Bild einer geistlichen Kirche und sind daher abzulehnen. Insofern ist die Kritik an der Institution Kirche konsequent und nachvollziehbar. Dabei reflektiert *Annegret* jedoch nicht ihren eigenen Status innerhalb der Institution. Für sie trifft daher zu, was die Autoren des Würzburger Diskussionspapiers der EKD zur kritischen Haltung von Pfarrern und Pfarrerinnen gegenüber der Kirche schreiben: „Man nimmt die Kirche als Institution samt aller Sicherheiten und Privilegien in Anspruch und übt an ihr zugleich Dauerkritik."[9] Die mit überraschender Offenheit geäußerte Spekulation über den eigenen Kirchenaustritt bleibt merklich unkonkret und ist vermutlich eher ein Ventil, aus dem sich die angestaute Unzufriedenheit hin und wieder entlädt. *Annegret* übersieht dabei, daß sie als Pfarrerin selbst Teil dieser Institution ist und daß durch diese institutionelle Eingebundenheit nicht nur ihre existentielle Absiche-

8 A. Feige, Kirchenmitgliedschaft in der Bundesrepublik Deutschland, a.a.O., 229f.

9 Ev. Kirche in Deutschland – Kirchenamt – Studien- und Planungsgruppe (Hrsg.), Der Beruf des Pfarrers/der Pfarrerin heute", a.a.O., 14. Die Studie will keineswegs auf einer totalen Identifikation der im Pfarramt Tätigen mit der Institution insistieren, fordert aber „Loyalität als eine Art von 'Vertragstreue' und kritische Solidarität." (15) Vgl. auch W. Neidhart, Theologie des kirchlichen Amtes, a.a.O., 41.

Die Datei Material ist im Format PDF gespeichert.
Um sie zu lesen oder auszudrucken,
benötigt man das Programm
"Adobe Acrobat Reader". Dies ist kostenlos
und kann aus dem Internet unter
www.adobe.com geladen werden.

rung gewährleistet ist, sondern auch für ihre Tätigkeit als Pfarrerin ein großer Handlungsspielraum eröffnet wird, den sie nach ihrem eigenen Ermessen gestalten kann. Dazu gehört letztlich auch die Möglichkeit, auf kritische Distanz zu dieser Institution zu gehen.

Innerhalb des institutionellen Rahmens ist auch Raum für *Annegrets* eigene Vision von Kirche als verbindlicher Glaubens- und Lebensgemeinschaft, die immer wieder auf Überschaubarkeit drängt. Die massive Ablehnung der Institution bei gleichzeitiger Inanspruchnahme ihrer Vorzüge muß allerdings auf Dauer zu einem Selbstwiderspruch führen, was *Annegret* offensichtlich nicht bewußt ist. Sie möchte gerne mit dem Evangelium Menschen erreichen, sie möchte dieses Evangelium bezeugen und als Christin gemeinsam mit der Gemeinde leben, sie möchte ihren Wirkungsbereich mit wahrem Leben fördern, aber sie stellt sich kontraproduktiv gegen die institutionellen Voraussetzungen, die ihr dieses alles ermöglichen. Zu einer solchen Haltung bemerkt M. Josuttis treffend: „Der institutionelle Rahmen, der bürokratische Apparat, die politische Interessenverflechtung mögen die Kirche bei der Ausübung ihres Auftrags auch hindern, ja sogar korrumpieren, aber sie sind die notwendige Voraussetzung für das Wirken der Kirche in der Gesellschaft. Wer auf den Gebrauch dieser versuchlichen Möglichkeiten verzichtet, um der Gesellschaft das reine Evangelium anzubieten, geht in der Gesellschaft unter, weil er sich in ihr kein Gehör zu schaffen vermag. [...] Aber wahrscheinlich sind die Chancen zur Praxis des Evangeliums trotz aller Schwierigkeiten in diesem Bereich noch größer, als wenn man sein Ziel als Einzelkämpfer oder in einer Kaderkirche zu erreichen versucht."[10] Zwar sieht *Annegret*, daß mit dem nachlassenden Einfluß von Kirche auch die Chance zur „Inkulturation" des Evangeliums verlorengeht, doch der positive Aspekt der bewußten Gliedschaft in der Kirche wirkt ungleich stärker. Jedoch bedenkt *Annegret* dabei nicht, daß mit dem schwindenden gesellschaftlichen Einfluß der Kirche auch ihre öffentlichkeitswirksamen Instrumentarien verlorengehen werden. Das heißt, es wird überhaupt nur noch ein Teil der Menschen mit dem Evangelium erreicht werden können und der innere Zirkel derer, die schon immer dazugehörten, wird sich kaum erweitern. Das aber will *Annegret* doch trotz ihrer Vorbehalte und der kaum zu überhörenden Resignation immer noch erreichen.

---

10 M. Josuttis, Praxis des Evangeliums zwischen Politik und Religion, 1. Auflage, 1974, 263. Fast könnte man meinen, daß Josuttis den konkreten Fall vor Augen hat, wenn er zuvor schreibt: „Wer die Kirche um des Evangeliums willen verläßt, gerät gegen seine Absicht in die politische oder die religiöse Sekte."

1.4 Kirche als fremde Heimat

Mit ihrer Institutionskritik weist *Annegret* eine gewisse Nähe zu den Kirchenthesen H. Gollwitzers[11] auf. Für beide kann Kirche nur in der Gruppe Ereignis werden. Für Gollwitzer hat die Kirchenorganisation bei aller Kritik jedoch aus der Perspektive der Gruppe eine wichtige Funktion, weil sie die Kontinuität des Evangeliums, die Verbundenheit der Gruppen untereinander und die Offenheit für den Ruf des Evangeliums gewährleistet. Ob die Gruppe der Entschiedenen allerdings ein Modell für den Mainstream in der Kirche sein kann, muß unter den geschilderten Voraussetzungen als fraglich angesehen werden. Der Hinweis auf die Geschichte der DDR-Kirchen ist wie gezeigt an dieser Stelle sachlich unzutreffend. *Annegret* verkennt dabei, daß es in nahezu allen christlichen Kirchen immer wieder – wenn auch mit unterschiedlicher Intensität und in vielfältigen konkreten Ausgestaltungen – volkskirchliche Tendenzen gegeben hat und geben wird. Für sie selbst wird es daher auch in Zukunft schwierig bleiben, ihren eigenen Standort innerhalb der Kirche immer wieder neu zu definieren. Die entscheidende Frage aber dürfte die sein, ob es *Annegret* gelingen wird, die beschriebene Spannung zwischen dem eigenen Kirchenbild und der dieses nach ihrem Erleben kompromittierenden Realität in der eigenen Praxis zur Anwendung zu bringen? Kann diese Kirche, die sie im Grunde ablehnt, die zugleich aber auch ihre Existenzgrundlage bildet, auf Dauer noch Heimat und Betätigungsfeld für sie sein? Wird es ihr gelingen, ihre Vorstellung einer überschaubaren Kirche präfigurativ in ihrem eigenen Wirkungsbereich zu konstruieren? Oder wird dieser Ansatz Kirche, Gemeinde und auch sie selbst als Pfarrerin langfristig in die kirchliche und gesellschaftliche Isolation führen?

2 Interview *Bernd*

2.1 Trennung von der Gemeinde oder: Die Extension der „Kerngemeinde"

Bernds Bild der Gemeinde von Schwestern und Brüdern zielt auf die äußere, sichtbare Gestalt von Kirche. In ihr als der erfahrbaren Sozialgestalt christlicher Gemeinschaft manifestiert sich ihre wesenhafte Bestimmung, Leib Christi zu sein. Prägnante Kennzeichen der vorfindlichen Gemeinde sollten danach Überschaubarkeit, Identität und Verbindlichkeit sein. Diese Kennzeichen realisieren sich vor allem dann, wenn sich die Gemeinde gottesdienstlich versammelt, darüber hinaus abgeschwächt im Rahmen der „kerngemeindlichen" Strukturen. *Bernd* selbst verwendet den Begriff „Kerngemeinde" aus guten Gründen nicht, denn so etwas darf es nach seinen Vorstellungen nicht geben. Vielmehr hat er stets die gesamte Parochie im Blick, wenn er von Ge-

11 H. Gollwitzer, Vortrupp des Lebens, a.a.O., 111-120; vgl. o., 80, Anm. 44.

meinde spricht. Ideal wäre für ihn, wenn alle in diesem Bereich lebenden Kirchenmitglieder ein „kerngemeindliches" Profil hätten. Das Gegenmodell der von ihm geforderten Verbindlichkeit ist die Privatisierung des Glaubens. Zwar ist auch für *Bernd* Privatisierung nicht gleichzusetzen mit Individualisierung; wenn aber für den Protestantismus „Individualität („der einzelne in seinem Gewissen vor Gott") eine leitende Kategorie der christlichen Theologie war"[12] und sich dies auch gegenwärtig im Zuge der gesellschaftlichen Individualisierung nachhaltig bemerkbar macht, so stellt sich unweigerlich die Frage, ob die Berufung auf den eigenen privaten Glauben nicht eine theologische Plausibilität hat. Auf der anderen Seite kann ein solches Insistieren auf individueller Glaubensfreiheit natürlich auch zu einer nichtssagenden Chiffre werden. Eine privatistische Form des christlichen Glaubens ist für *Bernd* keinesfalls akzeptabel. Der Glaubende ist auf Gemeinschaft angewiesen und sucht sich gleichgesinnte Menschen, mit denen er Gemeinde sein kann. Die Vorschläge zur Intensivierung der Gemeindegliedschaft heben darauf ab, daß die Mitglieder eine verbindliche Einstellung zu ihrer Zugehörigkeit gewinnen und diese auch nach außen transparent machen. Dies müßte sich seiner Auffassung nach im regelmäßigen Besuch des Gottesdienstes und in der zumindest partiellen Bereitschaft zur Mitarbeit äußeren. Eine distanzierte Mitgliedschaft kann es danach im Grunde nicht geben, weil Distanzierung von der Gemeinde für *Bernd* gleichzusetzen ist mit der Beendigung der Mitgliedschaft durch Austritt. Entweder gehört man also verbindlich dazu oder man trennt sich von der Gemeinde.

Da sich *Bernd* auf die Ekklesiologie von Barmen III beruft, ist zunächst zu fragen, ob seine in sich geschlossene und konsequente Position als sachgemäße Rezeption des Barmer Bekenntnisses angesehen werden kann. Die dritte These macht keine direkte Aussage über das zugrundeliegende Verständnis von Mitgliedschaft. Der Vorstellung von der Kirche als Leib Christi, der in der Gemeinde von Brüdern erfahrbare Gestalt gewinnt, wohnt allerdings eine Tendenz zur inneren Geschlossenheit bei äußerlich konturiertem Erscheinungsbild inne. „Nur eine Kirche mit größerer Verbindlichkeit kann versammelte Gemeinde von Schwestern und Brüdern sein. Nur eine solche bruderschaftliche Gemeinde kann aber auch in missionarischer und diakonischer Offenheit Kirche für die Welt sein."[13] Mißverstanden wäre der Kirchenbegriff von Barmen III folglich, wollte man ihn im Sinne einer in sich geschlossenen Sozialordnung ausdeuten. „Die Gemeinschaft von Schwestern und Brüdern ist eine in radikalem Sinn offene Ge-

12 Evangelische Kirche in Hessen und Nassau (Hrsg.), Person und Institution, a.a.O., 21.

13 R. Weth, Barmen als Entscheidung. Eine Einführung, in: A. Burgsmüller (Hrsg.) Kirche als „Gemeinde von Brüdern" 1, a.a.O., 19.

meinschaft."[14] Dies gilt nicht nur gegenüber den sozial Schwachen innerhalb wie außerhalb der Gemeinde, sondern auch die Entferntesten sollen als Schwestern und Brüder gelten. „Der besondere Charakter der Sozialbeziehungen in der Gemeinde wird gerade verfehlt und in sein Gegenteil verkehrt, wenn er in einem exklusiven Sinn verstanden wird."[15] Innerhalb der Kirche als Institution können durchaus sehr unterschiedliche Zugänge zur eigenen Mitgliedschaft nebeneinander existieren.[16] Das steht nicht in Spannung zu der allen Getauften zugeeigneten Gliedschaft am Leib Christi. Diese drängt zwar immer wieder zur äußeren Gestaltwerdung von Gemeinde, darf aber weder generell mit der Mitgliedschaft in der Institution Kirche gleichgesetzt, noch im Sinne einer Normierung bestimmter Verbundenheitsprofile gedeutet werden. *Bernd* nimmt folglich eine Einengung des Kirchenbegriffs von Barmen III vor, wenn er eine Intensivierung von Verbindlichkeit für alle Kirchenmitglieder einfordert. Zwar ist die Gemeinde für ihn keine abgeschlossene Größe, da er ihren sozialen Auftrag und ihre ökumenische Dimension hervorhebt. Zur Mitte hin entsteht jedoch ein Sog, wenn Gottesdienstteilnahme und Mitarbeit als Kriterien verbindlicher Mitgliedschaft geltend gemacht werden.

Unabhängig von der Frage nach der theologischen Haltbarkeit dieser Forderung muß ihre praktische Umsetzbarkeit in mehrfacher Hinsicht in Zweifel gezogen werden. Zunächst wird hier einseitig aus der kerngemeindlichen Perspektive festgelegt, wie die Kirchenverbundenheit der Mitglieder auszusehen hat. Hier trifft zu, was V. Drehsen als bedenkliche Tendenz einer bestimmten kirchlichen Strömung beschreibt: „Kirchlichkeit, wenn nicht christliche Religiosität überhaupt, wird auf das mögliche Ausmaß an 'Kirchentreue' festgelegt. Damit aber wird faktisch nur eben jener Prozeß beschleunigt, der allseits beklagt wird: der Prozeß der Minorisierung eines bestimmten systemkonformen Typs der Kirchentreue als Inbegriff von christlicher Religiosität."[17] Drehsen fordert dagegen eine „Entprovinzialisierung" des christlichen Bewußtseins, da allein auf diesem Wege dem Umstand Rechnung getragen werden kann, daß die Vermittlung von Glaubensinhalten heute nur noch im reflexiven Diskurs erfolgen kann. Andernfalls wird lediglich ein Minderheitenklientel erreicht werden können.

Auch wenn *Bernd* der Meinung ist, daß es sich bei der gegenwärtigen Konstellation von Kirche in der bundesrepublikanischen Gesellschaft nicht mehr um eine die Mehrheit der Bevölkerung umfassende Volks-

14 W. Huber, Die wirkliche Kirche, in: in: A. Burgsmüller (Hrsg.), Kirche als „Gemeinde von Brüdern" 1, a.a.O., 270.

15 Ebd.

16 Votum des Theologischen Ausschusses der Evangelischen Kirche der Union, in: A. Burgsmüller (Hrsg.), Kirche als „Gemeinde von Brüdern" 2, Votum des Theologischen Ausschusses der Evangelischen Kirche der Union, Gütersloh 1981, 67.

17 V. Drehsen, Wie religionsfähig ist die Volkskirche?, a.a.O., 39.

kirche handelt, kann man seine Position nicht als Idealisierung einer Minderheitskirche interpretieren. Er geht grundsätzlich davon aus, daß jedes Kirchenmitglied potentiell im Sinne stärkerer Verbindlichkeit aktivierbar ist. Erst der Kirchenaustritt signalisiert für ihn, daß eine diesbezügliche Ansprechbarkeit nicht mehr vorausgesetzt werden kann. Weil damit auch ein individueller Klärungsprozeß einhergeht, kann der Ausgetretene von der Gemeinde guten Gewissens entlassen werden. Diese eindeutige Verhältnisbestimmung kann sogar für die Gemeinde von Gewinn sein, weil sie zur Veranschaulichung von konsequenter Zugehörigkeit und Nichtzugehörigkeit dient. Die von vielen Menschen praktizierte unverbindliche Kirchenmitgliedschaft dagegen wirkt sich eher negativ auf das Identitätsbewußtsein der Gemeinde aus. Darum müssen Mittel und Wege gesucht werden, um solche individuellen Klärungsprozesse in Gang zu setzen und positiv für die Gemeinde nutzbar zu machen. Allerdings berücksichtigt *Bernd* nicht, daß das Insistieren auf mehr Verbindlichkeit auch die gegenteilige Wirkung erzielen könnte, daß Menschen sich nämlich gerade aufgrund der an sie gestellten Erwartungen dazu entscheiden, nicht mehr zu dieser Kirche gehören zu wollen.

2.2 Binnenkirchliche Wahrnehmung der Mitglieder

Bernd geht davon aus, daß jemand, der die Kirche verläßt, schon vorher keine persönliche Beziehung zur Institution hatte. Diese Haltung beschreibt er weiter mit den Adjektiven „unverbindlich", „anonym", „gleichgültig", „privatistisch". Dagegen verwendet er nicht die verbreiteten Bezeichnungen „kirchenfern" und „distanziert", vermutlich weil in der neueren Kirchensoziologie damit eine bestimmte Position verbunden ist, der es um die deskriptiv-wertneutrale Erfassung der Selbstdefinitionen der Mitglieder geht, während für *Bernd* Distanz und Kirchenferne selbst mit einem minimalisierten Anspruch an Kirchenmitgliedschaft nicht mehr zur Deckung zu bringen sind. Ein Verbundenheitsgefühl mit der Kirche jenseits der erfahrbaren gemeindlichen Sphäre ist danach nur schwer vorstellbar. Auch ein gestuftes Partizipationsverhalten hat in dieser Konzeption keinen Platz. Erst recht ist derjenige außen vor, der seine Mitgliedschaft für beendet erklärt, selbst wenn die Konsequenz seiner Handlung noch so respektabel ist. Allerdings schränkt *Bernd* hier ein, daß es gewisse Notsituationen geben kann, in denen der Austritt aus sozialen Gründen unausweichlich ist. Dies hat die Gemeinde nicht nur zu respektieren, sondern hier ist sie auch in sozialethischer Hinsicht gefragt.[18]

---

18 Das Beispiel der Stahlarbeiter, von denen *Bernd* im Vorgespräch erzählt, macht jedoch deutlich, daß Notsituationen nur dann anerkannt werden können, wenn sie der Gemeinde eröffnet werden. Daß sich viele Menschen jedoch gerade darin schwertun, weil sie keine unmittelbaren Kontakte zur Gemeinde haben und sich gegenüber den empfundenen normativen Ansprüchen der Kirche als minder-

Das Problematische an dieser Position ist die einseitige, binnenkirchliche Sichtweise der Kirchenmitglieder. Dieser liegt eine bestimmte Auffassung von Kirchlichkeit zugrunde, die am Ideal des den Gottesdienst besuchenden und das Veranstaltungsangebot der Gemeinde frequentierenden, zur Mitarbeit grundsätzlich bereiten „Kirchentreuen" ausgerichtet ist.[19] Damit aber wird der Blick verstellt auf die subjektiven Interpretationsmuster und Selbstprädikationen der übrigen Mitglieder. Kirchenbindung ist jedoch auch dort anzutreffen, wo die Mitgliedschaft beibehalten wird, „ohne daß sie zwangsläufig auch in aktive Partizipation am regional-kirchlichen Milieu einmündet."[20] Dies gilt es nicht nur in der Einschätzung der „distanzierten" Mitglieder zu berücksichtigen, sondern daraus erwächst kirchlicherseits auch die Aufgabe, das eigene Verständnis christlicher Lebens- und Weltdeutung in der differenzierten Lebenswelt der Menschen offen, kommunizierbar und erfahrbar zu halten. Darin liegt zugleich die Chance, das Evangelium als für die Lebenspraxis relevantes und hilfreiches Angebot zu erschließen. Diesen Umstand nicht nur zu akzeptieren, sondern ihm auch im eigenen Kirchenverständnis Raum zu geben, wird *Bernd* aufgrund seiner ekklesiologischen Prämissen schwerfallen. Die Forderung nach einer präziseren theologischen Bestimmung der Kirchenmitgliedschaft ist verständlich angesichts der zum Teil verwirrenden Vermischung von juristischen, soziologischen und theologischen Kriterien in der gegenwärtigen Diskussion. Sie jedoch unter rein theologischen Gesichtspunkten zu verorten, führt zu Einseitigkeit und zum Verlust von Realitätsbezug, da Kirchenmitgliedschaft im Erleben der Menschen weitaus komplexer begriffen wird. Verbindlichkeit im Sinne von Vereindeutigung zu fordern, wird darum wie gezeigt nur bedingt den gewünschten Erfolg erzielen.

2.3 Die Abkündigung der Ausgetretenen im Gottesdienst

Daß die Kirche die Austrittsgesetzgebung in die Hoheit des Staates und der Länder gelegt hat, obwohl eine zwingende Notwendigkeit dafür nicht gegeben war[21], hat nach H. Engelhardt seinen Grund darin, dem im Grundgesetz verankerten Recht auf Religionsfreiheit auch im Sinne negativer Vereinigungsfreiheit gegenüber der Kirche als Körperschaft öffentlichen Rechts Geltung zu verschaffen. „Zur Gewähr-

---

wertig fühlen und andererseits oft im Blick auf den anstehenden Kirchenaustritt ein schlechtes Gewissen haben, wird dabei nicht berücksichtigt.

19 F.-X. Kaufmann hat zur Messung der Kirchenbindung in den 60 er Jahren eine „Kirchlichkeits-Skala" entwickelt, die jedoch aufgrund ihrer kirchenspezifischen Kriterien in einer zunehmend komplexer gewordenen religiösen Landschaft kaum mehr geeignet scheint, Kirchlichkeit zu messen. Vgl. F.-X. Kaufmann, Zur Bestimmung von Kirchlichkeit, in der BRD, in: J. Matthes (Hrsg.), Kirche und Gesellschaft, Reinbek 1968, 207-247.

20 V. Drehsen, Wie religionsfähig ist die Volkskirche?, a.a.O., 35.

21 H. Engelhardt, Der Austritt aus der Kirche, a.a.O., 12ff. und 45.

leistung dieses Grundrechts ist es daher ausreichend, wenn der Staat den Kirchen nach dem Kirchenaustritt die Hilfe des weltlichen Arms zur Durchsetzung von Mitgliedspflichten entzieht."[22] Das bedeutet allerdings nicht, daß diese Handlung auf kirchlicher Seite folgenlos bleiben muß. Daß der Austritt formal den Verlust der Mitgliedschaftsrechte nach sich zieht, ist evident. Fraglich hingegen ist, ob das ausgetretene Mitglied nachträglich noch mit Kirchenzuchtmaßnahmen belegt werden kann. Diesen Sinn hat die Abkündigung der Ausgetretenen im Gottesdienst auch in der Vergangenheit wiederholt gehabt.[23] Ob man hier jedoch von Kirchenzucht[24] im eigentlichen Sinne sprechen kann, ist genauso fraglich wie die Effektivität dieses Vorgangs.[25] Nach *Bernd* ist die namentliche Abkündigung von Ausgetretenen nicht als Kirchenzuchtmaßnahme zu bewerten. Sie stellt vielmehr das folgerichtige und sachlogische Ergebnis seiner Kirchentheorie dar. Wenn Kirchenmitgliedschaft wie von ihm postuliert für die Gemeinde transparent gehalten werden soll, kann mit gleichem Recht wie beim öffentlichen Vollzug des Eintritts oder bei der namentlichen Erwähnung von Gemeindegliedern, die eine Amtshandlung in Anspruch nehmen, die Weitergabe der Austrittsmitteilung an die im Gottesdienst versammelte Gemeinde vertreten werden. Der Einwand, daß bei den Betroffenen vorher keine Zustimmung eingeholt wird und sie selbst bei diesem Geschehen wohl kaum anwesend sein werden, könnte mit dem Verweis auf die vergleichbare Praxis bei der Abkündigung eines Sterbefalls zurückgewiesen werden, da auch hier allenfalls die Angehörigen des/der Verstorbenen dem Gottesdienst beiwohnen. Auf den Einwand des fehlenden Datenschutzes ließe sich entgegnen, daß auch andere persönliche Daten im Rahmen der Abkündigungen oder in kirchlichen Medien (z.B. im Gemeindebrief) veröffentlicht werden. Mögen zwar kirchenrechtlich keine Einwände gegen ein solches Verfahren zu erheben sein, so muß doch die Tatsache zu denken geben, daß hier Personen erwähnt werden, die eindeutig nicht mehr der kirchlichen Rechtssphäre angehören, da Austritt und Abkündigung zeitlich deutlich auseinanderfallen. Eine eindeutige juristische Klärung dieses Problems steht bislang aus.[26]

---

22 Ebd. 46f.; vgl. auch A. Fr. von Campenhausen, Kircheneintritt – Kirchenaustritt – Kirchenmitgliedschaft, in: P. Meinhold (Hrsg.), Das Problem der Kirchengliedschaft heute, a.a.O., 260.

23 So vor allem in der Zeit des Kirchenkampfes. Vgl. E. Bethge, Dietrich Bonhoeffer. Theologe • Christ • Zeitgenosse. Eine Biographie, München ^{6}1986, 644 und 659. Vg. auch H. Ehlers, Kann man aus der Kirche austreten?, a.a.O., 108.

24 H. Frost, Art. Kirchenzucht. 1. Geschichte und Praxis in der BRD, in: EKL 2, Göttingen ^{3}1989, Sp. 1210-1213.

25 Radikale Maßnahmen, wie sie z.B. M. Ludwig, Drei Thesenreihen, a.a.O., 207, im Jahre 1966 noch forderte, sind heute eher selten geworden.

26 Vgl. dazu Deutsche Bischofskonferenz: Gutachten der Deutschen Bischofskonferenz über die Zulässigkeit der Bekanntgabe des Kirchenaustritts eines Volljährigen an dessen Eltern, in: AKathKR, 154, 1985, 187-188. Danach liegt es im

Grundsätzlich stellt sich in diesem Zusammenhang die Frage nach der Funktion der Kasualabkündigungen. Haben sie vorwiegend seelsorgerlichen, das heißt auf die betroffenen Gemeindeglieder bezogenen Charakter oder überwiegt eher ihre ekklesiologische Bedeutung? Das in der Gemeinde von *Bernd* übliche fürbittende Gebet für die betreffenden Personen deutet eher den seelsorgerlichen Aspekt des Geschehens an. Der Befragte selbst hebt dagegen immer wieder die ekklesiologische Relevanz der Amtshandlungen hervor. Das läßt darauf schließen, daß für ihn auch die entsprechenden Abkündigungen in erster Linie für die Gemeinde identitätsfördernden Charakter haben.[27] Vergleichbares gilt für den Kircheneintritt, der von *Bernd* als ein „für die Gemeinde effektiver Akt" (B13) gekennzeichnet wird.
Das ehrliche Bemühen, den Eindruck einer Brandmarkung, Diffamierung oder Denunziation der Ausgetretenen zu vermeiden, ist nicht zu überhören. *Bernd* kann aber dennoch nicht ausschließen, daß im Erleben der Betroffenen genau dieser Eindruck entsteht. Daß die Abkündigung wenn auch ungewollt als Abschreckungsmanöver für andere zum Kirchenaustritt neigende Menschen interpretiert wird, läßt sich ebenfalls nicht verhindern. Auch wird ein solches Vorgehen in der Gemeinde nicht auf ungeteilte Zustimmung stoßen und möglicherweise bei einzelnen eine gewisse Trotzreaktion hervorrufen. Mit diesen Argumenten sind genau die kritischen Bedenken des Landeskirchenamtes in der Antwort an die Gemeinde wiedergegeben, daß auf diesem Wege Menschen vor den Kopf gestoßen und dadurch möglicherweise weitere Kirchenaustritte ausgelöst werden können. Das Landeskirchenamt argumentiert also vor allem seelsorgerlich[28], während für *Bernd* die theologische Legitimation für die Abkündigung den Ausschlag gibt.[29] Zu fragen ist jedoch, ob es sich hier nicht um eine falsche Alternative handelt. Auch eine seelsorgerliche Argumentation basiert auf bestimmten theologischen Grundannahmen, und jedes Insistieren auf theologischer Richtigkeit wird dann suspekt, wenn damit das Recht des Menschen auf seelische Unversehrtheit übergangen wird. Von daher wäre zu prüfen, ob sich die Abkündigung der Ausgetretenen, selbst wenn sie theologisch angezeigt ist und seelsorgerisch

---

Ermessen des (katholischen) Pfarrers, ob er den Austritt „in Erfüllung des kirchlichen Auftrages" (188) bekanntgibt.

27 Dieses Verständnis der Abkündigungen hat eine lange Tradition, wie F. Kalb, Grundriß der Liturgik. Eine Einführung in die Geschichte, Grundsätze und Ordnungen des lutherischen Gottesdienstes, München ^{3}1985, 144f., zeigt.

28 „Schwerwiegende seelsorgerliche Bedenken" gegen die namentliche Erwähnung von Ausgetretenen im Gottesdienst hat auch der Landeskirchenrat der Evangelisch – Lutherischen Kirche in Bayern, während aus kirchenrechtlicher Sicht keine Einwände gegen das Vorgehen in einer oberfränkischen Gemeinde geltend zu machen sind. Vgl. epd-Meldung in botschaft aktuell, Nr. 9, vom 27.02.95, 2.

29 Er hält die Abkündigung für eine „auch ganz seelsorglich verantwortbare Form" (B6).

verantwortbar erscheint, unter Zugrundelegung von Kriterien der theologischen Anthropologie vertreten läßt.
Schließlich ist zu fragen, ob die Austrittsmitteilung nicht dem Grundgedanken evangelischer Freiheit zuwiderläuft. Wenn die dem Wesen protestantischer Identität entsprechende Freiheit, durch Vollzug des Kirchenaustritts über die eigene Bekenntniszugehörigkeit ohne äußeren Druck und Angst vor drohenden Sanktionen selbst entscheiden zu können, dadurch eingeschränkt wird, daß der Ausgetretene möglicherweise anschließend um seine persönliche Integrität in der Öffentlichkeit fürchten muß, weil der Austritt gesellschaftlich immer noch mit einem gewissen Makel behaftet ist, wird damit ein Grundzug reformatorischer Theologie berührt. Die Freiheit eines Christenmenschen muß auch das Recht beinhalten, zur Gemeinde und zur Kirche auf Distanz gehen zu können. Eine endgültige Klärung dieser Sachverhalte wäre allerdings nur dann möglich, wenn es gelänge, zu explorieren, wie die Abgekündigten selbst diesen Vorgang erleben und welchen Stellenwert der Kirchenaustritt im Sozialgefüge der Gesellschaft tatsächlich hat. Für beide Vorhaben gibt es jedoch gegenwärtig unübersehbare Hindernisse.[30] Die durch das Schreiben des Landeskirchenamtes ausgelösten Unsicherheiten auf Seiten einiger Presbyter und Presbyterinnen bestätigen jedenfalls, daß dieser Vorgang, auch wenn er theologisch gerechtfertigt erscheint, sehr viel differenzierter gesehen werden muß.

2.4 Der Kirchenaustritt als ekklesiologisches Problem

Es ist bemerkenswert, wie energisch der Interviewte für die Notwendigkeit kirchentheoretischer Reflexion angesichts der Kirchenaustritte eintritt. Er selbst leistet dazu einen wichtigen und diskutablen Beitrag. Ausgehend von seiner eigenen Kirchentheorie kommt er dabei zu Folgerungen, die zwar konsequent erscheinen, aber wie gezeigt nicht unproblematisch sind. *Bernd* ist sich dessen bewußt, daß seine Kirchentheorie auf subjektiven theologischen Grundsatzentscheidungen beruht und nicht ohne weiteres verallgemeinert werden kann. Selbst innerhalb einer Gemeinde wird sie erst im theologischen Diskurs ihre konkrete Ausformung gewinnen. Außerdem ist sie einer ständigen Überprüfung an der gemeindlichen, kirchlichen und gesellschaftlichen Realität auszusetzen. Wichtig ist für ihn, daß es in einer Gemeinde überhaupt zu einem Reflexionsprozeß über die eigene Ekklesiologie kommt. Wo das nicht der Fall ist, besteht die Gefahr eines unsystematischen und arbiträren Umgangs mit den Situationen, in denen eine

30 Befragungen von Ausgetretenen sind grundsätzlich nicht unproblematisch, weil viele von ihnen nicht bereit sind, über ihre Austrittsentscheidung zu sprechen. Die Frage nach der Meinung zur Kanzelabkündigung könnte auch nur indirekt gestellt werden.

fundierte ekklesiologische Analyse nötig und eine sachgemäße Position zu vertreten ist. Darin ist ihm uneingeschränkt zuzustimmen.

3 Interview *Christa*

3.1 Ablösung von der Kirche oder: Christlicher Glaube jenseits der Institution

Wenn Menschen sich formal von der Kirche lösen, sagt dies zunächst nichts über ihre individuelle Glaubenshaltung aus. Für *Christa* ist es geradezu selbstverständlich, daß es christlichen Glauben auch außerhalb der verfaßten Kirche gibt. Damit liegt sie auf der Linie von T. Rendtorffs Theorie eines Christentums außerhalb der Kirche, das konsequenterweise auch außerhalb der Institution[31], d.h. außerhalb des durch die Mitglieder repräsentierten, manifesten Bestandes von Kirche anzusiedeln ist. Gedacht ist an solche Menschen, die ihren Glauben ganz individuell begreifen und gestalten und dies eben „nich nur in sektiererischer und beängstigenden Formen" (C19) tun. Damit wird deutlich, daß *Christa* nicht etwa an jene Menschen denkt, denen die kirchliche Frömmigkeit zu liberal ist und die deshalb den Austritt zur Freikirche oder zur Sekte hin vollziehen.[32] Für *Christa* wird der Typus der außerkirchlichen Christlichkeit auch durch jene repräsentiert, die sich von der Institution Kirche formal trennen, den punktuellen oder partiellen Kontakt zur Gemeinde jedoch beibehalten. Sie besuchen den Gottesdienst, arbeiten in der Gemeinde mit, sind in Vorständen tätig und wahren dennoch Distanz zur Institution Kirche. Wieder andere partizipieren zwar nicht am Gemeindeleben, möchten aber zumindest die Option haben, dies im Bedarfsfall tun zu können und verhalten sich wohlwollend distanziert. Man darf jedoch nicht verkennen, daß die Gruppe dieser Menschen, die der Kirche trotz ihrer Nichtmitgliedschaft eine gewisse Sympathie entgegenbringen, unter den Konfessionslosen insgesamt nur eine Minderheit bildet. Folgt man dem Umfrageergebnis der dritten Kirchenmitgliedschaftsstudie, so empfinden nur 2% der befragten Konfessionslosen im Westen (im Osten 3%) viel Sympathie, 23% (im Osten 24%) etwas Sympathie für die Kirche.[33] „Ein Eintritt in die Kirche kommt für sie überhaupt nicht in Frage."[34] Lediglich 1% der Befragten ist so gut wie entschlossen, in die Kirche einzutreten. Darum würde *Christa* auch kaum Erfolg haben, wenn sie

31 Vgl. o., 140f.

32 Warum *Christa* diese fundamentalistischen Strömungen und Kreise „beängstigend" findet, ergibt sich aus C20, wo sie vom 'freikirchlichen Gängeln' spricht und damit eine Art der Bevormundung meint, die das Autonomiebedürfnis des modernen Menschen konterkariert.

33 Evangelische Kirche in Deutschland – Studien- und Planungsgruppe, Fremde Heimat Kirche, a.a.O., 52.

34 Ebd.

diese Menschen tatsächlich auf diese Möglichkeit ansprechen würde. Es spricht für ihre Offenheit und ihre Fähigkeit zu Toleranz, daß sie hier Zurückhaltung übt, obwohl sie den aus ihrer Sicht verständlichen Wunsch hegt, die Ausgetretenen würden wieder Kirchenmitglieder werden. Es wäre nicht nur verfehlt, diese Menschen als Missionsobjekte zu sehen, sondern auch die Hoffnung, eine Öffnung zu den Kirchlich-Distanzierten hin erleichtere diesen die Annäherung an die Kirche, ist trügerisch. „Die Beziehungen bleiben gefährdet. Auch dann, wenn Kirche sich diesen Menschen und ihrer Spiritualität gegenüber öffnet, kann sie mit keiner meßbaren Steigerung ihrer Partizipation rechnen – dafür aber mit einigen Widerständen im Kern ihrer intensiv teilnehmenden Mitgliedschaft.“[35] Dennoch ist der Dialog mit ihnen unverzichtbar, weil sich in ihnen nachhaltig die Stimme des nichtkirchlichen Christentums zu Wort meldet. Nur so kann sich letztlich jener Wandel des durch die Kirche repräsentierten Christentums vollziehen, den T. Rendtorff im Blick auf seine Zukunftsfähigkeit für unabdingbar hält. „Die kirchliche Religion hat nur eine Zukunft, sofern sie in sich selbst jene Schritte nachholt und vollzieht, die das Christentum, das nicht durch die Kirche definiert ist, schon getan hat oder heute zu gehen unternimmt.“[36]

3.2 Der Sinn der Kirchenmitgliedschaft

Wenn die Mitgliedschaft in der Kirche nach *Christa* für die Verbundenheit mit Glauben und Kirche letztlich nicht maßgeblich ist, sondern lediglich eine formale Bindung darstellt, stellt sich die Frage, warum es überhaupt Sinn macht, zu dieser Kirche auch als offizielles Mitglied zu gehören. Menschen, die aus der Kirche austreten und sich dennoch an verschiedenen Aktivitäten und Angeboten der Gemeinde teilnehmen, beantworten sie auf ihre Weise. Sie können sagen: „‘Mit der Kirche […] hab ich nichts mehr im Sinn“’ (C1) und gleichzeitig scheinbar ohne einen Widerspruch dabei zu empfinden erklären: „‘Aber wenn ich die Kirche brauch’, ich werd’ schon kommen, zum Gottesdienst oder zu anderen Sachen.’“ (C2) Diese Erfahrungen von *Christa* decken sich mit denen A. Deneckes.[37] Während Denecke jedoch das Bestreben hat, diese Menschen auch formal stärker an die Gemeinde zu binden und mittelfristig ihren Kircheneintritt anvisiert, bleibt *Christa* auch hier zurückhaltend. Zwar wünscht auch sie sich, daß die der Gemeinde assoziierten Nichtmitglieder sich für einen Wiedereintritt in die Kirche entscheiden würden, kann aber auch ihre reservierte Haltung zur Kirche dauerhaft akzeptieren. Für sie ist die Kirchenmitgliedschaft formale Bindung, die äußerlich betrachtet nichts

35 H. Lindner, Kirche am Ort, a.a.O., 327. Darum muß auch der Vorschlag von A. Denecke mit großer Skepsis betrachtet werden. Vgl. o., 159.
36 T. Rendtorff, Christentum außerhalb der Kirche, a.a.O., 92.
37 Vgl. o., 159.

über die innere Haltung und Einstellung der Menschen aussagt. Gleichwohl hält sie diese formale Bindung für erstrebenswert, weil das Wesen der Kirche in der äußeren Gestalt nicht aufgeht, aber dennoch auch äußerlich zum Tragen kommen soll. Kirche muß nach ihrer Überzeugung erfahrbar sein. Dies kann nur vor Ort in der Gemeinde geschehen. Gemeinde und Kirche sind darum zwar organisatorisch zu unterscheiden, aber in ihrer grundlegenden Bestimmung nicht voneinander zu trennen. Gerade weil in dieser Kirche Vertrauen erlernt und gewonnen werden kann, macht es nicht nur Sinn, sich der Gemeinde anzuschließen, sondern auch formal zur Kirche zu gehören. Kirche ist nach *Christa* ohne organisierte Gestalt nicht denkbar. Dazu gehört auch die Regelung von Mitgliedschaftsangelegenheiten und die Notwendigkeit einer finanziellen Beteiligung der Mitglieder an den Kosten der Gemeindearbeit und der Kirchenorganisation. *Christa* hält also an der formalen Kirchenmitgliedschaft fest, relativiert sie jedoch in ihrer Bedeutung. Ihr gelingt damit das, was V. Drehsen als „Entstigmatisierung der eigenen Mitgliedschaft“[38] bezeichnet. „Entstigmatisierung bedeutet in diesem Zusammenhang den ausdrücklichen Verzicht darauf, grundsätzlich eine kirchliche Getto-, Nischen- oder Bunkermentalität zementieren zu wollen.“[39] Allerdings geht auch Drehsen nicht auf die Frage ein, warum Kirchenmitgliedschaft in der Situation eines „öffentlich-diffundierten Christentums“[40] überhaupt noch eine plausible Selbstdefinition religiöser Orientierung sein kann und sein sollte. Wenn das verkirchlichte Christentum nach Drehsen unter dem ständigen Zwang steht, Kirchentreue zum allgemeinen Maßstab wünschbaren Frömmigkeitslebens machen zu wollen, muß die geforderte Reformfähigkeit ernsthaft bezweifelt werden. Nach *Christa* ist Kirchenbindung dagegen nur so denkbar, daß Menschen in der Kirche etwas finden, was für ihr Leben wesentlich ist. Nur so können sie zu einer wenn auch kritischen Bejahung von Kirche und zur individuellen Affirmation ihrer Mitgliedschaft gelangen.

3.3 Die Amtshandlungen als Grenzerfahrungen

Christa macht in ihrer Gemeinde die Erfahrung, daß zwischen den kirchenrechtlich fixierten Anforderungen und der menschlichen Erwartungshaltung an die Amtshandlungen oft eine deutliche Diskrepanz herrscht, die sie als Pfarrerin punktuell immer wieder überbrükken muß. So erbitten Angehörige die kirchliche Beerdigung, auch wenn der/die Verstorbene nicht zur Kirche gehörte. Nach der dritten Kirchenmitgliedschaftsstudie würden in den westlichen Bundesländern 4% der Konfessionslosen, aber 32% der Ausgetretenen ihre Kin-

38 V. Drehsen, Wie religionsfähig ist die Volkskirche?, a.a.O., 34.
39 Ebd. 38f.
40 Ebd.

der dennoch taufen lassen.[41] Die kirchliche Trauung wird begehrt, auch wenn einer der beiden Partner nicht Kirchenmitglied ist. Bei beiden Amtshandlungen geht *Christa* in ihrer Praxis bereits über die Bestimmungen der Kirchenordnung hinaus, in dem sie auch Paare mit einem nichtkirchlichen Partner kirchlich traut und ausgetretene Verstorbene beerdigt, wenn die Angehörigen dies wünschen. Auch die Taufe eines Kindes mit einem konfessionslosen Elternteil bereitet ihr keine Schwierigkeiten. Ganz anders aber stellt sich die Problematik dar, wenn beide Eltern keiner Kirche angehören. Die Taufe zu vollziehen ist für *Christa* nur dann möglich, wenn einer der beiden Partner in die Kirche eintritt, was auch in der Regel geschieht. Andernfalls müßten die Eltern ihr sehr glaubwürdig nachweisen können, daß sie trotz fehlender eigener Nähe zur Kirche für die christliche Erziehung des Kindes sorgen werden. An dieser Stelle kommt *Christa* ähnlich wie bei der Übertragung des Patenamtes an Konfessionslose deutlich an die Grenzen ihrer an sich sehr liberalen Haltung und Praxis. Nähe zur Kirche und zur christlichen Glaubenstradition wird an dieser neuralgischen Stelle mit der äußeren Bindung identifiziert. Die Kirchenmitgliedschaft wird damit scheinbar doch zum Ausweis für eine christliche Einstellung.

Daß gerade die Taufpraxis zur Grenzerfahrung für *Christa* wird, hat sicher eine Ursache darin, daß die Taufe und in deren Gefolge die Konfirmation diejenigen Amtshandlungen sind, denen einen Bezug zur Mitgliedschaft in der Kirche inhärent ist. Nach W. Gräb ist davon auszugehen, daß „mit der Taufe und der Konfirmation [...] das Bewußtsein der Kirchenzugehörigkeit etabliert"[42] wird. Allen Amtshandlungen gemeinsam ist, daß sie neben ihrer lebensgeschichtlichen Bedeutung „auch an die Schwelle der Gemeinde" führen[43]. Nicht nur Kirchenmitglieder halten diesen Gesichtspunkt für die entscheidende Bedeutung der Taufe[44], auch bei Ausgetretenen ist dafür offenbar ein Bewußtsein vorhanden.[45] Darum kann *Christa* auch feststellen, daß den Eltern durchaus einsichtig zu machen ist, daß zur Taufe des Kindes auch die eigene Mitgliedschaft zumindest eines Elternteils gehört. Es geht ihr also nicht primär um die Einhaltung der äußeren Form, sondern um die Authentizität des Sinnzusammenhangs Taufe. Daher besteht kein Anlaß, ihr an dieser Stelle Inkonsequenz vorzuhalten. Fragen bleiben allerdings im Blick auf die Verweigerung des Patenamtes für Konfessionslose. Es scheint, als ob sich *Christa* hier wider

41 Evangelische Kirche in Deutschland – Studien- und Planungsgruppe, Fremde Heimat Kirche, a.a.O., 56.

42 W. Gräb, Rechtfertigung von Lebensgeschichten, a.a.O., 29.

43 C. Coenen-Marx, Kirchenmitgliedschaft zwischen Zugehörigkeit und Beteiligung, a.a.O., 99.

44 Evangelische Kirche in Deutschland – Studien- und Planungsgruppe, Fremde Heimat Kirche, a.a.O., 18.

45 Ebd. 56.

eigene Überzeugung für die Einhaltung der äußeren Ordnung entscheidet. Dabei muß jedoch beachtet werden, daß ihr dieser Widerspruch bewußt ist. Darum tritt sie auch für eine Neubestimmung des kirchlichen Patenamtes unter den veränderten soziologischen Bedingungen der Gegenwart ein.

Christa macht aber auch wie gezeigt auf eine grundsätzliche Aporie der Amtshandlungen aufmerksam, die Frage nämlich, wie eine lebensgeschichtlich orientierte, integrale Praxis mit der ekklesiologischen Bedeutung der Kasualien vermittelt werden kann. Daß in der je individuellen Lebenssituation gerade der Kontakt zur Kirche hergestellt wird, daß die kirchlich bereitgestellten Rituale in Anspruch genommen werden, obwohl es auch hier durchaus Alternativen gibt[46], zeigt doch, daß den Menschen durchaus bewußt ist, daß durch Taufe, Trauung, Beerdigung und Konfirmation Sinngehalte transportiert werden, die über die lebensgeschichtliche Dimension deutlich hinausweisen. Kirche und Theologie müssen also beides im Auge behalten, wenn sie sich der Aufgabe einer zeitgemäßen Plausibilisierung der Amtshandlungspraxis stellen: ritualisierende Selbstvergewisserung und lebensgeschichtliche Transzendenzerfahrung im Kontext des christlichen Glaubens.[47]

3.4 Für eine offene und plurale Kirche

Kirche und Gemeinde sollen nach *Christa* offen sein und offen bleiben, auch wenn sie durch Mitgliederverlust kleiner werden. Offenheit darf jedoch nicht eine leere Floskel bleiben und sich nicht nur beschränken auf die zur Parochie gehörenden Mitglieder der Kirche, sondern grundsätzlich für alle Menschen am Ort gelten, gleich ob Protestanten, Katholiken oder Konfessionslose. Jenseits aller Konfessionsgrenzen gibt es unterschiedliche Glaubensformen, die ihre eigene Genese haben und darum nicht nur als Ausdruck individueller religiöser Einstellung und Praxis respektiert werden müssen, sondern auch in Kirche und Gemeinde Raum haben sollten. *Christa* spricht sich also für einen innerkirchlichen Pluralismus aus, wie er ihr in ihrer Gemeinde längst vertraut ist. Offenheit muß sich bewähren: im ökumenischen Miteinander, im Umgang mit Ausgetretenen, auch da, wo sie in der Gemeinde vorzufinden sind, und schließlich auch in der Bereitschaft, Menschen gehen zu lassen, wenn sie am Ort nicht das finden, was sie suchen. *Christa* selbst ist in ihrer pfarramtlichen Praxis offen, auch wenn sie um ihre eigenen Grenzen weiß. Sie begegnet den Menschen in der Gemeinde, aber auch Ausgetretenen, mit Aufmerksamkeit und

---

46 Besonders in den östlichen Bundesländern erfreuen sich die für die gleichen Anlässe in der ehemaligen DDR praktizierten nichtkirchlichen Rituale wie etwa die Jugendweihe nach wie vor großer Beliebtheit. Vgl. K.-F. Daiber, Religion unter den Bedingungen der Moderne, a.a.O., 168-171.

47 W. Gräb, Lebensgeschichtliche Sinnarbeit, a.a.O., 228-231, bes. 230.

Empathie. Sie bemüht sich um Kontakt und Verständigung auch dort, wo Brücken einseitig abgebrochen wurden. Formale und kirchenrechtliche Gesichtspunkte spielen für sie dabei eine untergeordnete Rolle. Es geht ihr um den Menschen als individuelles Gegenüber. Ihre eigenen Überzeugungen etwa hinsichtlich der Bedeutung der Kirchenmitgliedschaft blendet sie dabei nicht aus, stellt sie aber zurück, um den Entscheidungsspielraum der anderen nicht einzuengen. Dies führt manchmal zu schmerzlichen inneren Konflikten. Kirchenaustritte werden daher eine ständige Herausforderung für *Christa* bleiben. Ihre Offenheit und ihr Bedürfnis nach Verständigung können jedoch zu einem für sie selbst, für die Ausgetretenen und für die Gemeinde fruchtbaren Kommunikationsimpuls werden, wenn es ihr gelingt, ihren inneren Konflikt zu überwinden. Eine auch praktisch greifbarere Unterstützung aus der Gemeinde und eine supervisorische Begleitung könnten dabei hilfreich sein.

4 Interview *Dietmar*

4.1 Identität, Profil und der innerkirchliche Pluralismus

Dem Verlust kirchlicher Identität unter den Mitgliedern kann die Kirche nach *Dietmar* nur so begegnen, daß sie sich selbst profilierter und überzeugender nach außen darstellt. Bedeutet es aber nicht zugleich eine Verengung ihres pluralen Spektrums, wenn ein bestimmtes Kirchenbild, möglicherweise das einer bestimmten Interessengruppe innerhalb der Kirche derart in den Vordergrund rückt? Das ist das Kernproblem der von *Dietmar* erhobenen Forderung nach einem deutlicheren Profil der Kirche. Die Verhältnisbestimmung von Identität und Profil auf der einen und Pluralismus auf der anderen Seite gehört wie gezeigt zu den wesentlichen Themen in der gegenwärtigen ekklesiologischen Diskussion.[48] *Dietmar* spricht nicht ausdrücklich von Pluralismus[49], sondern von den vielfältigen Strömungen in der Gemeinde, die es zu integrieren gilt. Dies kann nur über ein vielfältiges Angebot geschehen, das auch für jene offen ist, die am Leben der Gemeinde nicht oder kaum teilnehmen und der Kirche tendenziell kritisch gegenüberstehen. Er bejaht also den innerkirchlichen Pluralismus und will ihn sogar ausdrücklich stärker in die Gemeinde hineinholen. Immer jedoch verbindet sich damit die Intention, durch Integration der Vielseitigkeit eine kirchliche Identität zu schaffen, die auch nach außen wirksam wird und Kirche attraktiv macht. Ohne Profil sind für ihn Offenheit und Vielfalt in der Kirche nicht denkbar.

Die Profilierung von Kirche ist für *Dietmar* auch das beherrschende Thema in der Auseinandersetzung mit Kirchenaustritten. Er ist sich

48 H. May/K. Lorenz (Hrsg.), Pluralismus und Profil, a.a.O.; vgl. o., 82ff.

49 Auch andere Wortverbindungen von „plural" kommen nicht vor.

der damit verbundenen Problematik durchaus bewußt. Eine Kirche, die nicht nur die verschiedenen Interessenlagen und Strömungen in ihrem inneren Bereich integrieren will, sondern sich zugleich für ihr plurales gesellschaftliches Umfeld öffnen soll, muß sich zwangsläufig schwer tun mit der Suche nach dem eigenen Profil. „Das Diffuse hält natürlich auch Leute zusammen" (D3). Wenn es jedoch in der Kirche gelänge, ein konsensfähiges Grundprofil zu finden, würde das nicht nur vielen Mitgliedern zu einer besseren Identifizierung mit ihr verhelfen und sie möglicherweise sogar vom Kirchenaustritt abhalten, sondern auch den gesellschaftlichen Diskurs über die Bedeutung der Kirche positiv beeinflussen. Doch obwohl für *Dietmar* die Profilierung von Kirche von solch elementarer Wichtigkeit ist, läßt er an keiner Stelle erkennen, wie das Grundprofil von Kirche nach seiner Auffassung aussehen könnte. Seine Forderung, bzw. sein Vorschlag bleibt damit allgemein und unverbindlich. Diese Zurückhaltung dürfte eine Ursache darin haben, daß es trotz intensiver Anstrengungen weder in der Gemeinde noch im Kirchenkreis noch gesamtkirchlich gelungen ist, sich auf ein bestimmtes Profil zu einigen. *Dietmar* weiß, daß die Meinungen darüber auseinandergehen und die Entscheidung für ein bestimmtes Profil auch dazu führen könnte, daß Andersdenkende sich abwenden, weil sie mit diesem Profil gerade nicht einverstanden sind. Darin zeigt sich das Problematische an der Forderung nach einer deutlicheren Profilierung von Kirche. Den Ausweg in nicht grundlegenden „Seitenprofilen" (D3) zu suchen, überzeugt dabei genauso wenig wie Auffassung, daß Gemeinden durchaus unterschiedliche Profile haben sollten, weil die grundsätzliche Frage damit nicht beantwortet wird, ob es nicht innerhalb der Gemeinde zu unbeabsichtigten Trennungen kommen wird. Daß es *Dietmar* nicht gelingt, einen Eindruck davon zu vermitteln, wie das Profil der Kirche aussehen könnte, deutet darauf hin, daß Zweifel an der Umsetzbarkeit dieses Vorhabens angebracht sind. Ein einheitliches Profil von Kirche kann es nicht geben, weil in der pluralen und religiös multiplen Wirklichkeit von Kirche jeder Versuch einer Vereindeutigung und Vereinheitlichung Widerstände und Abgrenzungen von anderer Seite hervorrufen muß. Kirche könnte sich jedoch nach innen und nach außen darin profiliert zeigen, daß sie sich zu einem multioptionalen System wandelt, das gerade in seiner Vielseitigkeit seine Attraktivität besitzt. Dann wäre letztlich die Pluralismusfähigkeit der Kirche, d.h. ihre Offenheit für unterschiedliche Frömmigkeitsstile, für differenzierte Erwartungen und Bedürfnisse und ihre Aufmerksamkeit für individuelle Selbstdeutungsvorgänge des einzelnen und gesellschaftliche Wandlungsprozesse das, was sie in ihrem Kern ausmacht, also ihr Profil.

4.2 Ökonomisches Organisationsverständnis

Dietmar versteht Kirche als Organisation mit funktionalem Auftrag. Ihre Leistungen beschränken sich nicht nur auf den inneren Bereich der aktiv am kirchlichen Leben teilnehmenden Mitglieder. Natürlich ist Kirche auch dafür da, deren religiöse Bedürfnisse und Erwartungen aufzunehmen und zu befriedigen. Darüber hinaus hat sie aber auch ihre gesellschaftlichen Funktionen. Dazu gehört neben ihrem sozialdiakonischen Engagement die Vermittlung von lebenspraktisch orientierendem religiösem Wissen. Die Attraktivität der Mitgliedschaft in der Organisation hängt für *Dietmar* entscheidend davon ab, inwieweit es Kirche gelingt, ihre gesellschaftliche Funktionalität effizienter zu nutzen und der teilweise kritischen Öffentlichkeit transparenter zu vermitteln. Nach *Dietmar* sind die Kirchenaustritte ein Signal für eine zunehmend kirchenkritische Tendenz in der Gesellschaft. Zugleich liefern sie denjenigen, die auf eine noch stärkere Eindämmung des kirchlichen Einflusses in Staat und Gesellschaft drängen, zusätzliches Argumentationsmaterial. Dieser circulus vitiosus verhindert seiner Ansicht nach eine adäquate Würdigung der gesellschaftlichen Leistungen der Kirche seitens der Öffentlichkeit. Hier müßte die Organisation geeignete Mittel finden, um dem entgegenzuwirken.

Für die Organisationsgestalt der Kirche ist nach *Dietmar* der finanzielle, ökonomische Gesichtspunkt von maßgeblicher Bedeutung. 22 mal gebraucht er im vollständigen Interview das Wort Geld, einmal spricht er von „Geldern". 17 mal geht es um das von den Mitgliedern aufgebrachte Geld, also um die Kirchensteuer, 6 mal um die Verwendung kirchlicher Finanzmittel für bestimmte Zwecke, also um haushaltspolitische Entscheidungen. Für die zum Austritt neigenden Mitglieder gibt das finanzielle Argument oft den Ausschlag. Die negative Kosten-Nutzen-Bilanz ergibt sich aber erst am Ende eines längeren Reflexionsprozesses. *Dietmar* meint, daß viele Menschen ihre Mitgliedschaft nicht in Frage stellen würden, wäre ihnen deutlich, wozu Kirche gut ist und warum es wichtig ist, zu ihr zu gehören. Da die Kirche gesellschaftlich sinnvolle Aufgaben wahrnimmt, ist es nach *Dietmar* auch wichtig, sie durch Zahlung der Kirchensteuer mitzutragen. Insofern hat er recht, wenn er die Ansicht vertritt, daß eine Stärkung der Mitgliedschaft der in der Kirche Verbleibenden, also eine Vertiefung oder Aufdeckung ihrer motivationalen Affinität auch eine Einsicht in die Notwendigkeit finanzieller Beteiligung nach sich ziehen müßte. Es bleibt aber auch bei ihm letztlich offen, mit welcher Argumentation man Menschen, die die Möglichkeit eines Kirchenaustritts in Erwägung ziehen, zur Beibehaltung der Mitgliedschaft bewegen könnte. Aber selbst wenn es eine überzeugende Argumentation gäbe, müssen die in der dritten Kirchenmitgliedschaftsstudie erhobenen Daten hinsichtlich der Beurteilung der Kirchensteuer Anlaß zur Skepsis geben. Danach meinen in den westlichen Bundesländern 46 Prozent (Ost: 36%) der Befragten, daß die Kirche so reich ist, daß es auf ihre persönliche Zahlung gar nicht ankommt.[50] Zwar findet das Kirchensteuersystem bei 75 Prozent (Ost: 83%) aller Befragten grundsätzliche Zustimmung. Dies hat aber offenbar nur wenig Bedeutung bei der Abwägung über die eigene Mitgliedschaft. Denn das Kirchensteuerargument wird von den meisten Ausgetretenen (West: 58%, Ost: 46%)[51] an erster Stelle genannt. Man kann also durchaus der Meinung sein, daß Kirche eine sinnvolle und wichtige Funktion in der Gesellschaft hat und dennoch aus persönlichen Nützlichkeitserwägungen die Entscheidung zum Austritt treffen.

Das ökonomische Kirchenverständnis von *Dietmar* zeigt sich auch darin, wie er den Umgang der Kirche mit ihrem Geld beurteilt. Das öffentliche Interesse an dem Thema „Kirche und Geld" hat in den letzten Jahren deutlich zugenommen, wie die von der EKD herausgegebene Broschüre „Kirche und Geld"[52] und das von der Evangelischen Kirche von Westfalen erstellte Faltblatt „Die Kirche und ihr Geld. Fakten – Fragen – Argumente"[53] belegen. Nach *Dietmar* ist es wichtig, daß die Mitglieder über Einnahmen und Ausgaben der Kirche informiert werden, auch wenn es nicht zu verhindern ist, daß bei einigen gewisse Vorbehalte bestehen bleiben werden. Kirche muß mit ihrem Geld verantwortlich umgehen. Der Wirtschaftlichkeitsaspekt sollte dabei im Vordergrund stehen, wobei soziale Gesichtspunkte einen hohen Stellenwert haben.[54] Darin unterscheidet sich Kirche von anderen Unternehmen[55], ebenso wie in der Führungskonstellation.

Was *Dietmar* jedoch nicht berücksichtigt ist, daß Kirche gerade unter ökonomischen Gesichtspunkten immer stärker unter Konkurrenzdruck gerät. In religiöser Hinsicht ist es der Pluralismus, auf sozialdiakonischem Gebiet die Anbietervielfalt, welche die Kirche auf den Markt der Möglichkeiten bringen. Monetäre Gesichtspunkte spielen dabei

---

50 Evangelische Kirche in Deutschland – Studien- und Planungsgruppe, Fremde Heimat Kirche, a.a.O., 65.

51 Ebd. 54.

52 Evangelische Kirche in Deutschland, Kirche und Geld. Eine Argumentationshilfe der evangelischen Kirche, Bonn 1994; vgl. auch die Beiträge in: H. Tremel (Hrsg.), Kirche und Geld, Dokumentation des (Sic!) Jahrestagung der Abteilung Öffentlichkeitsarbeit des Gemeinschaftswerks der Evangelischen Publizistik vom 3. bis 5. Mai 1993 in Rheineberg/Westfalen, GEP-Texte 3, Frankfurt am Main 1993. Hier werden auch alternative Modelle der Kirchenfinanzierung analysiert.

53 Evangelische Kirche von Westfalen, Die Kirche und ihr Geld. Fakten – Fragen – Argumente, Bielefeld 1996. Diese Informationsbroschüren reagieren auf ein weitverbreitetes Mißtrauen gegenüber der kirchlichen Finanzpolitik, das sich z.B. bei H. Herrmann, Die Kirche und unser Geld. Wie die Hirten ihre Schäfchen ins trockene bringen, Hamburg 1990, in harscher Kritik und plakativen Unterstellungen äußert.

54 So ist es nach *Dietmar* den Mitgliedern eher einsichtig zu machen, wenn Geld in die Asylarbeit fließt, anstatt daß PR- Kampagnen damit finanziert werden.

55 Kirche und Gemeinde sind nach H. Lindner, Kirche am Ort, a.a.O., 150ff., sog. Non-Profit-Organisationen.

eine maßgebliche Rolle. Auch in gesamtgesellschaftlicher Hinsicht ist eine Situation vorstellbar, in der die Kirche ihre noch vorhandene Vorrangstellung als organisierte Religionskultur eingebüßt und damit gerade ihre ökonomische Basis verloren hat.

4.3 Die gesellschaftliche Herausforderung

Für *Dietmar* sind die Kirchenaustritte eine ernstzunehmende Herausforderung für Gemeinde und Kirche. Dieser gilt es sich auf allen Ebenen des Systems Kirche selbstkritisch zu stellen, ohne dabei in extreme Verhaltensweisen zu verfallen. Trotz eines intensiven Reflexionsprozesses ist es der Gemeindeleitung, dem Kirchenkreis und auch *Dietmar* selbst bislang nicht gelungen, in der Beurteilung dieses komplexen Sachverhaltes zu einer funktionsfähigen Theorie und zu konsensfähigen Strategien zu gelangen. Die Vorstellungen *Dietmars* zum kirchlichen Profil bleiben schemenhaft und unkonkret. Die aufgezeigten Handlungsstrategien kommen über das Anfangsstadium ihrer Umsetzung nicht hinaus. Daran wird deutlich, daß das Thema Kirchenaustritte aufgrund seiner Komplexität unter theologischen und kirchlichen Gesichtspunkten allein kaum umfassend reflektiert und behandelt werden kann. Vielmehr muß es auch im gesellschaftlichen Kontext und unter soziologischen Aspekten gesehen und bedacht werden, weil sonst entscheidende Bedingungsfaktoren außer acht bleiben. Ein Ansatzpunkt für eine gesellschaftstheoretische Beurteilung der Problematik könnte schließlich die aufschlußreiche Beobachtung von *Dietmar* sein, daß trotz aller notwendigen kirchlichen Bemühungen, den Austritten etwas entgegenzusetzen, ein „bestimmter Prozentsatz" von Menschen bleiben wird, die sich von der Kirche trennen werden und „sagen: 'Das ist nicht mein Lebensweg'" (D12). Mit dieser Einsicht ist die Herausforderung durch Kirchenaustritte nicht bestanden, aber sie kann dadurch sachlicher betrachtet und angegangen werden.

5 Interview *Eckhard*

5.1 Anfrage an Kirche und Gemeinde oder: Chancen und Grenzen einer kirchlichen Reformstrategie

Für *Eckhard* sind die Kirchenaustritte vor allem ein „hausgemachtes" Problem, da sie auf bestimmte Defizite im Erscheinungsbild der Kirche und im Angebot der Gemeinde aufmerksam machen. Gesellschaftliche Entwicklungen, die zu vermehrten Kirchenaustritten führen bzw. gerade darin bestehen, daß sich Menschen in größerer Zahl von der Kirche abwenden, sind für seine Wahrnehmung der Problemlage nicht von Interesse. Damit wird aber ein nicht unerheblicher Aspekt der aktuellen Gesamtproblematik außer acht gelassen. Man könnte allerdings behaupten, daß die Kirche ohnehin keinen Einfluß auf diese gesellschaftlichen Entwicklungen habe und daher das einzig richtige tue, wenn sie sich selbst kritisch befragt. Aber bei einer solchen Argumentation wird übersehen, daß die Kirche nach wie vor ein bedeutender Gesellschaftsfaktor ist und daher gesellschaftliche Entwicklungen immer mitbeeinflußt und sei es auch ungewollt. Auf der anderen Seite hat die Kirche auch einen gesellschaftlichen Auftrag und Einflußmöglichkeiten, die sie auch um ihrer selbst willen nicht ungenutzt lassen sollte. Für *Eckhard* handelt es sich bei den Kirchenaustritten in erster Linie um eine echte, Kirche und Gemeinde in ihrem Kern treffende Anfrage. Sie sollten darauf folglich auch mit gezielten Reformmaßnahmen reagieren. Die Chancen, auf diese Weise unmittelbar auf die Entwicklung der Kirchenaustritte einzuwirken, beurteilt *Eckhard* selbst skeptisch. Allenfalls könne man damit den ein oder anderen Austritt zeitlich hinauszögern. Kirchenaustritte zu verhindern kann auch nicht Ziel einer solchen Reformstrategie sein. Vielmehr gehört es nach seiner Auffassung zum eigentlichen Auftrag von Kirche und Gemeinde, sich auf unterschiedliche Bedürfnislagen und Erwartungen immer wieder neu einzustellen, um so den notwendigen Bezug zum Leben der Menschen herzustellen. Dazu müssen Kirche und Gemeinde selbst ständig neu eine Konversion zu den Menschen hin vollziehen. *Eckhard* geht es um einladende bzw. „öffnende" Strategien von der Mitte der Gemeinde ausgehend hin zu den Rändern. Menschen sollen in der Begegnung mit Kirche erfahren, daß sie angenommen sind und von daher Vertrauen entwickeln können, welches für die gelebte Gemeinschaft von fundamentaler Bedeutung ist. Insofern läßt sich seine Theorie der Gemeindearbeit tatsächlich als „Gemeindeaufbaukonzept" bezeichnen. Was *Eckhard* jedoch im Gegensatz zu den meisten „etablierten" Gemeindeaufbaukonzepten nicht will, ist die Überführung der Menschen von den Rändern in die Mitte einer Gemeinde, die im Kern dann doch nichts anderes tut, als sie traditioneller Weise schon immer getan hat. Offenheit ist für ihn nicht mit der Erwartung verbunden, daß die auf diesem Wege Erreichten sich an ein bestimmtes Glaubens- und Gemeindeverständnis anpassen. Jegliche Strategie von „Verdichtung"[56] liegt ihm fern, was er sehr anschaulich mit dem Bild der Mauer verdeutlicht. Die Gemeinde sollte in der Lage sein, Menschen auch (wieder) gehen zu lassen, wenn sie sich anderweitig orientieren möchten oder nach einer vorübergehenden Partizipation an einem bestimmten Angebot wieder auf Distanz gehen wollen. Die Offenheit von Gemeinde und Kirche muß sich nach *Eckhard* auch darin bewähren, wie sie mit Menschen umgehen, die sie kritisch sehen oder die sich ihnen gegenüber ablehnend verhalten. Auch der Kirchenaustritt wird von ihm vorwiegend als Signal für eine solche Haltung gedeutet. Falsch wäre es nach seiner Ansicht, die Ausgetrete-

---

56 Vereinigte Evangelisch-Lutherische Kirche Deutschlands – Lutherisches Kirchenamt (Hrsg.), Zur Entwicklung von Kirchenmitgliedschaft, a.a.O., 4f. und 34-40.

nen mit dem Hinweis auf ihre selbstverschuldete Trennung von der Kirche einfach fallenzulassen. Kirche und Gemeinde sollten auch ihnen gegenüber offen sein und mit dem ersten Schritt auf sie zugehen, ohne dabei auf einen Wiedereintritt zu spekulieren. Vielmehr gilt es auszuhalten, daß sie in überwiegender Zahl in ihrer kritischen Distanz gegenüber der Kirche verbleiben. Erfreulich ist es, wenn Ausgetretene von den Angeboten der Gemeinde weiterhin Gebrauch machen. Alle Veranstaltungen sollten ihnen grundsätzlich offenstehen. Selbst von der Abendmahlsgemeinschaft dürfen sie nicht ausgegrenzt werden. Für *Eckhard* genießen sie in der Gemeinde sozusagen Gaststatus, das heißt, sie sind dabei, obwohl sie eigentlich nicht dazugehören. *Eckhard* ist allerdings nicht der Meinung, daß man ihnen in der Gemeinde eine besondere Aufmerksamkeit schenken müßte, etwa mit der Absicht, ihre kritischen Fragen diskursiv aufzugreifen oder spezielle Angebote für sie zu entwerfen. Auch darin zeigt sich die differenzierte Offenheit seiner Kirchentheorie. Besonders deutlich wird diese bei seiner Kasualpraxis gegenüber Ausgetretenen.

5.2 Der Pfarrer zwischen allen Stühlen

Im Interview wird deutlich, daß dieser Pfarrer ein großes Interesse an der Kirchenaustrittsproblematik hat und sich persönlich in ungewöhnlich engagierter Weise damit auseinandersetzt. Da er selbst eine enge Kohärenz zwischen seinem Bild von Kirche als Vermittlerin von Vertrauen und Lebensnähe des Glaubens und seiner eigenen pastoralen Identität herstellt, sieht er sich durch die Kirchenaustritte persönlich betroffen und herausgefordert. Er versteht sich als „Bürge"[57] für das System Kirche und entspricht damit jener Einschätzung der Mitglieder, die Kirche vor allem *„in personaler Repräsentanz"*[58] wahrnimmt. Bei *Eckhard* äußert sich das darin, daß er bemüht ist, sowohl in seiner pfarramtlichen Tätigkeit als auch in seinem persönlichen Auftreten menschlich und umgänglich zu sein und damit Sympathien für die Kirche zu gewinnen. Dadurch zieht er natürlich auch die Kritik auf sich, die der Kirche als ganzer gilt. Indem er die Identifikation von Kirche und Pfarrer durch die ehemaligen Mitglieder nicht nur zuläßt, sondern sogar ausdrücklich bejaht, stellt er sich selbst zur Disposition. Obwohl an keiner Stelle des Interviews erkennbar wird, daß er durch eigene Fehler oder Versäumnisse Anlaß zur Kritik gegeben oder im Extremfall sogar zum radikalen Bruch mit der Kirche beigetragen hat, sieht er sich persönlich angeklagt. Die Kritik gilt ihm jedoch gar nicht persönlich. Vielmehr sind der Pfarrberuf im allgemeinen sowie das pastorale Handeln und Reden an sich Gegenstand der Inkriminierungen. Der Interviewte wird also zum Objekt von Übertragungsvorgängen, kann dies jedoch aufgrund seiner ausgeprägten Rollenidentifika-

---

57 Vgl. H. Hild (Hrsg.), Wie stabil ist die Kirche?, a.a.O., 278f.
58 Ebd. 278; vgl. auch o., 180ff.

tion nicht realisieren. Dies muß bei ihm zwangsläufig zum Gefühl der Überforderung führen, zumal er innerhalb des Presbyteriums und seines „kerngemeindlichen“ Bezugsfeldes in gewisser Weise isoliert ist, weil sein Bemühen um den Dialog mit den Ausgetretenen und seine Offenheit für ihre Bedürfnisse auf wenig Verständnis, z.T. sogar auf massive Ablehnung stößt. Da er sich zusätzlich durch die Anfragen seiner Kolleginnen und Kollegen unter einen gewissen Erwartungsdruck gesetzt sieht, gerät er in eine Situation, der er sich nicht mehr gewachsen fühlt. Er sitzt also sozusagen zwischen allen Stühlen, ohne sich jedoch des aus dieser Situation resultierenden Leidensdruckes bewußt zu werden. Fast scheint es sogar, als übe dies einen gewissen Reiz für ihn aus.

Eckhard sucht die Verständigung mit den Menschen jedoch nicht, weil er sich selbst als einziger dazu befähigt fühlt, sondern weil er dies für eine Aufgabe hält, die im Grunde allen zugemutet werden kann, denen Kirche und Gemeinde selbst wichtig sind. Aber die Kritik, die er im Gespräch mit Ausgetretenen erfährt, übersteigt bei weitem die vor allem in den Konzeptionspapieren zum Pfarrberuf[59] angedeutete Dimension, so daß sich die Frage ergibt, wie jemand, der weder aus der Gemeinde noch von außen, etwa durch supervisorische Begleitung Unterstützung erfährt, in der Lage sein soll, Kritik und Erwartungsdruck aufzufangen, ohne dabei selbst Schaden zu nehmen oder irgendwann zu resignieren. Die in der EKD-Konzeption eingeforderte „kritische Solidarität und Loyalität“ des Pfarrers/der Pfarrerin mit der Kirche als Institution kommt da an ihre Grenzen, wo nicht einmal auf Gemeindeebene Bereitschaft zur Kooperation besteht. Ohne Kooperation und Begleitung sind die im Pfarramt Tätigen als „Bürgen“ für das System Kirche überfordert mit der Erwartung, daß sie sich allein den vielfältigen Herausforderungen stellen sollen. Die Auseinandersetzung mit Kirchenaustritten bildet so gesehen die Spitze der Zumutung. Die damit erhobene Forderung nach gemeinsam getragener Verantwortung setzt natürlich voraus, daß es kooperationsbereite[60] Fachleute und Gemeindeglieder tatsächlich gibt und daß Pfarrerinnen und Pfarrer selbst bereit sind, den ihnen oftmals oktroyierten Omnipotenzanspruch

---

59 Ev. Kirche in Deutschland – Kirchenamt – Studien- und Planungsgruppe (Hrsg.), Der Beruf des Pfarrers/der Pfarrerin heute, a.a.O., 22f.; Ev. Kirche von Westfalen (Hrsg.), Berufsbild des Pfarrers, a.a.O., 51.

60 Zu befürchten ist eher, daß die Verhaltensweisen des Presbyteriums der Normalfall sind. Dazu bemerkt G. Schüepp, Kirchenaustritte – Anfrage an Selbstverständnis und pastorales Handeln der Kirche, a.a.O., 293 kritisch an: „Ein kleinliches Rechnen, wieviel Zeit die Seelsorger für Ausgetretene, die keine Kirchensteuer mehr zahlen, aufwenden, ist dem Geist nach ebenso unkirchlich gedacht wie der Versuch, die kleinste Beanspruchung der Gemeindesituation und der Seelsorger durch Ausgetretene zum Anlass zu nehmen, diese unter den Druck der Entscheidung des Wiedereintritts in die Kirche zu setzen. Die Gefahr, dass die Kerngemeinde vernachlässigt und zu viel Zeit für Distanzierte aufgewendet werde, ist in der konkreten Situation seelsorglicher Praxis kaum zu befürchten.“

fallenzulassen. *Eckhard* jedenfalls wäre, wie der Gesamteindruck seiner Gemeindekonzeption bestätigt, sicherlich dankbar, wenn er auch im Umgang mit Kirchenaustritten mehr Entlastung und Begleitung durch die Gemeinde und besonders durch das Leitungsgremium finden würde.

5.3 Besuche bei Ausgetretenen

Die zahlreichen Besuche, die der Interviewte in der Vergangenheit bei Ausgetretenen durchgeführt hat, zeugen von seiner persönlichen Betroffenheit und seinem außerordentlichen Engagement im Blick auf das Thema Kirchenaustritte.[61] Für ihn machen diese Besuche insofern Sinn, weil es nur auf diesem Wege möglich ist, die individuellen Gründe, die zu einem Austritt führen, in Erfahrung zu bringen. Durch sein persönliches Erscheinen und durch die verbale Versicherung, daß er auch weiterhin für sie da sei, gibt er den Ausgetretenen zu verstehen, daß er ihre Entscheidung respektiert und ernstnimmt, gleichwohl aber an ihnen menschlich interessiert ist. Diese Intention ist auf der Grundlage seiner theologischen Überzeugung verständlich und verdient Anerkennung. Von zwei anderen denkbaren Absichten, die handlungsleitend für einen solchen Besuch sein könnten, grenzt sich *Eckhard* dagegen deutlich ab: Er will den Ausgetretenen keine Vorwürfe machen oder einseitige Schuldzuweisungen betreiben. Der Austritt hat für ihn keine Auswirkungen auf die persönliche Wertschätzung für die betreffenden Personen. Und auch eine Ermunterung oder Aufforderung zum Wiedereintritt liegt ihm fern, weil dies berechtigte Zweifel an seiner Akzeptanz gegenüber der Austrittsentscheidung aufkommen lassen würde. Der unausgesprochene Wunsch, die Besuchten könnten wieder in die Kirche eintreten, steht dazu nicht im Widerspruch. Eine mögliche Belehrung über die rechtlichen Folgen des Austritts verbietet sich für *Eckhard* von selbst. Dies würde wiederum der signalisierten Offenheit widersprechen, wenngleich der Austritt für ihn durchaus auch insofern rechtliche Folgen hat, daß die Ausgetretenen die kirchlichen Amtshandlungen nicht ohne weiteres in Anspruch nehmen können.

Daß es nicht unproblematisch ist, Ausgetretene in kurzer zeitlicher Folge nach Erhalt der Austrittsmitteilung zu besuchen, belegen die Erfahrungen, die der Befragte in der Praxis macht. Es muß schon fast verwundern, daß ihm in keinem einzigen Fall eine unverhohlene Ablehnung entgegengebracht wurde, zumal er jedes Mal ohne große Umschweife auf den Anlaß seines Besuches zu sprechen kommt. Das

---

61 Außer diesem Interviewten gaben noch zwei weitere Interviewpartnerinnen an, sie würden die Ausgetretenen persönlich besuchen. Eines der Interviews wurde in der Arbeit besprochen (Christa). Bei dem zweiten Interview verhielt es sich so, daß die Pfarrerin nur dann einen Besuch machte, wenn sie die Ausgetretenen persönlich kannte. In anderen Fällen wurde ein Brief verschickt, in dem allerdings ein Besuchsangebot unterbreitet wurde.

deutet darauf hin, daß es ihm offenbar gelingt, durch seine freundliche und verbindliche Art Sympathie und Vertrauen zu erwecken. Vorurteilsfreiheit und Kritikfähigkeit sind für das Gespräch sicher ebenso förderlich wie die Versicherung, auch weiterhin für die Ausgetretenen da zu sein. Die auch von *Bernd* und *Friedrich* vertretene Ansicht, es lohne nicht, den Ausgetretenen nachzugehen, da sie ihre Entscheidung bereits getroffen hätten und ohnehin darauf nicht ansprechbar seien, bedarf also der Korrektur. Die Erfahrungen von *Eckhard* zeigen jedenfalls, wieviel in solchen Begegnungen von der Art des persönlichen Auftretens abhängt. Sie führen jedoch auch unmißverständlich zu der Einsicht, daß eine einzelne Person mit solchen Besuchen auf Dauer zeitlich und physisch überfordert ist, wenn sich die Austrittszahlen der Parochie auf dem relativ hohen Niveau der vergangenen Jahre bewegen. Kollegiale Zusammenarbeit bzw. Aufgabenteilung, ideelle und gegebenenfalls aktive Unterstützung und Entlastung durch das Leitungsgremium sowie supervisorische Begleitung durch Fachleute wären daher für ein planmäßiges Vorgehen unerläßliche Voraussetzungen. Daran scheint es jedoch, wie dieses Interview beispielhaft dokumentiert, oft zu fehlen.

5.4 Für eine pluralismus- und religionsfähige Volkskirche

Der Interviewte vertritt in Theorie und Praxis einen offenen und dynamischen Kirchenbegriff. Gemeinde und Kirche sollten nach seiner Auffassung in der Lage sein, die vielfältigen Glaubensäußerungen und gelebten Formen von Frömmigkeit in konstruktiver Weise zu integrieren. Dazu gehört die Fähigkeit, sich von den noch weithin dominierenden, auf Eindeutigkeit und Verbindlichkeit zielenden Modellen christlicher Gemeinschaftskultur zu lösen und die plurale religiöse Wirklichkeit innerhalb und außerhalb der Kirche ohne Berührungsängste und Vorverurteilungen als gegeben anzunehmen. Solches zu vermitteln ist ein wichtiges Anliegen der Gemeindearbeit des Interviewten. Dabei versteht sich *Eckhard* innerhalb der Gemeinde und auch im Kirchenkreis als Protagonist. Er selbst sieht sich in der Rolle dessen, dem schon von Berufs wegen die Fähigkeit zu Toleranz und Integration zugemutet werden muß. Entsprechend ist seine Gemeindekonzeption darauf ausgerichtet, daß auch Menschen an den Rändern erreicht werden und durch attraktive, ihren individuellen Bedürfnissen entsprechende Angebote mit Gemeinde in Berührung kommen. Dem Interviewten gelingt es auf diese Weise, offen zu bleiben für die Ausgetretenen und ihre Bedürfnisse und Erwartungen an Kirche. Zugleich macht er durch seine Vorgehensweise deutlich, daß ihm die Mitgliedschaft in der Kirche aus theologischen Gründen wichtig ist. Damit wird der Kirchenaustritt ernstgenommen als bewußte und freie Entscheidung, ohne daß einseitige Schuldzuweisungen, sei es an die Adresse der Ausgetretenen oder an die Adresse der Kirche, vorgenommen werden. Eine solche kirchentheoretische Deutung der Kirchenaustritte als Anfrage an Kirche und Gemeinde ist sicherlich geeignet, zu einer kritischen Sichtung und Revision des kirchlichen Erscheinungsbildes und des Angebots der Gemeinde beizutragen. Solange dabei jedoch gesellschaftliche und soziologische Faktoren gänzlich unberücksichtigt bleiben, wird man damit der Gesamtproblematik nur zum Teil gerecht werden.

6 Interview *Friedrich*

6.1 Zwangsläufiger Vorgang oder: Der Kirchenaustritt als Ergebnis protestantischer Selbstreflexion

Nach D. Rössler gehört es „zum Fortschritt im Selbstverständnis des Protestantismus und zur Entfaltung seines Wesens, daß er seine Identität dort zu bestimmen sucht, wo das Herz unserer Zeit schlägt."[62] Es ist das in der Reformation errungene, in der Aufklärungszeit geläuterte und seit der Mitte des 19. Jahrhunderts sich auch in organisatorischer Gestalt immer wieder bemerkbar machende Prinzip der Freiheit, welches ihn dazu befähigt. Zugleich ist es gerade dieser Wesenszug, der den Protestantismus selbst zu einer prägenden Kraft neuzeitlichen Selbst- und Weltbezuges und damit zu einem Wegbereiter der Moderne gemacht hat. Autonomiestreben und ein hohes Bedürfnis nach Selbstbestimmung haben natürlich auch umgekehrt zu einer kritischen Wachsamkeit gegenüber den gesellschaftlichen Institutionen geführt und damit auch die Kirche, die doch „Institution der Freiheit"[63] sein sollte, zum Objekt der Institutionskritik gemacht. Da die Religion in der Neuzeit zu einer Angelegenheit der mündigen Subjektivität geworden ist und der weltanschauliche und religiöse Pluralismus längst über den Raum von Kirche und Konfessionalität hinausreicht, wird das Individuum zwangsläufig vor die Wahl gestellt, wohin es sich religiös orientieren will. Indem der neuzeitliche Protestantismus also aus sich selbst heraus und über sich hinausweisend eine pluralistische Religionskultur freisetzt und indem er gleichzeitig die freiheitliche Selbstbestimmung des religiösen Individuums fördert und fordert, ist er selbst an der Herausbildung des „häretischen Imperativs"[64] maßgeblich beteiligt. Mit gutem Recht versteht *Friedrich* also den Reflexions- und Entscheidungsprozeß des Individuums bezüglich seiner religiösen Selbstbestimmung als genuin protestantisches Geschehen. Subjektivität und Autonomie werden dabei nicht nur als theoretisches Postulat begriffen, sondern auch in ihren praktischen Konsequenzen ernst genommen, wenn die Menschen „ihre religiöse Wahl auch ernst

62 D. Rössler, Protestantische Identität, in: F.W. Graf/K. Tanner (Hrsg.), Protestantische Identität heute, a.a.O., 30.
63 T. Rendtorff, Theologische Probleme der Volkskirche, a.a.O., 118-123.
64 P.L. Berger, Zwang zur Häresie, a.a.O., 39-45.

nehmen und bewußt betreiben“ (F17). Der Kirchenaustritt wird damit zum Prüfstein dafür, ob die Kirche ihrem Anspruch als Anwältin und Repräsentantin der Freiheit selbst genügt. Nur wenn es ihr gelingt, darin protestantisch zu sein, daß sie ohne Sorge um ihren eigenen Bestand zu einer vollständigen Bejahung der pluralen religiösen Wirklichkeit auch außerhalb der Kirche gelangt, wird sie ihrer eigenen Identität treu bleiben und gerade dadurch ihre noch immer herausragende Bedeutung auf dem Markt der religiösen Möglichkeiten behaupten können. Die Kirche muß also, wie V. Drehsen fordert[65], selbst pluralismusfähig und religionsfähig sein, indem sie den unterschiedlichen und vielfältigen religiösen Bedürfnissen moderner Menschen gerecht wird.

Freiheit im protestantischen Sinne ist jedoch, wie D. Rössler ausführt, „mit besonderer Aufmerksamkeit von bloßer Autonomie des Subjekts zu unterscheiden.“[66] Das Freiheitsthema ist darum immer auch gefährdet durch Mißverständnisse und Simplifizierungen, vor denen auch Kirche und Theologie nicht geschützt sind; „andererseits aber ist es von besonderer Bedeutung für das Verhältnis der Kirche zu ihrer Praxis. Denn die Praxis der christlichen Freiheit ist die Liebe.“[67] Die protestantische Freiheit wäre daher mißverstanden, wenn sie als zwangsläufige Konsequenz die Abkehr von jeglicher Institutionalität nach sich ziehen sollte. Denn Individualität im christlichen Sinne ist ohne Sozialität nicht denkbar. Daher verdient es wohl Respekt und teilweise Sympathie, wie *Friedrich* sagt, wenn das Individuum sich seiner religiösen Orientierung vergewissert und zu einer bewußten Entscheidung auch hinsichtlich seiner Kirchenmitgliedschaft gelangt. Der Kirchenaustritt ist unter diesem Gesichtspunkt eine akzeptable Möglichkeit der freien Selbstbestimmung. Es muß jedoch im ausgeführten Sinne als bedenklich erscheinen, wenn sich immer mehr Individuen unter Berufung auf ihre Autonomie zugleich ihrer sozialen Verantwortung entziehen. Es sind weniger die Folgen der religiösen Individualisierung für den einzelnen Menschen wie etwa die mit zeitlichem Abstand zum Kirchenaustritt zunehmende Verflüchtigung von Religiosität, die dabei zu denken geben. Für die Kirche selbst hat der Mitgliederverlust auf Dauer höchst problematische Folgen. Sie verliert nicht nur Kirchensteuereinnahmen und damit personale, aktionale, soziale und gesellschaftliche Gestaltungsmöglichkeiten, sondern auch einen Teil der gesellschaftlichen Öffentlichkeit selbst; sie wird ärmer an Ausdrucksmöglichkeiten gelebter Religion und damit droht ihr auf lange Sicht die Verengung auf ein verkirchlichtes, überwiegend selbstbezogenes, kerngemeindliches Milieu. Mit einer liberal-protestantischen Einstellung, wie *Friedrich* sie vertritt, ist der mittlerweile

65 V. Drehsen, Wie religionsfähig ist die Volkskirche?, a.a.O.; vgl. o., 89ff.
66 D. Rössler, Grundriß der Praktischen Theologie, a.a.O., 276.
67 Ebd.

spürbare Mitgliederrückgang jedenfalls nicht mehr in unbedingt Einklang zu bringen.

6.2 Restauration oder Reform?

Aus verständlichen Gründen lehnt *Friedrich* sämtliche Maßnahmen ab, die kirchlicherseits getroffen werden könnten, um Kirchenaustritten vorzubeugen. Diese Maßnahmen machen aber nach seiner Ansicht auf ein kirchliches Defizit aufmerksam, das es aufzuarbeiten gilt. Für viele Menschen haben die Kirche und das, was sie vertritt, kaum noch einen Bezug zu ihrer Lebenswirklichkeit. Darum käme es nach *Friedrich* zunächst darauf an, die Bedürfnisse und Erwartungen der Menschen aufzunehmen und darauf gezielt einzugehen. Indem die Kirche ihren eigentlichen, genuinen Auftrag wahrnimmt, indem sie offen für die Menschen ist und in ihren Lebensbezügen vorkommt, wird sie selbst attraktiv. Sie wird dadurch zur erfahrbaren Kirche, so daß die Entscheidung darüber, wie man sich zu ihr verhalten will, zu einer bewußten, d.h. auf reflexiver Basis getroffenen Entscheidung werden muß. *Friedrich* ist davon überzeugt, daß Kirche auch in der heutigen Zeit etwas zu sagen hat, was von Interesse ist. Ihre lebenspraktische Relevanz erhält sie jedoch nicht dadurch, daß sie populistisch auftritt, sondern indem sie sich auf das ihr Eigene besinnt. Diesen Vorgang vergleicht *Friedrich* mit der Restauration eines alten Bildes. Indem der Firnis, also die empfindliche Außenschicht des Bildes erneuert wird, kommt das Wesentliche wieder zum Vorschein und kann seine Wirkung nach außen entfalten. Bürokratisierung und andere Dinge, die sich im Laufe der Zeit „ungefragt anreichern" (F20), führen in der Außenansicht der Kirche zur Ermattung bzw. Verschleierung des Ursprünglichen. Sie lassen außerdem keinen Spielraum für innovative und kreative Initiativen. Wenn das Bild der Kirche wieder leuchten soll, müssen diese störenden Eindrücke beseitigt oder doch zumindest reduziert werden. Daraus ergibt sich die Frage: Geht es bei der Neuorientierung in der Kirche unter gegenwärtigen gesellschaftlichen Bedingungen eher um Restauration oder um Reform? Das von *Friedrich* gewählte Bild deutet eher die Notwendigkeit restaurativer, das heißt ursprüngliche Eigenschaften und Attribute wiederherstellender Maßnahmen an. Die geschilderten gesellschaftlichen Veränderungen sind aber so einschneidend, daß es zu weitreichenden Reformen kommen müßte, wollte die Kirche damit Schritt halten.

Da *Friedrich* die „Verbürokratisierung" als ein entscheidendes Hindernis auf dem Weg zu einer stärkeren lebenspraktischen Relevanz der Kirche sieht, soll im Blick darauf untersucht werden, ob es sich bei der Frage „Restauration oder Reform?" um eine echte Alternative handelt. Bürokratie ist sicher kein der Kirche als solcher wesenhafter Zug. Es gehört jedoch zu ihrer modernen Organisationsgestalt, daß sie ohne Bürokratie nicht funktionsfähig ist.[68] Problematisch wird die Kirchenbürokratie dann, wenn sie auch den Bereich der gelebten Frömmigkeit unter ein von ihr vorgegebenes Ordnungsgefüge zu stellen versucht und dabei die Freiheit des einzelnen und Handlungsspielräume für Gruppen einschränkt.[69] Das ist die Gefahr, die auch *Friedrich* sieht. Sicher würde er nicht dafür eintreten, die Bürokratie in der Kirche mit dem Hinweis darauf abzuschaffen, daß sie nicht dem Wesen der Kirche entspricht. Eher wäre sie in ihren Befugnissen dort einzuschränken, wo sie notwendigen Veränderungen, sprich Reformen des Kirchensystems unter modernen Bedingungen hinderlich ist.[70] Dabei gilt es, sich auf ursprüngliche Elemente und Ausdrucksformen christlicher Lebens- und Weltgestaltung wieder zu besinnen. Die „Verdienste kameralistischer Kirchenbürokratie soll man nicht schmälern. Heute jedoch ist anderes gefordert."[71] Insofern hat die nach *Friedrich* anstehende Kirchenreform mit der auch in seiner Praxis sichtbar werdenden Entbürokratisierung durchaus sehr restaurative Züge. Traditionsorientierung und Reformwille dürfen folglich nicht gegeneinander ausgespielt werden. „Die Bindung an Überkommenes und die Bereitschaft zum Aufbruch, Bewahren und Erneuern, das Festhalten am eigenen kirchlichen Erbe und das Wiederentdecken verlorener Wahrheiten stehen in einem spannungsvollen Verhältnis."[72] Diese Spannung gilt es nach *Friedrich* zu gestalten, wenn die Kirche mit der Zeit gehen will, ohne dabei ihre eigenen Wurzeln und Schätze zu vernachlässigen.

6.3 Briefe an Ausgetretene

Soll eine Gemeinde auf die Austritte ehemaliger Gemeindeglieder mit gezielten Maßnahmen reagieren? Der Interviewte verneint diese Frage für sich selbst sehr deutlich. Hausbesuche bei Ausgetretenen und das Verschicken von Briefen lehnt er ab, weil dadurch der Eindruck entstehen könnte, die Gemeinde bzw. ihre Vertreter wollten den Ausgetreten „irgendwie nachtreten" (F1) oder sie seien gekränkt. Werden die Kirchenaustritte konsequent als Ergebnis eines vom Standpunkt des liberalen Protestantismus aus positiv zu bewertenden gesellschaftli-

---

68 Vgl. dazu Y. Spiegel, Kirche als bürokratische Organisation, München 1969, 11. Spiegel beklagt, daß die Theologie „[d]ie Frage nach der Notwendigkeit oder gar den positiven und fördernden Aspekten kirchlicher Bürokratie" abgewehrt habe mit der Begründung, „daß die Gemeinde die eigentliche Basis der Kirche sei."

69 Spiegel fordert vom Standpunkt einer alle Herrschaftsstrukturen grundsätzlich in Frage stellenden Christologie ausgehend eine stärkere „Institutionalisierung von Innovationen" (ebd. 97).

70 Vgl. F20: „Also da wünsch ich mir und erwart ich vielleicht auch, daß durch die, das neue Denken von Strukturen bei Zusammenlegung, Konzentrationen, äh, gegeneinander Profilierungen, daß das 'n bißchen besser wird."

71 W.-D. Marsch, Institution im Übergang, a.a.O., 227.

72 Evangelische Kirche in Hessen und Nassau (Hrsg.), Person und Institution, a.a.O., 28, dort fett.

chen Wandlungsprozesses begriffen werden, muß jede offensiv verfolgte Gegenmaßnahme zwangsläufig unter Ideologieverdacht geraten. Das Presbyterium war allerdings der Ansicht, man solle den Ausgetretenen in einem Brief mitteilen, daß man den Austritt zur Kenntnis genommen habe. Ob dieser Brief tatsächlich als „Abschiedsgruß"[73] gedacht war oder dies vielmehr als eine abwertende Bemerkung des Interviewten anzusehen ist, kann aus dem Zusammenhang nicht erschlossen werden. Auf jeden Fall sollte der erwähnte Brief aber den Hinweis enthalten, daß die Veranstaltungen der Gemeinde den Ausgetretenen auch weiterhin offenstehen. Der dann verabschiedete und an alle Ausgetretenen verschickte Brief enthält neben einer Mitteilung über die eigene Betroffenheit auch ein konkretes Gesprächsangebot, bzw. die Bitte, sich noch einmal zu melden. Damit sind nahezu alle denkbaren Intentionen für das Versenden eines solches Briefes bereits erwähnt:

1. Zurkenntnisnahme des Austritts.[74]
2. Die Frage nach Austrittsgründen.[75]
3. Die Bitte, sich zu melden (bzw. ein Gesprächsangebot).[76]
4. Die Einladung, auch weiterhin an Angeboten der Gemeinde teilzunehmen.[77]

Die Erfahrung in der Gemeinde von *Friedrich* zeigt, daß die Betreffenden auf den Brief so gut wie gar nicht reagieren, denn „da kommt

73 Gute Wünsche für den weiteren Lebensweg müssen jedoch weder ironisch noch als Abschiedsgruß aufgefaßt werden.

74 Mit der Zurkenntnisnahme kann sich auch ein Ausdruck des Bedauerns oder der Betroffenheit über die getroffene Entscheidung verbinden. Ob dies als Kränkungsgefühl zu interpretieren ist, wird vom Wortlaut abhängen. Andererseits sind Kränkungsgefühle auch *Friedrich* nicht unbekannt und als solche auch nicht in jedem Fall negativ zu beurteilen.

75 Die Frage nach Austrittsgründen kann auch deutlicher als in dem zitierten Brief eigene Fehler einräumen. Dies könnte jedoch auch als devotes Anbiedern mißverstanden werden. Eine solche Tendenz ist auch dem vorgestellten Musterbrief von H. Meile nicht ganz abzusprechen. Vgl. H. Meile, Vom Umgang mit Menschen, die die Kirche verlassen haben, a.a.O., 11. Auch im Bereich der katholischen Kirche gibt es solche Formulierungsvorschläge. Vgl. R. Schermann, Woran die Kirche krankt. Kritische Betrachtungen eines engagierten Priesters, München 1993, 123f. Schermann selbst ist allerdings der Auffassung, daß „mit freundlichen Briefen allein […] das Übel kaum an der Wurzel gepackt werden" (124) kann. Nötig sei vielmehr „schonungslose Reflexion, die Fähigkeit, Schuld einzugestehen, sowie Mut und Phantasie, um den Geist der urchristlichen Gemeinschaft zu neuem Leben erwecken zu können."

76 Mit der Bitte, sich zu melden, kann sich das Versenden eines Fragebogens mit einer Vorgabe verschiedener Gründe, die dann nur anzukreuzen oder zu ergänzen wären, verbinden. Die Beifügung eines frankierten Rückumschlages würde die Rücklaufquote möglicherweise erhöhen.

77 Der Hinweis auf die offenen Türen der Gemeinde könnte auch mit der Einladung zu einer konkreten Veranstaltung verbunden werden, die ohnehin einen offenen Charakter hat (Kulturveranstaltungen, Feste etc.).

nichts zurück."(F6). Dies veranlaßt *Friedrich* wiederum, den Brief, gegen den er nichts habe, als „reine Selbstberuhigung des Presbyteriums" (F6) zu bezeichnen. Ohne Zweifel ist es auch ein Signal für den offensiven Aufbruch aus der eigenen Ohnmacht und Passivität, die sich oft aus dem Erleben der Kirchenaustrittsproblematik ergibt. Die Briefe sind zunächst immer auch ein Indiz für die eigene Hilflosigkeit im Umgang mit Kirchenaustritten. Subjektiv vermitteln sie das Gefühl, aus der Rolle des passiven Informationsempfängers herauszukommen, wenigstens den Versuch unternommen zu haben, auf diese bereits vollzogene und rechtskräftige Entscheidung zu reagieren. Dies ist zu respektieren, auch wenn untergründig andere Motive wie das von *Friedrich* unterstellte mitschwingen. Die Intention, auf diesem Wege einen Kommunikationsprozeß einzuleiten, führt, das wurde auch in allen Interviews deutlich, nur selten zu dem gewünschten Ergebnis. Sicher wird viel vom Wortlaut des Briefes abhängen.[78] Kommt jedoch keine oder kaum eine Reaktion auf diese Maßnahme, so führt dies entweder zu einer Erhöhung der Frustration bei den Initiatoren, oder dieser Umstand wird umgedeutet im Sinne einer Perpetuierung der eigenen Auffassung, wonach die Ausgetretenen sich bereits so weit von der Kirche entfernt haben, daß sie an einem wie auch immer gearteten Dialog nicht mehr interessiert sind und ihre Entscheidung völlig indifferent gegenüber der eigenen Gemeindepraxis und der eigenen Person ist.

Fazit: Es spricht grundsätzlich nichts gegen das Versenden von Briefen an Ausgetretene. Sie sollten jedoch sehr behutsam formuliert und frei von jeglicher Kritik oder gar von Disziplinierungsabsichten sein.[79] Auch wenn vereinzelt der Vorwurf zu hören sein wird, daß die Kirche sich erst um die Menschen kümmere, wenn sie sie verlassen, so ist dies doch immerhin ein Zeichen dafür, daß ihr der Kirchenaustritt dieses/dieser einzelnen nicht gleichgültig ist. Dies könnte auch im Blick auf einen möglichen Wiedereintritt ein wichtiges Signal sein.

6.4 Von der notwendigen Contenance im Umgang mit Kirchenaustritten

Es ist erstaunlich, mit welcher Gelassenheit der Interviewte das Thema Kirchenaustritte analysiert. Die Mitteilung, er sehe dieses Problem „nicht ganz so dramatisch" (F1), ist gemessen am Gesamtduktus seiner Ausführungen sicher eine Untertreibung. Weil Kirchenaustritte „fast ein zu erwartender und, äh, selbstverständlicher Prozeß" (F1) sind, der nach seiner Ansicht weder kirchlich „verschuldet" noch aufzuhalten

---

78 U. Müller-Weißner/R. Volz, Kirchenaustritte aus der evangelischen Kirche, a.a.O., 38, weisen darauf hin, daß Briefe, die ausschließlich auf den Verlust der kirchlichen Rechte hinweisen, kaum geeignet sind, die vielleicht intendierte Gesprächsbereitschaft auf kirchlicher Seite zum Ausdruck zu bringen.

79 Ein originelles Beispiel bietet M. Ball, Zum Abschied von der Kirche. Ein Brief mit Pfiff, in: LS 45, 1994, 291-292.

ist, sollten sie auch weder Anlaß zu individueller oder institutioneller Selbstkritik noch zu ängstlicher Sorge um die Zukunft der Kirche führen. Zwar mag es in einzelnen Fällen zu verständlichen Kränkungsgefühlen kommen, diese dürfen jedoch nicht die gebotene reflexive Abgeklärtheit überdecken. Gerade diese reflektierte und besonnene Haltung ist es, welche diese Position in ihrer Logik so stringent und bestechend macht. Hier wird das „Phänomen" Kirchenaustritte weder dramatisiert noch verdrängt, sondern jenseits „[p]ragmatische[r] Daueraufgeregtheit"[80] ernstgenommen und theologisch sowie gesellschaftlich reflektiert und verortet. Dies befähigt wiederum zur kritischen Theoriebildung hinsichtlich einer kirchlichen Standortbestimmung im gesellschaftlichen Wandlungsprozeß, aus welcher dann auch praktische, bzw. pragmatische Folgerungen zu ziehen sind. Dennoch ergeben sich einige kritische Fragen im Blick auf diese Position. Zunächst zeigen die praktischen Erfahrungen des Interviewten mit dem Thema Kirchenaustritte, daß es zumindest in der gegenwärtigen Situation schwierig sein dürfte, diese Haltung konsequent umzusetzen. Die Reaktionen der Presbyterinnen und Presbyter, für die *Friedrich* Verständnis zeigt, machen deutlich, daß die erforderliche theoretische Abstraktionsleistung für die in Kirche und Gemeinde Verantwortlichen so leicht nicht zu erbringen ist. Um zu der von *Friedrich* als notwendig erachteten Gelassenheit im Erleben von Kirchenaustritten zu gelangen, müßten sie in der Lage sein, ihre engagiert kirchliche Haltung hinter sich zu lassen und einen Standort außerhalb ihres Verbundenheitsgefüges einzunehmen. Genau das ist die Erfahrung jenes Gemeindeseminars, von dem *Friedrich* am Schluß des Interviews berichtet. Solche Abstraktionsleistungen sind jedoch nicht dauerhaft und erst recht nicht in der Situation aktueller Betroffenheit zu erwarten, selbst von *Friedrich* nicht, der ebenfalls von Kränkungsgefühlen zu berichten weiß. Aber selbst wenn es möglich wäre, eine solche kritisch reflexive Distanz als Dauerhaltung einzunehmen, stände diese in der Gefahr der Selbstimmunisierung. Dann wären die Kirchenaustritte letztlich kein Thema mehr, das in kirchenreformerischer Absicht reflektiert werden müßte, sondern eine Quantité négligeable.

80 V. Drehsen, Wie religionsfähig ist die Volkskirche?, a.a.O., 18.

Vierter Teil:

Ergebnisse und Folgerungen

12. Kapitel: Ergebnisse im Überblick

1 Die Aktualität des Problems in der pfarramtlichen Wahrnehmung und Praxis

Die empirische Bestandsaufnahme hinsichtlich der pastoraltheologischen Wahrnehmung, Deutung und Handhabung der Kirchenaustrittsproblematik hat die Ausgangsthese der Untersuchung bestätigt, daß Pfarrerinnen und Pfarrer durch die Auseinandersetzung mit dem Kirchenaustritt nicht nur emotional affiziert werden, sondern auch zu einer kritischen Reflexion ihrer ekklesiologischen und pastoraltheologischen Denkvoraussetzungen genötigt werden. Über die unmittelbare subjektive Betroffenheit hinausgehend zeigen alle Interviewten ein intensives Problembewußtsein. Es ist ihnen deutlich, daß Kirchenaustritte nicht nur sie selbst und die Gemeinde betreffen, sondern auch für die Kirche mittel- und langfristig weitreichende Folgen haben werden. Die Konfrontation mit einzelnen Kirchenaustritten erzeugt bei den im Gemeindepfarramt Tätigen, wie H.-C. Piper richtig beobachtet hat[1], überwiegend negative Emotionen wie Enttäuschung, Ärger, Trauer und Kränkungsgefühle. Besonders dann, wenn sie die Ausgetretenen näher kennen oder kannten, kann sich das Gefühl einstellen, daß der Austritt sich auch gegen sie persönlich richtet oder die persönliche Beziehung zu diesen Menschen in Frage stellt. Dieses Kränkungsgefühl hat für das Erleben der Befragten eine zentrale Funktion. *Friedrich* bringt es auf den Punkt und verallgemeinert es zugleich, wenn er sagt, daß „es immer auch mehr oder weniger ‘ne Kränkung ist, wenn jemand von etwas weggeht, was mir wichtig ist“ (F21). Er denkt dabei durchaus nicht nur an jene ausgetretenen Personen, zu denen vorher ein persönlicher Kontakt bestand und deren Austritte darum um so intensiver als Kränkung empfunden werden. Grundsätzlich gilt aber: Je weiter der einzelne Fall von der persönlichen Erlebenssphäre abrückt, desto schwächer ist die emotionale Betroffenheit. Eine nachhaltige Wirkung haben die negativen Gefühle aber für die Befragten nicht. Da jedoch außer bei *Christa* und *Eckhard* keine individuelle Kontaktaufnahme im Anschluß an den Austritt erfolgt und auch sonst kaum Gelegenheiten bestehen, diese Gefühle zu thematisieren und aufzuarbeiten, wird man hier mit einem gewissen Maß an Verdrän-

1 Vgl. o., 29.

gung rechnen müssen. Von einer persönlichen Infragestellung der Pfarrer und Pfarrerinnen durch Kirchenaustritte zu sprechen, ist angesichts des empirischen Befundes dagegen nicht zu vertreten. Auch ihre pastorale Identität und Integrität sehen die Befragten mit Ausnahme von *Eckhard* dadurch nicht berührt. Da entsprechende religionssoziologische Untersuchungen nicht vorliegen, erübrigt sich die Frage, ob Selbstwahrnehmung und Außenwahrnehmung an dieser Stelle dekkungsgleich sind. Eine Tendenz zur Selbstimmunisierung ist jedoch bei einzelnen Befragten durchaus wahrzunehmen.

Die Möglichkeit, selbst zum Auslöser für einzelne Kirchenaustritte geworden zu sein, wollen die Befragten grundsätzlich nicht ausschließen. Zur Entwicklung von persönlichen Schuldgefühlen etwa unter den von H.-C. Piper erwähnten Fragestellungen, den Ausgetretenen gegenüber etwas versäumt oder sie abgestoßen zu haben[2], kommt es dagegen bei ihnen nicht. Möglicherweise gibt es solche Gefühle in einzelnen Fällen, sie sind den Befragten aber nicht bewußt oder werden verdrängt. Die Pfarrerschaft insgesamt für die Kirchenaustritte verantwortlich zu machen, ist jedoch weder aufgrund der Selbstaussagen der Befragten noch vom Gesamteindruck der Erhebung her gerechtfertigt. Auch die Ergebnisse der letzten Kirchenmitgliedschaftsuntersuchung geben dazu keinen Anlaß. Weder gibt es unter den Ausgetretenen eine weitverbreitete Verärgerung über Pastoren und Pastorinnen[3], noch gewinnt man den Eindruck, daß diese in der allgemeinen Kirchenkritik eine besondere Rolle spielen.[4]

Das empirische Material läßt auch keine Schlüsse darauf zu, daß Kirchenaustritte von Pfarrern und Pfarrerinnen als soziale oder existentielle Bedrohung empfunden werden. Vereinzelte Erpressungsversuche mit angedrohtem Kirchenaustritt wird es sicher in der Praxis der Befragten hin und wieder geben, aber sie sind offenbar nicht der Rede wert. Und auch über ihre berufliche Zukunft und die Stabilität der Pfarrbesoldung machen sich die Befragten keine besonders eindringlichen Sorgen. Schließlich bleibt festzuhalten, daß die Möglichkeit, selbst aus der Kirche auszutreten, für Pfarrer und Pfarrerinnen nicht abwegig ist, wie bestimmte Äußerungen einzelner zeigen. Aber selbst eine extrem kritische Einstellung zur Institution führt, wie das Beispiel von *Annegret* deutlich macht, nicht dazu, diesen Gedanken auch mit praktischer Absicht weiterzuverfolgen.

---

2 H.-C. Piper, Der Hausbesuch des Pfarrers, a.a.O., 66.

3 Evangelische Kirche in Deutschland – Studien- und Planungsgruppe, Fremde Heimat Kirche, a.a.O., 54f.

4 Ebd. 58-63.

2 Die Notwendigkeit einer neuen Kirchenreform

Die Volkskirche befindet sich gegenwärtig in mehrfacher Hinsicht in einer kritischen Situation. Nachlassende Teilnahme am kirchlichen Leben, deutliche Einbrüche bei den Kirchensteuereinnahmen und der stetige Rückgang der Mitgliederzahlen sind die äußeren Zeichen dieser Krise. Von den im Pfarramt Tätigen werden diese Symptome mit unterschiedlicher Intensität wahrgenommen, wie die Befragung deutlich macht. Hinsichtlich des Ausmaßes der Krise und ihrer grundlegenden Bedeutung gibt es verschiedene Einschätzungen, die allerdings mehr auf subjektiven Eindrücken als auf dezidierten Kenntnissen beruhen. Eine Ausnahme unter den Befragten bildet *Dietmar*, der aufgrund seines Informationsstandes und seiner sachlichen Kompetenz in seiner realistischen Beurteilung der gegenwärtigen Lage zu überzeugen weiß (D11). Die übrigen Interviewten beschränken sich diesbezüglich auf allgemeine Beobachtungen und zum Teil sehr vage Prognosen. Daraus auf ein verbreitetes Informationsdefizit bei den kirchlichen Praktikern und Praktikerinnen zu schließen, wäre jedoch verfehlt, denn es wurde im Interview nach solchen Kenntnissen nicht explizit gefragt. Außerdem war das tatsächliche Ausmaß der strukturellen Krise zum Zeitpunkt der Interviews erst in Ansätzen erkennbar. Insofern bestand keine unmittelbare Notwendigkeit, auf Zahlenmaterial oder weiterführende Analysen einzugehen.
Die Befragten sind sich jedoch darin einig, daß die strukturellen Probleme der Volkskirche nur die äußeren Symptome für ihre innere Krise sind. Ihre mangelnde Tradierungskraft für die biblisch-christliche Tradition und ihre geistliche Auszehrung im Inneren führen zu einem Profilverlust nach außen. Selbstverständlich können auch diese Defizite je nach theologischem Standpunkt unterschiedlich gedeutet werden, wovon dann jeweils auch die entsprechende Reformstrategie abhängt. Das empirische Material macht jedoch auch auf die grundsätzliche Schwierigkeit von Kirche und Gemeinde aufmerksam, sich auf die religiöse Lage der Gegenwart einzustellen und dabei die christliche Botschaft als lebensnahe, allgemeinverständliche und vor allem attraktive Alternative zu transparent zu halten. Als zweite Stufe[5] einer fälligen Kirchenreform wurde daher das Programm einer religions- und pluralismusfähigen, offenen Volkskirche vorgeschlagen.[6] Seinen Ausgangspunkt muß ein solches Programm bei der Religiosität des modernen Subjektes nehmen, also allererst nach den individuellen Sinnwelten der Menschen, nach ihren religiösen Deutungsmuster und Bedürfnissen fragen. Für diese zweifellos vorhandene Selbstreflexivität und für das individuelle Sozialitätsbedürfnis müssen sodann geeignete Formen institutionalisierter Religionskultur bereitgestellt wer-

5 H. Lindner, Kirche am Ort, a.a.O., 353.
6 Vgl. o., 89ff.

den. Bestimmte Aspekte dieses Reformprogramms finden bereits in der kirchlichen und pastoralen Praxis Anwendung, wenn auch zum Teil nur zögerlich wie etwa bei *Christa* und *Dietmar*. Für die Kirchentheorie und pfarramtliche Praxis von *Eckhard* und *Friedrich* haben sie hingegen grundsätzliche Bedeutung. Wo dagegen die Forderung nach mehr Eindeutigkeit und Verbindlichkeit gestellt wird, wie etwa bei *Annegret* und *Bernd*, kann sich die geforderte Religionsfähigkeit freilich nicht entwickeln, denn hiermit verbindet sich zwangsläufig eine Reduktion von Multiplizität. Eine solche Strategie mag zu einer Intensivierung von kerngemeindlicher Mitgliedschaft und damit zu einer auch nach außen hin deutlicheren Identität von Gemeinde verhelfen, nimmt aber gleichzeitig Trennungsvorgänge bewußt in Kauf. Das kann dann genau dazu führen, daß Menschen sich enttäuscht von der Kirche abwenden und ihre religiöse Heimat wenn überhaupt außerhalb der Kirche suchen. Diese Gefahr wird auch dort leicht übersehen, wo man mit einem bestimmten, klar umrissenen Profil der Kirche bessere Identifikationsmöglichkeiten schaffen will (*Dietmar*).

Wenn aber in der pluralistischen Gesellschaft das Hauptproblem der evangelischen Kirche nach W. Huber „in einem Mangel an eigenständigem Profil besteht, so muß das zu einem kritischen Blick auf die kirchliche Entwicklung der letzten Jahrzehnte veranlassen, wie sie sich im Westen Deutschlands ausgeprägt, aber auch auf den Osten Deutschlands ausgewirkt hat."[7] Die eigentliche Schwierigkeit dürfte aber gerade darin bestehen, und das wird auch bei *Dietmar* deutlich, sich innerkirchlich auf ein bestimmtes Profil zu verständigen. Mag es auch hinsichtlich des biblisch-fundierten und kirchlich-tradierten Auftrages noch möglich sein, konsensfähig zu werden, so bleibt doch das Problem der Vermittlung dieses Auftrages unter Berücksichtigung unterschiedlicher Zugangsweisen und Erwartungen auch auf Seiten derer, die man erreichen will. Selbst von Ausgetretenen werden noch hohe Anforderungen an die Kirche gestellt, die ihr gesellschaftspolitisches Engagement ebenso betreffen wie ihren geistlichen Auftrag.[8] Insoweit ist auch M. Josuttis zuzustimmen, wenn er schreibt: „'Unsere Volkskirche' ist darauf angewiesen, daß Menschen, die nach religiöser Erfahrung und nach religiöser Gestaltung des Lebens suchen, sie an ihre eigentliche Aufgabe erinnern."[9] Worin diese Aufgabe besteht und

7 W. Huber, Auftrag und Freiheit der Kirche in der pluralistischen Gesellschaft, a.a.O., 17.

8 K. Engelhardt/H. von Loewenich/P. Steinacker (Hrsg.), Fremde Heimat Kirche, a.a.O., 339.

9 M. Josuttis, „Unsere Volkskirche" und die Gemeinde der Heiligen, a.a.O., 107. Daß Josuttis keineswegs der Ansicht ist, die Kirche müsse sich auch ganz praktisch auf die religiösen Bedürfnisse und Erwartungen der Menschen einstellen, wird dagegen in anderem Zusammenhang deutlich. So kommentiert Josuttis das mit genau dieser Intention entwickelte „Evangelische München-Programm" mit den Worten:

wie sie erfüllt werden kann, ist aber in der kirchlichen und theologischen Literatur ebenso umstritten wie unter Pfarrern und Pfarrerinnen. Wenn die Volkskirche religionsfähig werden soll, muß sie zunächst die Tatsache des gesellschaftlichen und religiösen Pluralismus als solche akzeptieren und dabei berücksichtigen, daß sie als Teil der Gesellschaft diese Pluralität selbst widerspiegelt. Nur so kann sie sich auch auf die gelebte Religion allererst ihrer Mitglieder und in einem erweiterten Sinne der Menschen in dieser Gesellschaft einstellen. Daran führt, so sehen es auch die meisten der Befragten, in der Gegenwart kein Weg vorbei. Mit Recht macht *Christa* aber auch auf die problematischen Aspekte des Pluralismus aufmerksam. Daß es Menschen gibt, die sich aufgrund ihrer Psychogenese oder Persönlichkeitsstruktur in der multioptionalen Gesellschaft überfordert fühlen und in der Kirche Halt und Geborgenheit suchen, sollte nicht übersehen werden. Auch solchen Bedürfnislagen ist so weit wie möglich innerhalb der Gemeinde Raum zu geben. Auf der anderen Seite darf sich die Gemeinde nicht ausschließlich darauf konzentrieren, weil sie sonst in der Gefahr steht, sich nach innen wie nach außen als Randständigenmilieu zu gerieren.

Die entschiedenste und deutlichste Option für eine offene, vielseitige und an den Bedürfnissen der Menschen orientierte Volkskirche findet sich bei *Eckhard*. „Äh, absolut, Volkskirche sollte für mich eigentlich so absolut im Vordergrund stehen. Beteiligungskirche. Viele Möglichkeiten, meinen Glauben zu leben, dem andern auch die Möglichkeit lassen, seinen Glauben anders zu leben als ich es tue.[…] Aber das „Ja" zur Volkskirche ist für mich uneingeschränkt da, und möcht' ich auch, daß es so bleibt." (E14) Überzeugend wirkt diese Position zunächst deshalb, weil sie biblisch-theologisch begründet wird, denn nach *Eckhard* gilt: „wir können gar nich anders, auch im Sinne des Neuen Testaments als, äh, eine Kirche sein, die viele verschiedene Lebensformen dieses Glaubens praktiziert" (E14). Diese Einstellung bleibt nicht theoretisches Postulat, sie kommt auch in der pastoralen Praxis des Interviewten und in der Gemeinde insgesamt zum Tragen. Hier haben Kirche, Christentum und Religion wirklich mit dem Leben der Menschen zu tun. In dieser Konzeption von Gemeindearbeit, die man mit dem Interviewten selbst als Gemeindeaufbauprogramm bezeichnen kann, erweist sich also das aufgezeigte Reformkonzept als praxis- und gestaltungsfähig. Die grundsätzlichen Vorbehalte und Einwände gegen ein solches pluralismusfreundliches und religionsfähiges Programm finden bei *Eckhard* keine Anhaltspunkte: Weder kann man ihm Relativismus, Indifferentismus oder schlicht Anpassung an den Zeitgeist vorwerfen, denn in der Gemeinde muß es immer „auch wirklich um, um Positionen" (E5) gehen. Auch setzt sich der Befragte

„'Unsere Volkskirche', die sich so verkauft, lädt zum Kirchenaustritt geradezu ein, weil sie ihn selbst nach Kräften vollzieht." (Ebd. 174).

nicht dem Verdacht einer Pluralismusideologie aus, denn diese ist nicht Selbstzweck, sondern eine theologisch vertretbare, in guter Tradition stehende historische Tatsache.
Es darf freilich nicht übersehen werden, daß dieses Konzept ein hohes Maß an personaler Identität und persönlicher Einsatzbereitschaft voraussetzt. Die Gefahr der Überforderung ist damit ständig gegeben. Für eine konsequente Umsetzung ist es daher wichtig, daß auch Presbyteriumsmitglieder und andere Mitarbeitende für ein solches Programm gewonnen werden, die dieses in Gemeinde und Kirche kompetent vertreten können. Ob auf diesem Wege allerdings Austritte verhindert werden können, ist *Eckhard* selbst fraglich. Auch eine plurale und religionsfähige Volkskirche wird Menschen letztlich nicht davon abhalten, den in der individuellen Situation fällig erscheinenden Schritt der Trennung zu vollziehen. Aber immerhin kann ein solches Konzept, sofern es die Menschen erreicht, zu einem höheren Bewußtseinsgrad der Entscheidung verhelfen, worin *Friedrich* unbedingt zuzustimmen ist (F17).

3 Erweiterung des Mitgliedschaftsverständnisses

Angesichts der gewandelten Auffassungen und Praktiken in der individuellen Kirchenzugehörigkeit sowie angesichts des Befundes einer „protestantisch-kirchlichen Nicht-Identität“[10] selbst unter Ausgetretenen wurde mit V. Drehsen die Forderung nach einer Entstigmatisierung der Mitgliedschaft erhoben. Entstigmatisierung bedeutet einerseits, die gegebene Pluralität und Pluriformität der Mitgliedschaftsverhältnisse vorbehaltlos zu bejahen. Sie führt darüber hinaus zu einer grundsätzlichen Relativierung des Mitgliedschaftsstatus’, denn die religionssoziologische Forschung hat in den letzten Jahrzehnten mit Nachdruck darauf aufmerksam gemacht, daß die Grenzen zwischen distanzierten Kirchenmitgliedern, Ausgetretenen und schon immer Konfessionslosen sich fließend gestalten und daß sich die außerkirchliche Religiosität keineswegs mehr an kirchlichen Normanforderungen orientiert. Vielmehr muß es heute auch im Interesse einer kirchen- und religionssoziologischen Forschung liegen, zu erkunden „was die Menschen wirklich glauben“[11]. Nur über eine vorauslaufende Entstigmatisierung läßt sich schließlich in Theologie und Kirche ein neues Verständnis vom Wesen und Sinn der Kirchenmitgliedschaft gewinnen. Die Auswertung der Interviews macht aber deutlich, wie sehr ein tra-

10 V. Drehsen, Wie religionsfähig ist die Volkskirche?, a.a.O., 34.

11 K.-P. Jörns, Die neuen Gesichter Gottes, a.a.O., 5f. Dies liegt ganz auf der Linie der von P. Cornehl und J. Matthes geforderten „Erschließung lebensweltlicher Christlichkeit von Grund auf“. Vgl. J. Matthes, Unbestimmtheit: Ein konstitutives Merkmal der Volkskirche?, a.a.O., 160.

ditionelles Mitgliedschaftsverständnis immer noch die kirchliche und pastorale Praxis prägt. Bei einzelnen Befragten orientiert es sich eindeutig an den Standards kerngemeindlicher Frömmigkeit, zu denen neben Gottesdienstbesuch und Teilnahme am Veranstaltungsangebot auch die Bereitschaft zur Mitarbeit gehört. Unverbindliche oder unentschiedene Mitgliedschaft ist von daher nicht akzeptabel und muß folglich als ständige Herausforderung gelten. Austritte signalisieren dann den endgültigen Bruch mit der Gemeinde und schaffen jene Klärung der Mitgliedschaftsverhältnisse, die von einem solchen Standpunkt aus erstrebenswert erscheint. Die meisten Befragten nehmen die Pluriformität der Mitgliedschaftsverhältnisse aber mit weitaus größerer Gelassenheit in den Blick. Solange ein irgendwie gearteter Bezug zur Gemeinde besteht, kann selbst die distanzierte Kirchlichkeit als eine respektable Mitgliedschaftsdefinition angesehen werden, worauf explizit vor allem *Dietmar* hinweist. Die formale Zugehörigkeit aber bleibt das maßgebliche Kriterium, nach *Friedrich* das äußere Zeichen, an dem sich das kirchliche Handeln zu orientieren hat.

Weil die Kirche Organisation ist und dies nicht nur im verwaltungstechnischen Sinne, wie E. Herms dargelegt hat[12], braucht sie eine verbindliche Mitgliedschaftsregel. Diese umgrenzt ihren engeren Zuständigkeitsbereich. Dabei ist es zunächst unerheblich, wie die Mitglieder selbst ihre formale Zugehörigkeit verstehen und ausgestalten. Daß Menschen überhaupt ihre Mitgliedschaft aufrechterhalten, selbst wenn sie so gut wie nie die von Kirche und Gemeinde angebotenen Gestaltungsmöglichkeiten in Anspruch nehmen, läßt grundsätzlich darauf schließen, daß eine wenn auch schwache Verbundenheit besteht. Daher ist *Friedrich* zuzustimmen, wenn er sagt: „Und das Beibehalten einer Mitgliedschaft in einer Kirche, meinetwegen auch mit Zittern und Zagen oder mit Wut und Frust ist für mich so ein äußeres Zeichen auch.“ (F10) Die Mitgliedschaftsstudien haben jedoch aufgezeigt, daß mit zunehmender Kirchendistanz auch die Austrittsbereitschaft wächst, daß also besonders jene eher lockeren und unbestimmten Beziehungen einzelner zur Kirche gefährdet sind. Es muß daher im Interesse der Organisation liegen, alle Maßnahmen zu fördern, die zu einem intensiveren Bewußtsein (so *Friedrich*) für die eigene Mitgliedschaft führen und damit eine individuelle kirchliche Identität herausbilden (so *Dietmar*). Dies ist ganz im Sinne der eigenen Mitgliedschaftsregel und steht der notwendigen Entstigmatisierung so lange nicht im Wege, wie nicht ein bestimmter Mitgliedschaftstyp favorisiert wird.

Mit Recht macht *Christa* darauf aufmerksam, daß die Kirche nicht nur Organisation, sondern auch eine Solidargemeinschaft ist. Diesen grundsätzlichen Aspekt der Mitgliedschaftsregel auch gegenüber Nichtmitgliedern herauszustellen ist legitim. In der gegenwärtigen Fi-

---

12 Vgl. o., 104f.

nanzkrise erhält er zusätzliches Gewicht, darf aber dennoch nicht zum dominierenden Mitgliedschaftskriterium aufgewertet oder zur Durchsetzung von kirchlichen Eigeninteressen mißbraucht werden. Die Mitgliedschaft zu entstigmatisieren bedeutet also nicht, sie als eine Angelegenheit individueller Beliebigkeit zu sehen. Auch darin besteht unter den befragten Pfarrern und Pfarrerinnen Einmütigkeit. Es macht durchaus einen Unterschied, ob jemand zur Kirche gehört oder nicht, weil der jeweilige Status als Selbstaussage ernst genommen werden muß. Die kirchliche Mitgliedschaftsregel darf jedoch in Theorie und Praxis nicht starr ausgelegt und gehandhabt werden. Die Kirche unterscheidet sich darin von vergleichbaren Organisationen, daß sie aufgrund ihrer Leitidee bzw. ihres christlichen Propriums[13] die Ausnahme von der besagten Regel immer mit im Blickfeld behalten muß. Vom rechtlichen Standpunkt aus ist die Kirchenmitgliedschaft eine formale Angelegenheit und sagt somit nichts über die innere Einstellung und Haltung des Mitgliedes aus. Nicht nur Religiosität, sondern auch christlichen Glauben gibt es, so *Christa*, innerhalb wie außerhalb der durch den formalen Mitgliederbestand umgrenzten Bereich der verfaßten Kirche. Von daher wird der Mitgliedschaftsstatus erheblich relativiert. Wenn Ausgetretene und Konfessionslose für sich ein Christsein ohne Kirche einfordern, verdient dies ebenso Respekt wie die Bedürfnisse und Erwartungen derer, die trotz äußerer Kirchendistanz (Austritt oder Konfessionslosigkeit) kirchliche Angebote in Anspruch nehmen oder sich selbst in Kirche und Gemeinde engagieren. Das sehen auch die meisten Befragten so. Offenheit gegenüber Nichtmitgliedern, wie sie vor allem von *Christa* und *Eckhard* eingefordert wird, sowie das Bemühen, sie in ihrer durchaus ambivalenten Kirchenbeziehung ernstzunehmen (vor allem *Christa*), ihre Bereitschaft, sich finanziell (*Dietmar* und *Eckhard*) oder mitarbeitend (*Christa* und *Friedrich*) zu engagieren, für die Gemeinde nutzbar zu machen, führen auch in der Praxis zu einer spürbaren Entkrampfung im Umgang mit distanzierter Kirchlichkeit und Nichtmitgliedschaft.

In der Frage der Amtshandlungspraxis erhält die Forderung nach einer Entstigmatisierung der Mitgliedschaft ihre letzte Zuspitzung. Bei der Umsetzung stellen die kirchenrechtlichen Bestimmungen nur vordergründig ein entscheidendes Hindernis dar. Vielmehr ist es die in ihnen zum Ausdruck kommende traditionelle Verknüpfung von Kasus und Gemeindezugehörigkeit, die eine deutlichere Aufwertung des lebensgeschichtlichen Aspektes der einzelnen Handlungen bislang verhindert hat. Würde die Anknüpfung konsequent bei den individuellen religiösen Bedürfnissen und Erwartungen der durch den Kasus Betroffenen gesucht, dürften die Amtshandlungen auch Nichtmitgliedern

13 Vgl. o., 105.

theoretisch nicht verwehrt werden[14], zumal sich hier eine der eher seltenen Gelegenheiten bietet, deren spezifisch christliche Sinngehalte zu entfalten. Es muß nicht zuletzt aufgrund der auch in den Interviews sichtbar werdenden Spannungen als eine dringliche Aufgabe Praktischer Theologie angesehen werden, die Theorie der Amtshandlungen unter gleicher Gewichtung der Faktoren Mitgliedschaft, individueller Lebensgeschichte und theologischem Sinngehalt von neuem zu reflektieren.

Mit einer grundsätzlichen Öffnung der Amtshandlungspraxis tun sich die meisten Befragten unverkennbar schwer. Kirchliche Ordnungen (alle bis auf *Friedrich*), theologische Vorbehalte (vor allem *Annegret* und *Bernd*), aber auch persönliche Widerstände (vor allem *Christa*) und Kritik von außen (bei *Eckhard* das Presbyterium) sind dafür ursächlich zu machen. Das Bemühen, dem individuellen Fall gerecht zu werden, ist dabei keinem/keiner der Befragten abzusprechen. Die Ausnahmebestimmungen der Kirchenordnung kommen ihnen durchaus entgegen, können aber dennoch nicht verhindern, daß es hin und wieder zu inneren oder äußeren Konflikten kommt. Hier besteht also weiterer Klärungsbedarf, wobei auch eine neuerliche Überarbeitung der kirchenrechtlichen Bestimmungen in Erwägung gezogen werden sollte. Von den Befragten zeigt am ehesten *Friedrich* durch seine kompromißlose Einstellung und Praxis an, wie eine offene und liberale, auf den individuellen Fall zugeschnittene Amtshandlungspraxis aussehen kann. Der Grundsatz der Grundsatzlosigkeit muß zumindest so lange gelten, bis er sich als nicht mehr tragfähig erweist. Damit eröffnet sich der Spielraum für eine wechselseitige Akzentuierung der verschiedenen Dimensionen des Geschehens.[15]

4 Funktionswandel des Pfarramtes und Berufsbild des Pfarrers/der Pfarrerin

Das protestantische Pfarramt steht heute vor enormen Herausforderungen. Während das traditionelle Pfarrerbild mittlerweile fast nur noch im Bereich des inneren Gemeindezirkels eingefordert wird und dort, wie auch die Untersuchung bestätigt, die in diesem Beruf Tätigen zeitlich und physisch nach wie vor stark beansprucht, sehen sie sich heute zunehmend mit Außenerwartungen, Ansprüchen und Übertragungsvorgängen konfrontiert, die wohl auch ihr spezifisches Amt in der Kirche betreffen, vor allem aber auf ihre personale Kompetenz und Integrität zielen. Wie können Pfarrer und Pfarrerinnen diesen Erwartungen gerecht werden, ohne daß es zu Überlastungserscheinungen

---

14 Es sei denn, daß sie sich dezidiert gegen jegliche religiöse Deutung des Geschehens versagen.

15 Vgl. o., 148f.

kommt, vor allem aber ohne daß sie dabei die eigene Identität als Theologen und Theologinnen und als Christenmenschen verlieren?
W. Gräb hat angesichts der Personalisierung des Pfarramtes im Protestantismus angeregt, dieses als Muster für das je individuelle Verhältnis der Menschen zur Kirche zu begreifen und auszufüllen. Danach „ist der protestantische Pfarrer das Muster desjenigen Selbstverhältnisses zur Kirche, das jeder nur auf die ihm eigene Weise und damit in der offenen Entwicklung seiner Lebensgeschichte haben kann.“[16] Musterbildend wirkt er/sie demnach nicht, wenn er/sie das eigene Kirchenbild, das eigene Verhältnis zur Institution zu verobjektivieren sucht, sondern indem er/sie sich der eigenen Subjektivität bewußt bleibt, auch dann, wenn er/sie in transsubjektiver Weise von der in der Ausbildung erworbenen Deutungs- und Handlungskompetenz Gebrauch macht. Dies führt gerade nicht zum Verlust der eigenen theologischen und pastoralen Identität, sondern befähigt zu einer authentischen und exemplarischen christlichen und beruflichen Existenz. Eine entsprechende pastorale Praxis erfordert allerdings ein hohes Maß an Flexibilität. Die im Pfarramt Tätigen müssen sich nicht nur grundsätzlich und vorbehaltlos auf die moderne gesellschaftliche Situation einlassen, was gleichzeitig eine Absage an den Nimbus eines subkulturellen kirchlichen Milieus impliziert. Sie werden sich auch immer wieder auf neue Praxissituationen und Herausforderungen einstellen und sich darin mit ihrer durch Studium, Ausbildung und kirchliche Praxis gewonnenen kommunikativen Kompetenz bewähren müssen. Hierin zeigt sich nach W. Gräb „die Fähigkeit zur bedürfnisangepaßten Applikation derjenigen ethisch-religiösen Orientierungsgewißheit, für die die Kirche nach wie vor steht.“[17]
Bei der Auswertung der Befragung wurde deutlich, daß die traditionellen Elemente pfarramtlicher Praxis nach wie vor eine dominante Funktion für das Berufsverständnis der befragten Pfarrer und Pfarrerinnen haben. Sie sehen sich in erster Linie und hauptsächlich für diejenigen zuständig, die ihre Dienste ausdrücklich wünschen und regelmäßig in Anspruch nehmen. Dies führt jedoch zu einer Funktionsreduktion des Pfarramtes, deren Ausmaß erst im historischen Vergleich sichtbar wird[18], die aber, wie W. Gräb bemerkt, durchaus „in der Entwicklungslogik des gesellschaftlichen Modernisierungsprozesses“[19] liegt. Von entscheidender Bedeutung ist daher die individuelle Deutung und Ausgestaltung jener Funktionen, die, wie empirische Befragungen und theoretische Untersuchungen übereinstimmend festhalten,

16 W. Gräb, Der Pfarrer als Musterprotestant, a.a.O., 253.
17 Ebd. 254. Vgl. auch A. Grözinger, Die Kirche – ist sie noch zu retten?, a.a.O., 139: *„Die Menschen der Postmoderne suchen im Pfarrer, in der Pfarrerin nicht den großen Kommunikator, sondern den Interpreten, die Interpretin der biblisch-christlichen Tradition in jeweils bestimmten, lebensgeschichtlichen Kontexten.“*
18 Vgl. o., 167f.
19 W. Gräb, Der Pfarrer als Musterprotestant, a.a.O., 250.

in einer gelungenen Verschränkung von Amt und Person in der Berufsführung des Pfarrers/der Pfarrerin erfolgen muß. Während einige der Befragten ein solches Selbstverständnis und ein dem entsprechendes berufliches Agieren sehr deutlich zurückweisen, tun sich andere damit unübersehbar schwer. Und dort, wo es zu einer engen Verschränkung von Amtsrolle und Persönlichkeit kommt, wie beispielsweise bei *Eckhard*, besteht die Gefahr der permanenten Überforderung. Zugleich werden damit, wenn auch ungewollt, die negativen Implikationen des Bildes einer „Pastorenkirche" transportiert, denn nicht nur für die Mitglieder der Kirche gilt: „Kirche is größtenteils auch der Pastor" (E7). Demgegenüber gilt es in Theorie und Praxis immer wieder deutlich zu machen, daß personale Repräsentanz nicht gleichzusetzen ist mit Pfarrerzentrierung. Die im Pfarramt Tätigen verkörpern zwar in hohem Maße die Kirche und darin sind sie tatsächlich immer schon ob positiv oder negativ mustergültig, aber sie selbst *sind* nicht die Kirche. Niemand kann die gesamte, plurale und z.T. höchst disparate Wirklichkeit von Kirche repräsentieren, weil das zur Überbelastung und zum Verlust der eigenen Identität führen würde. Bleibt man sich und seinem theologischen Programm dagegen treu, führt dies innerhalb wie außerhalb der Gemeinde möglicherweise zu Abgrenzungen und im Extremfall zu jener protestantischen Nicht-Identität, die schließlich auch den Austritt als letzte Konsequenz nach sich zieht.[20] Von da aus ergeben sich kritische Anfragen an das Bild des Pfarrers/der Pfarrerin als Muster religiöser Subjektivität. Können sich die mit ihnen in Berührung kommenden Menschen nicht mit ihrer spezifischen Art subjektiver Religiosität identifizieren und kommt es nicht, wie W. Gräb offenbar voraussetzt, zu weiteren Begegnungen mit anderen Kollegen oder Kolleginnen, die jeweils andere Selbstverhältnisse zur Kirche repräsentieren, kann die erwünschte Musterbildung bei den Mitgliedern nur in kritischer Abgrenzung erfolgen. Von daher stellt sich die Frage, inwieweit Pfarrer und Pfarrerinnen durch ihre persönliche Wahrnehmung und Ausübung des Amtes indirekt zu Kirchenaustritten beitragen, noch in einem ganz anderen Licht.[21] Es sollte jedoch nicht übersehen werden, daß für das individuelle Selbstverhältnis zur Kirche noch andere, kirchenexterne Faktoren wie die religiöse Primärsozialisation, das gesellschaftliche Milieu oder *„institutionelle Lebenslaufmuster"*[22] bestimmend sind. Über die gegebene Personalisierung des Pfarramtes hinaus müßten in der Kirche daher, und das sehen vor allem *Dietmar* und *Eckhard* sehr richtig, auch andere Identifikationsmuster bereitgestellt werden, etwa durch die Begegnung mit engagierten Laien oder durch das spezifische Gepräge, das sich eine Gemeinde am Ort gibt, freilich ohne darin exklusiv und nor-

20 V. Drehsen, Wie religionsfähig ist die Volkskirche?, a.a.O., 34.
21 Vgl. o., 49f.
22 U. Beck, Risikogesellschaft, a.a.O., 211.

mativ sein zu wollen. Musterbildend können die im Pfarramt Tätigen, wie *Christa*, *Eckhard* und *Friedrich* zeigen, vor allem dann sein, wenn sie sich situationsadäquat und authentisch zu verhalten wissen und auch zum Umgang mit disparaten Erwartungen und Sachverhalten befähigt sind. Wie die Kirche als solche müssen auch sie pluralismus- und religionsfähig sein, ohne dabei die eigene Identität preiszugeben. Dies erfordert nicht nur ein hohes Maß an Flexibilität, sondern auch an Übergangsfähigkeit bzw. Transversalität.[23] Was von (post-)modernen Menschen permanent erwartet wird, ist auch Pfarrern und Pfarrerinnen in Selbstverständnis und Praxis zuzumuten. Welche Chancen für die in diesem Beruf Tätigen in solcher Transversalität liegen, wird anhand der Schlußbemerkungen von W. Welschs Vernunftkonzeption deutlich: „Transversalität erlaubt uns, unterschiedliche Gesichtspunkte wahrzunehmen und zu verfolgen sowie in der Verschiedenheit von Optionen nicht unterzugehen, sondern vorletzte Justierungen als lebbarer zu erkennen als ultimative Festschreibungen. Transversalität kann zum elementaren Modus von Lebensformen werden. Man erfährt und denkt dann in Übergängen. Und man weiß, daß man sich dabei nicht verliert, sondern gewinnt, und daß man dabei übereinstimmungsfähiger wird mit Dingen und Menschen, daß man dadurch auch in sich reicher und bei aller Vielfalt einträchtiger werden kann."[24] Es muß nicht eigens ausgeführt werden, daß sich von hier aus auch die Begegnungen mit Ausgetretenen und Konfessionslosen weitaus unproblematischer gestalten ließen, als das bei einigen der Befragten der Fall ist.

5 Einsicht in die gesellschaftlichen Bedingungsfaktoren der Kirchenaustritte

Kirchenaustritte zeigen als Folge gesellschaftlicher Differenzierungs- und Individualisierungsprozesse an, daß sich die Beziehungen des einzelnen zu den gesellschaftlichen Systemen, zu denen auch die Kirche gehört, nachhaltig verändert haben.[25] Dabei handelt es sich um einen Tatbestand, den die in Kirche und Gemeinde Verantwortung Tragenden allererst nüchtern und realistisch zur Kenntnis nehmen müssen. Nach K.-F. Daiber aber wird in der Kirche noch „vielfach übersehen, daß sich erst jetzt in Sachen Religion und Kirche in Deutschland liberale Normalität durchzusetzen beginnt."[26] Die gesellschaftliche

23 W. Welsch, Vernunft, a.a.O., bes. 820-852.
24 Ebd. 948.
25 V. Drehsen, Wie religionsfähig ist die Volkskirche?, a.a.O., 35.
26 K.-F. Daiber, Religiöse Orientierungen und Kirchenmitgliedschaft in der Bundesrepublik Deutschland, a.a.O., 70.

Enttabuisierung und Entsanktionierung des Kirchenaustritts ist innerkirchlich noch nicht nachvollzogen worden.
Von pragmatischer Daueraufgeregtheit unter Pfarrern und Pfarrerinnen angesichts der Austritte kann nach dem Eindruck der Befragung allerdings keine Rede sein. Zu der allererst notwendigen sachanalytischen und gesellschaftstheoretischen Auseinandersetzung mit dem „Phänomen Kirchenaustritte" (F1 und D3) kommt es jedoch nur bei einzelnen. Gesellschaftliche Trends und Entwicklungen werden durchaus von den meisten verfolgt und zum Teil im Interview ausdrücklich erwähnt. Sie haben jedoch für den eigentlichen Deutungsvorgang hinsichtlich der Kirchenaustritte außer bei *Dietmar* und *Friedrich* keine besondere Funktion. Einzelne Positionen wie die von *Eckhard* bleiben nahezu ausschließlich der innerkirchlichen Auseinandersetzung verhaftet, was als bedenklich gelten muß, auch wenn gerade er zu denjenigen gehört, die eine offene Kirchentheorie vertreten. Kirchliche Reaktionen und theologische Beurteilungen, die den Kirchenaustritt unter rein kirchlichen oder ekklesiologischen Gesichtspunkten zu deuten suchen, greifen jedoch deshalb zu kurz, weil Kirchenaustritte immer schon eine gesellschaftliche Dimension hatten und auch gegenwärtig unter soziologischen Gesichtspunkten zu anderen Entwicklungen etliche Parallelen aufweisen. Einzelne unter den Befragten (*Annegret* und *Bernd*) gehen zwar auf gesellschaftliche Entwicklungen ein, beurteilen diese aber entweder von vornherein kritisch oder sehen es nicht als Aufgabe der Kirche an, sich diesen Entwicklungen zunächst einmal sachlich zu stellen. Vielmehr muß die Kirche sich nach ihrer Überzeugung diesen Entwicklungen entgegenstellen, um das ihr eigene, ihre Botschaft oder ihren gesellschaftlichen Auftrag hervortreten zu lassen. Bei der kritischen Analyse dieser Interviews wurde deutlich, wo die Schwachstellen dieser Positionen liegen. Kirche und Gemeinde werden aus dem gesellschaftlichen Kontext mehr und mehr herausgelöst und verlieren damit nicht nur an Bedeutung, sondern auch in zweifacher Hinsicht ihre Anschlußfähigkeit. Zum einen wird es ihnen zunehmend schwerer fallen, sich auf die gesellschaftlichen Wandlungs- und Modernisierungsprozesse einzustellen, und zum anderen dürfte es immer schwieriger werden, das spezifische Lebensdeutungsangebot der christlich-kirchlichen Tradition sprach- und gestaltungsfähig zu halten.
Die Befragung hat aber ebenfalls deutlich gemacht, daß es neben diesen eher eingeschränkten Sichtweisen in der Pfarrerschaft auch andere, weitaus umsichtigere Deutungsmuster zur aktuellen Kirchenaustrittsproblematik gibt. *Dietmar* und *Friedrich* unterscheiden sich darin von den übrigen, daß sie den gesellschaftlichen Entwicklungen entschieden mehr Gewicht in der Beurteilung der Kirchenaustritte zumessen. Mitgliedschaftskündigungen und Mitgliederrückgang sind Phä-

nomene, von denen alle gesellschaftlichen Institution betroffen sind.[27] Der institutionelle Vergleich ermöglicht erst die besondere Charakterisierung der Kirchenaustritte. Beide Interviewten sind sich darin einig, daß diese als Resultat des gesellschaftlichen Differenzierungsprozesses zu sehen sind. Während für *Dietmar* jedoch die Kirche diesem Prozeß nahezu unbeteiligt und angesichts einer wachsenden Kirchenaversion in der Gesellschaft geradezu schicksalhaft ausgesetzt ist, zieht *Friedrich* enge Verbindungslinien zwischen dem, was er für „genuin protestantisch" (F17) hält und den Differenzierungs- und Individualisierungsvorgängen der Gegenwart. Religiöse Differenzierung und Individualisierung sind integrale Bestandteile der gesamtgesellschaftlichen Vorgänge, entsprechen diesen von der Sache her und sind als schon als solche von historischer Notwendigkeit. Aber auch aus theologischer Perspektive ist es unbedingt zu bejahen, wie *Friedrich* richtig vermerkt, daß Menschen über ihre religiöse Orientierung und die Zugehörigkeit zu einer religiösen Institution frei entscheiden.[28] Wie auch immer diese Entscheidung ausfällt, sie verdient Respekt, wenn nicht gar Sympathie.

Es wurde deutlich, daß eine solche Position natürlich in der Gefahr steht, einer Selbstimmunisierung der für Kirche und Gemeinde Verantwortlichen Vorschub zu leisten. „Genuin protestantisch" ist auch nach *Friedrich* nicht der Kirchenaustritt selbst, sondern der ihm vorauslaufende Entscheidungsvorgang. Religiöse Individualisierung zieht nicht zwangsläufig auch die äußere Trennung von der Institution nach sich, sondern kann umgekehrt auch zu einer Intensivierung von Mitgliedschaft führen, wie D. Pollack richtig bemerkt.[29] Für die kirchlich organisierte Religionspraxis ergibt sich von daher nach A. Feige die Frage: „Wie kann religiöse Individualität bzw. religiöse Identität gelernt werden durch die Übernahme einer Rolle als Kirchenmitglied unter freiheitlichen Bedingungen? Kann man Kirche als Gelegenheit auf der Suche nach Erfahrungen erleben, die man auch für sich persönlich — vielleicht – als 'Glaube' bezeichnen könnte?"[30] Nach Feige kann dies nur so geschehen, daß ein dauerhaftes und das heißt institutionalisiertes Angebot religiöser Lebens- und Selbstdeutung bereitgestellt wird, welches abgerufen werden kann, ohne daß der/die einzelne dadurch „in dauerhafte soziale Strukturen"[31] eingebunden wird. Die

27 Die gegenwärtige Austrittsbewegung ist nach M. Kroeger, Die Notwendigkeit der unakzeptablen Kirche, a.a.O., 10 „der meist undurchschaute Teil einer größeren Privatisierungs- und Entsolidarisierungswelle [...], die den Staat, die Parteien und Verbände, kulturelle Institutionen und eben auch die Kirchen, kurz: die gesamte Öffentlichkeit betrifft – in einem ebenso begreiflichen und notwendigen wie für unser Gemeinwesen gefährlichen Umstrukturierungs- und Reduktionsprozess."

28 Vgl. P.L. Berger, Sehnsucht nach Sinn, a.a.O., 183.

29 D. Pollack, Individualisierung statt Säkularisierung?, a.a.O., 83.

30 A. Feige, Vom Schicksal zur Wahl, a.a.O., 103.

31 Ebd. 105.

Kirche muß also beides: einerseits immer wieder erst zum Glauben der Menschen finden[32] und zugleich ihr eigenes Angebot von Sinn- und Weltdeutung in einer für die Menschen verständlichen, nicht auf normative Geltung dringenden, vielmehr einladenden Form bereithalten. Diese doppelte Präsenz wird auch von *Christa*, *Eckhard* und *Friedrich* eingefordert. Nach *Friedrich* muß die Kirche „attraktiv sein [...] glaubwürdig, engagiert, teilnehmend, auch politisch. [...] Daß klarer wird, wer unsere Trägerorganisationen [...] verläßt oder nicht mehr unterstützt, daß dem oder der auch wirklich klar ist, wovon sie sich oder er sich verabschiedet, oder wem er die Unterstützung auch versagt." (F18). Die Kirche braucht also ihre eigene Sache durchaus nicht hintenan zu stellen. Sie darf sich auch in den Individualisierungsprozessen der Gegenwart zu Wort melden, weil sie die modernen Freiheitsprozesse selbst mit verursacht hat und weil sie darin, ausgehend von einem bestimmten Theologieverständnis, den neuzeitlichen Ausdruck des reformatorischen Freiheitsgedankens sehen kann. Die Kirche wäre also schlecht beraten, würde sie die Kirchenaustritte als Quantité négligeable einfach nur hinnehmen. Damit würde sie weder ihrem eigentlichen Auftrag noch ihrer gesellschaftlichen Verantwortung gerecht. Zunächst geht es darum, den spezifischen Beitrag, den die Kirche zur Lebensorientierung der Menschen zu erbringen vermag, auf überzeugende Weise zu vermitteln. Darüber hinaus käme es darauf an, darauf hinzuweisen, daß „individuelle wie gesellschaftliche Gründe sehr wohl dafür sprechen, bei dieser schwierigen Kirche zu bleiben"[33], bzw. zu verdeutlichen, warum es überhaupt Sinn macht, in der Kirche zu sein – eine Forderung, die vor allem *Dietmar* mit Nachdruck stellt.

Die anderen Interviewten hingegen begreifen die Austritte zwar als Herausforderung für die Kirche, sehen aber nicht deren gesamtgesellschaftliche Dimension und die damit einhergehende Gefährdung konventioneller Stabilitätsregeln. Kirchenaustritte wirken aber nicht nur auf die Institution selbst zurück, sondern auch auf das Religionssystem dieses Staates[34] und auf die Gesellschaft insgesamt.[35] Sie „zeigen

---

32 Nach J. Cornelius-Bundschuh, Zukunft mit der Kirche, a.a.O., 119, käme es vor allem darauf an, „die Lebenswelt dieser Menschen, ihre biographischen und sozialen religiösen Erfahrungen vor Ort aufzunehmen, ihnen zuzuhören, damit sie ihre eigene Sprache finden können."

33 M. Kroeger, Die Notwendigkeit der unakzeptablen Kirche, a.a.O., 13.

34 Dazu F.-X. Kaufmann, Staatskirchenrecht und Kirchenorganisation in der Bundesrepublik Deutschland, in: Gegenwartskunde SH 5/1988, a.a.O., 107-110.

35 Vgl. R. Köcher, Wandel des religiösen Bewußtseins in der Bundesrepublik Deutschland, a.a.O., 153: „Die Mentalitätsunterschiede zwischen religiösen und areligiösen, zwischen kirchennahen und kirchenfernen Bevölkerungskreisen zeigen, daß sich die Gesellschaft, das gesamte gesellschaftliche Klima verändert, wenn religiöse Überzeugungen an Bedeutung verlieren." Wenn Köcher allerdings anhand empirischer Untersuchungen unter bestimmten Bevölkerungsgruppen meint nachweisen zu können, daß „eine Schwächung der christlichen Religion

einen kulturellen Wandel an, der über die Kirchen weit hinausgeht."[36] So sehr die Kirchenaustritte unter den gegebenen gesellschaftlichen Verhältnissen verständlich, so sehr sie angesichts der Situation in Kirche und Gemeinde vielleicht berechtigt sind, so ernst sind sie doch in ihrer gesamten Tendenz zu nehmen. Gerade indem sie nicht als isolierter kirchlicher Vorgang begriffen werden, machen sie auf die bedenklichen gesellschaftlichen Entwicklungen aufmerksam, die ihnen ebenfalls zugrunde liegen. Die bewußte Verwechslung von Individualisierung und Privatisierung leistet der Entsolidarisierung dieser Gesellschaft Vorschub, wenn das Individuum damit zugleich seine soziale Verantwortung abstreift. Dabei wird, wie *Dietmar* zutreffend bemerkt, „der Gesamtzusammenhalt [...] nich mehr gesehen" (D11). Dieser Aspekt kommt leider in der ansonsten sehr zeitnahen und gesellschaftstheoretisch profunden Position von *Friedrich* nicht vor.

---

egozentrische und hedonistische Züge verstärkt und das Ethos der Mitmenschlichkeit schwächt", erlaubt dies nicht zwangsläufig Rückschlüsse auf die gesamtgesellschaftliche Entwicklung, denn christliche Ethik und Moral wirken in dieser Gesellschaft auch in vom ursprünglichen Gehalt unabhängigen Formen fort. Vgl. auch M. Kroeger, Die Notwendigkeit der unakzeptablen Kirche, a.a.O., 16: „So ist die letzte, sich z.T. noch immer fortsetzende […] Austrittswelle sowohl individuell als auch öffentlich für unser Gemeinwesen von Belang. Denn es bedeutet etwas, wenn eine – wahrlich problematische und doppeldeutige – Institution wie die Kirche ausblutet, die im Herzen unserer Gesellschaft lebenswichtige und vielfach tabuisierte, verdrängte Fragen beheimatet, verwaltet und im öffentlichen Bereich festhält und repräsentiert, selbst wenn sie es schlecht und ungeliebt, aber eben doch tut."

36 D. Pollack, Zur religiös-kirchlichen Lage in Deutschland nach der Wiedervereinigung, a.a.O., 614.

13. Kapitel: Pastoraltheologische Folgerungen

Da ein deutlicher Rückgang der Kirchenaustrittszahlen zur Zeit nicht in Sicht ist, werden Pfarrer und Pfarrerinnen auch weiterhin mit dem Phänomen Kirchenaustritt in Berührung kommen, wobei die Begegnung mit Ausgetretenen in der Gemeinde eher noch an Gewicht gewinnen wird, denn Austritt bedeutet wie gezeigt keineswegs auch völlige Ablehnung der Gemeinde, ihrer Angebote und der kirchlichen Amtshandlungen. Sowohl in der unmittelbaren Konfrontation bei der Kenntnisnahme der Austritte als auch in den alltäglichen Kontakten mit Menschen, die vormals oder nie der Kirche angehört haben, werden sich immer wieder negative Gefühle einstellen, derer es zunächst einfach bewußt zu werden gilt. Die im Pfarramt Tätigen sollten sich dabei fragen, warum sich bei wem welche Gefühle einstellen und wie damit angemessen umgegangen werden kann. Bei der notwendigen Reflexionsarbeit ist neben Kritikfähigkeit auch soziale Deutungskompetenz gefragt. Kenntnisse über die statistische Entwicklung der Austrittszahlen, über typische Austrittsprofile und motivanalytische Untersuchungen können ebenso wie die Beschäftigung mit den gesellschaftstheoretischen Rahmenbedingungen zu einer sachgemäßen Einstellung und Haltung zum Kirchenaustritt verhelfen. Die entscheidende Prägung wird diese Deutungsleistung jedoch erst durch die kirchentheoretischen Denkvoraussetzungen derer erhalten, die sich der Auseinandersetzung mit Kirchenaustritten stellen. Entlastende Funktion im Umgang mit dem einzelnen Kirchenaustritt hat auch der kollegiale Austausch und das Gespräch mit anderen Mitarbeitenden der Kirche. Dieser ist im Blick auf die Amtshandlungspraxis geradezu geboten. Aber nicht nur in der Gemeinde, sondern auch auf synodaler und landeskirchlicher Ebene sollte das Thema regelmäßig und ausführlich behandelt werden.

Welche praktischen Schritte bieten sich als Reaktion auf Kirchenaustritte an? Die positiven Erfahrungen einzelner Befragter legen den Schluß nahe, daß es unbedingt ratsam ist, in irgendeiner Form Kontakt zu den Ausgetretenen aufzunehmen, und sei es nur, um ihnen deutlich zu machen, daß ihre Entscheidung nicht einfach gleichgültig zur Kenntnis genommen wurde. Keine der erwähnten Kontaktmöglichkeiten (Briefe schreiben, telefonieren, persönlich besuchen) ist dafür gänzlich ungeeignet. Hier gilt es, sich im Gespräch mit dem Presbyterium für eine gemeinsam vertretbare und nach Möglichkeit auch von allen mitgetragene Form zu entscheiden. Natürlich gibt es auch noch andere plausible Motive für die Kontaktaufnahme wie etwa das Interesse an persönlichen Gründen oder Anlässen, die zum Austritt geführt haben. Problematisch ist dagegen die Absicht, die Ausgetretenen auf die rechtlichen Folgen des Kirchenaustritts hinzuweisen. Dies sollte im Gespräch oder in schriftlicher Form nur dann geschehen, wenn gezielt danach gefragt wird. Disziplinierungsmaßnahmen führen allenfalls dazu, daß die Menschen sich um so entschiedener von der Kirche abwenden. Selbst wenn dies in sehr sachlicher Weise geschieht, ist nicht auszuschließen, daß die Angesprochenen dies als kirchliche Sanktion empfinden. In der Regel ist davon auszugehen, daß sie sich über die rechtlichen Folgen ausreichend informiert haben, so daß eine Belehrung darüber überflüssig ist. Außerdem werden Handlungsspielräume dadurch unnötig eingeengt, denn der individuelle Fall kann dann kaum noch angemessen behandelt werden.

Bei Amtshandlungen und Wiedereintritten kommt es zwangsläufig zum direkten Kontakt zwischen den im Pfarramt Tätigen und Ausgetretenen. Ob die kirchlichen Amtshandlungen auf Anfrage auch Nichtmitgliedern gewährt werden können, läßt sich nur im Einzelfall entscheiden. Wenn Ausgetretene Amtshandlungen begehren, sollten kirchenrechtliche Bestimmungen nicht restriktiv gehandhabt, sondern als mögliche Kriterien zur Entscheidungsfindung im Einvernehmen mit den Betroffenen herangezogen werden. Es gibt keine theologisch überzeugenden Gründe, Taufe, Trauung oder Beerdigung grundsätzlich zu verweigern. Die Amtshandlungen sind nicht nur als legitimer Ausdruck lebenszyklisch orientierter Teilnahmepraxis anzuerkennen, sondern auch von beiden Seiten als Möglichkeit und Aufgabe lebensgeschichtlicher Sinnarbeit zu begreifen. Sie sind zwar keine missionarische Gelegenheit, bieten aber doch eine Chance, die lebensgeschichtlichen Dimensionen des Evangeliums aufzuzeigen.

Die Zahl der Kircheneintritte hat zwar statistisch gesehen in den letzten Jahren nicht zugenommen, sie gewinnen jedoch zunehmend an Bedeutung, weil ihnen in vielen Fällen eine bewußte und inhaltlich begründete Entscheidung vorangeht. Es ist jedoch anzunehmen, daß die vielerorts übliche Eintrittspraxis manche davon abhält, diesen Schritt zu vollziehen. Daher ist die Schwelle zum (Wieder)Eintritt in die Kirche für Ausgetretene und Angehörige anderer Konfessionen dringend zu senken.[1] Die von einzelnen Landeskirchen dazu heraus-

1 J. Hach, Den Wiedereintritt erleichtern, in: Mission vor der Haustür der Volkskirche, 1987, 27-33. In den Empfehlungen der Arnoldshainer Konferenz zur Wiederaufnahme in die Evangelische Kirche, in: Volksmissionarisches Amt der Evangelischen Kirche von Westfalen (Hrsg.), Kirchenaustritte • Kircheneintritte, a.a.O., 21-24, ist von diesem Bemühen allerdings nicht viel zu spüren.

gegebenen Broschüren[2] sind zumindest geeignet, einen relativ unproblematischen Erstkontakt zu ermöglichen. Auf der anderen Seite stellen die strikten Bestimmungen der Kirchenordnung und die sowohl sprachlich als auch inhaltlich überholten agendarischen Vorlagen zum Eintritt eine hohe Hürde für diejenigen dar, die ohne großen Aufwand einfach „wieder dazugehören wollen". Der Vorschlag, ein Büro für den Wiedereintritt einzurichten[3], sollte daher ebenso diskutiert werden wie die nur fakultative Inanspruchnahme der gottesdienstlichen Eintrittshandlung durch die Eintrittswilligen. Dadurch muß der Eintritt nicht zwangsläufig zu einem reinen Verwaltungsakt werden, denn ohnehin liegt es an der subjektiven Deutungsleistung der Eintrittswilligen, wie sie diesen Vorgang begreifen. Auch in der Seelsorge wird es hin und wieder zu Begegnungen mit Ausgetretenen kommen. Hier müssen sich die im Pfarramt Tätigen deutlich machen, daß die Wahrnehmung des seelsorgerlichen Auftrags nicht an die Bedingung der Mitgliedschaft gebunden werden kann.[4] Pfarrerinnen und Pfarrer sollten sich ihrer Repräsentanzfunktion für die Kirche bei allen möglichen Begegnungen mit distanzierten Mitgliedern, Ausgetretenen und schon immer Konfessionslosen bewußt sein. Wenn es ihnen dabei gelingt, authentisch zu sein, werden sie sich selbst und ihre Gesprächspartner und -partnerinnen nicht überfordern. Auf diese Weise kann es ihnen aber am ehesten gelingen, „die Kirche oder das Christentum sozusagen sympathisch zu machen"[5].

Um ihres öffentlichen Auftrags willen muß der Kirche und ihren Mitarbeitenden aber auch daran gelegen sein, auf die Folgen des gegenwärtigen Entkirchlichungsprozesses aufmerksam zu machen. Auch wenn die Kirche längst nicht mehr das Religionsmonopol in der Gesellschaft hat, was auch für sie selbst durchaus Chancen birgt, nimmt sie gesamtgesellschaftlich nach wie vor eine wichtige Funktion wahr. In ihrer lebensgeschichtlichen Deutungskompetenz und ihrer sozialen Verantwortung ist sie nach wie vor gefragt. Die christliche Glaubenstradition zu vertreten, die ja auch indirekt diese Gesellschaft bis heute prägt, kann sie aus guten Gründen für sich in Anspruch nehmen. Daher dürfen die hohen Kirchenaustrittszahlen nicht kommentarlos hingenommen werden. Kirchenleitende, Pfarrer und Pfarrerinnen, Mitar-

2 Für Westfalen vgl. Ev. Kirche von Westfalen – Landeskirchenamt – (Hrsg.), (Wieder) Dazugehören. Wie man in die Evangelische Kirche aufgenommen wird, Bielefeld, o.J.

3 H. Löwe, Abschied von der Kirche?, a.a.O., 142.

4 Dazu F. Winter, Seelsorge an den Grenzen der Kirche. Konsequenzen für den Gemeindeaufbau, in: WPKG 69, 1980, 496-502. Was Winter vor 20 Jahren mit Blick auf die kirchliche Situation in der damaligen DDR schrieb, kann heute um so mehr Gültigkeit für den Bereich der evangelischen Kirchen in der Bundesrepublik Deutschland beanspruchen.

5 F.-X. Kaufmann, Kirche und Religion unter den Bedingungen von Modernität, a.a.O., 26.

beitende und Mitglieder sollten – ohne dabei apologetisch zu werden – auf die möglichen Folgen für Kirche und Gemeinde, aber auch für die Gesellschaft hinweisen. Darüber hinaus sind Maßnahmen der Mitgliederpflege ebenso geboten wie neuartige Strategien der Mitgliedergewinnung.[6] Ob dadurch oder auf andere Weise auf parochialer und gesamtkirchlicher Ebene erfolgversprechende Strategien zur Verhinderung weiterer Austritte entwickelt werden können, wofür gegenwärtig wenig spricht, wird entscheidend davon abhängen, ob sich Gemeinde und Kirche im aufgezeigten Sinne selbst noch einmal als reformfähig erweisen. Auf die gesellschaftlichen Rahmenbedingungen haben sie selbst wenig Einfluß. Nur wenn sie sich ihrer eigenen Identität gewiß sind und ihrem Auftrag, der *öffentlichen* Kommunikation des Evangeliums, treu bleiben, werden sie auch für eine mögliche Trendwende gerüstet sein.

6 Nach K.-F. Daiber, Religiöse Orientierungen und Kirchenmitgliedschaft in der Bundesrepublik Deutschland, a.a.O., 70f., ergibt sich diese Notwendigkeit aus dem veränderten Status der Kirche als einer gesellschaftlichen Teilorganisation.

Literaturverzeichnis

(auch für den Dokumentationsband)

Adolphsen, Helge/Ahuis, Ferdinand/Denecke, Axel/Hoerschelmann, Werner/Mohaupt, Lutz: Zukunft der Volkskirche. Thesenpapier des Hamburger Hauptpastorenkollegiums, in: PTh 84, 1995, 598-603.

Agende für die Evangelische Kirche der Union, Bd. II., Die kirchlichen Handlungen, Erster Teil, Bielefeld [4]1988.

Albrecht, Horst: Kirche im sozialen Brennpunkt, in: PTh 75, 1986, 248-268.

Allmen, Jean-Jaques von: Die Zugehörigkeit zur Kirche in reformierter Sicht, in: P. Meinhold (Hrsg.), Das Problem der Kirchengliedschaft heute, 412-433 (Übersetzung aus dem Französischen durch P. Meinhold).

Anhelm, Fritz Erich (Hrsg.): Protestantismus als Volkskirche. Eine Perspektive gegen den Strohm?, LoPr 61/95, Rehburg-Loccum 1997.

Arnoldshainer Konferenz: Empfehlungen der Arnoldshainer Konferenz zur Wiederaufnahme in die Evangelische Kirche, in: Volksmissionarisches Amt der Evangelischen Kirche von Westfalen (Hrsg.), Kirchenaustritte • Kircheneintritte, 21-24.

Ball, Matthias: Zum Abschied von der Kirche. Ein Brief mit Pfiff, in: LS 45, 1994, 291-292.

Barner, Konrad: Die Welt als Kirche. Zum Problem Kirche und Kirchenaustritt, in: DtPfrBl 71, 1971, 446-448.

Barz, Heiner: Postmoderne Religion am Beispiel der jungen Generation in den Alten Bundesländern, Teil 2 des Forschungsberichtes „Jugend und Religion“ im Auftrag der Arbeitsgemeinschaft der Evangelischen Jugend in der Bundesrepublik Deutschland (aej), Opladen 1992.

Barz, Heiner: Religion ohne Institution? Eine Bilanz der sozialwissenschaftlichen Jugendforschung, Teil 1 des Forschungsberichtes „Jugend und Religion“ im Auftrag der Arbeitsgemeinschaft der Evangelischen Jugend in der Bundesrepublik Deutschland (aej), Opladen 1992.

Bastian, Hans-Dieter (Hrsg.): Kirchliches Amt im Umbruch, GT.P 7, München 1971.

Beck, Ulrich: Risikogesellschaft. Auf dem Weg in eine andere Moderne, Frankfurt am Main [11]1995.

Beck, Ulrich (Hrsg.): Kinder der Freiheit, Frankfurt am Main 1997.

Beck, Ulrich: Kinder der Freiheit: Wider das Lamento über den Werteverfall, in: ders. (Hrsg.), Kinder der Freiheit, 9-33.

Beck, Ulrich/Beck-Gernsheim, Elisabeth: Das ganz normale Chaos der Liebe, Frankfurt am Main, [7]1996.

Beck, Ulrich/Beck-Gernsheim, Elisabeth (Hrsg.): Riskante Freiheiten. Individualisierung in modernen Gesellschaften, Frankfurt am Main 1994.

Beck, Ulrich/Beck-Gernsheim, Elisabeth: Individualisierung in modernen Gesellschaften. Perspektiven und Kontroversen einer subjektorientierten Soziologie, in: dies. (Hrsg.), Riskante Freiheiten, 10-39.

Berger, Gerhard: Art. Elite, in: G. Endruweit/G. Trommsdorff (Hrsg.), Wörterbuch der Soziologie Bd. 1, Stuttgart 1989, 140-141.

Berger, Peter L.: Der Zwang zur Häresie. Religion in der pluralistischen Gesellschaft (Originaltitel: The Heretical Imperative. Contemporary Possibilities of Religious Affirmation, Garden City/New York 1979), durchgesehene und verbesserte Ausgabe der Ausgabe von 1980, Freiburg 1992.

Berger, Peter L.: Pluralistische Angebote: Kirche auf dem Markt?", in: EKD-Synode Osnabrück – 5 –. Leben im Angebot – Das Angebot des Lebens. Eine „Protestantische Orientierung in der modernen Welt" und weitere Texte zum Hauptthema der Synodentagung, Epd 51/93, 35-44.

Berger, Peter L.: Sehnsucht nach Sinn: Glauben in einer Zeit der Leichtgläubigkeit; aus dem Engl. von Hanne Herkommer, Frankfurt am Main/New York 1994.

Berger, Peter L./Luckmann, Thomas: Modernität, Pluralismus und Sinnkrise: die Orientierung des modernen Menschen, Gütersloh 1995.

Bergs, Manfred/Kietzel, Dieter von: Gemeinwesenarbeit und Kirchengemeinde, ein Plädoyer für ein Verbundsystem sozialer Arbeit im Wohnbereich, in: PTh 71, 1982, 119-126.

Bericht über die Tätigkeit der Kirchenleitung, der Ämter und Einrichtungen der Evangelischen Kirche von Westfalen, erstattet für die Tagung der westfälischen Landessynode vom 11. bis 15. November 1995.

Bethge, Eberhard: Dietrich Bonhoeffer. Theologe • Christ • Zeitgenosse. Eine Biographie, München ^{6}1986.

Beyer, Franz-Heinrich: Traditionsabbruch und Verbindlichkeit. Aspekte von Gemeindewirklichkeit in der DDR, in: PTh 78, 1989, 51-64.

Bischofberger, Otto: Neue religiöse Bewegungen und Gruppen außerhalb der Kirchen, in: ders. u.a., Volkskirche – Gemeindekirche – Parakirche. ThBer 10, Zürich/Einsiedeln/Köln 1981, 81-107.

Bloth, Peter C. (Hrsg.): Handbuch der Praktischen Theologie, Bd. 4, Praxisfeld Gesellschaft und Öffentlichkeit, HPTh (G) 4, Gütersloh 1987.

Blumenau, Marieta: Pastoren und Kirchenaustritte. Gespräche mit ehemaligen Kirchenmitgliedern in Hannover-Linden, in: Werkstatt Gemeinde 6, 1988, 63-76.

Blumenberg, Hans: Die Legitimität der Neuzeit. Erneuerte Auflage, Frankfurt am Main 1996.

Boeckh, Jürgen: Abschied von der Kirche – und wohin? Unvollständige Gedanken zur Lage, in: Quat 35, 1970/71, 99-101.

Boeckh, Jürgen: Exodus – wohin?, in: Quat 50, 1986, 78-89.

Bollwerk, Jan/Opitz, Tobias: Pro und Contra Kirchenaustritt, Niedernhausen 1995.

Bonhoeffer, Dietrich: Zur Frage nach der Kirchengemeinschaft, GS II, München 1959, 217-241.

Brieger, Theodor: Die fortschreitende Entfremdung von der Kirche im Lichte der Geschichte. Akademische Rede, Leipzig 1894.

Brockmann, Gerhard/Schmidt, Hans P./Stoodt, Dieter/Veidt, Gerhard: Kirche im Übergang von der traditionalen zur Lerngesellschaft, in: J. Matthes (Hrsg.), Erneuerung der Kirche, 223-254.

Brunotte, Heinz: Taufe und Kirchenmitgliedschaft, in: P. Meinhold (Hrsg.), Das Problem der Kirchengliedschaft heute, 173-191 (Erstveröffentlichungsnachweis dort).

Bühler, Karl-Werner: Warum melden die Leute sich ab? Motive und Deutungen der sogenannten Austrittswelle, in: LM 9, 1971, 161-163.

Burgsmüller, Alfred: Kirche als „Gemeinde von Brüdern" (Barmen III), Bd. 1. Vorträge aus dem Theologischen Ausschuß der Evangelischen Kirche der Union, Gütersloh 1980.

Burgsmüller, Alfred: Kirche als „Gemeinde von Brüdern" (Barmen III), Bd. 2, Votum des Theologischen Ausschusses der Evangelischen Kirche der Union, Gütersloh 1981.

Burgsmüller, Alfred/Weth, Rudolf (Hrsg.): Die Barmer Theologische Erklärung. Einführung und Dokumentation, Neukirchen-Vluyn [4]1984.

Buß, Hinrich: Distanzierte Kirchlichkeit. Religion zwischen individueller Plausibilität und nicht gekündigter Mitgliedschaft, in: PTh 87, 1998, 330-334.

Campenhausen, Axel Frh. von: Der Austritt aus den Kirchen und Religionsgemeinschaften, in: Staatskirchenrechtliche Probleme der Kirchenmitgliedschaft, in: HSKR Bd. 1, Berlin 1974, 657-666.

Campenhausen, Axel Frh. von: Die Zugehörigkeit zu den Kirchen und Religionsgemeinschaften. Staatskirchenrechtliche Probleme der Kirchenmitgliedschaft, in: HSKR Bd. 1, Berlin 1974, 645-656.

Campenhausen, Axel Frh. von: Kircheneintritt – Kirchenaustritt – Kirchenmitgliedschaft, in: P. Meinhold (Hrsg.), Das Problem der Kirchengliedschaft heute, 257-273.

Carlen, Louis (Hrsg.): Austritt aus der Kirche. Sortir de l'église, Fribourg 1982.

Coenen-Marx, Cornelia: Kirchenmitgliedschaft zwischen Zugehörigkeit und Beteiligung, in: PTh 85, 1996, 86-101.

Cornelius-Bundschuh, Jochen: Zukunft mit der Kirche, in: PTh 83, 1994, 110-126.

Correco, Eugenio: La sortie de l'Eglise pour raison fiscale. Le probèm canonique, in: L. Carlen (Hrsg.), Austritt aus der Kirche, 11-67.

Dahm, Karl-Wilhelm: Beruf: Pfarrer. Empirische Aspekte, München 1971.

Dahm, Karl-Wilhelm: Art. Kirchenmitgliedschaft, in: TRE Bd. 18, Berlin/New York 1989, 643-649.

Dahm, Karl-Wilhelm/Luhmann, Niklas/Stoodt, Dieter: Religion – System und Sozialisation, RThP II, Darmstadt/Neuwied 1972.

Daiber, Karl-Fritz: Kirche und religiöse Gemeinschaften in der DDR, in: Gegenwartskunde SH 5/1988, Religion, Kirchen und Gesellschaft in Deutschland, 75-88.

Daiber, Karl-Fritz: Predigen und hören. 3. Predigt als religiöse Rede: homiletische Überlegungen im Anschluß an eine empirische Untersuchung/mit Exkursen von Wolfgang Lukatis, München 1991.

Daiber, Karl-Fritz: Religion in Kirche und Gesellschaft: theologische und soziologische Studien zur Präsenz von Religion in der gegenwärtigen Kultur, Stuttgart/Berlin/Köln 1997.

Daiber, Karl-Fritz (Hrsg.): Religion und Konfession, Studien zu politischen, ethischen und religiösen Einstellungen von Katholiken, Protestanten und Konfessionslosen in der Bundesrepublik Deutschland und in den Niederlanden, Hannover 1989.

Daiber, Karl-Fritz: Religion unter den Bedingungen der Moderne. Die Situation in der Bundesrepublik Deutschland, Marburg 1995.

Daiber, Karl-Fritz: Religiöse Orientierungen und Kirchenmitgliedschaft in der Bundesrepublik Deutschland, in: Gegenwartskunde SH 5/1988, Religion, Kirchen und Gesellschaft in Deutschland, Opladen 1988, 61-73.

Daiber, Karl-Fritz: Art. Volkskirche, 1. Religionssoziologisch, in: EKL Bd. 4., Göttingen ^{3}1996, Sp. 1199-1202.

Daiber, Karl-Fritz/Karrer, Martin/Mendt, Dietrich/Pannenberg, Wolfhart: Angst um die Kirche?, Weimar/Jena 1994.

Daiber, Karl-Fritz/Luckmann Thomas (Hrsg.): Religion in den Gegenwartsströmungen der deutschen Soziologie, München 1983.

Denecke, Axel: Begrenzte Gemeindegliedschaft. Weiteres zum Thema Mitgliederpflege, in: PTh 84, 1995, 650-653.

Deutsche Bischofskonferenz: Gutachten der Deutschen Bischofskonferenz über die Zulässigkeit der Bekanntgabe des Kirchenaustritts eines Volljährigen an dessen Eltern“, in: AkathKR 154, Mainz 1985, 187-188.

Dilthey, Wilhelm: Die Entstehung der Hermeneutik, GS Bd. 5, Stuttgart/Göttingen ^{4}1964.

Drehsen, Volker: Die angesonnene Vorbildlichkeit des Pfarrers. Geschichtliche Reminiszenzen und pastoralethische Überlegungen, in: PTh 78, 1989, 88-109.

Drehsen, Volker: Neuzeitliche Konstitutionsbedingungen der Praktischen Theologie: Aspekte der theologischen Wende zur sozialkulturellen Lebenswelt christlicher Religion, 2 Bände, Gütersloh 1988.

Drehsen, Volker: Wie religionsfähig ist die Volkskirche? Sozialisationstheoretische Erkundungen neuzeitlicher Christentumspraxis, Gütersloh 1994.

Drews, Paul: Art. Pfarrer I. Geschichtlich, in: RGG 4, Tübingen ^{1}1913, Sp. 1424-1433.

Ehlers, Hermann: Kann man aus der Kirche austreten?, in: ZdZ 3, 1949, 107-108.

EMNID-Umfrage: Das Image von Berufen. Vergleichende Repräsentativbefragung in West- und Ostdeutschland, Bielefeld 1991.

Engelhardt, Hanns: Art. Kirchenaustritt in: EKL Bd. 2., Göttingen ^{3}1989, Sp. 1099-1100.

Engelhardt, Hanns: Der Austritt aus der Kirche, Aktuelles Recht Bd. 17, Frankfurt am Main 1972.

Engelhardt, Klaus/von Loewenich, Hermann/Steinacker, Peter (Hrsg.): Fremde Heimat Kirche. Die dritte EKD-Erhebung über Kirchenmitgliedschaft, Gütersloh 1997.

Erikson, Eric H.: Identität und Lebenszyklus. Drei Aufsätze, übersetzt von Käte Hügel, Frankfurt am Main ^{10}1987.

Ermel, Horst D.: Die Kirchenaustrittsbewegung im Deutschen Reich 1906-1914. Studien zum Widerstand gegen die soziale und politische Kontrolle unter dem Staatskirchentum, Diss., Köln 1971.

Ev. Kirche in Deutschland – Kirchenamt – Studien- und Planungsgruppe (Hrsg.): Der Beruf des Pfarrers/der Pfarrerin heute. Ein Diskussionspapier zur V. Würzburger Konsultation über Personalplanung in der EKD, o.O. 1989.

Ev. Kirche in Deutschland – Kirchenamt – Studien- und Planungsgruppe: Kirchenmitgliedschaftsstudie II, 1982, Ergebnis- Übersichten, Hannover o.J., (Maschinenschriftliche Vorlage).

Ev. Kirche in Deutschland – Kirchenamt – Studien- und Planungsgruppe: Strukturbedingungen der Kirche auf längere Sicht, Hannover 1985 (Maschinenschriftliche Vorlage).

Ev. Kirche in Deutschland – Kirchenkanzlei: Kirchenaustritte als Herausforderung an kirchenleitendes Handeln, Hannover 1977 (Maschinenschriftliche Vorlage).

Ev. Kirche in Deutschland – Studien- und Planungsgruppe: Fremde Heimat Kirche. Ansichten ihrer Mitglieder. Erste Ergebnisse der dritten EKD-Umfrage über Kirchenmitgliedschaft, Hannover 1993.

Ev. Kirche in Deutschland – Statistik (Hrsg.): Kirchenzugehörigkeit in Deutschland – Was hat sich verändert? Evangelische und katholische Kirche im Vergleich, Statistische Beilage Nr. 89 zum Amtsblatt der EKD, Heft 10 vom 15. Oktober 1994.

Ev. Kirche in Deutschland – Statistik (Hrsg.): Statistik über Äußerungen des kirchlichen Lebens in den Gliedkirchen der EKD in den Jahren 1993 und 1994, Statistische Beilage Nr. 91 zum Amtsblatt der EKD, Heft 2 vom 15. Februar 1997.

Ev. Kirche in Deutschland: Kirche und Geld. Eine Argumentationshilfe der evangelischen Kirche, Bonn 1994.

Ev. Kirche in Deutschland, Ev. Kirche in Hessen und Nassau, Ev. Gemeindeverband: Wie stabil ist die Kirche? Ergebnisse der Repräsentativ-Erhebung „Kirchenmitgliedschaft“ – Materialband, Gelnhausen/Berlin 1974.

Ev. Kirche in Hessen und Nassau (Hrsg.): Person und Institution. Volkskirche auf dem Weg in die Zukunft. Arbeitsergebnisse und Empfehlungen der Perspektivkommission der Ev. Kirche in Hessen und Nassau, Frankfurt am Main 1993.

Ev. Kirche von Westfalen (Hrsg.): Berufsbild des Pfarrers. Zwischen Betreuungskirche und Beteiligungskirche. Ausarbeitung des Ständigen Theologischen Ausschusses, Bielefeld 1985.

Ev. Kirche von Westfalen – Landeskirchenamt – (Hrsg.): Das Recht in der Evangelischen Kirche von Westfalen, Bd. I, Stand Januar 1998.

Ev. Kirche von Westfalen: Die Kirche und ihr Geld. Fakten – Fragen – Argumente, Bielefeld 1996.

Ev. Kirche von Westfalen (Hrsg.): Mehr soziale Gerechtigkeit wagen. Ein Wort der Kirchenleitung, erarbeitet vom Sozialausschuß der Ev. Kirche von Westfalen, Schwerte 1994.

Ev. Kirche von Westfalen – Landeskirchenamt – (Hrsg.): (Wieder) Dazugehören. Wie man in die Evangelische Kirche aufgenommen wird, Bielefeld, o.J.

Evangelischer Oberkirchenrat (Hrsg.): Eine offene Tür. Kirchenaustritte und Kircheneintritte – eine Herausforderung an unsere Landeskirche und ihre Gemeinden in den nächsten Jahren, Karlsruhe 1988.

Evangelisch-Lutherische Kirche in Bayern, Dekanat München: Das Evangelische München-Programm. Zusammenfassung der Ergebnisse, München 1996, Geheftetes Manuskript.

Fahlbusch, Wilhelm: Was kann die Kirche zur Lebensvergewisserung unter veränderten Bedingungen beitragen, in: H. May/H. Westmüller/K. Lorenz (Hrsg.), Demographische Entwicklungen, 66-77.

Fechtner, Kristian: Den Zeitgenossen Kirche sein. Plädoyer für eine offene Volkskirche, in: DtPfrBl 96, 1996, 235-238.

Fechtner, Kristian: Volkskirche im neuzeitlichen Christentum. Die Bedeutung Ernst Troeltschs für eine künftige praktisch-theologische Theorie der Kirche, Troeltsch-Studien Bd. 8, Gütersloh 1995.

Feige, Andreas: Art. Kirchenentfremdung/Kirchenaustritt, in TRE Bd. 18, Berlin/New York 1989, 530-535.

Feige, Andreas: Erfahrungen mit Kirche. Daten und Analysen einer empirischen Untersuchung über Beziehungen und Einstellungen junger Erwachsener zur Kirche, Hannover 1982.

Feige, Andreas: Kirchenaustritte. Eine soziologische Untersuchung von Ursachen und Bedingungen am Beispiel der Evangelischen Kirche von Berlin-Brandenburg, Gelnhausen/Berlin 1976.

Feige, Andreas: Kirchenmitgliedschaft in der Bundesrepublik Deutschland. Zentrale Perspektiven empirischer Forschungsarbeiten im problemgeschichtlichen Kontext der deutschen Religions- und Kirchensoziologie nach 1945, Gütersloh 1990.

Feige, Andreas: Motive für Kirchenaustritte, in: LM 21, 1982, 107-108.

Feige, Andreas: Veränderung der christlichen Lebensform: Kirchlich tradierte Partizipationsformen und Kirchenaustritte, in: H. May/K. Lorenz, Moderne und Religion, 83-95.

Feige, Andreas: Vom Schicksal zur Wahl. Postmoderne Individualisierungsprozesse als Problem für eine institutionalisierte Religionspraxis, in: PTh 83, 1994, 93-109.

Fischer, Martin: Kirchenaustritt?, in: PTh 71, 1982, 48-51.

Flick, Uwe/Kardoff, Ernst von/Keupp, Heiner/Rosenstiel, Lutz von/Wolff, Stefan (Hrsg.): Handbuch Qualitative Sozialforschung. Grundlagen, Konzepte, Methoden und Anwendungen, Weinheim ²1995.

Frey, Christofer: Art. Gesellschaft/Gesellschaft und Christentum VII. Neuzeit: Soziologisch/Ethisch/Fundamental-theologisch, in TRE Bd. 13, Berlin/New York 1984, 13-39.

Frost, Herbert: Art. Kirchenzucht. 1. Geschichte und Praxis in der BRD, in: EKL Bd. 2, Göttingen ³1989, Sp. 1210-1213.

Gabriel, Karl: Einleitung, in: ders. (Hrsg.), Religiöse Individualisierung oder Säkularisierung, 9-13.

Gabriel, Karl (Hrsg.): Religiöse Individualisierung oder Säkularisierung. Biographie und Gruppe als Beziehungspunkte moderner Religiosität, Veröffentlichungen der Sektion Religionssoziologie in der DGS Bd. 1, Gütersloh 1996.

Geldbach, Erich: Art. Kirchenmitgliedschaft 3. Freikirchlich, in: EKL Bd. 2, Göttingen ³1989, Sp. 1142-1143.

Gensichen, Hans-Werner: Art. Heidentum I. Biblisch/Kirchenmissionsgeschichtlich, in TRE Bd. 14, Berlin/New York 1985, 590-601.

Gensichen, Hans-Werner: Art. Inkulturation, in: TRT Bd. 2, Göttingen ⁴1983, 312-313.

Göhre, Paul: Kirche und Kirchenaustrittsbewegung, in: Sozialistische Monatshefte 13, 1909, Bd. 1, 300ff.

Gollwitzer, Helmut: Vortrupp des Lebens, München 1975.

Grabner, Wolf-Jürgen: Religiosität in einer säkularisierten Gesellschaft. Eine Kirchenmitgliedschaftsuntersuchung in Leipzig 1989, EHS.T, Bd. 499, Frankfurt am Main/Berlin/Bern/New York/Paris/Wien 1994.

Gräb, Wilhelm: Auf den Spuren der Religion, Notizen zur Lage und Zukunft der Kirche, in: ZEE 39, 1995, 43-56.

Gräb, Wilhelm: Der hermeneutische Imperativ. Lebensgeschichte als religiöse Selbstauslegung, in: W. Sparn (Hrsg.), Wer schreibt meine Lebensgeschichte: Biographie, Autobiographie, Hagiographie und ihre Entstehungszusammenhänge, Gütersloh 1990, 79-89.

Gräb, Wilhelm: Der Pfarrer als Musterprotestant. Zum Wandel einer kirchlichen Funktionselite, in: F.W. Graf und K. Tanner (Hrsg.), Protestantische Identität heute, 246-255.

Gräb, Wilhelm: Die Volkskirche: Historische Häutungen eines programmatischen Begriffes, in: F.E. Anhelm (Hrsg.), Protestantismus als Volkskirche, 12-27.

Gräb, Wilhelm: Editorial zu International Journal of Practical Theology, Sonderdruck, Berlin/New York 1997.

Gräb, Wilhelm: Institution und Individuum. Überlegungen zur Diagnose der modernen Religionskultur, in: PTh 79, 1990, 255-269.

Gräb, Wilhelm: Kirche als Ort religiöser Deutungskultur, in: U. Barth/W. Gräb (Hrsg.), Gott im Selbstbewußtsein der Moderne. Zum neuzeitlichen Begriff der Religion, FS. H.-W. Schütte, Gütersloh 1993, 222-239.

Gräb, Wilhelm: Lebensgeschichten – Lebensentwürfe – Sinndeutungen. Eine praktische Theologie gelebter Religion, Gütersloh 1998.

Gräb, Wilhelm: Lebensgeschichtliche Sinnarbeit. Die Kasualpraxis als Indikator für die Öffentlichkeit der kirchlichen Religionskultur, in: Der 'ganze Mensch'. Perspektiven lebensgeschichtlicher Individualität. FS D. Rössler. Sonderdruck. Berlin/New York 1997.

Gräb, Wilhelm: Rechtfertigung von Lebensgeschichten. Erwägungen zu einer theologischen Theorie der kirchlichen Amtshandlungen, in: PTh 76, 1987, 21-38.

Gräb, Wilhelm: Religion in der Alltagskultur, in: A. Grözinger/J. Lott (Hrsg.), Gelebte Religion, 30-43.

Gräb, Wilhelm/Korsch, Dietrich: Selbsttätiger Glaube. Die Einheit der Praktischen Theologie in der Rechtfertigungslehre, Neukirchen-Vluyn 1985.

Graf, Friedrich Wilhelm/Tanner, Klaus (Hrsg.): Protestantische Identität heute, FS T. Rendtorff, Gütersloh 1992.

Grözinger, Albrecht: Es bröckelt an den Rändern. Kirche und Theologie in einer multikulturellen Gesellschaft, München 1992.

Grözinger, Albrecht: Die Kirche – ist sie noch zu retten? Anstiftungen für das Christentum in postmoderner Gesellschaft, Gütersloh 1998.

Grözinger, Albrecht/Lott, Jürgen (Hrsg.): Gelebte Religion. Im Brennpunkt praktisch-theologischen Denkens und Handelns, FS Gert Otto, Hermeneutica Bd. 6, Practica, Rheinbach 1997.

Gronemeyer, Reimer: Wozu noch Kirche?, Berlin 1995.

Grosse, Heinrich W.: Ein Gemeindepfarrer kommentiert eine Kirchenuntersuchung, in: PTh 75, 1986, 171-177.

Gruber, Gerhard: Warum entfernen sich immer mehr Menschen von unserer Kirche?, in: KatBl 115, 1990, 747ff.

Grünberg, Wolfgang/Albrecht, Horst: Art. Gemeinde 2. Praktisch-Theologisch, in: EKL Bd. 2., Göttingen [3]1989, Sp. 48-55.

Habermas, Jürgen: Individualisierung durch Vergesellschaftung, in: U. Beck/E. Beck-Gernsheim (Hrsg.), Riskante Freiheiten, 437-446.

Hach, Jürgen: Den Wiedereintritt erleichtern, in: Mission vor der Haustür der Volkskirche, 1987, 27-33.

Hammann, Martin: Kirche für alle und jeden? Zur Bestattung von aus der Kirche Ausgetretenen, in: EK 24, 1991, 674-675.

Hanselmann, Johannes/Hild, Helmut/Lohse, Eduard (Hrsg.): Was wird aus der Kirche? Ergebnisse der zweiten EKD-Umfrage über Kirchenmitgliedschaft, Gütersloh [4]1987.

Hauschildt, Eberhard: Individualisierung und Standardisierung der Religion, in: A. Grözinger/J. Lott (Hrsg.), Gelebte Religion, 15-29.

Hein, Martin: Thesen zu einer 'Theologie des Gemeindeabbaus' in der Großstadt, in: PTh 87, 1998, 192-196.

Heinemann, H.: Art. Kirchenaustritt I. Rechtlich, in: LTHK 6, Freiburg [2]1961, Sp. 193-194.

Herbst, Michael: Missionarischer Gemeindeaufbau in der Volkskirche, AzTh 76, Stuttgart [3]1993.

Hermanns, Harry: Narratives Interview, in: U. Flick u.a. (Hrsg.), Handbuch Qualitative Sozialforschung, 182-185.

Herms, Eilert: Erfahrbare Kirche. Beiträge zur Ekklesiologie, Tübingen 1990.

Herms, Eilert: Kirche in der Welt: Lage und Aufgabe der evangelischen Kirchen im vereinigten Deutschland, Tübingen 1995.

Herms, Eilert: Pluralismus aus christlicher Identität. Vorblick auf den VIII. Europäischen Theologenkongress, in: J. Mehlhausen (Hrsg.), Pluralismus und Identität, 15-19.

Herrmann, Horst: Kirchenaustritt. Ja oder Nein? Argumente für Unentschlossene, Hamburg 1992.

Herrmann, Horst: Die Kirche und unser Geld. Wie die Hirten ihre Schäfchen ins trockene bringen, Hamburg 1990.

Herrmann, Jörg: Patient Kirche. Anmerkungen zur Krise volkskirchlicher Strukturen, in: PTh 83, 1994, 468-476.

Hild, Helmut (Hrsg.): Wie stabil ist die Kirche? Bestand und Erneuerung. Ergebnisse einer Meinungsbefragung, Gelnhausen/Berlin [2]1975.

Hopf, Christel: Qualitative Interviews in der Sozialforschung. Ein Überblick, in: U. Flick u.a. (Hrsg.), Handbuch Qualitative Sozialforschung, 177-182.

Huber, Wolfgang: Auf dem Weg zu einer Kirche der offenen Grenzen, in: C. Lienemann-Perrin (Hrsg.), Taufe und Kirchenzugehörigkeit, 488-514.

Huber, Wolfgang: Auftrag und Freiheit der Kirche in der pluralistischen Gesellschaft, in: R. Weth (Hrsg.): Was hat die Kirche heute zu sagen?, 11-29.

Huber, Wolfgang: Die wirkliche Kirche. Das Verhältnis von Botschaft und Ordnung als Grundproblem evangelischen Kirchenverständnisses im Anschluß an die 3. Barmer These, in: A. Burgsmüller (Hrsg.), Kirche als „Gemeinde von Brüdern" 1, 249-277.

Huber, Wolfgang: Die wirkliche Kirche. Das Verhältnis von Botschaft und Ordnung als Grundproblem evangelischen Kirchenverständnisses im Anschluß an die 3. Barmer These, in: ders., Folgen christlicher Freiheit, 147-168.

Huber, Wolfgang: Folgen christlicher Freiheit. Ethik und Theorie der Kirche im Horizont der Barmer Theologischen Erklärung. NBST 4, Neukirchen-Vluyn 1983.

Huber, Wolfgang: Kirche, ThTh.E., Stuttgart/Berlin 1979.

Huber, Wolfgang: Nicht schwarz sehen. Kirche muß offen, öffentlich und eigenständig sein, in: EK 27, 1994, 28-31.

Huber, Wolfgang: Welche Volkskirche meinen wir?, in: ders., Folgen christlicher Freiheit, 132-145.

Hübner, Eberhard: Theologie und Empirie der Kirche. Prolegomena zur Praktischen Theologie, Neukirchen-Vluyn 1985.

Hutten, Kurt: Art. Gralsbewegung, in: RGG 2, Tübingen [3]1958, Sp. 1823.

Institut für Demoskopie Allensbach: Begründungen und tatsächliche Gründe für einen Austritt aus der katholischen Kirche, Allensbach 1993.

Institut für Demoskopie Allensbach: Kirchenaustritte. Eine Untersuchung zur Entwicklung und zu den Motiven der Kirchenaustritte, Allensbach 1992.

Janowski, Hans Norbert: Exodus aus der Kirche, in: EK 15, 1982, 114-115.

Janowski, Hans Norbert: Totengräber der Kirche?, in: EK 21, 1988, 560-561.

Janz, Oliver: Bürger besonderer Art: evangelische Pfarrer in Preussen 1850-1914, VHK. 87, Berlin/New York 1994.

Janz, Oliver: Zwischen Bürgerlichkeit und kirchlichem Milieu. Zum Selbstverständnis und sozialen Verhalten der evangelischen Pfarrer in Preußen in der zweiten Hälfte des 19. Jahrhunderts, in: O. Blaschke, F.-M. Kuhlemann (Hrsg.), Religion im Kaiserreich: Milieus – Mentalitäten – Krisen, Gütersloh 1996, 382-406.

Jenssen, Hans-Hinrich: Die kirchlichen Handlungen, in: HPTh (B) II, Berlin [2]1979, 139-195.

Joest, Wilfried: Dogmatik Bd. 2. Der Weg Gottes mit dem Menschen, Göttingen 1986.

Jörns, Klaus-Peter: Die neuen Gesichter Gottes. Was die Menschen wirklich glauben, München 1997.

Josuttis, Manfred: Der Pfarrer ist anders. Aspekte einer zeitgenössischen Pastoraltheologie, München [2]1983.

Josuttis, Manfred: Der Traum des Theologen. Aspekte einer zeitgenössischen Pastoraltheologie 2, München 1988.

Josuttis, Manfred: Die Einführung in das Leben. Pastoraltheologie zwischen Phänomenologie und Spiritualität, Gütersloh 1996.

Josuttis, Manfred: Für einen evangelischen Fundamentalismus, in: PTh 85, 1996, 74-85.

Josuttis, Manfred: Petrus, die Kirche und die verdammte Macht, Stuttgart 1993.

Josuttis, Manfred: Praxis des Evangeliums zwischen Politik und Religion. Grundprobleme der Praktischen Theologie, München 1974.

Josuttis, Manfred: Praxis des Evangeliums zwischen Politik und Religion. Grundprobleme der Praktischen Theologie, München [3]1983.

Josuttis, Manfred: „Unsere Volkskirche" und die Gemeinde der Heiligen. Erinnerungen an die Zukunft der Kirche, Gütersloh 1977.

Käsemann, Ernst: Erklärung von Prof. E. Käsemann zu seinem angekündigten Kirchenaustritt, in: JK 38, 1977, 636-638.

Kalb, Friedrich: Grundriß der Liturgik. Eine Einführung in die Geschichte, Grundsätze und Ordnungen des lutherischen Gottesdienstes, München [3]1985.

Kardoff, Ernst von: Qualitative Sozialforschung – Versuch einer Standortbestimmung, in: U. Flick u.a. (Hrsg.), Handbuch Qualitative Sozialforschung, 4-8.

Kast, Verena: Trauern. Phasen und Chancen des psychischen Prozesses, Stuttgart [16]1994.

Kaufmann, Franz-Xaver: Kirche begreifen. Analysen und Thesen zur gesellschaftlichen Verfassung des Christentums, Freiburg/Basel/Wien 1979.

Kaufmann, Franz-Xaver: Kirche und Religion unter den Bedingungen von Modernität, in: H. May/K. Lorenz (Hrsg.), Moderne und Religion, 5-26.

Kaufmann, Franz-Xaver: Religion und Modernität. Sozialwissenschaftliche Perspektiven, Tübingen 1989.

Kaufmann, Franz-Xaver: Staatskirchenrecht und Kirchenorganisation in der Bundesrepublik Deutschland, in: Gegenwartskunde SH 5/1988, 107-125, Opladen 1988.

Kaufmann, Franz-Xaver: Zur Bestimmung und Messung von Kirchlichkeit in der BRD, in: J. Matthes (Hrsg.), Kirche und Gesellschaft, Reinbek 1968, 207-247.

Kehrer, Günter/Schäfer, Dierk: Kirchenaustritte in Württemberg. Ergebnisse einer empirischen Untersuchung, in: WPKG 10, 1977, 394-420.

Keupp, Heiner/Röhrle, Bernd: Soziale Netzwerke, Frankfurt am Main/New York 1987.

Kirchenamt der EKD – Studien- und Planungsgruppe: Kirchenmitgliedschaftsstudie II 1982. Ergebnis – Übersichten – Internes, geheftetes Skript, Hannover o.J.

Kirchenamt der EKD (Hrsg.): Christsein gestalten. Eine Studie zum Weg der Kirche, Gütersloh [4]1987.

Klages, Günter: So geht es nicht weiter. Abschied von der Volkskirche?, in: LM 31, 1992, 453-456.

Kleining, Gerhard: Methodologie und Geschichte qualitativer Sozialforschung, in: U. Flick u.a. (Hrsg.), Handbuch Qualitative Sozialforschung, 11-22.

Köcher, Renate: Wandel des religiösen Bewußtseins in der Bundesrepublik Deutschland, in: Gegenwartskunde SH 5/1988, Religion, Kirchen und Gesellschaft in Deutschland, Opladen 1988, 145-158.

Kortzfleisch, Siegfried von/Rendtorff, Trutz: Korrektur herrschender Urteile. Erste Folgerungen aus einer Umfrage im Kirchenvolk, in: LM 13, 1974, 73-76.

Krause, Gerhard: Hat die Praktische Theologie wirklich die Konkurrenz der Pastoraltheologie überwunden?, in: ThLZ 95, 1970, 721-732.

Krebber, Hartmut: Die Kirchenmitglieder und die „Stabilität" der evangelischen Kirche, in: J. Matthes (Hrsg.), Erneuerung der Kirche, 13-25.

Kreck, Walter: Kirche in der Krise der bürgerlichen Welt. Vorträge und Aufsätze 1973-1978, München 1980.

Kroeger, Matthias: Die Lebenswelt der Gegenwart und die Bedeutung dogmatischer Profile von Kirche, in: H. May/K. Lorenz (Hrsg.), Pluralismus und Profil, 33-80.

Kroeger, Matthias: Die Notwendigkeit der unakzeptablen Kirche. Eine Ermutigung zu distanzierter Christlichkeit, München 1997.

Kroeger, Matthias: Die religiöse Innenseite der distanzierten Kirchlichkeit, Hannover 1986.

Kroeger, Matthias: Profile und Vollzüge religiösen Verhalten unter den Bedingungen von Modernität, in: H. May/K. Lorenz (Hrsg.), Moderne und Religion, 31-57.

Kroeger, Matthias: Protestantisches Prinzip und institutionelle Bindung. Das Gewissen der Einzelnen und die Gewißheit der Kirche, in: F.E. Anhelm (Hrsg.), Protestantismus als Volkskirche, 28-40.

Krusche, Peter: Der Pfarrer in der Schlüsselrolle. Berufskonflikte im Schnittpunkt religiöser Erwartungen und theologischer Normen, in: J. Matthes (Hrsg.), Erneuerung der Kirche, 161-188.

Kühn, Ulrich: Kirche, HST 10, Gütersloh [2]1990.

Kuhn, Winfried: Sind Sie reif für den Kirchenaustritt?, Frankfurt am Main 1997.

Kuphal, Armin: Abschied von der Kirche. Traditionsabbruch in der Volkskirche. Zugleich ein Beitrag zur Soziologie des kollektiven Verhaltens, Gelnhausen/Berlin/Stein 1979.

Lämmermann, Godwin: Flexible Identität versus Starrheit der Institution? Teilweise ironische Annäherungen an die schwierige Frage, ob die Kirche sich erneuern kann, in: F.W. Graf/K. Tanner (Hrsg.), Protestantische Identität heute, 232-245.

Lamnek, Siegfried: Qualitative Sozialforschung Bd. 2, Methoden und Techniken, Weinheim [3]1995.

Lange, Ernst: Bildung als Problem und als Funktion der Kirche, in: J. Matthes (Hrsg.), Erneuerung der Kirche, 189-222.

Lange, Ernst: Predigen als Beruf. Aufsätze zu Homiletik, Liturgie und Pfarramt, München 1982.

Lange, Ernst: Kirche für die Welt. Aufsätze zur Theorie kirchlichen Handelns. Herausgegeben und eingeleitet von R. Schloz in Zusammenarbeit mit A. Butenuth, München/Gelnhausen 1981.

Leipold, Andreas: Volkskirche. Die Funktionalität einer spezifischen Ekklesiologie in Deutschland nach 1945, APth 31, Göttingen 1997

Leske, Jürgen: Schmeißt die Kirche aus dem Staat. Sieben Lanzen gegen die Kirche, Essen/München/Bartenstein/Venlo/Santa Fe 1995.

Lienemann-Perrin, Christine (Hrsg.): Taufe und Kirchenzugehörigkeit, FBESG 39, München 1983.

Lindner, Herbert: Kirche am Ort, Eine Gemeindetheorie, PTHe 16, Stuttgart/Berlin/Köln 1994.

Lindner, Herbert: Konziliarität und Gemeindepraxis, in: J. Matthes (Hrsg.), Kirchenmitgliedschaft im Wandel, 99-117.

Lindner, Herbert: Programme – Strategien – Visionen. Eine Analyse neuerer Gemeindeaufbaukonzepte, in: PTh 75, 1986, 210-229.

Link, Christoph: Art. Bann V. Reformation und Neuzeit, in TRE Bd. 5, Berlin/New York 1980, 182-190.

Löwe, Hartmut: Abschied von der Kirche? Was tun die Verantwortlichen gegen die Kirchenaustritte?, in: ZW 60, 1989, 129-142.

Loewenich, Hermann von/Reller, Horst (Hrsg.): Unterwegserfahrungen. Gemeinde entwickeln in Ost und West, Gütersloh 1991.

Lohff, Wenzel/Mohaupt, Lutz (Hrsg.): Volkskirche – Kirche der Zukunft? Leitlinien der Augsburgischen Konfession für das Kirchenverständnis heute. Eine Studie des Theologischen Ausschusses der VELKD, Zur Sache 12/13, Hamburg 1977.

Lohse, Eduard: Kleine evangelische Pastoralethik, Göttingen, 1985.

Lorenz, Herbert: Der Pfarrer als Symbolfigur für Kirche: Chance oder prinzipielle Überforderung? Ein Überdenken des Auftrags und der Rolle, in: A. Feige, Erfahrungen mit Kirche, a.a.O., 274-298.

Luckmann, Thomas: Die unsichtbare Religion, Frankfurt am Main ²1993.

Luckmann, Thomas: Privatisierung und Individualisierung, in: K. Gabriel (Hrsg.), Religiöse Individualisierung oder Säkularisierung, 17-28.

Luckmann, Thomas: Religion in der modernen Gesellschaft, in: J. Wössner (Hrsg.), Religion im Umbruch, 3-15.

Ludwig, M.: Drei Thesenreihen, in: PastBl 106, 1966, 201-210.

Lübbe, Hermann: Religion nach der Aufklärung, Graz/Wien/Köln ²1990.

Lübbe, Hermann: Säkularisierung. Geschichte eines ideenpolitischen Begriffs, Freiburg 1965.

Lück, Wolfgang: Praxis Kirchengemeinde, Stuttgart/Berlin/Köln/Mainz 1978.

Lück, Wolfgang: Die Volkskirche. Kirchenverständnis als Norm kirchlichen Handelns, Stuttgart/Berlin/Köln/Mainz 1980.

Luhmann, Niklas: Die Organisierbarkeit von Religionen und Kirchen, in: J. Wössner (Hrsg.), Religion im Umbruch, 245-285.

Luhmann, Niklas: Funktion der Religion, Frankfurt am Main ³1992.

Luhmann, Niklas: Religiöse Dogmatik und gesellschaftliche Evolution, in: K.- W. Dahm/N. Luhmann/D. Stoodt, Religion – System und Sozialisation, 15-132.

Luhmann, Niklas: Religion als System. Thesen, in: K.-W. Dahm/N. Luhmann/D. Stoodt, Religion – System und Sozialisation, 11-13.

Luhmann, Niklas: Soziale Systeme. Grundriß einer allgemeinen Theorie, Frankfurt am Main ⁵1994.

Lukatis, Ingrid/Lukatis, Wolfgang: Protestanten, Katholiken und Nicht-Kirchenmitglieder. Ein Vergleich ihrer Wert- und Orientierungsmuster, in: K.-F. Daiber (Hrsg.), Religion und Konfession, 17-71.

Lukatis, Wolfgang: Der Pfarrer im Kommunikationssystem Gemeinde, in: K.-F. Daiber, Predigen und hören 3, 122-152.

Luther, Henning: Religion und Alltag. Bausteine zu einer Praktischen Theologie des Subjekts, Stuttgart 1992.

Marhold, Wolfgang u.a., Religion als Beruf. Bd. II, Legitimation und Alternativen, Stuttgart/Berlin/Köln/Mainz 1977.

Marsch, Wolf-Dieter: Das Institutionen-Gespräch in der evangelischen Kirche. Rückblickender Bericht über die Entwicklung eines interdisziplinären Problems, in: H. Schelsky (Hrsg.), Zur Theorie der Institution, 127-139.

Marsch, Wolf-Dieter: Institution im Übergang. Evangelische Kirche zwischen Tradition und Reform, Göttingen 1970.

Matthes, Joachim: Bemerkungen zur Säkularisierungsthese in der neueren Religionssoziologie, in: H.-H. Schrey (Hrsg.), Säkularisierung, 349-365.

Matthes, Joachim: Die Emigration der Kirche aus der Gesellschaft, Hamburg 1964.

Matthes, Joachim (Hrsg.): Erneuerung der Kirche. Stabilität als Chance? Konsequenzen aus einer Umfrage, Gelnhausen/Berlin 1975.

Matthes, Joachim: Gesellschaftsentwicklung, Pfarramt und Pfarrerrolle, in: PTh 61, 1972, 23-27.

Matthes, Joachim (Hrsg.): Kirchenmitgliedschaft im Wandel. Untersuchungen zur Realität der Volkskirche. Beiträge zur zweiten EKD-Umfrage „Was wird aus der Kirche?“, Gütersloh ²1991.

Matthes, Joachim: Unbestimmtheit: Ein konstitutives Merkmal der Volkskirche? Anmerkungen zu einem Thema der Diskussion um die EKD-Mitgliedschaftsstudie 1972 und 1982, in: ders. (Hrsg.), Kirchenmitgliedschaft im Wandel, 149-162.

Matthes, Joachim: Volkskirchliche Amtshandlungen, Lebenszyklus und Lebensgeschichte. Überlegungen zur Struktur volkskirchlichen Teilnahmeverhaltens, in: ders. (Hrsg.), Erneuerung der Kirche, 83-112.

May, Gerhard: Art. Kirche III. Alte Kirche, in: TRE Bd. 18, Berlin/New York 1989, 218-227.

May, Hans/Lorenz, Karin/Westmüller, Horst (Hrsg.): Kolloquienreihe Kirchenverständnis I. Demographische Entwicklungen – Ihre Ursachen, ihre strukturellen und geistlichen Folgen für die Kirche, LoPr 73/1985, Rehburg-Loccum ³1986.

May, Hans/Lorenz, Karin (Hrsg.): Kolloquienreihe Zukunft der Kirche II. Moderne und Religion. Geistliche und strukturelle Folgen der Säkularisierung für die Kirche, LoPr 26/1986, Rehburg-Loccum ⁴1990.

May, Hans/Lorenz, Karin (Hrsg.): Kolloquienreihe Zukunft der Kirche III. Pluralismus und Profil. Kirchenbild und Lebenswelt in der Volkskirche, LoPr 69/1986, Rehburg-Loccum 1987.

Mechels, Eberhard: Kirche als Institution, in: ders. u. M. Weinrich (Hrsg.), Die Kirche im Wort, 151-168.

Mechels, Eberhard: Volk Gottes – Volkskirche – Gemeindekirche, in: ders. und M. Weinrich (Hrsg.), Die Kirche im Wort, 121-136.

Mechels, Eberhard/Weinrich, Michael (Hrsg.): Die Kirche im Wort. Arbeitsbuch zur Ekklesiologie, Neukirchen-Vluyn 1992.

Mehlhausen, Joachim: Kirchenkampf als Identitätssurrogat? Die Verkirchlichung des deutschen Protestantismus nach 1933, in: F.W. Graf/K. Tanner (Hrsg.), Protestantische Identität heute, 192-203.

Mehlhausen, Joachim (Hrsg.): Pluralismus und Identität, Veröffentlichungen der Wissenschaftlichen Gesellschaft für Theologie Bd. 8, Gütersloh 1995.

Meile, Helmut: Vom Umgang mit Menschen, die die Kirche verlassen haben, in: Volksmissionarisches Amt der Evangelischen Kirche von Westfalen (Hrsg.), Kirchenaustritte • Kircheneintritte, 3-17.

Meinhold, Peter (Hrsg.): Das Problem der Kirchengliedschaft heute, WdF 524, Darmstadt 1979.

Meinhold, Peter: Das Problem der Kirchengliedschaft aus lutherischer Sicht, in: ders. (Hrsg.), Das Problem der Kirchengliedschaft heute, 344-365.

Menne, Günter A.: „misch dich ein“. Die Kampagne in Köln als erstes Beispiel einer Dialog-Initiative der Volkskirchen in Deutschland, in: PTh 83, 1994, 452-467.

Merkel, Friedemann: Art. Pastoraltheologie II. Evangelisch, in: TRE Bd. 26, Berlin/New York 1996, 76-83.

Merkel, Friedemann: Bestattung in der Volkskirche. Zum grundsätzlichen und zum Problem der Bestattung aus der Kirche Ausgetretener, in: WPKG 6, 1975, 238-247.

Mette, Norbert: Kommunikationsabbrüche? (Hypo-)Thesen zu den steigenden Kirchenaustrittszahlen, in: RHS 35, 1992, 73-77.

Mette, Norbert: „Volkskirche" – Zeichen von Verfall oder Aufbruch? in: ders. u.a., Volkskirche – Gemeindekirche – Parakirche. ThBer 10, Zürich/Einsiedeln/Köln 1981, 11-45.

Meyer-Blanck, Michael: Praktische Theologie und Postmoderne. Ein Dialog mit Wolfgang Welsch, in: PTh 85, 1996, 225-238.

Möller, Christian: Art. Gemeinde I. Christliche Gemeinde, in: TRE Bd. 12, Berlin/New York 1984, 316-335.

Möller, Christian: Lehre vom Gemeindeaufbau. Bd. 1: Konzepte Programme Wege, Göttingen ^{3}1991.

Möller, Christian: Zwischen 'Amt' und 'Kompetenz'. Ortsbestimmung pastoraler Existenz heute, in: PTh 82, 1993, 460-475.

Mohaupt, Lutz: Die Kirchen und ihre Finanzierung – das Geld in der Kirche. Wie kann und soll die evangelische Kirche in Zukunft ihre Arbeit finanzieren?, in: Evangelische Akademie Iserlohn (Hrsg.), Hat die Kirche noch Zukunft? Perspektiven für die Evangelische Kirche im 21. Jahrhundert, Tagungsprotokoll 53/1995, 38-51.

Mohaupt, Lutz: Volkskirche? Volkskirche! Überlegungen zu ihrer Modernisierung, in: PTh 84, 1995, 637-649.

Motikat, Lutz: Kirche ohne Konfessionslose? Verluste und Chancen auf dem Weg zu einer offenen Kirche, in: L. Motikat/H. Zeddies (Hrsg.) im Auftrag des Kirchenamtes der EKD, Konfession: Keine, 161-277.

Motikat, Lutz: Konfessionslosigkeit in Ostdeutschland – worum geht es, und wer ist herausgefordert?, in: L. Motikat. und H. Zeddies (Hrsg.) im Auftrag des Kirchenamtes der EKD, Konfession: Keine, 17-48.

Motikat, Lutz/Zeddies, Helmut (Hrsg.) im Auftrag des Kirchenamtes der EKD: Konfession: Keine. Gesellschaft und Kirchen vor der Herausforderung durch Konfessionslosigkeit – nicht nur in Ostdeutschland, Frankfurt am Main 1997.

Müller-Weißner, Uli/Volz, Rainer: Kirchenaustritte aus der evangelischen Kirche. Beweggründe, Zusammenhänge, Perspektiven. Erste Ergebnisse einer interpretierenden Studie zur Situation in Ludwigshafen am Rhein 1989/1990 in: U. Müller-Weißner/R. Volz u.a., Kirche ohne Volk. Kirchenaustritte: Interpretationen und Schlußfolgerungen, Ludwigshafen 1991.

Neidhart, Walter: Theologie des kirchlichen Amtes: der Pfarrer ein Priester?, in: H.-D. Bastian (Hrsg.), Kirchliches Amt im Umbruch, GTP 7, München 1971, 29-44.

Neubert, Ehrhart: „gründlich ausgetrieben", Eine Studie zum Profil und zur psychosozialen, kulturellen und religiösen Situation von Konfessionslosigkeit in Ostdeutschland und den Voraussetzungen kirchlicher Arbeit (Mission), in: L. Motikat/H. Zeddies (Hrsg.) im Auftrag des Kirchenamtes der EKD, Konfession: Keine, 49-160.

Neubert, Ehrhart: Konfessionslose in Ostdeutschland. Folgen verinnerlichter Unterdrückung, in: PTh 87, 1998, 368-379.

Nicolas, Jean-Hervé: L'appartance à l'Eglise selon la théologie catholique, in: L. Carlen (Hrsg.), Austritt aus der Kirche, 129-171.

Niethammer, Hans-Martin: Die Kirche und die Kirchen. Volkskirche und Freikirche zwischen Institution und Organisation, in: PTh 87, 1998, 347-354.

Niethammer, Hans-Martin: Kirchenmitgliedschaft in der Freikirche. Kirchensoziologische Studie aufgrund einer empirischen Befragung unter Methodisten, KiKonf 37, Göttingen 1995.

Nüchtern, Michael: Kirche in Konkurrenz. Herausforderungen und Chancen in der religiösen Landschaft, Stuttgart 1997.

Oelmüller, Willi (Hrsg.): Wiederkehr von Religion? Perspektiven, Argumente, Fragen, Kolloquium Religion und Philosophie, Paderborn 1984.

Oevermann, Ulrich: Objektive Hermeneutik – Eine Methodologie soziologischer Strukturanalyse, Frankfurt am Main 1989.

Otto, Gert: Grundlegung der Praktischen Theologie, München 1986.

Pannenberg, Wolfhart: Angst um die Kirche?, in: K.-F. Daiber u.a. (Hrsg.), Angst um die Kirche, 47-67.

Petzoldt, Matthias: Säkularisierung – eine noch brauchbare Interpretationskategorie?, in: BThZ 11, 1994, 65-82.

Piper, Hans-Christoph: Der Hausbesuch des Pfarrers, Hilfen für die Praxis, Göttingen [2]1988.

Pittkowski, Wolfgang/Volz, Rainer: Konfession und politische Orientierung: Das Beispiel der Konfessionslosen, in: K.-F. Daiber (Hrsg.), Religion und Konfession, 93-112.

Pollack, Detlef: Individualisierung statt Säkularisierung? Zur Diskussion eines neueren Paradigmas in der Religionssoziologie, in: K. Gabriel (Hrsg.), Religiöse Individualisierung oder Säkularisierung, 57-85.

Pollack, Detlef: Kirche in der Organisationsgesellschaft. Zum Wandel der gesellschaftlichen Lage der evangelischen Kirchen in der DDR, Stuttgart/Berlin/Köln 1994.

Pollack, Detlef: Zur religiös-kirchlichen Lage in Deutschland nach der Wiedervereinigung. Eine religionssoziologische Analyse, in: ZThK 93, 1996, 586-615.

Plathow, Michael: Art. Kirchenmitgliedschaft 1. Evangelisch, römisch-katholisch, in: EKL Bd. 2., Göttingen [3]1989, Sp. 1140-1142.

Praetorius, Ina: Die Zukunft der Kirche. Literaturbericht, in: ThPr 28, 1993, 327-332.

Preul, Reiner: Art. Religion III. Praktisch-Theologisch, in: TRE 28, Berlin/New York 1998, 546-559.

Preul, Reiner: Das öffentliche Auftreten der Kirche in der pluralistischen Gesellschaft, in: J. Mehlhausen (Hrsg.), Pluralismus und Identität, 505-517.

Preul, Reiner: Kirchentheorie. Wesen, Gestalt und Funktionen der Evangelischen Kirche, Berlin/New York 1997.

Psyconomy Consulting: Motivanalyse für den Austritt aus der evangelischen Kirche. Durchgeführt in 1986 im Auftrag der Nordelbischen Kirche, Unveröffentlichtes Manuskript, o.O., o.J.

Rau, Gerhard: Pastoraltheologie. Untersuchungen zur Geschichte und Struktur einer Gattung praktischer Theologie, München 1970.

Rau, Gerhard: Volkskirche heute – im Spiegel ihrer theologischen Problematisierung, in: VuF 32, 1987, 2-31.

Reich, Herbert: Die Aus- und Übertrittsbewegung 1881-1949, in: KJB 78, 1951, 363-385.

Rendtorff, Trutz (Hrsg.): Charisma und Institution, Gütersloh 1985.

Rendtorff, Trutz: Christentum außerhalb der Kirche. Konkretionen der Aufklärung, Bd. 89 der Stundenbücher, Hamburg 1969.

Rendtorff, Trutz: Christentum zwischen Revolution und Restauration. Politische Wirkungen neuzeitlicher Theologie, München 1970.

Rendtorff, Trutz: Das Problem der Institution in der neueren Christentumsgeschichte. Ein Diskussionsbeitrag, in: H. Schelsky (Hrsg.), Zur Theorie der Institution, 141-153.

Rendtorff, Trutz: Religion – Umwelt der Gesellschaft. Theoretische Voraussetzungen der Deutung des empirischen Verhältnisses von Kirche und Gesellschaft, in: J. Matthes (Hrsg.), Erneuerung der Kirche, 57-81.

Rendtorff, Trutz: Theologische Probleme der Volkskirche, in: W. Lohff/L. Mohaupt (Hrsg.), Volkskirche – Kirche der Zukunft, 104-131.

Rendtorff, Trutz: Theorie des Christentums. Historisch-theologische Studien zu seiner neuzeitlichen Verfassung, Gütersloh 1972.

Rendtorff, Trutz: Über die Wahrheit der Vielfalt. Theologische Perspektiven nachneuzeitlichen Christentums. Eröffnungsvortrag auf dem VIII. Europäischen Theologenkongreß, in: J. Mehlhausen (Hrsg.), Pluralismus und Identität, 21-34.

Rendtorff, Trutz: Volkskirche in Deutschland. Eine historisch-theologische Problemskizze, in: C. Nicolaisen (Hrsg.), Nordische und deutsche Kirchen im 20. Jahrhundert. Referate auf der Internationalen Arbeitstagung in Sandbjerg/Dänemark 1981, Göttingen 1982, AKZG Reihe B Band 13, 290-317.

Rendtorff, Trutz: Vom Christentum in unserer Gesellschaft – Historisch-theologische und soziologische Überlegungen, in: Kirchentreu und kirchenfern. Eine Herausforderung an Verkündigung und Seelsorge, Wuppertal 1967, 7-18.

Riess, Richard: Pfarrer werden? Zur Motivation von Theologiestudenten, Göttingen 1986.

Rinderspacher, Jürgen P.: Die Kirche im Dorf lassen?, in: PTh 81, 1992, 313-323.

Robbers, Gerhard: Kirchenrechtliche und staatskirchenrechtliche Fragen des Kirchenübertritts, in: ZEvKR 32, 1987, 19-46.

Rössler, Dietrich: Amt und Beruf des Pfarrers, in: F. Wintzer (Hrsg.), Praktische Theologie, 16-19.

Rössler, Dietrich: Die Institutionalisierung der Religion, in: W. Lohff, L. Mohaupt (Hrsg.), Volkskirche – Kirche der Zukunft?, 41-69.

Rössler, Dietrich: Grundriß der Praktischen Theologie, Berlin/New York 1986.

Rössler, Dietrich: Kirche – Christentum – Gesellschaft, in: F. Wintzer (Hrsg.), Praktische Theologie, 20-28.

Rössler, Dietrich: Protestantische Identität, in: F.W. Graf, K. Tanner (Hrsg.), Protestantische Identität heute, 25-30.

Rössler, Dietrich: Wiederkehr von Religion – als Thema der praktischen Theologie, in: W. Oelmüller (Hrsg.), Wiederkehr von Religion?, 170-180.

Roloff, Jürgen: Die Kirche im Neuen Testament, GNT 10, Göttingen 1993.

Ruh, Ulrich: Symptom. Der deutliche Anstieg der Kirchenaustritte, in: HerKorr 45, 1991, 445-446.

Schäfer, Dierk/Schildmann, Johannes: Wer tritt aus der Kirche aus?, in: EK 10, 1977, 32-38.

Schäfers, Bernhard: Die Moderne und der Säkularisierungsprozeß, in: Gegenwartskunde SH 5/1988, Opladen 1988, 129-144.

Scheller, Ulrike: Kirchenaustritte und ihre Begründung. Ergebnisse von Interviews in einer niedersächsischen Mittelstadt. Hrsg. von der Pastoralsoziologischen Arbeitsstelle der Ev.-luth. Landeskirche Hannovers, Manuskript Hannover 1975.

Schelsky, Helmut: Ist die Dauerreflexion institutionalisierbar?, in: ZEE 1, 1957, 153-174.

Schelsky, Helmut: Zur soziologischen Theorie der Institution, in: ders. (Hrsg.), Zur Theorie der Institution, 9-26.

Schelsky, Helmut (Hrsg.): Zur Theorie der Institution. Interdisziplinäre Studien Bd. 1, Düsseldorf 1970.

Schermann, Rudolf: Woran die Kirche krankt. Kritische Betrachtungen eines engagierten Priesters, München 1993.

Schleiermacher, Friedrich: Die Praktische Theologie, SW I Bd. 13, Berlin, 1850.

Schleiermacher, Friedrich: Über die Mittel, dem Verfall der Religion vorzubeugen, SW I Bd. 5, Berlin 1846, 94-156.

Schloz, Rüdiger: Das Bildungsdilemma der Kirche, in: J. Matthes (Hrsg.), Kirchenmitgliedschaft im Wandel, 215-230.

Schmidtchen, Gerhard: Gottesdienst in einer rationalen Welt. Religionssoziologische Untersuchungen Bereich der VELKD, Stuttgart 1973.

Schmidtchen, Gerhard: Zwischen Kirche und Gesellschaft. Forschungsbericht über die Umfragen zur Gemeinsamen Synode der Bistümer in der Bundesrepublik Deutschland, Freiburg/Basel/Wien 1972.

Schöfthaler, Traugott: Religion paradox: Der systemtheoretische Ansatz in der deutschsprachigen Religionssoziologie, in: K.-F. Daiber/T. Luckmann (Hrsg.), Religion in den Gegenwartsströmungen der deutschen Soziologie, 136-156.

Scholl, Carl: Der Massen-Austritt aus der Kirche. Vom Standpunkt der freien Gemeinden betrachtet, Heidelberg 1878.

Schrey, Heinz-Horst (Hrsg.): Säkularisierung, WdF 424, Darmstadt 1981.

Schröer, Henning: Art. Kirche IX. Praktisch-theologisch, in: TRE Bd. 18, Berlin/New York 1989, 334-344.

Schüepp, Guido: Kirchenaustritte – Anfrage an Selbstverständnis und pastorales Handeln der Kirche, in: L. Carlen (Hrsg.), Der Austritt aus der Kirche, 243-311.

Schütze, Fritz: Die Technik des narrativen Interviews in Interaktionsfeldstudien, dargestellt an einem Projekt zur Erforschung von kommunalen Machtstrukturen, Arbeitsberichte und Forschungsmaterialien Nr. 1, hrsg. von der Fakultät für Soziologie an der Universität Bielefeld, Bielefeld 1977.

Schulze, Gerhard: Die Erlebnisgesellschaft. Kultursoziologie der Gegenwart, Frankfurt am Main/New York [5]1995.

Schwarz, Fritz/Schwarz, Christian A.: Theologie des Gemeindeaufbaus. Ein Versuch, Neukirchen-Vluyn [3]1987.

Seibel, Wolfgang: Kirchenaustritte, in: StZ 211, 1993, 721-722.

Seiler, Dieter: Formen der Mitgliedschaft der Kirche, in: WzM 48, 1996, 3-12.

Seils, Martin: Art. Heil und Erlösung IV. Dogmatisch, in TRE Bd. 14, Berlin/New York 1985, 622-637.

Seim, Jürgen: Das Altern der Volkskirche und die Kultur der Gleichgültigkeit, in: PTh 82, 1993, 266-277.

Seitz, Manfred: Erneuerung der Gemeinde. Gemeindeaufbau und Spiritualität, Göttingen ²1991.

Seyfarth, Constans: Zur westdeutschen Diskussion der Religionssoziologie Max Webers seit den sechziger Jahren, in: K.-F. Daiber/T. Luckmann (Hrsg.), Religion in den Gegenwartsströmungen der deutschen Soziologie, 21-34.

Spiegel, Yorick: Der Pfarrer im Amt. Gemeinde · Kirche · Öffentlichkeit, Pfarrer in der Großstadt Bd. II/III, München 1970.

Spiegel, Yorick: Der Prozeß des Trauerns. Analyse und Beratung, GT.P 14, München ⁵1983.

Spiegel, Yorick: Kirche als bürokratische Organisation, TEH 160, München 1969.

Statistische Beilage Nr. 80 zum Amtsblatt der EKD, Heft 10 vom 15. Oktober 1987.

Steck, Wolfgang: Die Privatisierung der Religion und die Professionalisierung des Pfarrerberufes, in: PTh 80, 1991, 306-322.

Steck, Wolfgang: Die Wiederkehr der Pastoraltheologie. Wissenschaftsgeschichtliche Betrachtungen zum Wechsel des Titels, in: PTh 70, 1981, 10-27.

Stein, Albert: Evangelisches Kirchenrecht. Ein Lernbuch, Neuwied/Kriftel/Berlin ³1992.

Steinacker, Peter: Kirchenbegriff und kirchliche Wirklichkeit, in: T. Rendtorff (Hrsg.), Charisma und Institution, 430-437.

Sternberg, Johannes-Georg: Kirchenaustritte in Preußen 1847 bis 1933 im Lichte der kirchlichen Publizistik als Anfrage an die evangelische Kirche, Bochum 1992.

Stobbe, Heinz-Günther: Art. Institution, in: EKL Bd. 2, Göttingen ³1989, Sp. 694-700.

Stoll, Peter: Sozialwissenschaftliche Überlegungen zur Kirchenmitgliedschaft in: H. von Loewenich, H. Reller (Hrsg.), Unterwegserfahrungen, 84-106.

Stolt, Peter: Die Pastoraltheologie seit 1948, in: PTh 84, 1995, 221-233.

Strohm, Theodor/Winter, Uwe: Die jüngste Kirchenaustrittswelle in der kirchlichen und sozialwissenschaftlichen Diskussion, Vervielfältigtes Manuskript, Kirchl. Hochschule Berlin 1972.

Strohm, Theodor: Forschungshypothesen zur Kirchenaustrittstendenz, in: ThPr 9, 1974, 44-55.

Strunk, Reiner: Vertrauen. Grundzüge einer Theologie des Gemeindeaufbaus, Stuttgart 1985.

Sunnus, Siegfried: Nähe zu den Kirchenfernen. Gemeindeleitung, pastoraler Auftrag und Konfirmandenarbeit zwischen Getto und Volkskirche, Gütersloh 1994.

Surkau, Hans-Werner: Art. Kirchenaustritt I. Theologisch, in: RGG 3, Tübingen ³1959, Sp. 1341-1343.

Taubes, Jacob: Das Unbehagen an den Institutionen. Zur Kritik der soziologischen Institutionenlehre, in: H. Schelsky (Hrsg.), Zur Theorie der Institution, 67-76.

Taufe, Eucharistie und Amt, Konvergenzerklärungen der Kommission für Glauben und Kirchenverfassung des Ökumenischen Rates der Kirchen, Frankfurt am Main/Paderborn 1983.

Tödt, Heinz Eduard: Art. Institution, in: TRE Bd. 16, Berlin/New York 1987, 206-220.

Track, Joachim: Volkskirche – quo vadis? Überlegungen zu Auftrag und Gestalt der Kirche in unserer Zeit, in: PTh 77, 1988, 148-161.

Tremel, Holger (Hrsg.): Kirche und Geld. Dokumentation des (sic!) Jahrestagung der Abteilung Öffentlichkeitsarbeit des Gemeinschaftswerks der Evangelischen Publizistik vom 3. bis 5. Mai 1993 in Rheineberg/Westfalen, GEP-Texte 3, Frankfurt am Main 1993.

Troeltsch, Ernst: Die Soziallehren der christlichen Kirchen und Gruppen (1911), GS 1, Tübingen 1919.

Vereinigte Evangelisch-Lutherische Kirche Deutschlands – Lutherisches Kirchenamt (Hrsg.): Zur Entwicklung von Kirchenmitgliedschaft. Aspekte einer missionarischen Doppelstrategie, vorgelegt vom Ausschuß für Fragen des gemeindlichen Lebens in der VELKD, TVELKD 21/1983, Hannover 1983.

Verhandlungen der 1. (ordentlichen) Tagung der 13. Westfälischen Landessynode vom 11. bis 15. November 1996, Niederschrift Bielefeld, o.J.

Violet, Bruno: Art. Kirchenaustritt II. Kirchenaustrittsbewegung, in: RGG 3, Tübingen ^{2}1929, Sp. 827-832.

Violet, Bruno: Die Kirchenaustrittsbewegung, Berlin 1914.

Vischer, Lukas: Art. Evangelisch, in: EKL Bd. 1, Göttingen ^{3}1986, Sp. 1198-1199.

Volksmissionarisches Amt der Evangelischen Kirche von Westfalen (Hrsg.): Kirchenaustritte • Kircheneintritte. Aus der Praxis für die Praxis Nr. 1/1989.

Volz, Reiner: Die Kirche – ein „Verein“ wie jeder andere?, in: J. Matthes (Hrsg.), Kirchenmitgliedschaft im Wandel, 249-263.

Wagner, Falk: Art. Religion II. Theologiegeschichtlich und systematisch-theologisch, in: TRE 28, Berlin/New York 1998, 522-545.

Wagner, Falk: Was ist Religion? Studien zu ihrem Begriff und Thema in Geschichte und Gegenwart, Gütersloh ^{2}1991.

Wagner, Falk: Zur gegenwärtigen Lage des Protestantismus, Gütersloh 1995.

Wagner, Harald: Art. Heil 4. Römisch-katholische Tradition, in: EKL 2, Göttingen ^{3}1989, 420-422.

Waldenfels, Hans: Frömmigkeit jenseits der Kirche. Profile und Gestalten außerchristlicher Spiritualität, in: T. Rendtorff (Hrsg.), Charisma und Institution, 145-159.

Wegner, Gerhard: Kirchliche Wahrnehmung und Wahrnehmung von Kirche. Studien zum Verhältnis von Eigen- und Fremdwahrnehmung der evangelischen Volkskirche, Hannover 1996.

Weinrich, Michael: Kirche in der Säkularisation. Konziliarität jenseits von Konzilianz und Weltanschaulichkeit, in: ders. und E. Mechels (Hrsg.), Die Kirche im Wort, 222-246.

Welker, Michael: Kirche ohne Kurs? Aus Anlaß der EKD-Studie „Christsein gestalten“, Neukirchen-Vluyn 1987.

Welker, Michael: Kirche zwischen pluralistischer Kultur und Pluralismus des Geistes, in: J. Mehlhausen (Hrsg.), Pluralismus und Identität, 468-485.

Welker, Michael (Hrsg.): Theologie und funktionale Systemtheorie. Luhmanns Religionssoziologie in theologischer Diskussion, Frankfurt am Main 1985.

Welsch, Wolfgang: Vernunft. Die zeitgenössische Vernunftkritik und das Konzept der transversalen Vernunft, Frankfurt am Main [2]1996.

Wendt, Günther: Kirchenmitgliedschaft, in: P.C. Bloth (Hrsg.) Handbuch der Praktischen Theologie (G) 4, Gütersloh 1987, 619-624.

Werner, Dietrich: Kirche für das Leben. Missionarische Prioritäten im Zeichen wachsender religiös-sozialer Nachfrage und abnehmender finanzieller Möglichkeiten, in: PTh 85, 1996, 51-66.

Westermann, Claus: Der Segen in der Bibel und im Handeln der Kirche, Gütersloh 1981.

Weth, Rudolf: Barmen als Entscheidung. Eine Einführung, in: A. Burgsmüller (Hrsg.), Kirche als „Gemeinde von Brüdern" 1, 9-23.

Weth, Rudolf: Die Zukunft der Volkskirche und die Kirche der Zukunft, in: ders.(Hrsg.), Diskussion zur „Theologie des Gemeindeaufbaus", Neukirchen-Vluyn 1986, 134-159.

Weth, Rudolf: Kirche in der Sendung Jesu Christi. Missionarisch (sic!) und diakonische Existenz der Gemeinde im nachchristlichen Zeitalter, Neukirchen-Vluyn 1993.

Weth, Rudolf (Hrsg.): Was hat die Kirche heute zu sagen? Auftrag und Freiheit der Kirche in der pluralistischen Gesellschaft, Neukirchen-Vluyn 1998.

Winkler, Eberhard: Art. Pfarrer II. Evangelisch, in: TRE Bd. 26, Berlin/New York 1996, 360-374.

Winter, Friedrich: Seelsorge an den Grenzen der Kirche. Konsequenzen für den Gemeindeaufbau, in: WPKG 69, 1980, 488-503.

Wintzer, Friedrich (Hrsg.): Praktische Theologie, Neukirchener Arbeitsbücher, Neukirchen-Vluyn 1982.

Witzel, Andreas: Das problemzentrierte Interview, in: G. Jüttemann (Hrsg.), Qualitative Forschung in der Psychologie. Grundfragen, Verfahrensweisen, Anwendungsfelder, Weinheim 1985, 227-255.

Wölber, Hans-Otto: Austritt der Gesellschaft aus der Kirche. Zur neuen EKD-Umfrage über die Kirchenmitgliedschaft, in: EK 11, 1984, 615-618.

Wölber, Hans-Otto: Das allmähliche Ende der Volkskirche. Vermutungen anläßlich einer Umfrage, in: EK 7, 1974, 397-400.

Wölber, Hans-Otto: Innovation der Volkskirche! Missionsstrategien auf den Hintergrund der demoskopischen Erkenntnisse, in: PTh 75, 1986, 150-159.

Wölber, Hans-Otto: Profile der Kirche in der Zukunft -Vermutungen und Erwartungen, in: H. May, K. Lorenz (Hrsg.), Pluralismus und Profil, 5-23.

Wössner, Jakobus (Hrsg.): Religion im Umbruch. Soziologische Beiträge zur Situation von Religion und Kirche in der gegenwärtigen Gesellschaft, Stuttgart 1972.

Wulf, Hans: In einem religiösen Niemandsland. Welche Gründe führen heute zum Kirchenaustritt?, in: LM 23, 1984, 440-443.

Zahrnt, Heinz: Säkularität und Kirche: Eine Spannung gestalten, in: F.E. Anhelm (Hrsg.), Protestantismus als Volkskirche, 41-57.

Zeddies, Helmut: Kirchenzugehörigkeit als Ausnahme?, in: H. von Loewenich, H. Reller (Hrsg.), Unterwegserfahrungen, 107-109.

Zentralarchiv für Empirische Sozialforschung an der Universität zu Köln: Allgemeine Bevölkerungsumfrage der Sozialwissenschaften 1992 (Allbus 1992).

Zentralarchiv für Empirische Sozialforschung an der Universität zu Köln: Allgemeine Bevölkerungsumfrage der Sozialwissenschaften 1994 (Allbus 1994).

Zimmerli, Walther Ch.: Wie neu ist die neue Religiosität? Von Konsistenz und Widerspruch in der Suche nach Unmittelbarkeit, in: W. Oelmüller (Hrsg.), Wiederkehr von Religion?, 9-24.

Zimmermann, Petra: „... und trotzdem is es irgendwo ne Verbundenheit". Annäherung an die Religiosität einer „treuen Kirchenfernen", in: K. Gabriel (Hrsg.), Religiöse Individualisierung oder Säkularisierung, 103-111.

Zulehner, Paul M.: Auswahlchristen, in: ders. u.a., Volkskirche – Gemeindekirche – Parakirche, 109-137.

Namensregister

Stichwortregister